최고의 유언

최고의 유언

김양재 지음

QTM

제 남편의 구원 간증은 하루 만에 일어난 심판과 구원의 이야기입니다. 제가 30대에, 남편은 하루아침에 '죽음'이라는 심판을 받았습니다. 이튿날 새벽에 남편의 구원이 이루어졌고, 그는 천국으로 떠났습니다. 저는 거듭나고 나서 남편의 구원을 위해 간절히 기도했지만, 남편은 쉽사리 변화되지 않았습니다. 그러다 에스겔서 18장을 묵상하던 중, 구원은 혈통으로나 육정으로 되는 것이 아님을 알게 되었습니다(요 1:13). 무엇보다 제가 남편보다 더한 죄인임이 깨달아지니 이때부터 남편의 구원을 위해 생명을 내놓고 기도하기 시작했습니다.

그러던 어느 날, 아침에 멀쩡하게 밥 한 그릇을 뚝딱 비우고 간 남편이 갑자기 쓰러졌습니다. 그리고 '간암 말기'라는 청천벽력 같은 선고를 받았습니다. 남편에게 남은 시간은 1년도 아니고, 한 달도 아니고, 단 '하루'였습니다. 그때 남편은 목사님과 친지들이 보는 가운데 울먹이며 이렇게 자신의 죄를 고백했습니다.

제가 믿음이 없어서 교회를 안 간 것이 아닙니다. 죄를 지어서 교회에 갈 수가 없었습니다. 저는 산부인과 의사로서 하지 말아야 할 낙태 수술을 했습니다. 그 죄 때문에 하나님께 이렇게 매를 맞았습니다. 고쳐 주시면 감사하고, 고쳐 주지 않으셔도 할 말 없는 인생입니다.

그리고 남편은 많은 사람이 보는 가운데 목사님을 따라 영접 기도를 했습니다.

주님, 저는 죄인입니다. 이제 나를 위해 죽으신 예수님을 내 인생의 구주로 영접합니다. 연약한 인생입니다. 불쌍히 여겨 주옵소서.

남편이 구원받는 순간이었습니다. 그 한마디 한마디를 들으며, 저는 기적이 따로 없다고 생각했습니다. 영접 기도를 마친 남편은 제게 "그동안 교회 다니는 것을 막아서 미안하다"고 용서를 구했고, 가족에게도 용서를 구했습니다. 남편의 진심 어린 고백에 가족들도 저마다 용서를 구하기 시작했습니다. 순식간에 병실은 회개의 눈물로 가득했습니다. "큰일은 작은 일부터"라는 말처럼, 남편은 죽음을 앞둔 순간에도 제가 처리해야 할 일을 하나하나 세심히 일러 주었습니다. 심지어 "병원 옥상에 고추 말린 것을 걷으라"는 말까지 잊지 않았습니다. 남편은 그렇게 회개하고 천국으로 떠났습니다.

제 생명을 거두어 가셔서라도 남편을 구원해 달라는 기도에 하나님은 제가 아니라 남편의 생명을 거두어 가셨고, 구원을 이루어 주셨습니다. 남편이 천국에 간 지 벌써 수십 년이 지났지만, 저는 여전히 구원을 위해서라면 오늘 당장이라도 천국에 갈 각오로 살아가고 있습니다. 그렇게 구원 때문에 오늘이 마지막이라고 생각하며 하루하루를 살았더니, 하나님은 제게 영혼 구원의 사명을 잘 감당하는 큰 복을 주셨습니다.

그리고 어느 순간 돌아보니, 제가 굳이 말하지 않아도 저와 같은 신앙고백을 하는 지체들이 생겨나기 시작했습니다. "내가 달려갈 길과 주 예수께 받은 사명 곧 하나님의 은혜의 복음을 증언하는 일을 마치려 함에는 나의 생명조차 조금도 귀한 것으로 여기지 아니하노라"(행 20:24). 바울의 이 고백처럼 저도 구속사의 복음을 목숨 걸고 전했을 때, 일부러 애쓰지 않아도 십자가의 길을 따르는 사람들이 세계 곳곳에 세워지는 것을 목도하게 되었습니다.

암 투병을 하다 소천하신 고(故) 정 집사님도 그런 분입니다. 정 집사님은 소천하기 일주일 전에 남편과 세 아들에게 유언을 적은 편지를 남겼습니다. 다음은 당시 고3인 막내아들에게 남긴 유언입니다.

엄마가 바라는 것은 첫째, 불신결혼 하지 마라. 꼭 믿는 여자와 결혼해라. 둘째, 주님을 영접하고 꼭 교회에서 양육을 받아라. 셋째, 진로는 적성에 맞게 선택해서 즐겁게 일해라. 넷째, 형들과 사이좋게 지내라. 다섯째, 아빠의 힘이 되어 주어라. 엄마는 천국에서 지켜보며 기도하고 있을게.

우리들교회 목자로 섬기는 남편에게는 "솔직히 당신과 함께한 세월 중 가장 기쁘고 행복했던 때는 당신이 교회에 등록하고 같이 신앙생활 한 것이었어요. 당신을 사랑했어요. 천국에서 훗날 만납시다. 샬롬"이라고 마지막 말을 남겼습니다. 이렇게 "반드시 천국에서 만나자"는 약속이야말로 가족을 정말 사랑하기에 남길 수 있는 유언입니다. 가족에게 영생을 주는 것보다 더 귀한 선물은 없기 때문입니다. 더욱이 정 집사님은 마지막을 앞두고 통증이 상당했을 텐데, 자신의 통장 비밀번호부터 사망 보험금이 얼마 나온다는 것까지 구체적으로 편지에 적었습니다. 죽음이 두렵다면 어찌 이렇게 유언할 수 있겠습니까? 정말 집사님은 "세상이 다가 아니고, 천국은 반드시 있다"는 것을 온몸으로 보여 주었습니다.

창세기 45장부터 50장까지 다루는 11권에서도 온몸으로 최고의 유언을 남긴 야곱을 만나 볼 수 있습니다. 마지막 유언에서 그는 "이제 나는 나의 영원한 본향인 '막벨라 굴'에서 '레아'와 함께 살겠노라"며 자녀들 앞에서 큰 회개의 고백을 했습니다(창 49:31~32). 우리가 앞선 창세기 큐티강해 시리즈에서도 살펴보았지만, 라헬만 편애하는 야곱으로 인해 야곱 가정이 얼마나 상처가 많았습니까? 그러니 라헬이 아닌 레아 곁에 묻히겠다는 이 고백이야말로 가정의 회복을 이루는 유언 아니겠습니까?

그렇습니다. 자녀에게 남길 최고의 유언은 바로 내가 회개하는 것입니다.

여러분은 생의 마지막 날 어떤 유언을 남기시겠습니까? 결국 우리의 삶 자체가 유언으로 남게 될 것입니다. 이 책을 통해 회개의 고백이 담긴 '최고의 유언'을 남기는 그 한 사람이 세워지기를 간구합니다. 천국에서 나를 영접해 주실 주님을 바라보며, 영혼 구원의 사명을 향해 달려가는 그 한 사람이 나오기를 축원합니다.

2026년 3월

우리들교회 담임목사 김양재

차
례

Part 1

아버지 품으로

화해

창세기 45장 1~15절

하나님 아버지,
먼저 하나님과 화해함으로
나를 힘들게 한 사람과도 화해하기를 원합니다.
말씀해 주옵소서. 듣겠습니다.

우리가 여전한 방식으로 예배를 드리면서 끊임없이 적용해야 할 것은 무엇일까요? 아마도 천국 가는 그날까지 해야 할 적용은 '끝없는 용서와 화해'가 아닐까 합니다.

심리학 교수인 에버렛 워딩턴(Everett L. Worthington Jr.)의 『용서와 화해』라는 책에 나오는 일화입니다. 마르시의 고통은 작은 일로 시작되었습니다. 하루는 시내버스가 남편 브루스의 차를 들이받았습니다. 남편은 계속 목에 통증을 느꼈고, 의사는 척추골 사이의 손상된 연골을 복원하고자 수술을 권했습니다. 그런데 수술 도중 예기치 못한 큰 사고가 났습니다. 외과 의사가 남편의 척수를 잘라 버린 것입니다. 그 뒤로 그녀의 남편은 못 걷게 되었습니다.

남편의 부상은 결국 마르시와 두 자녀에게 큰 짐이 되었습니다. 그녀는 부주의한 버스 기사와 수술을 권한 의사, 그리고 사고를 낸 외과 의사를 매일 저주했습니다. 그러자 이제는 마르시가 병들기 시작했습니다. 마흔다섯 살에 불과한 그녀는 거의 예순으로 보일 정도로 훨씬 나이 들어 보였습니다. 남편을 간호하면서 사춘기 두 자녀를 기르자니 일은 끝도 없고, 뱃속은 언제나 더부룩했죠. 원한의 독이 어느새 마르시의 행복을 앗아가 버렸습니다. 그녀는 자기 상태가 나아지기 위해서라도 증오의 대상들을 용서하고 싶었습니다. 용서가 건강의 왕도인 것 같았습니다.

마르시가 생각하는 것처럼 용서를 해야 건강해집니다. 그러나 진정으로 용서하기 위해서는 나에게 해를 끼친 사람과 화해해야 합니다. 다만, 이것은 하나님과 먼저 화해하지 않고서는 힘든 일입니다. 요셉을 팔아 버리고 무려 22년간 불신과 원망의 고통 속에서 살아 온 형제들과 요셉의 관계도 그렇습니다. 그러면 그들이 어떻게 화해하게 되는지 본문을 통해 살펴보겠습니다.

생명 내놓는 사랑 때문에 화해하게 됩니다

1 요셉이 시종하는 자들 앞에서 그 정을 억제하지 못하여 소리 질러 모든 사람을 자기에게서 물러가라 하고 그 형제들에게 자기를 알리니 그 때에 그와 함께 한 다른 사람이 없었더라 2 요셉이 큰 소리로 우니 애굽 사람에게 들리며 바로의 궁중에 들리더라 _창 45:1~2

요셉은 형들의 시기를 받아 거의 죽을 뻔했다가 형들에 의해 애굽에 노예로 팔려 갔습니다. 하지만 하나님의 은혜로 애굽의 총리까지 되었죠. 이후 그는 기근으로 22년 만에 조우하게 된 형들에게 자신의 정체를 숨긴 채 흥미진진한 작전을 펼칩니다. 그러나 이는 모두 형들과의 진정한 관계 회복을 위해서였습니다. 요셉은 전에 형제들을 만났을 때 동생 베냐민을 보고 사랑하는 마음이 복받쳐 울었지만, 그 앞에서는 가까스로 우는 모습을 숨겼습니다(창 43:30). 하지만 이번에는 차마 그 정을 억제하지 못하고 형제들 앞에서 큰 소리로 웁니다.

그런데 왜 이때 요셉은 다른 사람들은 물러가라고 했을까요? 혹여나 자신을 노예로 팔아넘긴 형들의 허물이 애굽 사람들 앞에 드러날까 봐 그런 것이었죠. 형들을 향한 요셉의 따뜻한 배려입니다. 그러나 형제들만 남게 되자 요셉은 그 무엇도 의식하지 못할 정도로 큰 소리로 울었습니다. 그야말로 방성대곡(放聲大哭) 했습니다. 요셉을 봐도 우리 안의 상처가 온전히 해결되려면 참으로 여러 번의 눈물이 필요한 것 같습니다.

그런데 요셉이 큰 소리로 우니 무슨 일이 벌어집니까? 그 소리가 애굽 사람과 바로의 궁중에까지 들렸다고 합니다. 요셉은 평소에 자신을 엄격히 절제하며 살았습니다. 그런 요셉이 대성통곡을 하고 있으니 애굽 사람들이 듣고 얼마나 놀랐겠습니까? 그러나 하나님께 쓰임받으려면 나의 숨은 어떤 것이 드러나야만 합니다. 결국 궁중에까지 요셉의 울음소리가 들려 저절로 바로에게 요셉의 상황이 알려지지 않았습니까? 이렇게 나의 숨은 상황이 알려질 때 모두를 살리고 화해하는 길이 열리게 될 줄 믿습니다.

그렇다면 요셉은 왜 이렇게까지 큰 소리로 운 것일까요? 결정적으로 유다의 생명 내놓는 사랑에 감동했기 때문입니다.

창세기 44장에서 유다는 애굽의 총리인 요셉에게 편애로 얼룩진 가정의 허물과 상처를 고백하며, 자신이 대신 종이 되겠으니 은잔 도둑으로 몰린 베냐민을 놓아 달라고 간청했습니다. 전에도 유다는 야곱을 설득하기 위해 베냐민 대신 자신이 담보가 되겠다고 했습니다. 이런 유다의 자기희생적인 설득 덕분에 야곱은 베냐민을 내려놓을 수 있었죠(창 43장). 그런데 야곱이 생명처럼 여기는 베냐민이 종이 될 위기에 처하자 또다시 유다가 나서서 그를 대신하겠다고 한 것입니다.

그런데 여러분, 유다야말로 요셉을 노예로 팔자고 먼저 제안한 사람 아닙니까? 다른 형제들과 마찬가지로 유다 역시 야곱이 요셉을 편애할 때 증오심으로 가득했습니다. 그랬던 유다가 주님을 만나 새사람이 되니 라헬과 요셉과 베냐민을 향한 아버지의 지독한 사랑을 이해하게 되었습니다. 잘난 아버지가 아니라 집착적인 사랑에서 헤어나지 못해 가정을 깻박치고 있는 연약한 아버지를 진심으로 사랑하게 된 것입니다. 유다는 연약한 야곱을 보며 자기 자신을 내어 주는 것밖에 달리 길이 없음을 알았습니다.

그러면 유다는 어떤 인생을 살았기에 생명 내놓는 사랑을 하게 된 것일까요? 유다는 며느리 다말과 동침해 아이까지 낳는 지독한 수치를 겪었습니다. 그러나 다말이 하나님의 언약을 잇기 위해, 즉 '예수씨'를 낳기 위해 수치를 무릅쓴 것을 깨닫고는 "그는 나보다 옳도다" 하며 회개했습니다(창 38장). 그때부터 유다에게 말로는 차마 설명이 안 되는 '십자가를 통과한 자기 부인'이 생겼습니다.

아무리 봐도 유다의 생명 내놓는 이 변론은 하나님을 깊이 만난 자가 아니면 결코 할 수 없는 고백입니다. 결국 자기를 버리는 유다의 사랑 덕분에 요셉과 형제들이 화해하게 된 것입니다. 그렇게 하는 일마다 하나님이 유다 편을 들어주시더니 예수님까지 유다 지파에서 오셨습니다. 그러나 이는 유다가 위대해서 그리된 것이 아닙니다.

그런데 이런 유다와 달리 왜 많은 사람이 생명의 주인이신 주님을 만나지 못하는 걸까요? 회개하지 않는 자에게는 하나님이 자신을 숨기시기 때문입니다. 즉, 회개는 하나님을 만나는 열쇠입니다. 따라서 회개하지 않은 자에게 하나님의 말씀이 들리지 않는 것은 당연합니다. 학벌 유무와 지위 고하를 막론하고 회개하는 자에게는 반드시 말씀이 들리게 되어 있습니다. 그러나 안타깝게도 교회 안에도 여전히 회개하지 않는 영혼이 많이 있습니다. 그런 측면에서 회개를 촉구하지 않는 설교는 문제가 있다고 생각합니다.

요셉이 자신의 정체를 밝히고 큰 소리로 운 또 다른 이유는 형들이 진정으로 회개했기 때문입니다. 진짜 기적은 요셉이 애굽의 총리가 된 것이 아닙니다. 바로 형들이 회개한 것입니다. 시편 기자는 "하나님께서 구하시는 제사는 상한 심령이라 하나님이여 상하고 통회하는 마음을 주께서 멸시하지 아니하시리이다"(시 51:17)라고 고백했습니다. 그렇습니다. 하나님이 구하시는 제사는 상한 마음, 즉 회개입니다. 그리고 치유는 항상 회개의 역사 후에 일어납니다. 아마도 요셉은 형제 중에 자신이 제일 믿음이 좋은 줄 알았을 겁니다. 하지만 일련의 사건을 겪으며 유다 형님이 자신보다 더 믿음이 좋은 것을 인정하지 않을 수 없었습니다. 결국 생명 내놓는 유다의 사랑이 요셉의 상처를 결정적으로 치유했고, 그 사랑으로 요셉은 형제들을 진심으로 감싸 안을 수 있었던 것입니다.

그러면 여기서 베냐민의 자루에서 은잔이 발견되었을 때로 잠시 돌아가 봅시다(창 44:12). 형들 입장에서는 베냐민만 두고 빠져나갈 좋은 기회였죠. 그러나 이때 형들은 연대책임을 지고 모두 애굽으로 돌아갔습니다. 이런 것이 바로 책임지는 사랑입니다. 이 사랑이 요셉에게 남아 있던 형들에 대한 감정의 앙금을 다 녹여 버린 것이죠. 결정적으로 유다의 변론이 요셉의 마음에 커다란 감동을 불러일으켰으니 유다야말로 요셉이 낸 모든 시험을 끝맺은 '시험의 종결자'입니다.

그러므로 이때 요셉이 흘린 눈물은 회개의 눈물이요, 감사의 눈물이요, 사랑의 눈물이요, 용서의 눈물입니다. 그는 형들의 허물이 안타까워서 울고, 형들을 너무 사랑해서 울고, 형들이 변하여 새사람이 되어 기뻐서 울었습니다.

여러분이 큰 소리로 울 때는 언제입니까? 저는 저 자신의 죄와 연약함 때문에 울고, 변하지 않는 성도들 때문에 울고, 또 성도들이 변했다는 소식을 들으면 '어떻게 변했지?' 하고 기뻐서 웁니다. 제가 울어서 한 사람이라도 변화될 수만 있다면 제 울음소리가 바로의 궁중에 들리든 말든, 저는 하나도 수치스럽지 않습니다.

우리들교회는 성도 수에 비해 주차 공간이 턱없이 부족하다 보니 주일예배 때마다 주차 문제로 어려움을 겪고 있습니다. 몇 년 전에는 새가족으로 교회에 처음 오신 분과 한 집사님이 주차 때문에 실랑이를 벌이다 경찰까지 출동하는 불미스러운 일이 있었습니다. 그래서 제가 그다음 주 주일예배 시간에 공식적으로 새가족 분에게 사과를 드렸습니다.

그런데 그날 예배가 끝나자마자 성도들끼리 또 주차 문제로 싸웠다는 소식을 들었습니다. 제가 정말 울지 않을 수가 없습니다. 그중 한 집사님은 분노 조절이 안 되는 분입니다. 아버지와 식사 약속을 해서 빨리 나가야 하는데, 이중주차 된 차를 빼 주기로 한 집사님이 30분이 지나도 안 나오더랍니다. 이분 입장에서는 폭발하는 게 당연합니다. 그래서 혼자 욕을 막 하고 있는데, 지나가던 집사님이 "왜 교회에서 욕을 하냐"고 했다가 시비가 붙었답니다.

그리고 얼마 후에 문제의 차주가 나타났습니다. 그런데 차주 집사님은 죄송하다고 해도 모자랄 판국에 "교회 식당에서 식사하고 오느라 늦었다"고 했습니다. 결국 그 말에 분노가 폭발한 집사님은 육두문자를 쉴 새 없이 쏟아 냈습니다. 그날 차주 집사님은 세상에 태어나서 이런 욕도 있다는 것을 그때 처음 알았다고 했습니다. 욕하신 집사님처럼 분노 조절이 안 되는 분들이 교회에 올 수 있습니다. 그러나 오히려 이런 분들일수록 교회에 와서 말씀으로 살아나야 하지 않겠습니까?

예수님은 불의한 자들을 위해 십자가에 달려 돌아가셨습니다. 그런데 그 불의한 자들이 누구입니까? 바로 우리 아닙니까? 우리가 그 은혜를 안다면 이제 어떻게 적용해야 하겠습니까? 저는 우리들교회 교인으로서 죽어지는 적용을 해야 할 부분은 주차라고 감히 말씀드리고 싶습니다. 주차부터 예배이고, 주차는 십자가이기 때문입니다.

그런데 본을 보여야 할 교회 리더들이 주차 위원들의 말을 더 안 듣는다는 이야기를 들었습니다. 특히 남자들보다 여자들이 말을 더

안 듣는다고 합니다. 다들 영적으로 무장하고 주차 위원의 안내에 잘 따라 주시기 바랍니다. 그것이 우리가 해야 할 십자가 적용입니다.

그래도 여러분, 이 집사님처럼 분노 조절이 어려워도, 바람을 피우고 난리를 쳐도 교회에 오는 것이 어디입니까? 형들이 요셉을 팔아먹은 일에 비하면 이런 일은 별일도 아니지 않습니까? 유다의 생명 내놓는 사랑으로 요셉과 형들이 화해하게 된 것처럼, 우리도 먼저 회개하고 사랑을 베풀 때, 우리 주변의 변할 것 같지 않던 사람들도 반드시 변화될 줄 믿습니다.

✛ 누군가의 생명 내놓는 사랑에 감동해서 회개한 적이 있습니까? 아니면 그런 사랑으로 다른 사람을 위해 변론한 적이 있습니까?

내가 가해자일 수 있다는 생각을 해야 합니다

요셉이 그 형들에게 이르되 나는 요셉이라 내 아버지께서 아직 살아 계시니이까 형들이 그 앞에서 놀라서 대답하지 못하더라
_창 45:3

총리 신분인 요셉은 형제들을 바로 알아보았습니다. 그러나 형제들은 지금 죄인의 신분 아닙니까? 도저히 그 간격을 스스로는 메울 수가 없습니다. 그런데 이때 요셉이 먼저 "나는 요셉이라"고 밝힙니

다. 자신의 신분은 애굽의 총리가 아니라 '야곱의 열한 번째 아들'이라는 겁니다. 이는 앞으로 '요셉'이라는 자기 이름에 합당하게 살겠다는 영적인 고백이기도 합니다.

그렇다면 이 이름에 담긴 뜻이 무엇입니까? 라헬은 요셉을 낳고 "하나님이 내 부끄러움을 씻으셨다. 여호와는 다시 다른 아들을 내게 더하시기를 원하노라"(창 30:23~24)고 했습니다. 한마디로 요셉은 라헬의 욕심이 들어간 이름입니다. 레아가 야곱의 사랑을 받지 못해도 아들들의 이름을 '연합하리로다(레위)', '찬송하리로다(유다)', '후한 선물을 주셨도다(스불론)'라고 지은 것과는 대조됩니다(창 29~30장).

요셉은 생명 내놓는 유다의 사랑을 보고 자신의 죄를 깨달았을 것입니다. 라헬을 닮아 자신이 얼마나 욕심이 많은 사람인지 말입니다. 생각해 보세요. 요셉은 형제들과 있을 때도 오직 베냐민 생각뿐이었습니다(창 43:34). 그런데 아버지 사랑을 한 번도 받아 보지 못한 유다 형님이 베냐민을 위해 생명까지 내놓겠다고 하니, 그 사랑이 요셉을 회개케 한 것입니다. 참으로 요셉도 키워 가시고, 메시지도 키워 가시는 하나님이십니다.

이렇게 요셉이 회개하는 것이야말로 '하나님이 내 부끄러움을 씻으셨다'는 그 이름의 뜻대로 사는 일 아니겠습니까. 그래서 요셉이 "형님들, 제가 바로 내 아버지가 내 아들로 부르는 바로 그 요셉입니다. 형님들도 알다시피 아버지가 아들이라고 생각하는 자식은 저와 베냐민뿐이잖아요"라고 울면서 고백한 것입니다.

한편, 요셉이 애굽에서 낳은 큰아들 므낫세는 그 이름의 뜻이 '잊어버리게 하다'이고, 작은아들 에브라임은 '번성함, 풍성함, 비옥한 땅'이라는 뜻입니다(창 41:51~52). 므낫세의 이름에는 과거 청산의 의미가 담겨 있습니다. 이를 통해 우리는 요셉이 형들을 용서할 수 있는 밑바탕에는 과거를 넘어 미래를 향하는 마음이 있었기 때문임을 짐작할 수 있습니다. 하지만 한편으로는 그래요. 에브라임의 이름 뜻대로 요셉도 풍성함을 바라면서 큰아들보다 작은아들에게 관심을 더 갖지 않았을까요? 요셉은 자신도 차별하는 모습을 보면서 비로소 형들이 자신 때문에 느꼈을 아픔을 이해하게 되었을 것입니다.

요셉은 그동안 자신을 피해자라고 생각하며 살아왔습니다. 그런데 유다 형님을 보고 자기 죄가 깨달아지니 처음으로 "내가 피해자가 아니라 가해자일 수도 있다"는 생각이 든 것입니다.

피해자가 '내가 가해자일 수 있다'는 인식이 없으면 화해는 결코 이루어질 수 없습니다. 그래서 화해의 열쇠는 피해자가 쥐고 있는 것입니다. 하지만 그렇다고 피해를 당한 일이 금세 용서되고 상처가 쉽게 봉합되는 것은 아닙니다. 피해자든 가해자든 기근이 오고 먹을 것이 완전히 바닥나야, 즉 한계상황에 다다라야 서로 화해할 수 있는 토양이 마련됩니다. 야곱 집안도 보세요. 먹을 것이 다 떨어지기까지 22년이나 걸리지 않았습니까. 왜 그렇습니까? 인간은 조금이라도 가진 것이 있으면 싫은 사람한테 머리를 숙이지 않기 때문입니다. 이스라엘의 역사를 봐도 그래요. 그렇게 싸워 대던 남유다와 북이스라엘도 둘 다 완전히 망하고 나서야 딱 하나가 되었습니다(겔 37장).

그런데 왜 형들은 요셉이 "내 아버지께서 아직 살아 계시냐"라고 물었을 때 놀라서 대답하지 못했을까요? 정말 눈앞에 있는 사람이 그 요셉이 맞다면 이는 곧 그들에게 죽음을 의미하기 때문입니다. 형들은 요셉을 팔아먹었지만 실상은 죽인 것이나 다름없습니다. 그래서 두려움과 죄책감에 사로잡혀 그 일에 관해서는 지금까지 입을 꾹 다물고 살았죠. 그러니 형들의 아픔도 실로 대단한 것입니다. 남들 보기에는 죄를 오픈하는 것이 쉬워 보여도 당사자에게는 죽기보다 어려울 수 있습니다. 지금도 보세요. 당사자인 형들이 아니라 요셉이 먼저 자신을 밝히고 있지 않습니까? 이처럼 두려움과 죄책감에 사로잡혀 있으면 입을 떼기가 쉽지 않습니다.

> 요셉이 형들에게 이르되 내게로 가까이 오소서 그들이 가까이 가니 이르되 나는 당신들의 아우 요셉이니 당신들이 애굽에 판 자라
> _창 45:4

요셉이 형들에게 먼저 "내게로 가까이 오소서"라고 말합니다. 드디어 요셉과 형들 사이를 가로막고 있던 장벽이 와르르 무너졌습니다. 이처럼 진정한 교제에는 자꾸 가까이 다가가고 싶고, 함께 있고 싶은 마음이 생기기 마련입니다. 그런데 여전히 거리감이 느껴진다면 그것은 진정한 교제가 아닐 수 있습니다.

노예는 주인이 허락하지 않으면 그 누구와도 가까이 지낼 수 없습니다. 생살여탈권(生殺與奪權)이 주인에게 있는데 노예 주제에 무슨 할 말이 있겠습니까. 죄인도 마찬가지입니다. 유다와 형제들은 문자

적으로도 예전에 죄를 지었고, 현재는 은잔 사건으로 모두 종이 될 위기에 처해 있습니다. 그러니 만일 요셉이 먼저 말하지 않았다면 형들은 결코 요셉에게 나아가지 못했을 겁니다.

요셉은 먼저 형들을 용서하고, 형제들에게 베푸는 좋은 역할을 했습니다. 확실히 지질한 형들보다는 훨씬 훌륭해 보입니다. 그래서 우리는 자녀 이름을 지을 때도 다 '요셉'이라 짓고 싶어 합니다. 현실적으로도 먼저 화해의 손을 내밀 수 있는 사람은 요셉처럼 가진 자입니다. 열등감이 많고 가진 것이 없는 사람일수록 선뜻 화해의 손을 내밀기 어렵습니다.

그런데 말입니다. "나는 피해자야! 내가 받은 피해는 그 누구도 보상해 주지 못해!"라고 외치는 사람일수록 실상은 가해자일 확률이 큽니다. 여러분 주변에도 "나는 평생 그 사람 용서 못 해! 내가 그동안 당한 게 얼마나 많은데!" 하며 피해자를 자처하는 사람이 있습니까? 아무리 당한 것이 많다고 해도 그래요. 누구나 실수할 수 있습니다. 그런데 상대방의 잘못을 평생 용서하지 못하고, 그 상처를 자꾸 후벼 파고 또 후벼 파고 있다면 그 사람이야말로 진짜 가해자 역할을 하는 겁니다. 반면에 비록 가해자 입장에 있어도 "내 죄를 어찌할꼬" 하며 날마다 회개하는 사람은 이미 그 문제에서 벗어난 것입니다.

요셉은 어떻게 "내가 가해자일 수도 있다"는 구속사적인 해석을 할 수 있었을까요? 하나님이 주신 꿈을 믿었기 때문입니다. 그 중심에 하나님이 계시기에 구속사적인 해석을 할 수 있었던 것입니다. 그런데 여기서 만약 하나님이 빠지면 그의 인생은 세상 사람들이 말하는 인간 승리에 불과할 뿐입니다. 그러면 표면적으로는 용서한다고 해도 용서해 주는 사람은 생색나고, 받는 사람은 비참함을 느꼈을 것입니다. 이것이 바로 세상에서 말하는 용서의 한계입니다. 제가 이번 챕터 제목을 '용서'로 하지 않은 이유는 요셉이든 우리든 결코 누군가를 용서할 능력이 없기 때문입니다. 진정한 용서와 화해는 오직 자기 죄를 깨달았을 때에만 이루어집니다. 이를테면 바람피운 배우자가 무조건 가정으로 돌아온다고 문제가 저절로 해결되는 것이 아닙니다. 그가 예배를 통해 자기 죄를 보고 먼저 하나님과의 관계가 회복되어야 부부간에도 진정한 화해가 이루어지는 것입니다.

서두에 언급한 『용서와 화해』의 저자 워딩턴 교수는 어머니가 강도에게 살해당한 후, 그 살인자를 용서하는 문제를 붙들고 오랜 시간 씨름했습니다. 그 사건은 용서를 연구하는 학자로서 정체성이 흔들릴 만큼 그에게 큰 충격이었습니다. 그러나 결국 그 일은 그의 용서 연구에 더욱 큰 진정성과 열정을 불러일으켰고, 많은 열매를 맺게 했습니다.

그는 용서를 시도했으나 실패한 사람들을 돕는 한 연구 프로그램을 진행했는데, 그 연구에서는 대개 두 가지 경우의 조건을 서로 비교한다고 합니다. 바로 '자기 유익 조건(self-benefit condition)'과 '공감 기반 조건(empathy-based condition)'입니다. 용서에도 나의 유익을 구하기 위해 하는 '이기적인 용서'가 있고 가해자를 공감하면서 하는 '이타적인 용서'가 있다는 것입니다. 이를테면 남편이 바람을 피웠는데, 나의 유익 때문에 하는 용서가 있고, 남편의 입장을 공감하면서 하는 용서가 있다는 것이죠. 용서를 깊이 생각할 겨를이 없는 사람은 아무래도 자신의 신체적·정신적·관계적 건강을 위해 남을 용서하기 쉽습니다. 그런데 연구 결과, 기꺼이 자신의 시간을 들이며 '가해자를 축복하기 위한 용서'를 한 사람이 상대적으로 용서의 강도도 높고, 지속성도 높았다고 합니다. 결론적으로 워딩턴 교수는 "용서는 얻기 위함이 아니라 베풀기 위해서 해야 한다"면서 다음과 같이 말했습니다.

"용서하고 잊으라"는 말을 누구나 들어 보았지만 용서는 얻기 위함이 아니라 베풀기 위함이 아닐까. 용서하면 가해자에게도 평안의 선물을 줄 수 있다. 용서하면 공동체 전체의 초점이 복수와 회피와 비용서와 과거의 문제를 벗어나 미래의 가능성으로 옮겨 갈 수 있다. 상처를 떠나 치유로 가는 것이다. 용서에는 분명 유익이 있다. 하지만 얻는 것이 용서의 주된 목적이라면 유익을 조금밖에 얻지 못한다. 용서는 소방호스의 물처럼 뿜어 나와 우리를 씻어 준다. 그리고 자유케 한다.
어떤 면에서 용서는 공기와 같다. 공기를 잡으려 주먹을 꽉 쥐면 공기는 거머쥔 손가락 사이로 빠져나간다. 그러나 공기를 그저 깊이 마셨다 내쉬면 산소를 얻을 뿐 아니라 내 숨이 닿는 사람들까지 온기를 받는다. 용서할 때도 마찬가지로, 내 유익을 쥐려 하면, 내 건강 때문에 용서하고 내 평안 때문에 용서하면, 유익의 원천을 오염시키는 셈이다. 감가된 유익밖에 얻지 못하는 것이다. 반면 용서로 다른 사람들을 축복하려 하면 역설적으로 우리 자신에게 복이 넘친다. 용서는 얻기 위함이 아니라 베풀기 위함이다.

피해자인 요셉이 "내가 형들에게 가해자일 수도 있다"고 생각한 것이 바로 '공감 기반 용서'입니다. 요셉이 형들을 생각하며 큰 소리로 펑펑 울 수밖에 없었던 이유가 여기에 있습니다.

여러분, 인간 최고의 감정은 사랑도 미움도 증오도 아닙니다. 회개입니다. 가해자든 피해자든 죄인 된 입장에서 각자 회개하며 나아갈 때 진정한 화해가 이루어집니다. 아마도 요셉은 형들 앞에서 "형님들, 그동안 저 때문에 얼마나 힘드셨어요? 유다 형님, 그렇게 아버지가 저와 베냐민을 편애한 것을 보고도 자기 생명을 내놓으시다니요……" 이렇게 고백하며 펑펑 울지 않았을까요? 유다의 사랑이 요셉의 사랑보다 조금 더 커서 형제간에 드디어 화해하게 되었습니다.

회개의 고백이 있는 우리들교회 성도들을 봐도 그렇습니다. 세상은 죽었다가 깨어나도 하지 못하는 엄청난 오픈을 해도 교회가 날마다 평안히 걸어가는 비결이 무엇일까요? 말씀이 들리는 은혜를 경험한 성도들이 누구를 흉내 내서 오픈하는 것이 아니라, 정말 우리 가정을 살려야 한다는 절박함으로 오픈하고 회개하기 때문입니다. 그로 인해 무너진 가정이 살아나는 화해의 역사가 지금도 일어나고 있습니다.

주님은 "수고하고 무거운 짐 진 자들아 다 내게로 오라 내가 너희를 쉬게 하리라"(마 11:28), "너희 모든 목마른 자들아 물로 나아오라 돈 없는 자도 오라"(사 55:1) 하며 우리를 먼저 불러 주셨습니다. 하나님의 부르심을 받지 않고 주님 앞에 나아올 수 있는 자는 아무도 없습니다.

우리 중에 죄 없는 사람이 누가 있습니까? 그러므로 우리는 모두 하나님 앞에 가해자입니다. "내가 피해자인 줄 알았는데 가해자였다" 이 고백만 해도 우리 삶의 곳곳에서 화해의 역사가 일어날 줄 믿습니다.

✛ 나는 내 유익을 얻기 위한 이기적인 용서를 합니까? 가해자를 공감하며 축복하기 위한 이타적인 용서를 합니까? 내가 가해자일 수 있다는 생각이 얼마나 듭니까?

화해하지 못하는 사건에서
구속사적인 해석을 해야 합니다

5 당신들이 나를 이 곳에 팔았다고 해서 근심하지 마소서 한탄하지 마소서 하나님이 생명을 구원하시려고 나를 당신들보다 먼저 보내셨나이다 6 이 땅에 이 년 동안 흉년이 들었으나 아직 오 년은 밭갈이도 못하고 추수도 못할지라 7 하나님이 큰 구원으로 당신들의 생명을 보존하고 당신들의 후손을 세상에 두시려고 나를 당신들보다 먼저 보내셨나니 8 그런즉 나를 이리로 보낸 이는 당신들이 아니요 하나님이시라 하나님이 나를 바로에게 아버지로 삼으시고 그 온 집의 주로 삼으시며 애굽 온 땅의 통치자로 삼으셨나이다 _창 45:5~8

요셉이 형들 앞에서 간증한 내용을 다시 정리해 보면 이렇습니다. "형님들, 나를 애굽에 판 것을 한탄하지 마세요. 흉년이 든 지 이미 2년이 지났지만, 앞으로 5년이 더 남았습니다. 이때를 대비해 하나님이 나를 애굽의 총리로 삼으신 것입니다. 그러므로 이 모든 일은 우리 집안 식구들을 애굽으로 오게 하여 기근 가운데 굶어 죽지 않게 하시려는 하나님의 인도하심입니다." 한마디로 지금까지 이 모든 일이 우리 가정의 구원을 이루고자 하나님이 계획하신 일이라는 겁니다.

어떤 상황에서도 하나님의 주권과 섭리를 인정할 때 진정한 화해와 용서를 하게 됩니다. 심지어 내 부모가 나를 고아원에 보내고, 바람을 피워도 그렇습니다. 그 어떤 힘든 상황도 나를 구원하시려는 하나님의 섭리임을 인정할 때, 부모에 대한 원망이 없어집니다. "어떻게 부모가 되어서 그럴 수 있냐"고 계속 욕만 하고 있으면 화해의 길은 점점 멀어질 뿐입니다. 우리는 하나님의 주권을 인정하는 만큼만 내 사건을 해석하고, 딱 그 만큼만 화해할 수 있습니다. 그것이 영적 원리입니다.

예수님은 "너희 원수를 사랑하며 너희를 미워하는 자를 선대하라"(눅 6:27)고 명령하셨습니다. 하지만 이기적인 우리가 어찌 우리를 미워하는 자를 선대할 수 있겠습니까? 방법은 오직 하나, 내가 하나님을 만나는 것뿐입니다. 하나님을 만나면 그 무엇도 문제가 되지 않습니다.

그러나 예수를 믿는다고 하면서도 그저 장손이 우선이기에 가족 간에 화해하지 못하는 집이 여전히 많습니다. 우리는 주님 안에서 하나 된 보혈 공동체인데, 순서에서조차 자유함이 없으면 되겠습니까?

가령, 여러분이 촛불 때문에 난리를 치다가 이제 태양을 보게 되었다고 합시다. 그러면 "왜 촛불 따위가 나를 무시하냐?"는 소리가 나오겠습니까? 태양이 내 옆에 있는데도 여전히 촛불만 쳐다보면서 "네가 김 촛불이냐? 이 촛불이냐? 큰 촛불이냐? 작은 촛불이냐? 저 작은 촛불이 나를 무시하네" 하며 비교하고 있다면 내게 구원의 확신이 있는지 점검해 보시기 바랍니다. 내가 여전히 누군가와 화해가 안 되는 이유는 태양보다 크신 주님을 아직 만나지 못했기 때문입니다.

여러분 중에 "다른 사람은 다 용서해도 내 남편은 절대 용서 못 해! 내 아내는 절대 용서 못 해!" 이렇게 말하는 분은 없습니까? 그러나 이 세상에 "저 사람만은 절대 안 돼"라고 할 사람은 아무도 없습니다. 오히려 남편 때문에, 아내 때문에 내가 억울하면 억울할수록 나를 향한 하나님의 뜻이 점점 드러난다는 것을 기억하시기 바랍니다. 요셉도 억울한 일을 당할수록 하나님이 주신 꿈을 생각하지 않았습니까? 앞에서도 우리가 이미 살펴보았지만, 구속사적으로 사건을 해석한 요셉은 이미 형들을 용서했습니다.

하지만 우리는 믿는다고 하면서도 하나님의 꿈을 꾸기보다 '그때 열한 별이 내게 절하는 꿈을 꿨으니까 설마 나 대통령 되는 거 아니야?' 하며 밤낮 육적인 꿈밖에 꿀 줄 모릅니다. 그러다 꿈이 이뤄지지 않으면 원망하기 일쑤죠. 잘되면 또 어떤가요?

이를테면 동서네 아이가 공부를 잘해서 평소에 배가 아팠는데, 드디어 우리 아이가 명문대에 떡하니 붙었습니다. 그러면 동서에게 복수했다고 좋아합니다. 우리의 수준이 그렇습니다.

그러나 이 세상의 모든 꿈과 비전은 십자가를 통과하지 않으면 다 동화에 불과할 뿐입니다. 그러므로 부모 세대는 자녀 세대에게 십자가를 통과한 꿈과 비전을 심어 주어야 합니다. 교회도 마찬가지입니다. 만약 교회마저 이기고 또 이기려는(계 6:2) 이 땅의 가치관을 가르친다면, 세상과 다를 바가 무엇이겠습니까.

십자가를 통과한 꿈이 무엇인지 요셉에게 알려 주기 위해 지금까지 형들이 수고한 것입니다. 형들의 수고 덕분에 요셉이 십자가를 건넜습니다. 그래서 요셉처럼 하나님의 절절한 사랑을 경험한 사람들은 "당신이 나를 핍박해 주었기 때문에 내가 예수님을 만났습니다. 나를 예수 믿게 하려고 당신이 수고한 것입니다"라는 고백이 나올 수밖에 없는 겁니다. 그러나 매번 옛날이야기만 하면서 "나는 피해자다. 절대 그 사람을 용서할 수 없다" 부르짖고 있다면 신앙고백이 아직 부족한 것입니다.

바울은 "내가 달려갈 길과 주 예수께 받은 사명 곧 하나님의 은혜의 복음을 증언하는 일을 마치려 함에는 나의 생명조차 조금도 귀한 것으로 여기지 아니하노라"(행 20:24)고 고백했습니다. 바울의 관심은 늘 구원이었습니다. 하나님이 우리를 구원해 주신 이유도 그렇습니다. 나 한 사람 잘 먹고 잘살게 하시려는 것이 아닙니다. 나를 통해 다른 사람을 구원으로 인도하기 위함입니다. 우리에게 영육 간에 축복을 주신 이유도 다른 사람을 구원으로 인도하기 위함입니다. 이 비밀을 알게 하시려고 내게 수많은 사건이 걸어가고 걸어오는 것입니다.

요셉과 형들을 보세요. 결국 착한 요셉도 못된 형들도 열두 지파의 한 부분을 차지했을 뿐입니다. 별 인생이 없습니다. 진정한 회복은 내 사건을 구속사적으로, 즉 영적인 시각으로 보는 것입니다. 어떤 고난 가운데 있더라도 구속사적인 해석을 할 때, 세상이 감당할 수 없는 용서와 화해를 하게 될 줄 믿습니다.

✛ 나에게 허락하신 모든 환경은 하나님이 구원을 이루려고 주신 것입니다. 구원을 위해 지금 하나님이 나를 보내신 곳은 어디입니까?
✛ 구속사적인 해석으로 진정한 회복을 누리고 있습니까?

화해에는 책임이 수반됩니다

9 당신들은 속히 아버지께로 올라가서 아뢰기를 아버지의 아들 요셉의 말에 하나님이 나를 애굽 전국의 주로 세우셨으니 지체 말고 내게로 내려오사 10 아버지의 아들들과 아버지의 손자들과 아버지의 양과 소와 모든 소유가 고센 땅에 머물며 나와 가깝게 하소서 11 흉년이 아직 다섯 해가 있으니 내가 거기서 아버지를 봉양하리이다 아버지와 아버지의 가족과 아버지께 속한 모든 사람에게 부족함이 없도록 하겠나이다 하더라고 전하소서 _창 45:9~11

이 본문에서만 '아버지'라는 말이 아홉 번이나 등장합니다. 요셉은 아버지와의 관계가 좋았기 때문인지 '아버지'를 참 잘 부릅니다. 그만큼 아버지에게 친근감이 있다는 말입니다. 비록 편애이기는 하지만, 요셉이 나름 사랑을 많이 받고 자라서 그런 걸까요? 그는 자기연민이 없을 뿐만 아니라, 쓸데없이 자학하지도 않고 순종도 빨리하는 것 같습니다. 그런데 이렇게나 아버지를 사모하는 요셉이 형제들의 구원을 위해 무려 2년이나 참았습니다.

당신들의 눈과 내 아우 베냐민의 눈이 보는 바 당신들에게 이 말을 하는 것은 내 입이라_창 45:12

요셉은 형제들에게 '내 입으로 한 내 말에 책임을 지겠다'고 합니다. 왜 이렇게까지 말한 것일까요?

당신들은 내가 애굽에서 누리는 영화와 당신들이 본 모든 것을 다 내 아버지께 아뢰고 속히 모시고 내려오소서 하며_창 45:13

요셉이 형제들에게 "아버지를 위해, 형들을 위해 내 재산을 다 드리겠으니 다 와서 먹고 마시라"고 한 것은 자신의 부와 지위를 자랑하기 위함이 아닙니다. 아버지 야곱을 애굽으로 속히 모셔 오기 위함입니다. 요셉은 아버지를 너무 보고 싶었지만 2년이나 참았다고 했습니다. 그러나 자신을 밝히고 나서는 형들에게 속히 아버지를 모셔 오라고 합니다. 이처럼 우리도 구원을 위해 인내해야 할 때가 있고, 속히 행해야 할 때가 있습니다. 이것을 구별하는 것이 참 지혜입니다.

그러면 여기서 요셉의 입장을 한번 생각해 봅시다. 요셉은 그동안 자신이 피해자인 줄 알았는데, 형들에게 가해자일 수도 있다는 것을 깨달았습니다. 그러고 나서 아버지와 아버지의 가족과 아버지께 속한 모든 사람을 봉양하겠다고 했습니다. 그런데 그가 말한 대로 하려면 지금 당장 자기 돈을 들여야 합니다. 여러분이라면 "이럴 거면 나 화해 안 해!" 이런 소리가 절로 나오지 않겠습니까? 조금이라도 내 돈 들어갈 일이 생기면 "그럼 저는 안 들은 걸로 하겠습니다" 하며 내빼는 모습이 왜, 우리에게도 있지 않습니까?

그러나 지금 형들에 대한 요셉의 사랑은 가히 측량할 수가 없습니다. 이는 형제들이 회개한 결과입니다. 그들이 회개했기에 기쁨 가운데 요셉을 민족의 생명을 보존할 구원자로 만나게 된 것입니다. 혹시 형들처럼 과거의 죄 짐에 눌려 고통스러워하는 분이 있습니까? 요셉이 형들을 부른 것보다 더 큰 사랑으로 나를 부르시는 주님의 사랑에 응답하여 속히 하나님과 화해하는 기쁨을 누리기를 바랍니다.

14 자기 아우 베냐민의 목을 안고 우니 베냐민도 요셉의 목을 안고 우니라 15 요셉이 또 형들과 입맞추며 안고 우니 형들이 그제서야 요셉과 말하니라_창 45:14~15

여러분, 이 모든 게 진실이라는 증거가 무엇입니까? 바로 요셉이 계속 울고 있는 것입니다. 요셉은 1절부터 울기 시작하더니 15절에서도 울고 있습니다. 그는 지금 형들이 불쌍해서 우는 것이 아닙니다. 자신이 가해자라는 것을 깨닫고, 회개의 눈물을 흘리는 것입니다.

요셉이 아무리 입으로 용서한다고 말해도 그래요. 용서를 베푼 자로서 형들에게 먼저 가서 입 맞추며 손을 내밀어야 합니다. 형들은 너무 죄인이라 그럴 수 없잖아요. 마찬가지로 우리가 먼저 눈물 흘리며 기도할 때 상대방도 마음을 열게 되어 있습니다. 그러나 우는 것이 어찌 우리 마음대로 되겠습니까? 먼저 하나님과 화해가 되어야 회개의 눈물도 흐르고, 나를 힘들게 한 사람과도 화해가 되는 것입니다.

아들 고난만 해결되면 우리들교회를 떠나고 싶다는 한 집사님의 나눔입니다.

우리들교회는 별로 좋은 교회가 아닌 것 같습니다. 저는 선데이 크리스천으로 살면서 여러 번 교회를 옮겨 다녔습니다. 가장 편하고 좋았던 교회는 제가 예배를 가든 안 가든 신경 쓰지 않는 교회였습니다. 우리들교회에 오게 된 이유는 다 아들 때문입니다. 똑똑한 아들이 대학에 안 가겠다면서 제 속을 썩였거든요. 그 아들이 우리들교회를 가보자고 해서 같이 왔는데, 도리어 아들은 안 나오고 여전히 제 속을 썩이고 있습니다.

이렇게 저는 별 고난 없이 살다가 아들 문제로 우리들교회에 와서 구속사의 말씀을 듣게 되었습니다. 하지만 고난 가운데 있는 성도들의 간증을 들을 때마다 '나한테는 저런 고난이 오면 안 되는데……' 이런 생각만 듭니다. 저도 아들 고난 때문에 왔으면서도 고난이 죽기보다 싫습니다. 물론 고난을 은혜로 삼으려는 생각까지는 들지만, 굳이 고난이 축복이라고 말하는 교회를 계속 다녀야 할지는 잘 모르겠습니다.

저는 대기업을 다니다가 남들보다 조금 일찍 퇴직했습니다. 그나마 제가 우리들교회를 다녀서일까요? 감사하게도 퇴직 후 일자리를 금방 얻었습니다. 회사에서 원칙대로 해 보고자 나름 애쓰는데, 실적이 그리 좋지는 않습니다. 교회 지체들은 이것도 하나님이 부르시는 사건이라고 하지만, 솔직히 그렇게 말하는 것도 싫습니다.

저는 아무래도 아들 문제가 해결되면 이 교회를 떠날 것 같습니다. 앞서 말한 교회에 가서 좋은 이야기만 듣고, 교양 있게 음악과 미술이나 감상하면서 살고 싶습니다. 신앙생활도 적당히 해야지 너무 깊게 하면 솔직히 거부감이 올라옵니다. 때로는 이민 가서 골프나 치면서 살고 싶다는 생각도 듭니다. 제 친구들은 이미 그렇게 살고 있습니다. 친구들처럼 노후를 준비하지 않은 것이 지금은 살짝 후회가 됩니다.

여러분, 놀랍게도 이분이 목자님(소그룹 리더)입니다. 남자 집사님들 중에 이런 생각을 가진 분들이 의외로 많습니다. 여자 집사님들은 부부목장(부부 소그룹 모임)에서 이런 나눔을 들으면 '아, 내 남편 같은 사람이 또 있구나' 이러면서 위로를 좀 받기를 바랍니다.

이 목자님의 나눔을 듣고, 한 장로님이 이렇게 권면하셨습니다.

하나님은 우리가 십자가를 통과해야 영적으로든 육적으로든 좋은 것을 주십니다. 그리고 목사님은 성령님이 인도하시는 대로 설교하는 것이지 무조건 "고난이 축복이다" 이 말씀만 하시는 게 아닙니다. 만약 집사님이 고난도 없이 목자를 한다고 생각해 보세요. 얼마나 힘든 목원들을 공감하기 어렵겠습니까? 그래서 하나님이 집사님에게 조금의 고난을 주신 것입니다. 집사님은 자꾸 고난이 축복이라고 말하는 우리들교회와 엮이기 싫다고 하지만, 이미 엮이셨습니다. 그러니 좋은 교회 다니시는 줄 알고, 잘 붙어 가세요.

이 목자님은 결정적으로 자신이 가해자라는 생각이 안 드니까 하나님과도 화해가 안 되고, 아들과도 더더욱 화해가 안 되는 겁니다. 목자라고 해도 아직 신앙고백이 확실하지 않기에 "나는 피해자다"라는 생각에서 벗어나지 못하는 것입니다. 그러니 자꾸 '환경이 이렇게 좋은데 아들놈이 공부를 안 한다'는 생각밖에 안 들고 화만 나는 것이죠. 왜 이분이 아들과 말이 안 통하는지 남들은 다 아는데, 본인만 잘 모르시는 것 같습니다. 저는 이 집사님 같은 분들이 우리 교회를 떠난다고 해도 굳이 말리지 않습니다. 그런데 이분은 만날 떠나겠다고 해도 여전히 목장을 섬기고 있습니다.

우리 주변을 보면 여전히 화해하지 못한 관계들로 가득합니다. 내가 가해자일 수도 있다는 생각을 해야 하는데, 내가 피해자라는 생각밖에 안 하기 때문입니다. 우리가 진정한 화해를 하려면 먼저 나를 위해 죽어 주신 주님의 사랑에 반응해야 합니다. 내가 하나님 앞에 진정 가해자임을 알아야 하나님과도 화해하고, 나를 해하려고 한 사람과도 화해할 수 있습니다. 그 크신 하나님의 사랑에 감격하여, 아직 화해하지 못한 사람에게 먼저 다가가 입 맞추며 자신의 소유를 베푸는 우리가 되기를 기도합니다.

✛ 화해에는 책임이 수반된다는 것을 인정합니까?

✛ 지금 나와 화해가 안 되는 사람은 누구입니까? 그와 화해하고자 먼저 다가가 입을 맞추며 내 소유를 베푸는 적용을 하기로 결단합니까?

"

내가 하나님 앞에 진정 가해자임을 알아야

하나님과도 화해하고

나를 해하려고 한 사람과도

화해할 수 있습니다.

"

결혼 전 남편은 주일이면 저와의 데이트도 뒤로한 채 열심히 교회에 다녔습니다. 저는 이렇게 믿음 좋은 청년과 살면 인생이 행복할 것 같아 결혼을 결심했습니다. 하지만 막상 결혼하고 보니 남편은 밖으로만 돌고, 집에 들어오면 늘 핸드폰을 꺼 두었습니다. 답답한 마음에 왜 그런지 묻기만 해도 남편은 저를 의부증 환자 취급했습니다. 그러다 남편의 사업이 부도나면서 그간 제게 수많은 거짓말을 해 왔다는 사실을 알게 되었습니다. 그 일로 저는 믿음의 공동체에 속하게 되었습니다. 그곳에서 양육을 받으며 거짓된 삶에서 헤어 나오지 못하는 남편을 위해 제가 할 일은, 그저 저 자신을 내어 주는 것밖에 없음을 알게 되었습니다. 저는 말씀과 공동체에서 힘을 얻게 되자 남편의 핍박에도 불구하고 자녀들과 함께 예배를 중수할 수 있었습니다.

그러던 어느 날, 부부목장에 한 번만 같이 가 달라는 저의 부탁에 남편은 마지못해 따라와 주었습니다. 목장 식구들은 남편이 어떤 나눔을 하든 싫은 내색 없이 한결같이 잘 들어 주었습니다. 그러자 남편도 마음을 열고, "경제적 어려움과 빚 문제로 자살까지 생각했었다"며 진솔한 나눔을 하기 시작했습니다. 하지만 저는 그런 남편에게 "지금 보험 하나 없는데, 빚만 남기고 죽으면 안 된다. 죽으려면 그 빚 다 갚고 죽으라”며 모진 말을 해 댔습니다. 그런데 이런 저 자신을 돌아보니 남편의 고통에는 아랑곳하지 않는 이기적인 저 때문에 남편이 수고하고 있다는 것이 인정되었습니다. 그동안 저는 “나는 피해자”라고만 생각했습니다. 그러나 남편의 상처를 후벼 파는 저야말로 오히려 가해자임이 깨달아지니 그때부터 진심으로 남편에게 순종할 수 있었습니다(창 45:3).

그로부터 얼마 후 남편은 대출받은 돈을 갚지 못해 소송을 당했고, 경제사범으로 감옥에 가게 되었습니다. 합의 문제로 잠시 갈등했지만, 남편은 말씀을 들으며 자신의 죗값을 온전히 치르기로 결정했습니다. 저는 이런 남편을 보며 이 모든 상황이 우리 가정의 구원을 위한 하나님의 섭리로 해석되어 감격의 눈물을 흘렸습니다(창 45:2, 5~8).

야곱 가족이 먹을 것이 다 떨어져서야 화해하게 된 것처럼, 저도 돈이 떨어져서야 비로소 하나님과 화해하고 가족과 화해하게 되었습니다. 저와 남편은 어린 시절 부모님의 부재로 인한 상처 때문에 가족을 많이 원망했습니다. 그런데 이 일로 시댁과 친정의 도움을 받으면서 부모님의 입장을 많이 이해하게 되었습니다. 남편이 감옥에 있는 동안 우리 부부는 십수 년이 넘는 결혼생활에서 나눈 것보다 훨씬 더 많은 대화를 편지로 주고받았습니다. 제가 피해자가 아닌 가해자임을 깨닫게 하셔서 남편과 시댁, 친정 식구들과 화해하고, 용서의 기쁨을 누리게 해 주신 하나님, 감사합니다.

하나님 아버지, 요셉이 형들에 의해 노예로 팔리고, 얼마나 외롭고 힘든 인생을 살았는지 모릅니다. 그러니 어찌 자신을 가해자라고 생각할 수 있겠습니까. 누가 봐도 요셉은 피해자라는 생각이 들지 않겠습니까. 그래서 우리는 역경을 딛고 총리가 된 피해자 요셉은 칭송하는 자리에 올려놓고, 동생 팔아먹고 며느리와 동침한 가해자 유다는 전자동으로 죄인의 자리에 놓습니다. 구속사의 말씀을 들어도 이런 생각이 좀체 바뀌지 않습니다.

저 역시 어려서부터 부모의 돌봄을 잘 받지 못했기에 '나는 피해자'라고만 생각했습니다. 그런데 저 자신을 돌아보니 누군가에게는 제 존재 자체가 가해자가 될 수 있음을 알았습니다. 참으로 저의 피해의식으로 인해 저도 모르게 가해자가 되어 사람들에게 상처를 줄 수 있다는 것을 알았습니다. 요셉은 유다의 생명 내놓는 사랑을 보고 자신이 가해자일 수도 있음을 깨달았다고 하는데, 여전한 방식으로 날마다 하나님을 예배하다 보니 저도 제가 가해자라는 것을 성령님이 깨닫게 해 주셨습니다.

주님, '나는 너무나 잘 참고 인내했다. 나는 피해만 당했다'는 피해의식에서 벗어나지 못하면 그 어떤 관계에서도 결코 화해가 이루어질 수 없다는 것을 깨닫기를 원합니다. 무엇보다 우리 모두 하나님 앞에 가해자임을 깨닫기 원합니다. 가정이든 직장이든 어떤 환경에 있든지 나도 가해자일 수 있음을 알고 걸어갈 때, 화해의 역사가 우리 삶의 곳곳에서 일어나게 될 줄 믿습니다.

부부간에 형제간에 부모, 자식 간에 서로 용서할 수 없는 일이 있고, 가정과 직장에서 용서할 수 없는 사람이 있다면, 먼저 자신을 가해자의 입장에 놓고 생각할 수 있도록 성령님, 역사하여 주옵소서. 우리 힘으로는 그 누구도 용서할 수 없지만, 내 죄를 깨닫게 하시는 예수 그리스도의 사랑으로 말미암아 먼저 하나님과 화해할 때 그들과도 화해할 수 있음을 믿습니다. 우리의 모든 막힌 관계 가운데 책임지는 사랑을 보임으로 진정한 화해와 용서가 이루어질 수 있도록 주여, 인도하여 주옵소서. 예수님 이름으로 기도드립니다. 아멘.

02

초청

창세기 45장 16~28절

하나님 아버지,
예수님만이 우리 삶의 이유이기에
가족과 이웃을 구원으로 초청하기 원합니다.
말씀해 주옵소서. 듣겠습니다.

야곱은 얍복 나루에서 하나님을 뜨겁게 만나고 나서 형 에서와 아름다운 화해를 했습니다. 그런 뒤 형에게 자신이 준비한 예물을 받아 줄 것을 강권했죠(창 33:11). 본문에서도 형제들과 화해한 요셉이 그들을 위해 온갖 선물을 준비합니다.

야곱과 에서의 화해가 신자(信者)와 불신자(不信者) 간의 화해였다면, 본문에 나오는 요셉과 형들의 화해는 신자끼리의 화해입니다. 저는 이런 신자끼리의 화해야말로 아름다운 화해를 넘어선 감동적인 화해라고 생각합니다. 소위 잘 믿는다고 하는 사람들을 보세요. 각자 절대적인 가치관이 확고하기에 한번 틀어지면 화해하기가 더 어려운 것을 봅니다. 차라리 안 믿는 사람들은 술이라도 한잔하면서 금방 푸는 것처럼 보입니다. 그러나 믿는 사람들끼리는 어디 그게 됩니까? 각자 믿음의 분량이 다르니 생각도 제각각입니다. 그러니 더 힘들 수밖에 없습니다.

아름다운 화해든 감동적인 화해든 화해에 선물이 뒤따르는 이유는 무엇일까요? 야곱이 에서와 화해할 때도 그렇고, 요셉도 형들과 22년 만에 힘들게 화해를 했잖아요. 요셉 입장에서는 아버지와 형제들에게 자신의 모든 걸 다 내주고 싶은 마음이 절로 들지 않았을까요?

그래서 요셉이 "애굽 땅의 좋은 것을 다 주겠다"면서 온 가족을 초청한 것이죠. 이것은 신약적 관점에서 하나님 나라로의 초청을 의미합니다.

하나님이 예수님을 세상에 보내신 목적이 무엇입니까? 바로 우리를 구원하시려는 것 아닙니까? 그리스도의 예표인 요셉을 통해 회개와 용서와 화해의 모범이 계속해서 제시되는 것도 그렇습니다. 이는 우리를 구원하시려는 하나님의 목적이 이 땅에서 끊임없이 이루어지고 있음을 보여 줍니다. 성경 어디를 봐도 우리가 구원받기를 간절히 원하시는 하나님의 섭리가 면면히 흐르고 있습니다.

하나님은 요셉과 형들의 인생을 통해 "믿어도 갈등이 있다. 갈등이 있을 때는 이런 식으로 풀어 가야 한다! 용서는 이렇게 하고, 화해는 이렇게 하는 것이다"라며 구체적으로 보여 주고 계십니다. 그래서 결국 이 모든 것의 결론이 무엇입니까? 바로 구원입니다. 요셉이 온 가족을 애굽으로 초청한 이유도 마찬가지입니다. 구원 그 이상도 그 이하도 아닙니다. 그러면 우리가 누군가를 구원으로 초청하려면 어떻게 해야 하는지 본문을 통해 살펴보겠습니다.

신뢰를 받아야 합니다

요셉의 형들이 왔다는 소문이 바로의 궁에 들리매 바로와 그의 신하들이 기뻐하고_창 45:16

애굽인들이 천히 여기는 히브리인이 도성 한복판에서 큰 소리로 울고 있는데, 교양 있는 바로와 그의 신하들이 기뻐했다고 합니다. 요셉이 형제들을 만나서 크게 울었다는 소식을 들었기 때문입니다. 요셉을 향한 그들의 신뢰가 얼마나 큰지 짐작할 수 있습니다. 그러면 요셉이 그들에게 신뢰를 받은 이유가 무엇입니까? 온 땅에 흉년이 들어 먹을 것이 없는 이때 하나님이 주신 명철과 지혜로 바로와 애굽에 엄청난 유익을 끼치고 있기 때문이죠. 요셉이 바로와 애굽을 먹여 살리지 않았다면, 애굽 사람들이 그를 신뢰했겠습니까. 그러므로 믿는 우리는 세상 사람들이 잘되도록 그들에게 머리도 빌려주고, 우리가 받은 은혜도 흘려보내야 합니다. 그럴 때 신뢰가 쌓입니다.

만약 바로와 신하들이 요셉을 신뢰하지 않았다면 요셉의 형들을 보고 "저 떨거지들이 왜 여기까지 왔냐" 하며 반기지 않았을 겁니다. 더욱이 애굽 사람들에게 요셉은 보디발의 노예였잖아요. 바로 입장에서는 노예를 총리로 삼았으니 정치적 부담감이 상당했겠죠. 그런데 이때 가족이 딱 나타났으니 '그래도 요셉이 태생부터 노예는 아니구나. 제대로 된 집 자손이구나' 하며 바로가 더 기뻐하지 않았을까요? 여하튼 요셉이 바로에게 깊은 신뢰를 받았기에 온 가족을 애굽으로 초청할 수 있었던 것입니다.

우리가 전도를 할 때도 그래요. 그냥 교회에 오라고만 한다고 저절로 전도가 되는 게 아닙니다. 주변 사람들에게 끊임없이 신뢰를 쌓아야 합니다. 그것이 전제 조건입니다. 내가 지금 신뢰받지 못해서 교회로 초청하지 못하는 사람이 있습니까? 그래도 너무 낙심하지 마시기 바랍니다. 요셉을 보세요. 형제들을 초청하기까지 22년이나 걸렸잖아요. 초청도 하루아침에 되는 것이 아닙니다. 신뢰를 쌓는 시간이 필요합니다.

다음은 스티븐 M. R. 코비(Stephen M. R. Covey)가 쓴 『신뢰의 속도』라는 책에서 본 내용입니다.

2003년 버크셔 해서웨이(Berkshire Hathaway)의 CEO 워런 버핏(Warren Buffett)은 월마트로부터 맥레인 유통을 인수했습니다. 버크셔 해서웨이와 월마트는 공개 기업이기 때문에 온갖 종류의 검사와 감독을 받아야 합니다. 일반적으로 이 정도 규모의 합병에는 여러 달이 걸린답니다. 또 모든 자료를 검증하고 확인하기 위해 수백만 달러를 지불해 가며 회계사, 감독관, 변호사를 동원한다고 합니다. 하지만 월마트와 버크셔 해서웨이는 모두 높은 신뢰를 바탕으로 인수합병을 추진했던 터라 단 한 번의 미팅과 악수로 협상이 이뤄졌습니다. 인수 작업을 시작한 지 한 달도 되지 않아 인수합병 계약에 사인한 겁니다. 실사 비용도 전혀 들지 않았죠. 워런 버핏은 2004년 연례보고서에 첨부된 경영자 편지에 이렇게 썼습니다. "우리는 실사(due diligence)를 하지 않았습니다. 우리는 모든 것이 월마트에서 말한 그대로 될 것이라고 생각했고 실제로 그렇게 되었습니다."

그야말로 신뢰가 높으면 속도는 빨라지고 비용은 낮아진다는 것을 그대로 보여 주는 사례입니다. 부부 관계도 그렇습니다. 부부가 서로 신뢰하고 하나가 될 때 집안에 돈도 벌리기 마련입니다.

우리들교회 목자들만 봐도 그래요. 교회를 신뢰하니까 목자가 꼭 담임목사처럼 목장을 섬깁니다. 따로 돈을 받는 것도 아닌데, 목자들이 자원해서 섬기니까 위의 사례처럼 속도는 빨라지고 비용은 낮아지는 경우를 많이 봅니다. 정말 이것만 봐도 신뢰가 얼마나 큰 자산인지 모릅니다.

오래 전에 들은 이야기입니다. 어느 한 기업의 임직원들이 휴가를 내어 베트남으로 봉사활동을 갔답니다. 수십 명이 가서 직접 땀을 흘리며 현장에서 돕겠다고 나섰는데, 베트남 인민위원회에서 보내준 스케줄을 보니 온종일 의전 행사만 있더랍니다. 작은 마을에 가도 대표 역할을 하는 사람이 있어서 그 사람한테 인사하는 게 일인 겁니다. 그래서 화가 난 임원들이 "값진 휴가를 이런 인사만 하는 요식행위로는 보낼 수는 없다!"고 말했다고 합니다.

여러분이 보기에도 정말 속도가 꽝 아닙니까? 이처럼 구조적으로 서로를 신뢰하지 않는 사회는 검사하고 조사해야 할 것이 많으니 그만큼 비용이 올라갈 수밖에 없습니다. 그래서 신뢰를 쌓는 것이 중요합니다. 우리도 상대방이 마음을 열 때까지 지혜롭게 대하면서 삶 속에서 끊임없이 신뢰를 쌓아 갈 때, 가족과 이웃을 구원으로 초청하는 일이 그만큼 빨라질 줄 믿습니다.

✛ 나는 주변 사람들에게 신뢰를 받고 있습니까? 내가 아직 신뢰를 쌓지 못해서 구원으로 초청하지 못하는 사람은 누구입니까? 그의 신뢰를 얻기 위해 적용해야 할 일은 무엇입니까?

세상에 대한 미련을 버려야 합니다

17 바로는 요셉에게 이르되 네 형들에게 명령하기를 너희는 이렇게
하여 너희 양식을 싣고 가서 가나안 땅에 이르거든 18 너희 아버지
와 너희 가족을 이끌고 내게로 오라 내가 너희에게 애굽의 좋은 땅
을 주리니 너희가 나라의 기름진 것을 먹으리라 19 이제 명령을 받
았으니 이렇게 하라 너희는 애굽 땅에서 수레를 가져다가 너희 자
녀와 아내를 태우고 너희 아버지를 모셔 오라 20 또 너희의 기구를
아끼지 말라 온 애굽 땅의 좋은 것이 너희 것임이니라 _창 45:17~20

바로가 애굽의 '좋은 땅'을 주겠다며 야곱 가족을 초청합니다. 그
러자 요셉이 이 명령을 형제들에게 전하면서 "너희의 기구를 아끼지
말라"고 합니다. 이것이 무슨 말입니까? "바로가 너희에게 가장 좋은
것을 주기 위해 초청하는 것이니 가나안에 있는 너희 재산에 관심을
갖지 말라"는 것이죠. 우리가 천국을 생각해도 그렇지 않을까요? 천국
과 비교하면 이 땅의 것은 모두 누더기에 불과할 뿐입니다. 그런데 이
땅의 것을 너무 아까워하다가 진짜 좋은 천국을 놓치면 되겠습니까.

지금은 바로가 야곱 가족을 국빈으로 초청하며 극진히 대우하지
만, 후에 이스라엘 민족은 어떤 처지가 됩니까? 요셉을 알지 못하는
새 왕이 애굽을 다스리게 되면서(출 1:8) 노예로 전락하고 말죠. 이런
것만 봐도 사람은 정말 믿음의 대상이 아닙니다. 특히 믿지 않는 사람
에게는 아무것도 기대할 것이 없습니다. 애굽 사람들이 아무리 요셉

에게 고마워해도 그들 중에 그 누구도 하나님을 믿지 않잖아요. 바로와 애굽은 이스라엘의 구원을 위해 수고하는 역할로 잠시 쓰인 것뿐입니다.

이 세상에서 아무리 좋은 것이라도 구원보다 더 좋은 것은 없습니다. 그런데도 사람들은 이 땅에서 조금이라도 지위와 권세와 부를 갖게 되면 얼마나 예수님을 거부하는지 모릅니다. 예수 믿으면 무조건 잘되어야 한다고 여기는 기복신앙도 십자가를 거부하는 것입니다. 기복신앙이 이단보다 더 무섭다는 말이 괜히 나온 것이 아닙니다.

성경은 창세기부터 계시록까지 줄기차게 십자가를 강조하는데, 세상은 왜 십자가를 거부하는 걸까요? 여러분이 누군가를 전도하기 위해 교회로 초청할 때 주로 듣는 거절의 이유를 생각해 보세요. "일요일은 일해야 해요", "산으로 들로 놀러 가야 해요", "그날은 아이들 학원 보내야 해요" 이런 말들 아닙니까? 누가복음 14장의 큰 잔치 비유에서도 "밭 보러 가고, 소 다섯 겨리 시험해야 하고, 장가들어서 못 간다"며 초청을 거절하는 사람들이 나옵니다. 세상이 십자가를 거부하는 이유는, 이 세상 것이 절대 포기가 안 되기 때문입니다. 우리가 믿기만 하면 하나님이 모든 좋은 것을 다 주실 텐데 그것이 믿어지지 않고, 여전히 아까운 게 많기 때문입니다.

저는 어린 시절부터 열심히 피아노를 쳤습니다. 피아노에 들인 시간만 해도 상당했죠. 게다가 얼마나 열심히 했으면 유학도 안 다녀온 제가 예고 강사까지 됐겠습니까. 지금은 그렇게 애쓰면서 친 피아노를 출세와 돈 버는 일로 쓰지 않고, 마치 버린 것처럼 살고 있습니다.

제 주변을 보면 피아노를 가르치는 것이 은사인 분들이 있습니다. 저도 은사가 있어서 제법 학생들을 잘 가르쳤죠. 그런데 예수를 믿고 보니 입시 경쟁에서 살아남기 위해 아이들을 가르치는 일이 제게 평강이 없었습니다. 그렇게 열심히 피아노를 쳤는데, 피아노 레슨 한 시간 해서 돈 버는 것보다 제가 전한 복음을 듣고 이혼과 자살을 철회했다는 소식을 듣는 게 훨씬 더 기쁘더라고요. 그러다 보니 피아노 가르치는 일을 슬슬 놓게 되었죠. 저에게 가장 좋은 땅은 피아노를 가르치는 일이 아니라 복음 전하는 일이었기 때문입니다. 아무리 돈과 학벌과 지위가 있어도 구원받는 것과 그것들은 결코 비교할 수 없습니다.

이제 명령을 받았으니 이렇게 하라 너희는 애굽 땅에서 수레를 가져다가 너희 자녀와 아내를 태우고 너희 아버지를 모셔 오라

_창 45:19

요셉이 형들에게 애굽 땅에서 수레를 가져다가 가족을 태우고, 아버지를 모셔 오라고 합니다. 애굽산 수레이니 얼마나 고급이겠습니까? 여러분도 이왕이면 내가 소유한 최고의 자동차로 전도 대상자를 교회로 모셔 오기를 바랍니다. 자동차가 한 대면 깨끗이 세차해서 모셔 오고, 여러 대가 있다면 그중에서 가장 좋은 차, 특별히 고급 외제 차가 있다면 그것으로 모셔 오기 바랍니다. 좋은 차는 이럴 때 쓰라고 있는 겁니다.

그런데 우리가 전도하다 보면, 암에 걸린 분들이 유독 구원 초청

을 잘 받아들이는 것을 봅니다. 생에 주어진 유예 기간을 보내며 마음이 겸손해져서 예수님을 영접하는 것이죠. 세상에 대한 미련을 버려야 주님의 초청을 잘 받아들일 수 있습니다. 그런 면에서 하나님께로 돌이킬 기회를 주는 암이야말로 어떤 분의 고백처럼 21세기 최고의 축복이 아닐 수 없습니다.

한번은 말기암 환자인 60대의 미국 할머니가 은행 강도를 제압했다는 기사를 본 적이 있습니다. 한 여성이 은행에 들어오더니 모두 바닥에 엎드리라고 외친 후 은행 직원에게 1만 달러를 가방에 넣으라고 지시했답니다. 은행 안의 사람들은 겁에 질려 바닥에 엎드렸지만, 할머니는 그 여성 강도에게 돌격해 경찰이 도착할 때까지 그녀를 붙잡고 늘어졌다고 합니다. 그러면서 "나는 말기암 환자다. 더 이상 잃을 게 무엇이 있겠느냐. 만일 내가 죽는다 하더라도 신의 뜻일 것이다"라고 말했답니다.

그렇습니다. 비단 이 할머니뿐만 아니라 우리도 얼마 있다가 다 죽을 인생입니다. 그야말로 우리 인생은 밑동 잘린 나무와 같습니다. 그런데도 여전히 아까운 게 많기에 이 할머니처럼 자신에게 주어진 삶에 맞설 용기가 생기지 않는 것입니다.

이스라엘의 아들들이 그대로 할새 요셉이 바로의 명령대로 그들에게 수레를 주고 길 양식을 주며_창 45:21

야곱 가족이 애굽으로 이주하는 것은 이스라엘에게는 구속사의 사건입니다. 그래서 성경 기자가 '야곱의 아들들'이 아니라 '이스라엘의 아들들'이라고 표현한 것입니다.

"여호와께서 아브람에게 이르시되 너는 반드시 알라 네 자손이 이방에서 객이 되어 그들을 섬기겠고 그들은 사백 년 동안 네 자손을 괴롭히리니 그들이 섬기는 나라를 내가 징벌할지며 그 후에 네 자손이 큰 재물을 이끌고 나오리라"(창 15:13~14).

야곱 가족의 이주는 하나님이 아브라함에게 하신 이 약속을 성취하기 위함입니다. 그러므로 그들은 반드시 애굽으로 가야 합니다. 지금은 애굽이 약속의 땅이지만, 400년 후에 애굽은 고난의 땅이고, 가나안이 약속의 땅이 될 것입니다. 이처럼 이 세상에 있는 약속의 땅은 계속 변합니다. 하지만 약속의 땅이 하나님의 선물이요, 천국의 모형이라는 사실은 결코 변하지 않습니다.

그런데 애굽으로 야곱 가족을 초청하는 이 일을 요셉이 바로의 명령대로 했다고 합니다. 여기서 중요한 점은 애굽으로 가는 이 구속사의 여행이 성자(聖者)로부터 비롯된 것이 아니라, 믿지 않는 바로의 명령으로부터 시작되었다는 겁니다.

우리 삶의 여정도 마찬가지입니다. 오늘 내 옆의 힘든 남편, 힘든 직장 상사의 명령 덕분에 우리 집에 예수가 들어오게 됩니다. 내 옆의 말도 안 되는 사람의 명령에 순종할 때 예수가 우리 집에 들어오기 시작하는 겁니다. 진정한 리더십은 이런 순종에서 비롯됩니다. 그러면 어떤 사람이 순종할 수 있습니까? 이 세상과 천국을 비교할 수 없다는 것을 알기에 세상에 미련을 두지 않는 사람입니다. 세상은 그런 사람을 결코 감당할 수 없습니다. 그러나 기복적으로 잘되는 것만 좋아하면 "네 자손이 400년 동안 노예가 되어 섬겨야만 천국의 의미를 제대로 깨달을 수 있다"는 말씀을 축복으로 듣지도 못할뿐더러 순종도 할 수 없습니다.

✛ 내가 버리지 못하는 세상의 미련은 무엇입니까? 이 세상의 아무리 좋은 것도 천국과는 감히 비교할 수 없다는 말씀이 얼마나 인정됩니까?

다투지 말아야 합니다

22 또 그들에게 다 각기 옷 한 벌씩을 주되 베냐민에게는 은 삼백과 옷 다섯 벌을 주고 23 그가 또 이와 같이 그 아버지에게 보내되 수나귀 열 필에 애굽의 아름다운 물품을 실리고 암나귀 열 필에는 아버지에게 길에서 드릴 곡식과 떡과 양식을 실리고 24 이에 형들을 돌려보내며 그들에게 이르되 당신들은 길에서 다투지 말라 하였더라_창 45:22~24

조금 전까지만 해도 형들은 은잔 도둑으로 몰려서 요셉에게 "살려 달라"고 애걸하는 상황이었지요(창 44장). 그런데 지금은 상황이 좀 달라졌습니다. 요셉이 형제들에게 양식과 온갖 아름다운 물품을 수레에 실어 주며 온 가족을 애굽으로 초청하고 있습니다. 형제들은 애굽 총리인 요셉의 지위와 권세와 명예가 어떠한지 이미 다 봤습니다.

그런데 생각해 보세요. 형들이 야곱을 만나면 사실은 자신들이 요셉을 죽이려 했고, 노예로 팔아 버렸다는 이야기를 해야 하잖아요. 그러니 가는 길에 "그때 요셉을 죽이려고 했던 게 누구야? 너 아니야?", "무슨 소리야! 나는 그래도 살리려고 구덩이에 넣으려고 했다고!" 이렇게 다툼이 생길 여지가 충분했죠.

여러분, 다투는 집의 특징이 무엇입니까? 집마다 없던 돈이 생기고 지위가 생길 때 서로 다투는 경우를 많이 봅니다. 반면에 돈 한 푼 없는 집은 화목합니다. 그러니 "우리 집은 너무 화목해" 이 말은 '그 집에는 돈이 하나도 없구나'로, "우리 집은 날마다 싸워" 이것은 '그 집은 돈 좀 있네'라고 생각하면 대개 맞습니다. 환경에 장사가 없어서 돈이 없으면 화목하다가도 돈과 지위가 생기면 어느새 다투는 것이 우리의 실상입니다.

할리우드의 유명 배우인 엘리자베스 테일러(Dame Elizabeth Taylor)는 6,700억 원 상당의 재산을 남겼습니다. 8번의 결혼을 한 테일러는 슬하에 3명의 자녀와 9명의 손주를 두었습니다. 생전에 테일러는 자신의 재산이 에이즈(AIDS) 연구 기금으로 쓰이기를 원했죠. 그러나 그녀의 바람과는 달리 자식들은 재산을 두고 다툼을 벌였습니다. 테일러 집안이야말로 돈이 많을수록 다툼도 많다는 것을 보여 주는 사례입니다.

그런데 여러분, 이때 "다투지 말라"는 말을 누가 했습니까? 요셉이 했습니다. 전도할 때 우리는 우리의 선한 행실로 사람들의 신뢰를 받아야 합니다. 그러나 꼭 내 행위가 완전해서 누군가를 전도할 수 있는 것은 아닙니다. 요셉이 온전해서 형제들에게 다투지 말라고 한 것이 아니란 말입니다. 그러면 요셉이 얼마나 온전하지 못한지 다음 대지에서 살펴보겠습니다.

✛ 가족 간에 돈이 없으면 화목하다가도 돈과 지위가 생기면 서로 다투는 모습이 있지는 않습니까? "다투지 말라"는 말을 적용해야 할 일은 무엇입니까?

온전해서 초청하는 것이 아닙니다

또 그들에게 다 각기 옷 한 벌씩을 주되 베냐민에게는 은 삼백과 옷 다섯 벌을 주고_창 45:22

요셉은 아버지 야곱과 베냐민을 위해 생명 내놓는 유다의 사랑을 보고 큰 소리로 울며 회개했습니다. 한마디로 유다는 요셉을 회개하게 한 사람입니다. 그런데 여전히 요셉이 좋아하는 사람은 베냐민뿐입니다. 그래서 베냐민에게만 은 삼백과 옷 다섯 벌을 챙겨 줬지요. 형제들 보고 다투지 말라고 하고서는 정작 자신이 다툼의 근거를 제공하고 있는 셈입니다.

형들 입장에서는 가뜩이나 죄도 많은데, 베냐민과 차별을 두니 얼마나 비참한 심정이 들겠습니까. 하지만 지은 죄가 너무 커서 아무 말도 못 했을 겁니다. 그래도 그렇지요. 앉으나 서나 베냐민만 부르짖으면서 선물로 형제간에 위화감을 조성하면 되겠습니까? 반면에 유다는 요셉에게 "내 어머니 레아의 소생 르우벤과 시므온과 레위를 좀 부탁한다" 이런 말을 일절 하지 않았습니다. 이런 것만 봐도 은 삼백과 옷 다섯 벌은 오히려 유다한테 줘야 하지 않습니까?

그런데 여러분, 요셉의 편애 스토리가 어디서부터 시작되었나요? 야곱이 여러 아들보다 요셉을 더 사랑하여 채색옷을 지어 입힌 일 아닙니까(창 37:3). 어쩌면 요셉은 베냐민에게 많은 옷을 줘서 채색옷을 입은 자신을 형들이 죽이려 했다는 사실을 상기시키려 했는지도 모릅니다. 그러나 이는 형들을 괴롭히기 위한 것이 아니라, 마지막까지 형들의 회개를 촉구하기 위함이었습니다.

유다는 비록 예전에는 요셉을 팔자고 제안했지만, 회개한 후에는 "아버지와 동생을 위해 내가 대신 종이 되겠다, 대신 죽겠다"며 자기 자신을 내어놓았습니다. 이처럼 우리도 믿고 나서 바뀌는 것이 있어야 합니다. 그런데 이런 유다와 달리 요셉은 툭 치면 나오는 죄 고백이 별로 없어 보입니다. 물론 요셉은 믿음의 사람이요, 하나님이 함께 하시는 사람이 맞습니다. 우리가 앞으로 보겠지만, 너무나도 착실한 요셉은 성품에서 벗어나지 못하는 한계가 분명히 있었습니다. 그러나 성도는 성품이 아닌 은혜로 사는 존재입니다. 예수님이 성품 좋고 잘난 요셉 지파가 아닌 죄 많고 지질한 유다 지파를 통해 오신 것도 그렇습니다. 하나님은 성품이 아닌 은혜를 1등 삼으시기 때문입니다.

사업가로 성공한 뒤 수백억 원을 사회에 기부한 80대 할머니가 있었습니다. 그런데 맏아들이 어머니를 한정치산자로 몰아 "모친이 재산 처분을 마음대로 하지 못하게 해 달라"며 법원에 소송을 냈습니다. 이 모자간 소송은 10개월 만에 아들의 완패로 끝났습니다. 그런데 이 아들이 유명 의대 교수라고 합니다. 어머니는 기부 천사로 존경을 받는다는데, 맏아들은 어머니의 뜻을 이해하지 못했습니다. 반면에 작은아들은 어머니의 뜻을 따르겠다고 했답니다. 이 할머니는 "남은 재산을 모두 사회에 기부하겠다는 평소 소신을 지킬 수 있게 되어 안도했다"면서 "시간이 좀 걸리긴 하겠지만 맏아들과도 언젠가 앙금을 풀고 화해하지 않을까 생각한다"고 했습니다.

저는 이 집안이나 야곱 집안이나 별반 다르지 않다고 생각합니다. 지금은 서로 화해했으니 망정이지 야곱이 편애한다는 이유로 형들도 요셉을 죽이려고 하지 않았습니까. 물론 맏아들이 먼저 소송을 냈으니까 어머니도 어쩔 수 없이 항고했겠지만, 결국 그 소송을 진행하면서 온 가족이 씻을 수 없는 상처를 입게 되었습니다. 이 할머니는 일부를 아들에게 상속할 수는 없었을까요? 무엇보다 기부하기 전에 아들을 설득하는 것이 선행되어야 하지 않았을까요? 그러나 결국 밖으로 이 일이 알려지면서 맏아들은 패륜아의 굴레에서 벗어나기 힘들어졌습니다. 그러니 '굳이 이런 식으로 세상에 드러나야 했나' 이런 생각이 자꾸 드는 것입니다.

우리가 성경을 봐도 그래요. 결정적으로 요셉을 죽이자고 한 형제가 누구인지 창세기 기자(記者)는 굳이 밝히지 않았습니다. 열두 아들의 시시콜콜한 죄는 다 드러내도 '솔직히'라는 미명하에라도 요셉을 죽이려고 한 형제를 드러내지 않았습니다. 그저 형제들이 요셉을 죽이기를 꾀했다고만 했죠(창 37:18). 도리어 르우벤은 요셉을 살리려고 구덩이에 넣자고 제안했고, 유다는 노예로 팔자고 말했다는 점을 부각합니다. 이를 통해 우리는 무엇을 짐작할 수 있습니까? 상대방에게 오명이 씌워질 수 있는 이야기는 성령께서 알려 주시지 않는 한 신중하게 접근해야 한다는 것이죠.

그러면 왜 성령님은 요셉을 죽이자고 한 형제는 드러내지 않으셨을까요? 야곱의 열두 아들은 장차 이스라엘 열두 지파의 조상, 믿음의 조상이 되어야 할 사람들이잖아요. 믿음의 조상이 예수 그리스도의 표상인 요셉을 죽이려 했다고 생각해 보세요. 그 사실이 낙인이 되면 좋을 것이 무엇이겠습니까? 그래서 오픈도 지혜롭게 해야 합니다. '솔직히 말한다'는 핑계로 분별없이 오픈하는 것을 경계해야 할 이유가 여기에 있습니다.

겉보기에는 똑같이 오픈하는 것 같아도 흉내 내서 오픈하는 것과 구원 때문에 오픈하는 것은 엄연히 다릅니다. 그러면 둘의 차이가 무엇입니까? 구원 때문에, 사랑 때문에 오픈하면 누가 뭐라고 해도 상처를 잘 받지 않습니다. 오픈하고 상처받는 이유는 내 믿음의 분량이 그만큼 미치지 못하기 때문입니다. "말씀에 비추어 나 자신을 보게 되니 나를 힘들게 한 사람보다 내가 더한 죄인이더라" 이 고백이 오픈의 핵심입니다.

저는 남편 때문에 많이 힘들었지만, 주님을 깊게 만나고 나니 오히려 제 생명을 내놓고 그의 구원을 위해 기도하게 되었습니다. 남편보다 제가 더한 죄인임이 깨달아졌기 때문입니다. 그러자 하나님은 남편이 구원받는 것으로 제 기도에 응답해 주셨습니다. "내가 상대방보다 더한 죄인이다" 이것이 깨달아져야 구원 초청도 할 수 있는 것입니다.

어떤 분이 가족을 평생 괴롭히다가 다시는 괴롭히지 않겠다고 각서까지 쓰고 이혼을 했답니다. 그런데 당장 먹고살 것이 없어지니 자녀들에게 생활비를 대라며 소송을 냈습니다. 법원은 이 아버지 손을 들어주었답니다. 솔직히 날마다 싸우는 모습만 보여 준 아버지에게 생활비 좀 안 준다고 그 누가 손가락질할 수 있겠습니까. 게다가 자녀가 유명한 의사라는데, 자녀의 명예가 실추되든 말든 이 아버지는 오직 자기만 살면 그만이라는 모습을 보여 주었습니다. 이런 아버지를 어찌합니까? 그런데 여러분, 자녀가 자신을 돕지 않는 것을 내 삶의 결론으로 인정하고 회개하면 하나님이 이 아버지에게 먹을 것을 안 주시겠습니까? 굳이 이렇게 소송까지 할 필요가 있었을까요?

그러나 우리는 앞서 언급한 80대 할머니 집안도, 아버지가 자녀에게 소송을 건 이 집안도 옳고 그름이 아닌 구속사적인 관점에서 바라봐야 합니다. 결론은 부유하든 가난하든 집마다 구원받아야 할 영혼들이 다 피를 철철 흘리며 싸우고 있다는 것입니다. 그리고 그 중심에는 다 돈이 있습니다.

야곱 집안도 요셉 덕분에 돈이 생겼습니다. 엘리자베스 테일러도 보세요. 그녀가 8번이나 결혼하면서 과연 자녀들에게 어떤 삶을 보여 줬을까요? "싫으면 버려라. 참지 말아라. 먹고 싶은 거 다 먹고, 가고 싶은 곳 다 가고, 마음대로 살아라" 아니겠습니까? 그래 놓고 "이제 너희는 내 돈을 탐내지 말아라" 하면 어떤 자녀가 그 말을 듣겠습니까? 평소에 먼저 자녀에게 신뢰받는 부모가 되어야 기부도 잘 할 수 있습니다.

요셉이 형제들을 용서한 것 같은데, 아직도 베냐민만 끼고도는 것을 여러분은 어떻게 생각하십니까? 우리도 이처럼 온전치 못한 부분이 있습니다. 그럼에도 불구하고 우리가 다른 사람을 구원으로 초청할 수 있는 근거가 무엇입니까? 주님이 연약한 내 모습 이대로 받으실 것을 우리가 믿기 때문입니다. 여전히 겉으로 드러나는 흠이 너무 많고 형편없는 인생을 살아도 그래요. 주의 보혈로 내 죄가 사해졌다는 확신만 있다면, 내 가족과 이웃을 초청할 수 있습니다.

✛ 나의 온전치 못한 부분은 무엇입니까? 그럼에도 불구하고 주님이 내 모습 이대로 받아 주시기에 다른 사람을 구원으로 초청할 수 있음을 믿습니까?

예수님만이 삶의 이유이기에 초청해야 합니다

25 그들이 애굽에서 올라와 가나안 땅으로 들어가서 아버지 야곱에게 이르러 26 알리어 이르되 요셉이 지금까지 살아 있어 애굽 땅 총

리가 되었더이다 야곱이 그들의 말을 믿지 못하여 어리둥절 하더니 27 그들이 또 요셉이 자기들에게 부탁한 모든 말로 그에게 말하매 그들의 아버지 야곱은 요셉이 자기를 태우려고 보낸 수레를 보고서야 기운이 소생한지라 28 이스라엘이 이르되 족하도다 내 아들 요셉이 지금까지 살아 있으니 내가 죽기 전에 가서 그를 보리라 하니라_창 45:25~28

"오직! 예수! 주님만이 나의 삶의 이유!"라는 찬양의 가사처럼, 우리는 주님만이 삶의 이유이기에 구원의 초청을 해야 합니다. 오직 예수가 우리 삶의 답입니다. 이처럼 복음은 단순합니다. 그러나 오히려 너무 쉽기 때문에 믿기 힘들다고 하는 사람들이 있습니다. 그래서 "구원은 하나님의 선물"이라고 하면 "이 세상에 공짜가 어디 있어?" 하며 복음을 거부합니다. 그런데 생각해 보세요. 공기와 물도 다 공짜 아닙니까? 진짜 생명에 필요한 것은 다 공짜인데, 왜 복음은 믿지 못하는 것입니까?

26절에 보니 야곱도 믿지 못하여 어리둥절했다고 합니다. 원어로는 "그의 마음이 굳어져서 믿지 못했다"는 뜻입니다. 야곱이 너무나 큰 충격을 받고 정신을 잃은 것입니다. 믿음의 조상 야곱의 상태가 이러하니 온 식구가 고생할 수밖에요. 정말 여전히 베냐민을 내려놓지 못하는 요셉도 그렇지만, 야곱이야말로 온전치 못한 인생의 대표주자입니다.

그러다 야곱은 요셉이 자기를 태우려고 보낸 수레를 보고서야

'기운'이 소생합니다. 당시 고대 근동에서 수레를 만들어 사용한 나라는 애굽뿐이었습니다. 이 수레는 주로 왕들이 탔죠. 그러니까 오늘날로 치자면 요셉이 야곱에게 리무진을 보낸 셈입니다. 때때로 우리가 전도할 때 이런 간증도 필요합니다. "내가 예수 믿었더니 하나님이 물질의 복을 주셔서 고급차를 사게 되었다. 이 차 타고 함께 교회 가자" 이러면 상대방도 금세 따라나서지 않을까요?

27절에 쓰인 '기운'의 원어는 '루아흐'로 마음, 영을 뜻합니다. 야곱의 영이 소생하여 정신이 돌아오니 요셉이 살아 있다는 것을 그가 온전히 믿게 되었다는 것이죠. 그런데 영이 살아난 야곱이 한다는 말이 무엇입니까? 28절을 다시 보겠습니다.

이스라엘이 이르되 족하도다 내 아들 요셉이 지금까지 살아 있으니 내가 죽기 전에 가서 그를 보리라 하니라_창 45:28

야곱은 여전히 '내 아들 요셉'밖에 없습니다. 하나님은 얍복 나루에서 야곱을 인격적으로 만나 주시고, '하나님과 및 사람들과 겨루어 이김'이란 뜻의 이스라엘이라는 새 이름을 그에게 주셨습니다(창 32:28). 그런데 창세기를 자세히 묵상하다 보면 야곱이 새 이름에 어울리지 않는 행동을 할 때는 '야곱'으로 언급되고, 새 이름에 합당하게 행동할 때는 '이스라엘'이라 불리는 것을 알 수 있습니다. 그래서 본문에서도 이스라엘과 야곱이 함께 쓰인 것입니다. 우리 삶을 봐도 그렇지요. '하나님의 자녀'라는 새 이름을 받았지만, 여전히 새 이름과

옛 이름 사이를 왔다 갔다 하지 않습니까.

그런데 여러분, 창세기 37장부터 지금까지의 내용에 총제목을 붙여 본다면 무엇일까요? 바로 '야곱의 족보'입니다. 하나님은 요셉의 족보도 아니고 유다의 족보도 아니고, 야곱의 족보라고 37장 2절에서 딱 정해 주셨습니다. 여러분은 이것을 어떻게 생각하십니까? 가만 보면 요셉도 유다도 다 자기 역할을 하고 있는데, 야곱이 제일 이상해 보이지 않습니까?

여전히 자녀를 내려놓지 못하는 형편없는 야곱이지만, 하나님은 그를 포기하지 않고 믿음의 조상으로 세워 가십니다. 우리 인생도 마찬가지입니다. 아무리 형편없어도 하나님이 우리를 믿음의 조상으로 세워 가시는 줄 믿습니다. 물론 요셉의 형들도 형편없기는 매한가지입니다. 요셉을 팔아 버린 자신들의 죄를 숨기기 위해 지금까지 얼마나 아버지에게 수많은 거짓말을 했겠습니까? 하지만 이 모든 거짓말은 요셉이 살아 있기 때문에 다 덮어졌습니다.

야곱은 지난 43장에서 하나님의 설득으로 베냐민을 내려놓는 큰 적용을 했지만, 그의 삶의 이유는 여전히 라헬과 요셉과 베냐민입니다. 우리 삶의 이유는 돈도 자녀도 지위도 아니고 오직 예수님이어야 합니다. 그런데 하나님은 그렇지 못한 모델로 야곱을 보여 주고 계십니다. 야곱이 믿음의 확신이 있는데도, 이렇게 내려놓지 못하는 것이 있습니다. 이런 야곱을 보면서 우리 역시 얼마나 세상을 버리지 못하는지 깨달아져 눈물이 납니다. 그러나 한편으로는 우리와 성정이 비슷한 야곱을 통해 위로를 받기도 합니다.

야곱을 봐도, 요셉을 봐도 우리의 믿음이 완전해서 가족과 이웃을 구원으로 초청하는 것이 아닙니다. "나 아직 끊지 못해도, 나 비록 온전치 못해도 예수님이 좋아요" 이 고백을 받아 주시는 주님의 사랑 때문에 우리가 구원 초청을 할 수 있는 것임을 기억하시기 바랍니다. 여러분, 은혜가 무엇입니까? 날마다 눈물로 내 죄를 회개하며 천국으로 한 발짝씩 옮겨 가는 것 아닙니까.

성도의 인생은 마치 나선형 계단을 올라가는 것에 비유할 수 있습니다. 나는 늘 제자리에 있는 것처럼 보여도 그래요. 우리는 자기 발바닥만 쳐다보고 있으니까 하나도 변하지 않은 것 같아도 남들이 보면 상당히 올라가 있습니다. 그러니 여러분, 나 자신이 형편없다고 너무 자책하지 마십시오. 내 모습 이대로 받아 주시는 주님을 믿고 담대히 가족과 이웃을 구원으로 초청하시기 바랍니다.

보육원에서 자란 한 목자님의 나눔입니다. 이분은 목자가 되기 1년 전쯤, 자신은 보육원에서 성폭행을 당하고, 또 하기도 했다고 목장에서 고백했습니다. 그런데 누구에게도 말하지 못한 상처와 죄를 오픈하고 나서 마음이 너무 편해졌다고 합니다. 무엇보다 이렇게 오픈한 경험이 목자로 섬기는 데 많은 도움이 되고 있답니다. 이분은 경제적으로 여유롭지도 않고 물질적인 어려움이 있는데도, 누구보다도 헌신적으로 목장을 섬기고 있습니다. 사랑에는 대가가 따른다는 것을 누구보다 잘 알기 때문이죠.

이 목자님은 "나를 보육원에 버린 엄마는 가해자이고, 나는 버림받은 피해자"라고 늘 생각했답니다. 더욱이 기가 막힌 것은 이분이 돈을 벌기 시작할 때부터 자신을 버린 엄마가 나타나서 만날 때마다 "돈을 달라"고 했다는 겁니다. 그전에는 차라리 그리워하기라도 했는데 말이죠. 그런데 이분에게 말씀이 들리니 엄마가 자신을 낳아 주었기 때문에 예수 믿게 되었다는 것을 깨닫게 되었습니다. 무엇보다 엄마의 사연을 알게 되면서 엄마도 피해자라는 생각이 처음으로 들었답니다.

이분의 어머니는 지독한 가난 때문에 열아홉에 강제 결혼을 했는데, 그만 남편을 일찍 여의었습니다. 그 사이에 생긴 아이를 낙태할 수도 있었지만 결국 낳았고, 키울 형편이 안 되니 보육원에 아들을 맡긴 것입니다. 그래서 이분이 "어머니, 저를 낳아 주셔서 감사해요. 어머니 덕분에 제가 예수 믿게 되었으니 당신은 정말 최고의 어머니입니다"라고 고백했답니다. 그러자 어머니가 이분을 꼭 안아 주더랍니다. 이후 어떤 변화가 일어났을까요?

목자님은 이전과는 달리 어머니에게 친근감이 생기면서 호칭이 '어머니'에서 '엄마'로 바뀌었답니다. 아들만 보면 돈 달라고 하던 어머니 역시 변하기 시작했습니다. 누가 돈 벌라고 한 적도 없는데 신청서에 어찌나 사연을 구구절절하게 쓰셨는지 무려 10대 1의 경쟁률을 뚫고 공공근로를 하게 되었답니다. 어머니는 아들에게 손 벌리지 않고, 공공근로로 형광등 분리수거 일을 하면서 난생처음 월급을 받아 왔습니다. 게다가 차비도 아까워서 왕복 40분 거리를 걸어서 출퇴근을 한답니다.

이 목자님은 비록 배움이 길지 않아도 은혜가 임하니 누구보다 목장을 잘 섬기고 있습니다. 아무리 명문대를 나오면 뭐 합니까? 말씀이 들리지 않으면 아무 소용이 없습니다.

이 목자님처럼 "어머니, 제가 예수 믿도록 낳아 주셔서 감사합니다"라고 고백하는 것이야말로 믿지 않는 부모님을 구원으로 이끄는 최고의 초청장이 될 줄 믿습니다.

✛ 예수님만이 내 삶의 이유가 되고 있습니까? 나 비록 온전치 못해도 내가 받은 주님의 사랑에 너무 감사해서 전도하고 싶은 마음이 듭니까?

"

천국과 비교하면 이 땅의 것은
모두 누더기에 불과할 뿐입니다.
그런데 이 땅의 것을 너무 아까워하다가
진짜 좋은 천국을 놓치면 되겠습니까.

"

한창 코로나19로 온라인 예배를 드릴 때의 일입니다. 주일학교 유치부 온라인 예배에서 시댁 조카의 자녀가 "장난감을 부수는 동생과 놀기 힘들어요. 하나님, 도와주세요!"라고 기도하는 장면이 나왔습니다. 그 장면을 보는데 문득 조카와 저의 두 아들을 비교하느라 하나님께 감사하지 못했던 저의 죄가 깨달아졌습니다.

아주버님이 두 번이나 이혼하시는 바람에 조카는 부모의 보호를 제대로 받지 못하고 살았습니다. 그런 조카가 안쓰러웠던 저는 작은엄마로서 도움을 주지 못한다는 부담감이 늘 있었습니다. 그래서 명절에 조카를 볼 때마다 저의 간증을 나누며 말씀묵상지인 《큐티인》을 전했습니다. 하지만 조카는 복음을 전해도 별 반응이 없었습니다.

그러던 어느 해 추석 명절, 마침 주일이라 조카에게 예배 참석을 권했습니다. 그런데 그날 조카는 처음으로 참석한 예배에서 말씀을 들으며 눈물을 흘렸고, 바로 교회까지 등록했습니다. 그 후 자기 아버지와 주변 사람들을 전도하더니 청년부에서 만난 형제와 신(信)결혼을 하였습니다.

하지만 저는 처음부터 공동체에 잘 속해 가는 조카를 보며 함께 기뻐하기보다 그렇지 못한 제 아들들과 비교하느라 힘든 시간을 보냈습니다. 힘들게 살아온 조카에게 하나님이 신결혼하여 영적 자녀를 낳는 '은 삼백과 옷 다섯 벌의 은혜'를 주신 것도 감사하고, 욕심 많은 엄마가 고난인 제 두 아들에게 공동체에 속해 가는 '옷 한 벌의 은혜'를 주시는 것만 해도 감사한 일인데 말입니다(창 45:22). 이렇게 열등감과 시기심으로 제 안의 다툼이 끊이지 않으니(창 45:24) 조카 부부를 만나도 맘이 편치 않았습니다. 그러다 몇 년 전에 큰아들이 목사님 주례로 결혼하고 나서야 마음이 조금 풀렸습니다.

　　이후 하나님은 10년간 방에서 나오지 않고 방황하던 작은아들이 청년부에 속해 가는 은혜를 허락해 주셨습니다. 하지만 아들은 "하루 3시간 아르바이트 외에는 더는 일할 수 없다"고 하면서도 어떻게든 온갖 최신 기기를 장만했습니다. 저는 이런 아들을 보고 '어쩌면 저리도 당당할까?' 하며 혀를 끌끌 찼습니다. 그런데 돌아보니 아들의 모습이 바로 저였습니다. 막내인 저는 어려서부터 갖고 싶은 것이 있으면 부모님에게 떼를 써서라도 꼭 얻어 냈고, 늘 더 좋은 것을 차지하려고 욕심을 부렸습니다. '양식', '좋은 땅', '기름진 것', '수레' 같은 물질은 바로가 주는 것처럼 보이지만(창 45:17~20) 실상은 모두 하나님이 주시는 것들입니다. 그런데 저는 그 은혜를 잊고, 그저 비교하느라 하나님께 감사하지 못했습니다. 이제는 자녀에 대한 욕심을 내려놓고, 오직 예수님만이 제 삶의 이유가 되길 기도합니다.

하나님 아버지, 수많은 갈등과 용서, 화해의 과정을 통해 우리를 구원으로 인도해 주시니 감사합니다. 이제는 구원해 주신 그 은혜에 감사해서 다른 사람들을 구원으로 초청하고 싶습니다. 그런데 막상 우리 자신을 돌아보니 다른 사람을 초청할 만한 충분한 신뢰도 쌓지 못했을 뿐만 아니라, 여전히 세상에 대한 미련도 남아 있고, 내려놓지 못한 것도 많습니다. 그래서 날마다 다투는 모습만 보이니 입으로라도 누군가를 초청하기가 어려운 인생임을 고백합니다.

주님을 사랑한다고 하면서도 왜 이리 아직도 아까운 것이 많고, 다툴 일이 많은지 모르겠습니다. 이런 우리 모습을 생각할 때 누구를 구원으로 초청할 수 있겠습니까.

그런데 주님, 요셉도 야곱도 주님만이 삶의 이유였을 텐데, 그들도 온전치 못한 것을 보면서 한편으로는 위로를 받습니다. 우리의 온전치 못한 모습도 이대로 받아 주옵소서. 삶으로 보여 줄 것이 하나 없는 형편없는 인생이지만, 그래도 내 죄를 사해 주신 주님을 사랑합니다. 주님을 사랑하지 않으면 어떻게 여기까지 올 수 있었겠습니까.

정말 주님이 원하시는 그 기준대로 살고 싶은데, 도리어 주님의 마음을 아프시게 할 때가 얼마나 많은지 모르겠습니다. 주여, 이런 우리를 불쌍히 여겨 주옵소서.

　　이제는 내가 어떠하든지 이 모습 이대로 받아 주시는 주님 때문에 복음을 전하기로 결단합니다. 내 사랑하는 가족과 이웃이 우리가 전한 복음을 듣고 인생이 해석되기를 원합니다. 참으로 평강을 누리기를 원합니다. 요셉과 형들이 수많은 갈등 가운데서도 이스라엘 열두 지파의 조상으로 우뚝 섰듯이 우리 가족도 다 그렇게 믿음의 조상으로 우뚝 서도록 주여, 역사하여 주옵소서. 구원 초청에 응답하여 다 같이 살아나게 하옵소서. 어떤 갈등이 있어도 끝까지 견딤으로 구원을 선물로 받게 하여 주옵소서. 예수님 이름으로 기도드립니다. 아멘.

03

내려놓는 여행

창세기 46장 1~7, 27절

하나님 아버지,
날마다 하나님을 예배하며
내려놓는 여행을 하기를 원합니다.
말씀해 주옵소서. 듣겠습니다.

요셉이 형제들과 화해하고 바로의 명령을 받아 야곱의 온 가족을 애굽으로 초청했습니다. 앞서 이는 '구원으로의 초청'이라고 했습니다. 그리고 드디어 본문에서 야곱 가족의 애굽 여정이 시작됩니다. 우리는 다들 주먹을 꽉 쥐고 태어나서, 죽을 때는 그 손을 다 펴고 갑니다. 살아 있을 때 그 손을 펴면 좋으련만, 내려놓는 것이 마음처럼 되지 않아 다들 주먹을 꽉 쥔 채 지옥을 살아갑니다. 이용규 선교사님이 쓰신 『내려놓음』, 『더 내려놓음』, 『같이 걷기』라는 책의 제목처럼, 내려놓기의 결국은 '하나님과 같이 걷기'가 아닐까 생각합니다. 하나님은 "이제 꽉 움켜쥔 주먹을 펴고, 나와 함께 걷자" 하며 하나님 나라로 우리를 초청하십니다. 그러면 내려놓는 여행이란 구체적으로 어떤 여행인지 본문을 통해 살펴보겠습니다.

하나님과 씨름하는 여행입니다

이스라엘이 모든 소유를 이끌고 떠나 브엘세바에 이르러 그의 아버지 이삭의 하나님께 희생제사를 드리니_창 46:1

창세기 32장에서 하나님은 야곱의 이름을 '하나님과 다투어 이긴 자', '겨루어 이긴 자', '씨름하여 이긴 자'라는 뜻의 이스라엘로 바꾸어 주셨습니다. 그런데 지금 그 이스라엘이 하나님께 희생제사를 드리기 위해, 하나님과 씨름하기 위해 멈춰 섰습니다. 그런데 여러분, 사실 지금이야말로 야곱 인생의 황금기 아닙니까? 명색이 총리의 아버지로서 애굽으로 가게 된 것이잖아요. 저는 이렇게 야곱이 부요할 때 하나님 앞에 예배드린 것이 큰 의미가 있다고 생각합니다. 야곱의 믿음이 약간 경지에 올랐다고나 할까요? 우리 자신을 봐도 편안할 때 예배드리는 것이 너무 힘들지 않습니까? 그 힘든 걸 야곱이 했습니다.

그러면 왜 야곱은 멈춰 선 걸까요? 우선 야곱이 어디에서 멈췄다고 합니까? 바로 '맹세의 우물'이란 뜻의 브엘세바입니다. 그동안 브엘세바에서 무슨 일이 있었습니까? 이곳에서 아브라함은 아비멜렉과 언약을 맺고(창 21장), 이삭은 종들이 팠던 우물을 얻었죠(창 26장). 무엇보다 이삭은 리브가와 브엘세바에서 살면서 믿음으로 장차 있을 일에 대하여 야곱과 에서에게 축복하였습니다(히 11:20). 이처럼 브엘세바는 역사적으로 유서 깊은 장소입니다.

그런데 이 역사적인 장소에서 야곱이 '자기의 하나님'이 아니라 '그의 아버지 이삭의 하나님'께 희생제사를 드렸다고 합니다. 성경에 보면 아브라함의 하나님, 이삭의 하나님, 야곱의 하나님이라는 표현이 자주 나옵니다. 이것은 언약의 하나님을 지칭할 때 주로 쓰이는 표현입니다. 한마디로 야곱은 언약의 하나님께 이 애굽행이 하나님의 약속인지 묻고 싶어서 멈춰 선 것입니다.

야곱은 요셉이 살아 있다는 소식을 전해 듣고는 아들을 보고 싶은 마음에 애굽을 향해 급히 출발했을 겁니다. 하지만 가만히 생각해 보니 애굽이 너무 무서운 장소인 겁니다. 할아버지 아브라함이 기근이 왔을 때 하나님께 묻지도 않고 애굽으로 떠났다가 무슨 일을 겪었습니까? 바로가 자신을 죽일까 봐 두려워서 아내 사라를 누이라 속였다가 그야말로 경을 치지 않았습니까(창 12장). 그런데 말입니다. 이때 하나님은 아브라함이 혼날 줄 뻔히 알면서도 아무 경고도 하지 않으셨어요. 결국 아브라함은 그 인생에서 가장 비참한 순간을 겪고 말았죠.

또 아버지 이삭은 어땠습니까? 이삭은 흉년이 들자 애굽으로 가려고 마음은 먹었지만, 입으로 직접 발설하지는 않았습니다. 대신 애굽으로 가는 길목에 위치한 그랄로 갔죠. 이때 하나님이 "이삭아, 너 애굽 가려는 거 내가 다 안다. 애굽에 내려가지 말아라. 내가 지시하는 땅에 있으면 네게 복을 주겠다"라며 부드럽게 말씀하셨죠. 그러자 순종 잘하는 이삭이 "네, 알겠습니다! 주님" 하고는 애굽에 내려가지 않았습니다(창 26장).

하나님은 가지 말아야 할 애굽을 아브라함은 가게 두시고, 이삭에게는 "내려가지 말라"고 말씀해 주셨습니다. 아브라함은 당대 신앙이기에 가서 직접 당하고 깨지면서 배워야 할 것이 있기 때문입니다. 이처럼 아브라함과 이삭을 다루시는 방법이 각각 다릅니다. 야곱을 다루시는 방법도 다릅니다. 하지만 이것은 차별이 아닙니다. 각자 수준과 상황에 맞게 처방하신 것이죠.

그리고 드디어 야곱 차례가 되었습니다. 할아버지 아브라함에게도, 아버지 이삭에게도 애굽은 가지 말아야 할 땅이었으니 야곱도 궁금했을 것입니다. 그래서 야곱이 "하나님, 정말 애굽 가는 게 맞나요?" 하고 브엘세바에서 물은 것이죠.

화려한 애굽은 누구나 가고 싶어 하는 곳입니다. 아브라함과 이삭만 봐도 흉년이 들면 더더욱 가고 싶은 땅이 애굽입니다. 저는 아브라함, 이삭, 야곱 셋 중에서 애굽에 가장 가고 싶어 한 사람은 단연코 야곱이라고 생각합니다. 앞서 야곱이 얼마나 돈을 좋아하는지 우리가 다 보지 않았습니까. 셋 중에서는 가장 믿음이 부족해 보입니다. 그런데 아이러니하게도 이런 야곱이 애굽행을 앞두고 할아버지도 아버지도 하지 않은 예배를 드렸다는 것 아닙니까. 야곱이 이렇게까지 성숙해진 이유가 무엇일까요?

여기서 한번 창세기 25장부터 시작된 야곱의 인생을 돌아봅시다. 야곱은 자신이 고백한 것처럼 참으로 '험악한 세월'을 살았습니다 (창 47:9). 특히 인간관계에서 힘든 일을 많이 겪었죠. 태중에서부터 쌍둥이 형 에서와 경쟁했고, 그로 인해 형과의 관계가 평생 힘들었습니다. 더욱이 아버지는 형만 편애했습니다. 당연히 아버지와의 관계도 어려웠을 것입니다. 무엇보다 야곱은 부인을 넷이나 두었잖아요. 그 사이에서 얼마나 속앓이를 했겠습니까? 특히 라헬은 자신과 달리 자녀를 계속 낳는 언니 레아를 시기했죠. 라헬이 이 문제로 야곱을 들들 볶아 대서 야곱이 그 사랑하는 라헬에게 성을 내기도 하지 않았습니까(창 30:1~2). 라헬의 경쟁심이 얼마나 강했는지 그녀가 하는 말을 좀 보세요. 라헬은 시녀 빌하가 임신하여 둘째 아들을 낳자 "내가 언니와 크게 경쟁하여 이겼다"(창 30:7~8) 하고, 요셉을 낳고서는 "다시 다른 아들을 내게 더하시기를 원하노라"(창 30:24)고 말했죠. 정말 욕심이 끝이 없습니다. 그러면 20여 년을 함께한 외삼촌 라반과의 관계는 어땠습니까? 라반 아래에서 노예처럼 일하다가 가족을 데리고 야반도주했으니 말 다 했지요(창 31장). 열두 아들과의 관계도 그렇습니다. 편애의 상처가 대물림되며 자녀들에게 별의별 일이 다 있었습니다.

하지만 인간관계가 힘들다고 모두가 성숙해지는 것은 아닙니다. 야곱이 잘한 점은 힘들 때마다 사람과 씨름하지 않고, 하나님과 씨름했다는 것입니다. "내 주를 가까이 하게 함은 십자가 짐 같은 고생이나" 이 찬송의 가사처럼 야곱은 날마다 자신이 안 되는 부분을 안타까워하면서 하나님과 씨름했습니다. 그래서 그 결론이 무엇이라고요? 야곱이 가장 가고 싶은 곳, 애굽을 앞에 두고 하나님께 묻고자 멈춰 선 것입니다.

우리가 하나님께 항상 물어야 하는 이유는 무엇입니까? 하나님은 같은 사람이 같은 일을 묻더라도 언제 물어보느냐에 따라 각각 다르게 응답하시기 때문입니다. 이를테면 전에 물었을 때는 가지 말라고 하시더니 지금은 가라고 하실 때가 있습니다. 묻는 사람의 상황과 신앙의 성숙도에 따라 다르게 답하시는 겁니다. 때마다 우리가 하나님과 씨름해야 할 이유가 여기에 있습니다.

여러분, 야곱 인생의 결론이 무엇입니까? "많은 고난과 시련 속에서도 끊임없이 하나님과 씨름했더니 성숙해졌다"는 것입니다. 이것이 바로 야곱을 향한 하나님의 뜻이며, 하나님이 그의 이름을 이스라엘로 바꿔 주신 이유이기도 합니다. 그렇다면 구체적으로 야곱의 어느 부분이 성숙해졌습니까?

야곱은 당시 세계 최강국인 애굽의 바로가 초청하는데도 갈까 말까 고민했습니다. 약속의 자손이 얼마나 대단한 신분인지 알았기 때문입니다. 예전의 돈 좋아하던 야곱이라면 뒤도 안 돌아보고 당장 애굽으로 달려갔을 겁니다. 그런 야곱이 변하여 새 사람이 되었으니 이 얼마나 은혜입니까? 야곱은 갖은 풍상을 다 겪어 보니 화려한 애굽이 허상에 불과함을 깨달았을 것입니다. 그래서 애굽으로 당장 가지 않고, 먼저 하나님께 예배한 것입니다.

저도 그랬어요. 아무리 대단한 사람이 밥을 사 준다고 저를 불러내도 그날 큐티 모임이 있으면 절대 나가지 않았습니다. 제 신분이 이전과 달라졌기 때문입니다. 우리는 급한 일과 중요한 일 중에서 항상 중요한 일부터 해야 합니다. 중요한 일보다 급한 일을 우선시하면 삶의 방향성이 흔들릴 수 있기 때문입니다. 그렇다면 성도에게 가장 중요한 일은 무엇입니까? 바로 예배입니다. 예배가 우리 삶의 최우선순위가 되어야 합니다.

야곱은 브엘세바에서 하나님을 예배하면서 이렇게 기도하지 않았을까요? "하나님, 지금 제가 요셉을 너무 보고 싶어 하는 거 다 아시죠? 하지만 하나님이 애굽에 가지 말라고 하시면 가지 않겠습니다."

그렇습니다. 야곱은 하나님이 어떤 말씀을 하시든 순종할 만반의 태세를 갖추고 예배를 드렸습니다. 주님 말씀하시면 나아가고, 주님 뜻이 아니면 멈춰 서겠다는 것입니다. 이는 곧, 야곱이 요셉을 내려놓은 것을 의미합니다. 죽어도 못 끊을 것 같았던 라헬 중독, 요셉 중독이 드디어 끊어진 것입니다. 야곱도 중독이 끊어졌으니 여러분도 중독이 끊어질 수 있습니다. 죽어도 못 끊을 것 같은 우리의 모든 중독이 하나님을 예배하는 가운데 끊어지게 될 줄 믿습니다.

> 그 밤에 하나님이 이상 중에 이스라엘에게 나타나 이르시되 야곱아 야곱아 하시는지라 야곱이 이르되 내가 여기 있나이다 하매
>
> _창 46:2

야곱이 하나님의 뜻이 아니면 애굽에 가지 않겠다고 하니까 하나님이 어떻게 응답하시나요? 도리어 하나님이 더 급하셔서 그 밤에 야곱에게 나타나십니다. 그리고는 이스라엘로 변하기 전의 이름인 "야곱아, 야곱아"라고 친근하게 부르십니다.

이사야 43장 1절에서 하나님은 "야곱아 너를 창조하신 여호와께서 지금 말씀하시느니라 이스라엘아 너를 지으신 이가 말씀하시느니라 너는 두려워하지 말라 내가 너를 구속하였고 내가 너를 지명하여 불렀나니 너는 내 것이라"고 말씀하셨습니다. 야곱을 이스라엘 되게 하신 하나님이 "내가 너를 지명하여 불렀다"고 하시는데, 이것이 무슨 의미입니까? "내가 너를 사망에서 생명의 자리로 옮겨 주었다"는 것이죠. 다시 말해 "야곱아, 내가 너를 얼마나 사랑하는 줄 아니? 그동안 네 스스로의 힘으로는 아무것도 할 수 없었잖니? 내가 바로 너를 이스라엘 되게 하지 않았니?"라고 말씀하시는 것입니다.

하나님은 에서의 분노를 피해 도망하는 야곱에게 나타나셔서 "내가 너와 함께 있어 네가 어디로 가든지 너를 지키겠다"(창 28:15)고 약속해 주셨습니다. 그리고 그 약속대로 야곱의 인생을 인도해 주셨죠. 그러니 야곱이 어땠을까요? 얍복 나루에서 하나님과 씨름했던 기억이 주마등처럼 스치면서 "나는 아무것도 할 수 없는 죄인인데……하나님이 수치 가운데 있던 나를 이스라엘로 삼아 주셨구나" 이런 생각이 절로 들지 않겠습니까? 야곱의 입에서 "주님, 내가 여기 있나이다. 내가 여기 있나이다. 이제 내게 무슨 말씀을 하셔도 순종하겠나이다" 이런 고백이 나올 수밖에요.

이렇게 예배의 결론으로 하나님의 말씀을 잘 듣고 인도함을 받아야 하는데, 우리의 실상은 어떻습니까? 자기 욕심을 교묘하게 말씀으로 포장해서 하나님의 뜻으로 위장할 때가 얼마나 많은지 모릅니다. 그래서 한다는 말이 "주식으로 돈을 많이 벌어서 건축헌금을 왕창 내겠다", "안 믿는 사람과 결혼해서 그 집안을 다 구원시키겠다"고 호언장담합니다. 그때 누군가 그것은 하나님의 뜻이 아니라고 하면 분을 내면서 자기 뜻을 하나님의 뜻이라고 도장 찍어 주는 곳을 찾아다닙니다. 그러나 그렇다고 눈앞에서 뭔가가 '짠!' 하고 바뀌는 것이 아닙니다. 여러분, 그럴 시간에 제발 성경을 읽으십시오. 요셉과 형들도 화해하기까지 22년의 시간이 걸리지 않았습니까. 우리가 할 일은 말씀 듣는 구조 속에 있으면서 무엇이 과연 하나님의 뜻인가 묵상하는 것입니다.

그러나 이렇게 갈등하는 게 싫으니까 하는 일이 주로 무엇입니까? 계속 갈등하면 능력도 없고, 믿음도 없어 보이는 것 같으니까 앞뒤 맥락 다 자르고, 내가 원하는 말씀 한 구절만 쏙 빼서 뭔가 빨리빨리 해결하려고 합니다. 주로 "믿는 자에게는 능치 못할 일이 없다"는 이 한 구절만 가지고 밀어붙이기 일쑤죠. 하지만 오히려 갈등 충만은 곧 성령 충만, 진리 충만입니다. 야곱이 애굽에 가야 할지 말아야 할지 갈등하는 이유가 무엇입니까? 하나님의 약속, 말씀 때문입니다.

우리가 자녀의 입시를 놓고 기도할 때도 그래요. 자녀의 구원 때문에 기도해야지 '내 아이가 이 학교에 붙을까, 말까' 이런 것 때문에 용하다는 곳에 기도받으러 다니지 마시기 바랍니다. 우리가 자꾸 기복적으로 무조건 잘된다는 말만 듣고 싶어 하는 것은 말씀을 놓고 씨름하는 것을 싫어하기 때문입니다. 내 사랑하는 하나님의 마음이 무엇인지 알려면 날마다 말씀을 차례대로 읽어 가야 합니다. 그래야 구속사로 내 사건을 해석할 수 있습니다.

그러므로 우리가 할 일은 날마다 하나님과 씨름하는 것입니다. 야곱도 하나님과 씨름하다가 요셉을 딱 내려놨습니다. 그랬더니 하나님이 어떻게 해 주셨습니까? 애굽행을 '하나님이 보장하시는 여행'으로 바꿔 주셨습니다.

┼ 날마다 말씀을 차례대로 읽어 가면서 하나님과 씨름하고 있습니까?

┼ 내가 내려놓아야 할 것은 무엇입니까? 돈입니까, 자녀입니까, 권세입니까?

하나님이 보장하시는 여행입니다

3 하나님이 이르시되 나는 하나님이라 네 아버지의 하나님이니 애굽으로 내려가기를 두려워하지 말라 내가 거기서 너로 큰 민족을 이루게 하리라 4 내가 너와 함께 애굽으로 내려가겠고 반드시 너를 인도하여 다시 올라올 것이며 요셉이 그의 손으로 네 눈을 감기리라 하셨더라_창 46:3~4

야곱이 요셉을 내려놓고 하나님의 뜻에 순종하겠다고 하니 하나님이 "애굽으로 내려가기를 두려워하지 말라"며 야곱에게 약속을 주십니다. 야곱에게 요셉을 내려놓는 것은 두려운 일이었습니다. 하지만 야곱에게는 그것 말고도 또 다른 두려움이 있었습니다. 후손에 대한 두려움입니다.

야곱은 할아버지와 아버지를 통해 "여호와께서 아브람에게 이르시되 너는 반드시 알라 네 자손이 이방에서 객이 되어 그들을 섬기겠고 그들은 사백 년 동안 네 자손을 괴롭히리니"(창 15:13)라는 언약의 말씀을 이미 받았습니다. 그러니 애굽으로 떠나려는 시점에 이 말씀이 야곱의 발목을 붙잡지 않았겠습니까?

아브라함은 이 말씀을 받았을 때 "아, 내 자손이 400년 동안 자신들을 괴롭게 하는 애굽에 가서 훈련받아야만 약속의 땅 가나안, 천국에 들어갈 수 있겠구나" 하고 깨달았을 것입니다. 그러나 우리는 이런 말씀은 듣기도 싫죠. '내 비록 고난을 통해 예수를 믿게 되었지만, 내 자녀들은 아무 고난 없이 예수 믿었으면 좋겠다'가 우리의 주제가 아닙니까. 그러나 그 누구도 예외가 없습니다. 애굽에서 노예 노릇을 하며 괴롭힘을 당해야지 비로소 약속의 땅 가나안, 하나님 나라를 사모하게 됩니다.

내가 노예 노릇을 해도 그렇습니다. 그 가운데 하나님의 평강을 보인다면 도리어 수많은 사람을 주께로 인도할 수 있습니다. 이 말씀을 축복으로 받으면 그야말로 세상이 능히 감당하지 못하는 자가 되는 겁니다. 반면에 만날 눈앞에서 잘된다고 하는 것만 좋아하면 결코 말씀대로 적용할 수 없습니다. 물론 부모들은 앞으로 자녀들이 겪을 일을 생각하면 눈물이 날 수밖에 없지요. 그러나 말씀대로 믿고 살고 누리는 것은 나중에 일어날 일이 아닙니다. 오늘 믿고 살고 누려야 하는 것입니다.

야곱 가족의 애굽행은 "내가 죽기 전에 반드시 요셉을 보리라!" 이러면서 한 풀려고 가는 여행이 아닙니다. 가족 나들이도 아닙니다. 약속의 말씀을 이루기 위한 구속사의 여행입니다. 그러나 우리는 어떻습니까? '내가 죽기 전에 박사학위를 받아 보리라', '내가 죽기 전에 이 집을 꼭 사리라' 하며 맺힌 한을 풀기 위한 여행을 하지는 않습니까?

덕성여대 이원복 교수는 '한(恨)의 미학'이란 칼럼에서 다음과 같이 말했습니다.

우리나라 사람들을 한(恨)의 민족이라고 한다. 유별나게 한국인들은 가슴에 품은 한이 많은 것 같다. …… 한은 유교문화권의 특징이 아닌가 싶다. 다른 종교, 예컨대 불교·기독교·이슬람교 등은 가장 기본적인 요소가 탐욕을 버리고 내세를 위해 이승에서 바른 삶을 살라고 하는 것이다. 그래서 끊임없이 기도하고 참회하고 좀 더 나은, 그리고 행복한 내세를 기원한다. 여기에 비해 유교는 사회 윤리와 통치 이념이 그 핵심으로 내세보다는 철저하게 현실의 문제를 가르친다. …… 유교는 '현실의 이념'이고 유교 사상이 의식 구조의 기본이 되면 내세보다 현세에 집착하게 되며, 모든 문제는 현실, 즉 내가 살아 있는 동안에 해결돼야 한다. 가난했던 사람이 부자가 되는 것도, 평생 남에게 무시당하던 사람이 출세해 여봐란듯이 복수하는 것도, 배우지 못해 서러웠던 사람이 박사학위를 따 당당히 세상에 과시하는 것도……. 이러한 것들이 모두 '내가 살아 있는 동안'에 해결돼야 한다. 그러니까 한은 내가 살아 있는 동안 풀어야 하고, 그 시간은 많지 않으니 몇 배나 더 열심히 이를 악물고 목표로 돌진해야 한다. 한은 무서운 동력이 된다. 모든 것을 용서하고 탐욕을 버리며 내세를 위해 준비하는 대신 '이승에서 내가 못 이룬 것을 다 이뤄야지, 이 한 몸 죽고 나면 모든 게 그것으로 끝'이라는 의식은 수단 방법을 가리지 않고 목표를 향해 돌진케 하는 무서운 추진력으로 작용한다.

야곱도 한이 많아서 돈을 벌려고 평생을 노력했습니다. 그런데 야곱이 그리도 보고 싶어 한 요셉이 지금 애굽을 다스리고 있습니다. 바로 눈앞에 세상의 돈, 애굽의 돈이 기다리고 있습니다. 그런데도 야곱이 멈춰 섰습니다. 이는 하나님의 뜻이 아니라면 요셉을 이승에서 보지 못해도 좋다고 고백한 것과 다름없습니다. 이것이 바로 내려놓는 여행입니다. 우리의 여행은 단순히 한을 풀기 위한 여행, 세상의 만족을 구하는 여행, 쾌락적인 여행이 되어서는 안 됩니다. 야곱처럼 '예수님만이 내 인생이 답'이라고 고백하는 구속사의 여행이 되어야 합니다.

그런데 우리가 여행을 잘 하려면 무엇이 가장 중요할까요? 아무리 좋은 곳을 여행해도 동반자와 서로 통하지 않으면 그 여행은 하나도 재미가 없습니다. 하루는 어떤 집사님이 하와이 여행을 갔는데, 함께 간 친구가 "예수면 다냐? 그냥 착하게 살면 돼" 이러면서 열불 나는 소리만 했답니다. 친구와 영적으로 통하지 않으니 집사님은 그 좋은 경치가 하나도 눈에 안 들어오더랍니다.

구속사의 여행도 그렇습니다. 누구와 함께하느냐가 그만큼 중요합니다. 하나님과 함께하고 공동체와 함께하는 구속사의 여행이야말로 성도에게 가장 즐거운 여행입니다.

한 집사님이 하는 일도 잘 풀리고 평안하니 목장을 섬기는 것이 고난이고, 어디 좋은 곳으로 여행이나 다니고 싶더랍니다. 그래도 이분이 계속 공동체에 붙어 있다 보니 "부르심에는 선택이 없다"는 말씀이 들렸습니다. 하나님이 나를 지명하여 부르셨다는 것이 깨달아진 것이죠. 아무리 이리 기웃, 저리 기웃 해 봐도 내가 있을 곳은 공동체밖에 없다는 것이 인정되니 이분이 "이제부터 목장을 열심히 섬기리라, 사명을 감당하리라" 선포했습니다. 이런 것이 바로 쾌락적인 여행에서 돌이켜, 구속사의 여행으로 나아가는 적용입니다.

그러나 구속사의 여행은 세상에서 말하는 꽃길이 아닙니다. 그래서 야곱도 앞으로 그의 후손이 겪을 고난을 생각하면 두려웠던 것입니다. 야곱의 두려움을 잘 아시는 하나님은 "두려워하지 말라"는 말씀과 함께 그에게 네 가지를 약속해 주십니다.

첫 번째 약속은 **"내가 거기서 너로 큰 민족을 이루게 하리라"**입니다. 실제로 애굽으로 들어갈 때 70명이던 인구가 애굽에서 나올 때는 200만 명이 되었습니다.

두 번째 약속은 **"내가 너와 함께 애굽으로 내려가겠다"**입니다. 하나님은 이미 야곱에게 "내가 너와 함께 있어 네가 어디로 가든지 너를 지키며 너를 이끌어 이 땅으로 돌아오게 할지라 내가 네게 허락한 것을 다 이루기까지 너를 떠나지 아니하리라"(창 28:15)는 약속의 말씀을 주셨습니다. 하지만 야곱의 두려움을 너무 잘 아시기에 하나님이 친히 달래 가면서 "야곱아, 걱정하지마! 내가 짐 싸서 너랑 같이 애굽으로 갈게" 이렇게까지 말씀해 주시는 겁니다.

세 번째 약속은 **"반드시 너를 인도하여 다시 올라오겠다"**입니다. 하나님은 "야곱아, 진정한 약속의 땅은 애굽이 아닌 거 알지? 내가 너를 약속의 땅 가나안으로 반드시 돌아오게 할 거야. 그러니 두려워하지 말아라" 하며 야곱의 가려운 데를 긁어 주셨습니다. 후에 야곱이 그의 유언대로 가나안에 묻히고(창 50:13), 그 후손은 가나안을 정복함으로써 이 약속도 그대로 이루어졌습니다.

네 번째 약속은 **"요셉이 그의 손으로 네 눈을 감기리라"**입니다. 야곱 입장에서는 하나님이 함께 애굽으로 가는 것도 당연히 좋겠지만, 아무래도 개인적인 관심사는 '과연 요셉이 내 임종을 지켜 줄까?' 아니겠습니까? 그런데 "네 사랑하는 아들이 네 눈을 감겨 줄 거야"라는 너무나도 시원한 응답을 주신 겁니다. 이처럼 하나님은 우리의 개인적인 관심사나 소망을 멸시치 않고 응답해 주십니다. 여러분, 두려워하던 야곱이 '언제' 시원한 응답을 받았습니까? 브엘세바에서 '예배드릴 때' 받았습니다. 이것이 바로 예배의 힘입니다!

앞서 이삭은 애굽으로 갈 '생각'만 했는데도 하나님이 "애굽으로 가지 말라"는 응답을 주셨다고 했습니다. 그런데 본문을 자세히 살펴보면 야곱은 하나님께 뭔가를 일일이 묻거나 간구하지 않았습니다. 그저 '하나님께 물어야겠다'고 생각하고 예배만 드렸을 뿐입니다. 그런데도 하나님은 그의 마음과 필요를 이미 다 아시고 응답해 주신 것입니다.

그렇습니다. 하나님은 내가 어떤 마음으로 예배를 드리는지 이미 다 아십니다. 하나님 앞에서는 우리의 진심을 절대 속일 수 없습니다. 여전한 방식으로 모든 예배를 진실되게 드릴 때 하나님이 우리의 모든 필요를 아시고 신실하게 응답하실 줄 믿습니다. 그러나 자꾸 예배를 드리다가 안 드리고, 말씀을 보다가 안 보면 말씀도 잘 깨달아지지 않을뿐더러 하나님의 응답도 받을 수 없습니다.

그런데 여러분, 우리가 항상 예배 때마다 진실한 마음으로 하나님께 묻고자 하면 무슨 일이 일어나는 줄 아십니까? "하나님이 나를 가장 좋은 길로 인도하실 거야. 이제 시험도 붙고, 모든 일이 술술 풀릴 거야" 이런 응답을 받는 것이 아닙니다.

말씀을 통해 내 안의 욕심을 발견하고, 그 욕심을 내려놓게 됩니다. 이것이 바로 하나님의 응답입니다.

"믿는 자에게 능치 못할 일이 없다"면서 내 욕심을 부추기는 말만 들으면 결코 하나님의 응답을 받을 수 없습니다. 사울 왕은 예배중 독자 수준으로 열심히 예배를 드렸습니다. 그러나 정작 하나님께 묻지 않고 자기 욕심에 따라 살았습니다(대상 10:13~14). 심지어 신접한 여인을 찾아가 예배까지 드렸습니다(삼상 28장). 그러니 그 예배에 하나님이 어찌 응답하시겠습니까.

예배의 결론은 내 욕심을 내려놓는 것입니다. 천국 가는 그날까지 우리의 적용은 말씀으로 내 안의 욕심을 발견하고 내려놓는 것입니다. 내가 꽉 쥐고 있던 손을 펼 때 평강이 임하고, 응답의 축복을 받게 될 줄 믿습니다.

✛ 때마다 진실된 마음으로 하나님을 예배하고 있습니까? 말씀에 설득되어 내려놓게 된 나의 욕심은 무엇입니까?

같이 걷는 여행입니다

야곱이 브엘세바에서 떠날새 이스라엘의 아들들이 바로가 그를 태우려고 보낸 수레에 자기들의 아버지 야곱과 자기들의 처자들을 태우고_창 46:5

하나님의 약속을 받은 야곱은 이제 확신을 가지고 애굽으로 내려가기로 합니다. 그랬더니 보세요. 놀랍게도 아들들이 '이스라엘의 아들들'이 되어 준비된 마음으로 애굽행을 기다리고 있습니다.

6 그들의 가축과 가나안 땅에서 얻은 재물을 이끌었으며 야곱과 그의 자손들이 다함께 애굽으로 갔더라 7 이와 같이 야곱이 그 아들들과 손자들과 딸들과 손녀들 곧 그의 모든 자손을 데리고 애굽으로 갔더라_창 46:6~7

요셉은 형제들에게 애굽으로 올 때 "너희의 기구를 아끼지 말라"(창 45:20)고 하면서 그냥 오라고 했습니다. 그러나 야곱은 막상 빈손으로 가면 "별 거지 같은 것들이 다 왔네" 이런 소리를 들을까 봐 최소한으로 가축과 재물을 가지고 떠납니다.

야곱이 요셉을 내려놨더니 하나님은 그의 앞길을 보장해 주실 뿐만 아니라 '영적 후사'까지 얻게 하십니다. 6절에 "그의 자손들이 다 함께 애굽으로 갔더라", 7절에도 "그 아들들과 손자들과 딸들과 손녀들 곧 그의 모든 자손을 데리고 애굽으로 갔더라"고 합니다. 요셉 한 사람을 내려놓았더니 온 가족이 하나 되어 구속사의 여행에 동참하게 된 것입니다. 야곱이 편애에서 벗어나니 모든 자녀를 다 살리게 되었습니다.

그렇다면 여러분, 왜 부모는 자녀를 내려놔야 합니까? 자녀는 부모의 소유물이 아니기 때문입니다. 부모가 자기의 욕구를 만족시키기 위해 아이에게 다정한 태도를 보이는 것은 어디까지나 조건적인 사랑일 뿐입니다. 그런 면에서 자기만족의 도구로 자녀를 평생 이용하며 마마보이로 만드는 부모는 세상에서 가장 이기적인 사랑을 하는 사람입니다. 부모가 먼저 이것을 깨닫고 내려놔야 자녀를 살릴 수 있습니다.

> 애굽에서 요셉이 낳은 아들은 두 명이니 야곱의 집 사람으로 애굽에 이른 자가 모두 칠십 명이었더라_창 46:27

야곱의 집 사람으로 애굽에 이른 자가 모두 70명이라고 합니다. 아브라함과 이삭과 야곱이 가나안에 머문 기간이 215년입니다. 쉽게 말해 가나안에서 3대를 살면서 70명밖에 영적 자녀를 낳지 못한 것입니다. 더욱이 이들은 하나님의 거룩한 백성으로 살기보다 도리어 가나안의 영향을 받고 있었습니다. 그러니까 야곱 가족의 애굽행은 그들을 거룩하게 구별하기 위해 하나님이 친히 가나안에서 끄집어내신 것이라고 할 수 있습니다.

아브라함은 이삭과 이스마엘을 낳고, 후처 그두라에게서 6명의 아들을 더 낳았습니다(창 25:1~2). 그러나 잘난 아들 7명은 세상으로 떠나 버리고 비실비실해서 눈만 껌뻑껌뻑하는 이삭만 그 곁에 남았죠. 8명 중에 1명만 믿음의 자녀로 건진 겁니다. 이삭은 어떻습니까? 야곱과 에서 중에서 야곱 하나 건졌습니다. 사냥 잘하고 남자답고 털도 많은 에서가 아니라 털도 없고 여성스러운 데다 거짓말까지 잘하는

94

야곱이 남았습니다. 결국 잘난 아들들인 에서와 이스마엘, 그두라의 자손은 믿음의 계보에서 다 빠졌습니다.

그런데 보세요. 이 문제 많은 야곱이 자신의 열두 아들을 모두 믿음의 계보에 올렸습니다. 야곱의 아들들 중에 세상으로 흘러 떠내려 간 자녀가 하나도 없습니다. 그야말로 '전원 합격'입니다. 더욱이 이 아들들이 어떤 사람들입니까? 우리가 앞서 보았지만, 살인을 저지르고, 아버지의 첩과 동침하고, 며느리와 동침해 아이까지 낳지 않았습니까. 한마디로 문제 많고 상처 많은 사람들의 집합체입니다. 이런 것을 보면 성경은 진짜 은혜의 족보가 맞습니다.

무엇보다 야곱의 자녀들은 그동안 아버지가 요셉을 얼마나 그리워했는지 누구보다 잘 압니다. 야곱은 그야말로 요셉바라기, 편애 대마왕입니다. 그런 야곱이 요셉을 딱 내려놓고 하나님의 뜻이 아니면 애굽에 가지 않겠다고 하니 온 가족이 얼마나 놀랐겠습니까. 야곱의 적용에 온 가족이 저절로 하나가 될 수밖에요. 지금 야곱은 자녀들에게 "나는 너희가 예수 믿는 것밖에 더는 바라는 것이 없다"고 유언한 것과 다름없습니다. 아무리 부모가 바람을 피우고 생난리를 쳐도 그렇습니다. 야곱을 봐도 예수 믿는 아버지, 나를 예수 믿게 한 아버지가 최고의 아버지입니다.

그런데 왜 성경 기자는 애굽으로 이주한 야곱 가족의 수를 굳이 70명이라고 언급했을까요? 이 70명이 출애굽할 때는 200만 명으로 늘어나잖아요. 그러니까 이는 430년 만에 70명을 200만 명 되게 하신 하나님의 영광을 드러내기 위해서입니다.

비록 가나안에 215년 동안 있으면서 70명밖에 영적 자녀를 낳지 못한 것 같아도 그렇습니다. 가나안이 정말 척박한 땅이잖아요. 그러니까 그곳에서는 70명이 최선인 거예요.

저는 70명이 200만 명이 되는 이 은혜의 족보에 야곱의 아들들처럼 힘들고 어려운 분들을 초청하고 싶습니다. 에서와 이스마엘처럼 잘난 사람들은 인간의 힘으로는 어찌할 도리가 없기 때문입니다. 하나님의 은혜가 아니고는 그 누구도 바위같이 단단한 그들의 심령을 깰 수 없습니다.

그런데 제가 창세기 25장부터 야곱의 인생을 쭉 살펴보니까 행위로 무언가를 내려놓아서 하나님과 가까워지는 것이 아니더라고요. 날마다 하나님과 동행하며 말씀과 씨름하다 보면 내가 얼마나 잘 내려놓지 못하는 사람인지 깨닫게 됩니다. 야곱도 내려놓지 못하는 것이 때마다 있었죠. 지금까지 온갖 지질한 모습을 성경에 다 드러내지 않았습니까. 그래도 계속 하나님과 씨름하다 보니까 결국 요셉도 내려놓고, 열두 아들과 같이 걷는 구속사의 여행을 하게 된 줄 믿습니다.

제가 이 설교를 할 당시 3개월여 동안 카이스트(KAIST, 한국과학기술원) 학생 4명이 잇따라 자살하는 일이 있었습니다. 기본적으로 전액 수업료가 면제인 카이스트에서 성적에 따라 등록금을 내게 하는 '차등 수업료제' 시행이 그 원인이라는 언론의 보도가 잇따랐습니다. 우리나라 최고의 인재라 불리는 학생들이 왜 이런 안타까운 선택을 했을까요? 이 사안과 관련하여 당시 카이스트를 다니고 있던 우리들교회 청년이 제게 편지를 보내왔습니다. 다음은 그 내용의 일부입니다.

카이스트 학생들은 늘 공부로 칭찬받으며 부모님의 큰 기대를 받고 자란 이들이 대부분입니다. 과학고나 영재학교 출신들이 많다 보니 주위 사람들에게 "너는 앞으로 뭐가 돼도 될 사람이다"라는 이야기를 들으며 자랐죠. 그러다 보니 자신이 '되었다 함이 없는 인생'이라는 사실을 알 길이 없습니다.

여러분, 칭찬은 놀라운 힘을 가지고 있습니다. 그러나 아이들이 '잘한다, 잘한다' 칭찬만 듣고 자라는 것은 오히려 독이 될 수 있습니다. 예전에 한 방송에서 '칭찬의 역효과'를 다룬 다큐멘터리를 방영한 적이 있습니다. 당시 그 방송을 본 부모들은 경악을 금치 못했습니다. "정말 잘했어. 넌 최고야", "넌 누굴 닮아서 그렇게 똑똑하니?", "너 같은 천재는 이 세상에 없을 거야" 등 자신들이 자주 하는 칭찬이 자녀를 얼마나 망치고 있는지 알게 되었기 때문입니다.

이 다큐에 나온 실험에 따르면, 선생님으로부터 평가형 칭찬을 들은 아이들 중 70퍼센트가 시험 도중 선생님이 자리를 비운 사이에 부정행위를 저질렀습니다. 선생님의 기대에 부응해야 한다는 부담감 때문이었죠. 또 다른 실험에서는 칭찬 스티커가 주어질 때는 야채 주스를 잘 먹던 유치원생들이 스티커가 주어지지 않자 먹는 양이 반으로 줄었습니다. 반면에 칭찬 스티커 없이 야채 주스를 마신 다른 유치원생들은 시간이 갈수록 더 많은 양의 야채 주스를 마셨습니다.

그렇습니다. 칭찬이 오히려 독이 될 수 있습니다. 그러므로 부모가 칭찬만 하면서 예수 없이 자녀를 일류로 키우는 것이야말로 자녀에게 독을 먹이는 것과 같습니다. 무조건 인격적으로 대해야 한다면서 자녀가 잘못해도 야단치지 않는 것도 성경적이지 않습니다. 자녀를 사랑하기 때문에 부모가 매를 들어야 할 때도 있습니다. 결론은 칭찬도 야단도 항상 말씀에 따라 해야 한다는 것입니다.

계속해서, 말씀 안에서 교우들과 '같이 걷는 여행'을 하기 원한다는 카이스트 청년의 편지입니다.

저는 카이스트 학생들 간에 벌어지고 있는 죽고 죽이는 식의 공부 행태는 등록금 정책 때문이 아니라 학생들의 '교만'에서부터 비롯됐다고 생각합니다. 이곳에 있는 대부분의 학생은 복수와 교만이 가득한 라멕의 노래를 부르며(창 4:23~24) 자신보다 열등한 학생에게는 일종의 쾌감을 느끼고, 잘하는 학생에게는 열등감을 느끼며 그것을 원동력 삼아 공부합니다. 그러나 무한 경쟁 속에서 누구보다 열심히 공부하는데도 인정받지 못하고, 아무도 자신의 힘듦을 이해해 주지 않는다고 여기니 학교에서 지내는 하루하루를 지옥처럼 느낍니다. 저 또한 말씀이 들리기 전까지 학교를 지옥이라 여기며 살았습니다. 시험 기간이 되면 하루에 두세 시간씩 자면서 '너를 밟고 올라서야 내가 빛난다'는 생각으로 열심히 공부했습니다.

저는 우리들교회에 처음 왔을 때만 해도 자신의 죄와 수치를 나누는 지체들을 지질하게 여겼습니다. 어려서부터 워낙 인정받는 것이 몸에 배었기에 추하고 악한 제 모습을 인정하기 싫었기 때문입니다. 그러나 하나님은 안 좋은 환경에서도 감사하며 말씀을 붙드는 지체들을 통해 저의 교만이 얼마나 하늘을 찌르고 있는지 깨닫게 하셨습니다. 무엇보다 지금 내가 지옥을 사는 이유는 누구의 탓도 아닌 바로 내 죄 때문임을 알게 하셨습니다.

말씀을 듣는 저도 저의 수치를 드러내기까지 시간이 걸렸는데, 하물며 말씀을 전혀 듣지 않는 친구들이 자신의 치부나 연약함을 드러낸다는 것은 감히 상상조차 할 수 없는 일입니다. 그러니 이런 친구들에게 낮은 성적 때문에 장학금을 받지 못한다는 사실은 납득하기 힘든 고난이었을 것입니다. 더욱이 학교 내부 사정을 잘 모르는 주위 사람들의 기대와 내부에서 친구들 간에 일어나는 견제는 이 친구들을 더욱더 외롭고 우울하게 만들었을 것입니다. 결국 이런 상황들이 겹치면서 친구들이 극단적인 선택을 하게 된 것이 아닌가 싶습니다.

저는 이번 일을 겪으며 '내가 한 번이라도 그 친구들에게 말씀을 전하려고 시도했다면 그 친구들이 혹시 살 수 있지 않았을까?'라고 생각했습니다. 그러면서 그들을 전도하려고 시도조차 하지 않은 저 자신에게 처음으로 애통한 마음이 들었습니다. 이렇게 교만하고 열등감 덩어리인 저도 하나님이 구원해 주신 것처럼 우리 학교 친구들도 구원해 주시길 간절히 기도합니다. 여전히 겁이 나고 앞으로 어떻게 해야 할지 걱정이 많지만, 날마다 말씀으로 인도함을 받으며 친구들에게 복음을 전하기를 소원합니다.

여러분, 성도의 인생은 일생 내려놓는 여행입니다. 주님 말씀하시면 나아가고, 주님 뜻이 아니면 멈춰 서는 인생입니다. 그것이 결코 쉬운 일은 아니지만, 날마다 하나님을 예배하며 나아갈 때, 내 곁에 있는 누군가와 말씀 안에서 같이 걷는 구속사의 여행을 하게 될 줄 믿습니다.

✛ 70명이 200만 명이 되는 은혜의 족보에 누구를 초청하고 싶습니까? 나는 누구와 구속사의 여행을 같이하고 있습니까?

"

인간관계가 힘들다고 모두가 성숙해지는 것은 아닙니다.
야곱이 잘한 점은 힘들 때마다 사람과 씨름하지 않고,
하나님과 씨름했다는 것입니다.
"내 주를 가까이 하게 함은 십자가 짐 같은 고생이나"
이 찬송의 가사처럼 야곱은 날마다 자신이 안 되는 부분을
안타까워하면서 하나님과 씨름했습니다.

"

제가 결혼한 지 1년 만에 어머니가 뇌출혈로 갑작스레 돌아가시면서 아버지는 그 충격으로 무기력해지셨습니다. 이후 저는 물려받은 재산도 없이 4명의 동생과 가족의 생계를 책임져야 했습니다. 대기업에서 19년을 종사하며 임원 승진을 보장받았지만, 직속 상사와 갈등이 생기자 중소기업의 스카우트 제의에 망설임 없이 퇴사했습니다. 하지만 옮긴 회사는 황당하게도 제게 담보를 요구했고, 결국 저는 그 회사를 나와 동료와 창업했습니다.

창업한 회사는 처음엔 잘되는 듯싶었지만, 1년 만에 30억이라는 빚더미에 앉아 부도가 났습니다. 하지만 저는 혈연, 지연, 학연을 열심히 찾아다니며 경매로 넘어간 집도 찾고, 새로운 동업자를 만나 회사도 설립했습니다. 이처럼 저는 힘들 때마다 하나님과 씨름하기보다 내 머리를 믿으며 인간 승리의 삶을 살았습니다. 그러나 제 교만이 하늘을 찌를 즈음 IMF 외환 위기로 회사는 다시 수렁에 빠졌습니다. 설상가상으로 아내가 저 모르게 연대보증을 선 일로 집에 압류딱지가 붙는 날벼락 같은 일이 생겼습니다. 아내에 대한 배신감으로 저는 이성을 잃고, 카드를 다 빼앗아 가위로 잘라 아내의 얼굴에 뿌리며 무섭게 이혼을 요구했습니다. 그러나 보증 사건으로 곤고해진 아내는 말

씀을 묵상하며 이미 구속사의 여행을 하고 있었습니다. 아내는 제게
무릎을 꿇고 용서를 빌면서 단 한마디도 변명하지 않았습니다. 그리
고 저를 위해 그동안 눈물로 기도해 왔다면서 구원 초청을 했습니다.
그때부터 저도 아내와 함께 말씀을 묵상하게 되었습니다.

그러던 중 아내가 암에 걸렸습니다. 그동안 아내는 강퍅한 성품
에 강박증과 결벽증이 있는 시아버지를 모시고, 시동생들까지 건사
하느라 고생을 많이 했습니다. '내가 바로 아내를 병들게 만들었구나'
하는 마음에 눈물이 쏟아졌습니다. 저는 "그 날에 죄와 더러움을 씻는
샘이…… 열리리라"는 스가랴 13장 1절 말씀을 묵상하며 아내가 진
빚이 내가 치러야 할 죗값임을 깨닫고 회개하였습니다. 이후 감사하
게도 하나님은 아내의 암을 깨끗이 치유해 주셨습니다. 그렇게 날마
다 말씀을 붙들고 씨름하며 회개로 주님께 한 발짝 다가갔더니, 예기
치 않은 도움의 손길을 보내 주셔서 부도 위기의 회사도 다시 일으켜
주셨습니다. 그러나 이후에도 사업은 여러 번의 위기를 맞았고, 저는
두 번의 옥고를 치르기도 했습니다. 그러다 몇 년 전에는 대표 이사라
는 자존심 때문에 붙들고 있던 회사를 공동체의 권면과 기도로 내려
놓았습니다.

야곱이 요셉을 내려놓고 보니 그의 아들들이 이미 변해 있었던
것처럼, 아버지는 세례를 받고 몇 년 전에 소천하시고, 온 가족이 말씀
공동체에 속해 구속사의 여행을 함께하고 있습니다(창 46:5~7). 가난에
한이 맺혀 일중독자로 살던 저를 사망에서 생명으로 옮겨 주시고, 영
적 후사 낳는 인생으로 인도하신 하나님을 찬양합니다(창 46:3).

영혼의 기도

하나님 아버지, 말씀대로 모든 것을 내려놓기를 간절히 원하지만, 뭐 하나 시원하게 내려놓은 것이 없습니다. 여전히 세상의 이목에 매여 하나님과 씨름하지 아니하고 세상과 씨름하기 때문입니다. 입으로만 내려놓는다고 하고, 여전히 주먹을 꽉 쥐고 있는 우리를 불쌍히 여겨 주옵소서.

주님, 그동안 요셉을 내려놓지 못한 야곱을 보면서 중독이 얼마나 무서운지, 편애가 얼마나 무서운지 알았습니다. 야곱 한 사람의 중독으로 인해 그 가족이 얼마나 힘들었습니까? 그런데 드디어 야곱이 요셉을 내려놓았습니다. 하나님과 씨름하다가 그 요셉을 딱 내려놓았습니다.

주님, 우리의 모든 중독도 하나님을 예배하는 가운데 이렇게 끊어질 줄 믿습니다. 나 한 사람의 중독이 내 옆의 사람들을 얼마나 힘들게 하는지 깨닫고, 이제는 그 중독을 내려놓기 원합니다. 그리하여 가족 모두 같이 걸으며 영적 후사를 길러 내는 구속사의 여행을 하도록 인도하여 주옵소서.

참으로 이것이 은혜로만 가능한 일인 줄 믿사오니, 지질한 야곱이 열두 아들을 다 천국에 입성시킨 그 은혜가 우리에게도 동일하게 임하게 하옵소서. 힘들고 어려운 사람들을 은혜의 족보에 초청하도록 주님 말씀하시면 나아가고, 주님 뜻이 아니면 멈춰 서게 하옵소서. 우리를 말씀으로 인도하여 주옵소서. 예수님 이름으로 기도드립니다. 아멘.

04

아버지 품으로

창세기 46장 8~34절

하나님 아버지,
가정에서 중심 잡는 그 한 사람이 되어
아버지 품으로 가족을 인도하기 원합니다.
말씀해 주옵소서. 듣겠습니다.

무디 성경 학교의 존 코에슬러(John Koessler) 교수의 이야기입니다. 어린 시절 텔레비전 드라마에 나오는 가족을 보면 엄마는 예쁜 앞치마를 두르고 열심히 빵을 굽고, 아빠는 인내심을 가지고 아이들에게 지혜로운 교훈을 가르칩니다. 집은 언제나 깨끗하고 식탁에는 맛있는 음식이 준비되어 있죠. 아이들은 항상 예의 바릅니다. 무엇보다 위기가 일어나도 한 30분쯤 지나면 폭소와 함께 항상 깔끔하게 모든 문제가 해결됩니다. 코에슬러 교수도 TV 드라마의 가정처럼 "가족은 이래야 한다"고 생각했습니다. 하지만 현실은 달랐죠. 어머니가 잠든 아버지 머리맡에 있던 맥주병을 깨뜨리던 그 밤, 그는 분명한 사실을 깨달았다고 했습니다. "나는 TV 속에 나오는 가정에 살고 있지 않다." 이런 경험은 그에게 매우 큰 고통을 안겨 주었습니다. 그러나 그는 자신이 역기능 가정에서 자랐기에 오히려 남들보다 더 많은 것을 배울 수 있었다고 고백합니다.

코에슬러 교수의 경우처럼 순기능 가정보다 역기능 가정에서 자란 사람들이 하나님 아버지 품으로 돌아올 확률이 훨씬 높다고 합니다. 본문을 통해 그 이유를 살펴보겠습니다.

하나님은 환난당하고 빚지고 원통한 사람들을 사랑하시기 때문입니다

8 애굽으로 내려간 이스라엘 가족의 이름은 이러하니라 야곱과 그의 아들들 곧 야곱의 맏아들 르우벤과 9 르우벤의 아들 하녹과 발루와 헤스론과 갈미요 10 시므온의 아들은 여무엘과 야민과 오핫과 야긴과 스할과 가나안 여인의 아들 사울이요 11 레위의 아들은 게르손과 그핫과 므라리요 12 유다의 아들 곧 엘과 오난과 셀라와 베레스와 세라니 엘과 오난은 가나안 땅에서 죽었고 베레스의 아들은 헤스론과 하물이요 13 잇사갈의 아들은 돌라와 부와와 욥과 시므론이요 14 스불론의 아들은 세렛과 엘론과 얄르엘이니 15 이들은 레아가 밧단아람에서 야곱에게 난 자손들이라 그 딸 디나를 합하여 남자와 여자가 삼십삼 명이며 16 갓의 아들은 시본과 학기와 수니와 에스본과 에리와 아로디와 아렐리요 17 아셀의 아들은 임나와 이스와와 이스위와 브리아와 그들의 누이 세라며 또 브리아의 아들은 헤벨과 말기엘이니 18 이들은 라반이 그의 딸 레아에게 준 실바가 야곱에게 낳은 자손들이니 모두 십육 명이라 19 야곱의 아내 라헬의 아들 곧 요셉과 베냐민이요 20 애굽 땅에서 온의 제사장 보디베라의 딸 아스낫이 요셉에게 낳은 므낫세와 에브라임이요 21 베냐민의 아들 곧 벨라와 베겔과 아스벨과 게라와 나아만과 에히와 로스와 뭅빔과 훔빔과 아릇이니 22 이들은 라헬이 야곱에게 낳은 자손들이니 모두 십사 명이요 23 단의 아들 후심이요 24 납달리의 아들 곧

야스엘과 구니와 예셀과 실렘이라 25 이들은 라반이 그의 딸 라헬에게 준 빌하가 야곱에게 낳은 자손들이니 모두 칠 명이라 26 야곱과 함께 애굽에 들어간 자는 야곱의 며느리들 외에 육십육 명이니 이는 다 야곱의 몸에서 태어난 자이며 27 애굽에서 요셉이 낳은 아들은 두 명이니 야곱의 집 사람으로 애굽에 이른 자가 모두 칠십 명이었더라_창 46:8~27

예전에 '서얼(庶孼)'을 주제로 한 칼럼을 본 적이 있습니다. 본처가 아닌 여성에게서 태어난 자식을 통칭하는 서얼은 그야말로 한이 서린 말입니다. 어머니의 신분에 따라 양인(良人)의 소생은 '서자' 혹은 첩자(妾子)로, 천인(賤人)의 소생은 '얼자'로 불렸죠. 그런데 이 서얼이 품은 한(恨)의 역사는 조선 초기로 거슬러 올라간답니다.

조선의 개국 공신인 정도전이 바로 서얼 출신인데, 이방원은 자신의 반대편에 선 그를 몹시 미워했습니다. 정도전을 죽이고 왕위에 오른 이방원은 재위 14년 되던 해 "서얼에게는 현직(顯職)을 금한다"고 못 박았습니다. 이후 성종 때에는 서얼의 자손이 대대손손 벼슬을 하지 못하도록 하는 서얼금고(庶孼禁錮) 규정이 만들어졌습니다. 양반들은 주색잡기를 하며 수많은 서얼을 생산하면서도 정작 자기 자녀들이 받을 차별에는 전혀 관심이 없었죠. 결국 이런 차별은 가족 관계를 파멸로 몰고 갔습니다. 서얼들은 아버지를 아버지라, 형을 형이라 차마 부르지 못했습니다. 이처럼 돌아가 안길 아버지의 품이 없으니 그들의 한이 조선 천지를 뒤덮지 않았겠습니까.

그런데 8절부터 27절까지 기록된 야곱 가족의 명단을 보니 과연 성경은 성경이라는 생각이 듭니다. 수천 년 전인데도 적자(嫡子)든 서얼이든, 남자든 여자든 차별 없이 모두 바로가 보낸 수레를 타고 애굽으로 갔습니다. 무엇보다 야곱의 아들과 딸과 손자까지 다 합해서 70명의 이름이 빠짐없이 기록되었습니다. 야곱의 첫째 부인 레아가 낳은 자손이 33명, 레아의 시녀 실바의 자손이 16명, 둘째 부인 라헬의 자손이 14명, 라헬의 시녀 빌하의 자손이 7명입니다. 특별히 모계에 따라 명단이 기록된 것은 그만큼 믿음에 있어 어머니의 역할이 중요하다는 것을 보여 줍니다.

그런데 생각해 보세요. 열두 아들은 이미 각자의 터전에서 가정을 이루며 살고 있었습니다. 아무리 혈육이라고 해도 다 함께 애굽으로 이민 가는 것이 어찌 쉽겠습니까? 그렇다고 형제애가 두터웠나요? 그것도 아니었죠. 아버지의 편애로 서로 상처를 주고받느라 너무나도 사랑이 없는 가족이었습니다. 그렇습니다. 야곱 가정은 보통 역기능 가정도 아니고, 아주 심각한 역기능 가정이었습니다.

야곱의 아내 라헬의 아들 곧 요셉과 베냐민이요_창 46:19

야곱의 다른 부인들은 그 이름만 언급되는데, 유독 두 번째 부인인 라헬만 '야곱의 아내'라고 기록되었습니다. 야곱에게는 오직 라헬만 자신의 아내입니다. 이렇게 야곱이 라헬만 예뻐하니까 조강지처인 레아와 첩들이 얼마나 열등감을 느꼈겠습니까? 그러니 요셉의 형들이 라헬의 소생 요셉을 시기하여 죽이려고 한 것이 딱 이해되지 않습니까? 결국 형들은 요셉을 노예로 팔아 버리고 말았죠. 가해자가 된 형들은 그 사실을 꽁꽁 묻어 둔 채 무려 22년이나 어둠의 영 가운데 살았습니다.

> 이들은 라반이 그의 딸 라헬에게 준 빌하가 야곱에게 낳은 자손들이니 모두 칠 명이라_창 46:25

라헬의 시녀 빌하는 그 이름의 뜻이 '겁이 많다'입니다. 그런데 겁 많은 빌하가 야곱의 첩이 되어 본처 레아의 큰아들인 르우벤과 동침했습니다(창 35:22). 이때 빌하의 친아들인 단과 납달리는 배다른 형과 자기 엄마가 동침한 사실을 알고 어땠을까요? 정말 알면 알수록 콩가루 집안입니다.

레아의 인생을 봐도 그래요. 남편 사랑도 못 받고 있는데, 큰아들이 남편의 첩을 욕보였으니 그 속이 어떻겠습니까. 더욱이 레아의 외동딸 디나는 세겜에서 강간을 당했습니다. 그 일로 둘째와 셋째 아들인 시므온과 레위가 복수하겠다며 살인을 저질렀죠(창 34장).

넷째 아들 유다의 상황은 더 기가 막힙니다. 그는 요셉을 팔아 버리고 죄책감에 공동체를 떠나 이방 여인과 결혼했습니다. 그러다 아내와 두 아들을 연이어 잃었죠. 그런데도 정신을 못 차리고 일에 미치고 여자에 미쳐 살다가 길거리 여자와 동침까지 했습니다. 그런데 알고 보니 그 여자가 며느리 다말이었습니다. 다말이 영적 후사를 잇기 위해 수치를 무릅쓰고 창녀로 변장한 것이었죠. 이 며느리와 시아버지 사이에서 태어난 자손이 바로 베레스입니다(창 38장). 사실만 놓고 보면 가장 수치스러운 태생이라고 할 수 있습니다. 그런데 놀랍게도 이 베레스가 예수님의 직계 조상이 되었습니다.

　　명단에 기록된 70명의 이름의 뜻을 봐도 그렇습니다. '하나님의 날', '하나님이 세우신다', '하나님의 의견' 등 '하나님'이 들어간 이름도 많지만, '나그네가 되다', '부정한 자', '벌레', '하나님이 병들게 하다', '삼키다', '싸우다', '덥다', '도망가다', '서두르다', '성미가 급하다'는 뜻도 있습니다. 구약에서는 이름의 뜻이 그 사람의 인생을 대표한다고 하는데, 정말 그 뜻처럼 사연 많은 콩가루 집안의 자손들이 여기다 모였습니다. 그리고 이들 모두 하나님의 긍휼하심을 입어 아버지 품으로 돌아왔습니다.

　　야곱 가정처럼 콩가루 집안 남편과 결혼한 한 집사님의 나눔입니다.

남편의 큰누나는 시아버지가 술집 여자에게서 낳은 딸이고, 현재 시어머니는 계모로 시아버지와 불륜 관계로 만났습니다. 대학교 때 처음 만난 남편은 "나는 너 없으면 못산다"고 하며 제게 매달렸습니다. 저는 반강제적으로 혼전순결을 잃고 남편과 결혼했습니다. 남편은 친정아버지 회사에 다니고 있습니다. 한번은 술을 마시느라 한 달 동안 회사에 나가지 않았지만, 아버지는 딸이 걱정되어 그런 사위를 자르지도 못하셨습니다.

그런데 소망 없어 보이는 이 남편이 하나님 아버지 품으로 돌아와 지금은 부목자가 되었다는 것 아닙니까? 제가 보니까 모범생보다 전력이 화려한 분들이 오히려 지체들을 공감하면서 잘 섬기더군요.

그러면 다시 19절로 돌아가 보겠습니다. 야곱은 라헬 때문에 평생 몸살을 앓았습니다. 언제나 "내 아내는 라헬"이라고 하면서 그녀를 본부인 반열에 올리고 싶어 했죠. 하지만 하나님이 인정한 야곱의 본부인은 유다의 어머니 '레아'였습니다.

라헬은 야곱의 사랑을 평생 받았을 뿐만 아니라, 남들보다 좀 늦게 낳았어도 큰아들이 홈런을 쳐서 애굽의 총리까지 되었습니다. 조강지처 레아의 아들들은 하나같이 다 속을 썩이고 있는데 말입니다. 그런데도 라헬은 감사하는 마음이 하나도 없었습니다. 이후 야곱을 따라 가나안을 향해 가던 중 길가에서 베냐민을 낳고 산고로 죽었죠. 그런데 남편 복에 자식 복까지 있던 라헬이 마지막으로 죽으면서 한 일이 무엇인지 아십니까? '슬픔의 아들(베노니)'이라고 아들 이름을 지어 준 것입니다(창 35:18). 이 땅에서 실컷 잘 먹고 잘살다가 "슬프다" 하고 세상을 떠난 겁니다. 성경은 모든 것을 갖추었다고 절대 행복한 것이 아님을 이처럼 절절히 보여 줍니다.

반면에 레아는 비록 남편 사랑은 받지 못해도 '연합하리로다(레위)', '찬송하리로다(유다)', '후한 선물(스불론)'이라고 아들 이름을 지으며 자기 인생을 말씀으로 해석했습니다. 그랬더니 그 자녀가 예수님의 계보에 올라가고, 야곱의 뜻과 달리 본부인으로 성경에 찬란히 기록되었습니다. 남편 사랑을 받지 못해도, 자식이 아무리 속을 썩여도, 내 자리 지키면서 가정을 지키는 것이 중요한 이유가 여기에 있습니다.

그러면 라헬만 편애하던 야곱이 레아를 본부인으로 인정하는 말을 언제 했나요? 그는 마지막 유언에서 "아브라함과 그의 아내 사라가 거기 장사되었고 이삭과 그의 아내 리브가도 거기 장사되었으며 나도 레아를 그 곳에 장사하였노라"(창 49:31)고 말했습니다. 믿음의 조상들이 장사된 막벨라 굴에 야곱이 사랑하는 라헬이 아닌 레아가 장사되었습니다. 후에 야곱도 이곳에 묻히죠(창 50:13). 겉으로는 레아의 인생은 슬프고 라헬은 좋아 보이지만, 길고 짧은 것은 마지막에 대봐야 압니다.

야곱의 인생을 봐도 그렇습니다. 그는 아버지와 형을 속여 장자의 축복을 받은 후, 형 에서의 분노를 피해 도망가느라 그리도 사랑한 어머니와 생이별을 해야만 했습니다. 이후 살아서는 어머니를 만나지 못했죠. 가장 사랑한 라헬도 길거리에서 죽고, 눈에 넣어도 아프지 않을 아들 요셉은 무려 22년간 죽은 줄 알고 살았습니다. 야곱은 하나님 자리에 놓고 사랑하는 대상 때문에 참으로 슬픈 인생을 살았습니다. 그래서 하나님은 그런 야곱을 믿음의 조상으로 세우기 위해 참으로 험악한 세월을 보내게 하셨습니다(창 47:9). 야곱은 인생이 힘드니 절로 하나님 아버지 품이 사모되었을 겁니다.

여러분, 아무리 평생 잘 먹고 잘산다 한들 짧은 인생입니다. 하나님 아버지 품을 모르면 인간은 영원히 슬픈 인생을 살 수밖에 없습니다. 그러므로 하나님이 고난을 통해 나를 부르실 때 하루빨리 아버지 품으로 돌아오십시오. 그것만이 살길입니다.

야곱 가족의 이주 명단을 다시 보세요. 편애를 해도 편애를 당해도, 심지어 살인을 해도 아무리 연약한 인생일지라도 모두 믿음의 계보에 그 이름이 찬란히 올라갔습니다. 환난당하고 빚지고 원통한 사람들이 하나님의 신실하심으로 모두 구원되었습니다. 할렐루야!

70명은 완전수 7과 10의 곱으로, 70 역시 완전수입니다. 즉, 이 70명은 하나님이 그들을 완전히 구원하셨음을 보여 줍니다. 무엇보다 요셉이 애굽의 총리가 아닌 야곱의 열두 아들 중 하나로 기록되었습니다. 이것이 의미하는 바가 무엇입니까? 이 세상 부귀영화와 하나님 나라의 영광은 결코 비교할 수 없다는 것입니다. 지금 내 처지가 아무리 보잘것없어도 그래요. 하나님의 자녀, 하나님의 백성으로 산다는 것은 참으로 자긍심을 가질 만한 일입니다.

앞서 아브라함, 이삭, 야곱 3대가 215년 동안 가나안에서 지내면서 얻은 후사가 겨우 70명뿐이라고 했습니다. 아브라함만 봐도 당대 신앙은 믿음이 뿌리내리기까지 시간이 걸리기 때문입니다. 하지만 이 70명이 애굽에 가서는 430년 만에 200만 명이 되었습니다. 자연 산술로는 이해가 안 가는 부흥이 일어났습니다. 더욱이 애굽의 핍박 가운데 이렇게 부흥한 것을 생각하면 놀라운 일이 아닐 수 없습니다. 누구든지 하나님 아버지 품으로 돌아오면 이처럼 한계가 없는 부흥을 경험하게 될 줄 믿습니다.

제가 믿음의 4대째인데, 저희 집안에서 가장 유명한 사람이 저라고나 할까요? 부모님이 아들 없이 딸 넷만 낳으셨으니 세상에서는 가문을 이을 열매가 없다고 여겼을 것입니다. 그런데 막내딸에 불과한 제가 지금 주의 종이 되어 수많은 사람을 주께로 인도하고 있으니 이 얼마나 은혜입니까?

그러면 여러분, 어떤 사람들이 하나님 아버지 품을 그리워할까요? 세상에서 잘난 사람들은 하나님 아버지 품이 하나도 그립지 않죠. 앞에서도 보았지만, 아브라함이 하갈에게서 낳은 이스마엘과 그두라에게서 낳은 여섯 아들, 이삭의 큰아들 에서는 다 세상으로 떠나지 않았습니까. 장자라고 해서, 또 서자라고 해서 무조건 하나님 품을 사모하는 것도 아닙니다.

여러분은 가장 믿음이 없어 보이는, 돈 좋아하고 여자 좋아하고 거짓말쟁이에 사기꾼인 야곱이 열두 아들을 모두 천국에 입성시켰다는 것을 어떻게 생각하십니까? 적자든 서자든 남자든 여자든 종이든 첩이든 상관없이 다 아버지 품으로 데려갔습니다. 이렇게 야곱처럼 가족과 지체를 아버지 품으로 인도하려면 어떻게 해야 할까요? 나의 힘든 사연을 솔직히 남편과의 일을 나누는 것이 그 시작입니다.

목장에서 솔직하게 남편과의 일을 나누었더니 자신도 살아나고, 목장 식구들도 살아나게 되었다는 한 집사님의 나눔입니다.

작은아들 얼굴에 두드러기가 올라온 것을 본 남편은, 전날 저녁 아들에게 햄버거를 먹였다는 제 말을 듣자마자 입에 담기 힘든 욕설을 퍼붓기 시작했습니다. 함구증이 있는 큰아들은 화를 내는 아빠를 보고 부들부들 떨며 불안해했고, 작은아들은 아빠를 따라 병원에 가기 싫다는 눈으로 저를 쳐다보았습니다. 결국 크게 화가 난 남편은 옷 수납

박스 3개를 연달아 제게 던졌습니다. 저는 '왜 나는 이렇게 맨날 맞고 살아야 하나! 정말 이혼하고 싶다'는 생각뿐이었습니다.

그렇게 자기연민의 수렁에서 몸부림치면서도 마침 주일이라 교회에 갔습니다. 그리고 "하나님은 더러운 것과 아픈 것이 모이고 드러나는 그곳에서 섬기는 삶을 위한 기본적인 토양을 만들어 가신다"는 설교 말씀을 들었습니다(창 1:9). 비록 내 죄와 고난을 오픈해서 내 믿음의 현 주소가 드러나는 과정이 너무 힘들지만, 그런 것이야말로 하나님께 더욱 쓰임받는 삶이라는 말씀을 듣고 마음에 깊은 울림이 있었습니다. 이후 저희 부부는 그 주에 목장 개편이 있어 새로운 목장 식구들을 만나게 되었습니다. 저는 남편과의 일을 나누며 저의 마음을 솔직히 고백했습니다. 그런데 이제 목장에 나오지 않겠다던 한 부부가 제 나눔을 듣고 다음 주에 나오겠다고 약속했습니다. 무엇보다 처음 온 새가족 부부가 마음을 열고 우울과 불안, 불면, 자살 충동으로 힘들다는 고백을 해 주었습니다. 저는 그저 들은 말씀대로 힘든 마음을 솔직히 나눈 것뿐인데, 사람들이 살아나니까 정말 신기했습니다. 그러자 제 속에 남편과 더는 살기 싫다는 어지러운 마음은 어느새 사라지고, 목장 식구들의 사연을 놓고 한마음으로 기도하게 되었습니다.

여러분, 목장에서 나누기만 해도 어지러운 마음이 사라졌다고 하지 않습니까? 이 집사님처럼 내 고난을 나눌 때 그것이 약재료가 되어 다른 사람들을 아버지 품으로 인도하게 될 줄 믿습니다.

중심 잡는 한 사람이 필요합니다

야곱이 유다를 요셉에게 미리 보내어 자기를 고센으로 인도하게 하
고 다 고센 땅에 이르니 _창 46:28

요셉은 애굽에서 야곱 가족이 생계를 유지하고 생명을 보존하
는 일에 책임이 있습니다. 그러나 정작 야곱 가족을 믿음의 땅 고센으
로 인도한 사람은 요셉이 아니라, 며느리와 동침한 유다였습니다. 유
다는 영적 후사를 잇기 위해 며느리 다말이 수치를 무릅쓴 것을 알고
"그는 나보다 옳도다"라고 고백했죠(창 38장). 가부장적인 시대에 "며
느리가 옳다"고 사람들 앞에서 공개적으로 회개하는, 있을 수 없는 일
이 일어난 것입니다. 그 일 이후 유다는 아버지와 형제간에, 형들과 요
셉 간에 중재자로 자리매김했습니다. 왜죠? 회개한 그에게 '십자가를
통과한 자기 부인'이 생겼기 때문입니다.

　　우리가 익히 알다시피 예수님이 바로 이 유다 자손을 통해 오셨
습니다. 불신결혼하고 며느리와 동침까지 한 자타공인 죄 많은 유다
가 회개함으로 구속사의 한 획을 긋게 된 것이죠. 이처럼 회개한 자에
게 베푸시는 하나님의 무궁하신 은혜는 우리의 신앙 상식을 초월합

니다. 날마다 자기 죄를 뼈아프게 보는 사람, 즉 자기 부인이 있는 사람이 모든 사람을 예수께로 연결하는 중재자가 됩니다. 그런 사람이 진정한 리더입니다.

자기 부인과 자기최면은 겉보기엔 비슷해 보여도 완전히 다릅니다. 자기최면이 '나는 뭐든지 할 수 있어!' 하며 긍정적인 메시지를 무의식에 흘러가도록 하는 훈련이라면, 자기 부인은 우리를 거룩으로 이끄시는 하나님의 훈련입니다. 이는 곧 날마다 "주님, 제가 참으로 죄인입니다" 고백하며 나 자신을 내려놓는 것입니다.

그러나 자기 부인의 기도는 예수님도 힘들게 하셨습니다. 십자가를 지시기 전 주님도 "내 원대로 마시옵고 아버지의 원대로 되기를 원하나이다" 하며 피땀 흘려 기도하지 않으셨습니까(눅 22:39~44).

반면에 "믿는 자에게 능치 못할 일이 뭐가 있냐"면서 자기최면과 같은 기복적인 기도를 하다 보면 막상 난리와 난리 소문을 들을 때(마 24:6) 정신을 못 차리고 쓰러지기 십상입니다.

29 요셉이 그의 수레를 갖추고 고센으로 올라가서 그의 아버지 이스라엘을 맞으며 그에게 보이고 그의 목을 어긋맞춰 안고 얼마 동안 울매 30 이스라엘이 요셉에게 이르되 네가 지금까지 살아 있고 내가 네 얼굴을 보았으니 지금 죽어도 족하도다_창 46:29~30

야곱 가정에 중심 잡는 그 한 사람, 유다가 있었기에 온 가족이 눈물을 흘리며 아버지 품으로 돌아왔습니다. 가족의 구원을 위해 자신의 목숨을 담보물로 바친 유다의 헌신을 지금까지 우리가 생생히 보지 않았습니까. 이처럼 각 가정에 중심 잡는 한 사람이 있으면 소망이 있습니다. 유다처럼 회개하는 그 한 사람, 그 누군가가 나를 위해 기도했기에 우리도 서로 얼싸안고 지금 죽어도 원이 없다는 고백을 하게 되는 줄 믿습니다.

그러면 구체적으로 유다가 가정에서 어떻게 중심을 잡았습니까? 야곱의 본처 레아의 넷째 아들인 유다는 엄연히 적자(嫡子)입니다. 그런데 마치 서자(庶子)처럼 차별받았습니다. 오히려 요셉이 서자인데, 장자(長子)와 같은 대우를 받았습니다.

야곱은 라헬의 소생이라는 이유로 요셉과 베냐민을 편애했습니다. 그런데 유다가 이런 연약한 아버지를 살리기 위해 베냐민 대신 자신이 죽겠다고 했습니다(창 44:32~34). 야곱이 내 아버지이기 때문입니다. 이 땅에서 예수 믿도록 나를 낳아 주신 내 아버지이기 때문입니다. 이것만 잘 알아도 우리의 힘든 식구들을 모두 주님께 인도하게 될 줄 믿습니다.

중심 잡는 한 사람이 되어 온 가족을 아버지 품으로 인도한 한 집사님의 나눔입니다.

남편은 여자 속옷을 모으는 성도착증이 있습니다. 그런데 그 일이 드러나면서 직장에 있다가 경찰에 연행되었습니다. 인정 중독이 있는 남편에게는 너무나도 수치스러운 사건이었죠. 결국 남편은 8개월을 감옥에서 보냈습니다. 저는 그 기간에 남편에게 큐티책과 함께 설교 말씀을 정리해서 보내 주었습니다. 저는 공동체가 합심하여 기도했으니 남편이 감옥에서 나오면 완전히 달라져 있을 줄 알았습니다. 하지만 남편은 출소하자마자 할리데이비슨(Harley-Davidson) 모터사이클을 타고 다니며 또다시 저를 힘들게 했습니다.

그런데 절대로 바뀔 것 같지 않던 이 남편이 하루는 큰아들이 자신과 똑같은 짓을 하는 걸 보게 되었답니다. 그제야 '이제 말씀을 좀 듣고, 교회를 가야겠다'는 생각이 들더랍니다. 그래서 부부목장에 가서 자신의 모든 이야기를 솔직히 고백했습니다. 그랬더니 아내도 바통을 이어 받아 자기 죄를 고백하기 시작했습니다. 아내 집사는 "남편의 사건은 결혼 전에 음란하게 살면서 불신교제와 낙태를 행한 내 삶의 결론"이라며 회개했습니다. 그러면서 "남편을 가정의 머리로 세우겠다"는 믿음의 결단을 했습니다.

이 부부의 고백으로 그 모임 자리에 말로 설명할 수 없는 은혜와 감격이 임했다고 합니다. 아내 한 사람이 중심을 잘 잡고 있었기 때문에 깨어질 수밖에 없는 가정이 중수되는 놀라운 역사가 일어난 것입니다. 그 한 사람 덕분에 남편도 교회에 오고, 큰아들도 교회에 왔습니다. 가족이 모두 하나님 품으로 돌아왔습니다. 할렐루야!

✛ 나는 가정에서 중심 잡는 한 사람입니까? 하나님 아버지 품으로 가족을 인도하고자 무엇을 적용하겠습니까?

가증히 여김을 받는 것이
아버지 품으로 돌아오는 비결입니다

31 요셉이 그의 형들과 아버지의 가족에게 이르되 내가 올라가서 바로에게 아뢰어 이르기를 가나안 땅에 있던 내 형들과 내 아버지의 가족이 내게로 왔는데 32 그들은 목자들이라 목축하는 사람들이므로 그들의 양과 소와 모든 소유를 이끌고 왔나이다 하리니 33 바로가 당신들을 불러서 너희의 직업이 무엇이냐 묻거든 34 당신들은 이르기를 주의 종들은 어렸을 때부터 지금까지 목축하는 자들이온데 우리와 우리 선조가 다 그러하니이다 하소서 애굽 사람은 다 목축을 가증히 여기나니 당신들이 고센 땅에 살게 되리이다
_창 46:31~34

하나님이 야곱 가족을 가나안에서 애굽으로 불러내신 이유가 무엇입니까? 스스로는 창대하게 되지 못하니 잘사는 애굽으로 데려가셔서 부흥하게 하시려는 것이죠. 하지만 애굽의 세속 문화를 피하고 구별된 가치관으로 살아가기 위해서는 어디에 정착하는지가 아주 중요합니다. 그러면 왜 요셉은 이들의 정착지가 고센이 될 것이라고 말했을까요? 다시 말해, 왜 고센은 야곱 가족의 정착지로 안성맞춤일까요?

애굽 사람들은 소를 신성시하여 소로 제사를 드렸습니다. 그래서 소를 잡아먹기 위해 목축하는 사람들을 싫어하는 정도가 아니라

가증히 여겼습니다. 당연히 그들과는 혼인도 하지 않았죠. 무엇보다 그들의 신전 참배도 금했습니다. 그러니 야곱 가족이 목축업을 이유로 고센 땅에 있기만 해도 저절로 '신앙의 순결성'이 지켜지지 않겠습니까.

그런데 요셉은 애굽의 총리잖아요. 충분히 가족이 있을 곳을 마음대로 정할 수도 있었죠. 하지만 그는 먼저 가겠다고 하지 않고, 바로가 부를 때까지 기다렸습니다. 구원의 일은 이처럼 기다려야 합니다.

그리고 요셉이 애굽 사람들이 가증히 여길 것을 알면서도 고센 땅을 택한 것처럼, 항상 손해 보는 쪽을 택하는 것이 지혜입니다. 여러분도 리더가 되고 싶다면 항상 손해 보는 쪽을 택하기 바랍니다. 그것이 시샘받지 않는 비결입니다. 일평생 손해 보는 쪽을 택하면 결국 내 곁에는 믿을 만한 사람들만 남아 있게 될 것입니다. 반면에 언제나 내 유익을 구하면 가는 곳마다 자기 유익을 구하는 사람만 내 곁에 남아 있을 겁니다.

야곱 가족이 바로를 만나 대답할 말을 다시 정리해 보면 "우리 할아버지, 아버지가 가나안에서 목축을 하셨다. 그래서 소와 양들을 애굽으로 데려온 것이다"입니다. 이 말이 거짓은 아니지 않습니까? 그러나 애굽 사람들은 야곱 가족이 목축업을 한다고 하면 마치 조선 시대 양반들이 백정을 무시하듯이, 분명히 그들을 천히 여길 것입니다. 게다가 요셉의 아내는 이방신을 제사하는 보디베라의 딸이잖아요. 겉으로는 티 내지 않아도 속으로 얼마나 무시가 되겠습니까? 하지만 요셉은 이 모든 것을 다 넘어서서 세속적인 것에 물들지 않고자 고센 땅을 택했습니다. 그래서 자기 아버지와 형제들이 믿음의 순수성을 지킬 수 있도록 바로에게 대답할 말을 미리 준비시킨 것입니다.

그러면 요셉이 이렇게까지 한 이유가 무엇일까요? 이스라엘이 최종적으로 갈 곳은 애굽이 아니라 가나안임을 잘 알았기 때문입니다. 하지만 이 땅에서 말씀대로 산다는 것은 결코 쉬운 일이 아닙니다. 구별되게 살려면 포기해야 될 일이 얼마나 많은지 모릅니다. 보세요. 야곱 가족도 말씀이 들리기까지 아브라함, 이삭, 야곱 3대의 시간이 걸렸습니다. 우리가 처음부터 말씀이 들리면 좋겠지만, 그것이 어디 말처럼 쉽습니까?

저는 말씀이 안 들리는 분들을 보면 창자가 끊어질 듯한 애통이 절로 됩니다. 그러나 제가 이렇게 애통하며 기도해도 죽어도 말씀이 안 들리는 사람들이 있다는 것을 잘 압니다. 아브라함에게도 이삭에게도 말씀이 들리지 않아 세상으로 떠나간 자녀들이 있었잖아요. 그나마 야곱이 믿음의 3대째가 되고 험악한 인생을 살다 보니 그와 그 자손이 말씀이 들려 애굽으로 오게 된 줄 믿습니다. 그러므로 지금 내 옆에 말씀이 안 들리는 사람이 있다면 우리도 기다려 주어야 합니다.

야곱이 험악한 인생을 살아서 말씀이 들린 것처럼, 그냥은 안 되는 것을 알기에 제가 더더욱 애통의 눈물을 흘릴 수밖에 없습니다. 그러나 세상 사람들은 제가 애통하는 것을 절대 이해하지 못할 것입니다.

교회를 대충 다녀도 그렇습니다. 하지만 야곱처럼 험악한 인생을 살며 처절한 배신과 아픔을 겪다 보면, 아무리 한 가족이라도 영적으로 통하지 않을 수 있다는 것을 알고 절로 애통하게 될 것입니다.

야곱 가족은 화려한 애굽으로 갔지만, 아무도 눈여겨보지 않는 멸시받는 땅 고센에 정착했습니다. 마찬가지로 우리들교회 휘문 채플도 화려한 강남 한복판에 있지만, 아무도 눈여겨보지 않는 학교 강당에서 매주 예배를 드립니다. 평소에는 강당이 체육관으로 사용되다 보니 예배 때마다 매번 의자를 깔고 접어야 합니다. 게다가 냉난방도 잘 안 됩니다. 이렇게 환경이 불편하기에 정작 부유한 강남 사람들은 별로 오고 싶어 하지 않습니다. 그런데도 하나님은 자연 산술로는 이해할 수 없는 부흥을 우리들교회에 허락하셨습니다. "그 교회는 환난당하고 빚지고 원통한 사람들만 모인다는데 어떻게 부흥을 하지?" 이런 의문이 사람들 사이에 들기 시작한 것이죠. 저 역시 이렇게 부흥될 줄 어찌 알았겠습니까.

예전에 어떤 유수한 교단의 청년연합 집회에 강사로 섭외를 받은 적이 있습니다. 이미 포스터까지 다 나왔는데, 갑자기 취소 통보를 받았습니다. 그 교단에서 여자 목사를 인정하지 않기 때문이었습니다. 단지 여자 목사라는 이유로 저도 가증히 여김을 받는 일이 있었던 것입니다. 여자라는 이유로 강단에 서는 것조차 가증히 여기는 교계의 풍토에서 여자 목사가 담임하는 우리들교회가 부흥한 이유가 무엇일까요? 저는 이것이 바로 '가증히 여김받음의 선물'이라고 생각합니다. 저를 여자 목사라서 가증히 여겨 주시고, 과부라서 가증히 여겨 주셔서 제가 더욱 간절하고 애통한 마음으로 날마다 아버지 품을 사모하게 되었습니다. 생각해 보세요. 제가 배부르고 등 따뜻하게 살면서 어디서나 인정받으면 뭐 그리 애통이 넘치고 감사가 넘치겠습니까? 참으로 저에게는 선한 것이 하나도 없습니다. 자랑할 것도 하나 없습니다. 그저 제가 할 수 있는 일이라곤 성도들의 아픔에 같이 우는 것밖에 없습니다.

앞서 언급한 조선시대의 서얼 제도는 차별의 역사라고 할 수 있습니다. 그러나 유교적 가치관이 깊이 뿌리내린 조선의 백성은 도무지 자력으로는 이 제도를 철폐할 수 없었습니다. 물론 갑오개혁을 통해 법적으로는 신분제가 폐지되었지만, 양반이든 천민이든 모두가 일제강점기라는 고난을 거치면서 실질적인 신분제 폐지가 이루어졌다고 할 수 있습니다.

교계에서의 남녀 차별도 그렇습니다. 앞으로 어떤 고난을 통해 이 차별이 철폐될지 모르겠지만, 내가 차별을 받는 입장이라면 오히려 가증히 여김받는 것이 아버지 품으로 돌아오는 비결임을 알고 미리 감사하시기 바랍니다. 고난은 단순한 불행이 아니라, 변장된 축복임을 기억하시기 바랍니다.

과거에 23명의 여자와 바람을 피운 한 장로님이 있습니다. 우리는 23명이라는 말만 들어도 너무 가증스럽지만, 아내 집사님은 그럼에도 불구하고 끝까지 가정을 지켰습니다. 가증히 여길 수밖에 없는 이 가정을 믿음으로 지켜 냈습니다. 아무리 세상이 나를 가증히 여겨도, 우리 가정을 가증히 여겨도 그래요. 이런 나와 우리 가정을 받아 줄 아버지의 품이 있습니다. 그 아버지 품이 있기에 세상이 결코 줄 수 없는 평강이 우리 가정에 임하는 줄 믿습니다.

우리는 기적이라고 하면 대단한 것을 기대하지만, 가치관의 변화만큼 큰 기적은 없습니다. 내가 아버지 품으로 돌아가면 세상이 나를 속이고 가증히 여겨도 노여워하지 않을 가치관이 생기는 줄 믿습니다. 이런 가치관도 없이 오로지 가증히 여김받는다고만 생각한다면 제가 어찌 이렇게 설교할 수 있겠습니까? 창조주이신 하나님 아버지 품에 내가 이미 거하고 있기에 자유함을 가지고 이런 이야기도 나눌 수 있는 것입니다.

아버지 품으로 돌아온 한 집사님의 나눔입니다.

저의 주특기는 술과 담배, 음란입니다. 사실 그것이 죄인지도 모르고 살았습니다. 게다가 저는 아내에게 "내가 너한테 얼마나 잘해 주는데" 하며 생색을 내는 아주 웃기는 인간이었습니다. 그러던 어느 날입니다. 하나님은 술을 끊게 하시려고 제게 당뇨라는 병을 주셨습니다. 아버지 품으로 돌아오라고 주신 사건임에도 저는 내 힘으로 당뇨를 이겨 보겠다며 더욱 열심히 건강 관리에 힘썼습니다. 그래도 제가 여전히 요지부동하니 하나님은 제 소중한 보물인 아이들을 치셨습니다. 공부 잘하고 착하던 아이들이 학교를 안 가고 방황하기 시작한 것입니다. 그런데도 저는 계속 고집을 피웠습니다. 그러자 하나님은 아내의 바람 사건으로 저를 치셨습니다. 저의 끊임없는 언어폭력에 지친 아내가 다른 남자를 만나 가출한 것입니다.

당시 대기업 부장으로 승승장구하던 저는 왜 이런 일이 우리 가정에 왔는지 도무지 이해할 수 없었습니다. 하지만 저는 아내의 바람이라는 해와 달과 별이 떨어지는 큰 고난을 겪어도 여전히 내 힘으로 극복하려고 애썼습니다(마 24:29). 그러다 우여곡절 끝에 우리들교회로 인도되어 하나님 아버지 품에 거하게 되었습니다. 말씀을 들으며 제가 하나님 앞에 얼마나 큰 죄인인지 비로소 깨달아지니 그동안 이해되지 않은 사건들이 하나씩 해석되기 시작했습니다. 나를 돌이키시려고 하나님이 건강 문제, 자녀의 방황, 그리고 아내의 바람 사건으로 찾아오셨음을 알게 된 것입니다. 그러자 얼마 후 가출했던 아내가 돌아와 하나님 앞에 엎드리게 되었습니다.

이후 저는 "하나님 저를 만나 주셔서 감사해요"라고 고백했습니다. 하지만 한편으로 상황이 나아지니 내가 뭐라도 된 것처럼 하나님 앞에서도 "여기까지만!"을 외쳤습니다. 이런 제게 하나님은 더 가까이 주께 나아오라고 암 사건을 허락해 주셨습니다. 지금 암 사건 앞에서 저희 부부가 할 수 있는 일은 오직 기도밖에 없습니다. 그러나 솔직히 예수님처럼 "나의 원대로 마시옵고 아버지의 원대로 하옵소서"(마 26:39)라는 기도가 나오지는 않습니다.

그러자 한 장로님이 이분에게 이렇게 물었답니다. "집사님은 아내 분을 완전히 용서하셨나요?" 그랬더니 이 집사님이 이렇게 대답했습니다. "제가 아내를 용서하려는 마음이 교만인 것 같습니다. 저는 누군가를 용서할 자격이 없는 사람입니다. 용서는 하나님이 해 주시는 것이기에 제가 아내를 용서했다기보다는 그저 모든 것에 감사할 뿐입니다."

여러분, 이분의 고백이 너무 놀랍지 않으세요? 사연만 들으면 이 가정은 무너져도 진즉에 무너졌을 가정입니다. 그런데 한 사람이 아버지 품으로 돌아오니 가정이 살아났습니다. 고난을 통해 온 가족이 아버지 품으로 돌아왔습니다.

서두에서 언급한 존 코에슬러 교수의 이야기로 다시 돌아가 보겠습니다. 다음은 코에슬러 교수의 고백입니다.

나는 역기능 가정에서 중요한 교훈을 배웠다. 그림 같은 가정생활은 없고, 가정은 혼란스러울 수밖에 없다는 것이다. 무엇보다 나는 성경만큼 진실한 기록부가 없다는 것을 알았다. 아담의 아들 가인은 동생 아벨을 살해했다. 노아는 술에 취해 벌거벗었고, 롯은 딸들과 근친상간으로 아들들을 낳았다. 그 유명한 믿음의 조상 아브라함, 이삭, 야곱의 족보를 보아도 온전한 가정은 하나도 없다. 예수님의 가족을 봐도 그렇다. 형제들은 예수님을 조롱하고 미친 사람으로 취급했다.

모든 가정은 어떤 면에서는 역기능적인 면을 가지고 있다. 하지만 놀라운 점은 하나님은 이런 역기능 가정을 강력하게 사용하신다는 것이다. 역기능 가정에도 분명히 좋은 순간이 있다. 순기능 가정의 아이들은 부모가 아무리 잘 먹이고 입혀도 당연하게 여기고 감사가 없다. 그러나 역기능 가정의 아이들은 그렇지 않다. "우리 아빠도 예전에 나에게 입 맞춰 줄 때가 있었어", "엄마와 아빠가 서로 사랑했을 때가 있었어", "언젠가 엄마와 다정한 대화를 나눈 적이 있었어" 이런 기억 하나하나가 감사함으로 기억된다.

물론 그렇다고 해서 내게 부모님에 대한 흉터가 남지 않은 것은 아니다. 어머니가 식칼로 아버지를 위협하던 그 밤, 아버지가 석유로 집에 불을 지르겠다고 하던 그 밤, 어머니의 자살 기도가 실패로 끝나고, 욕실 거울에 유혈이 낭자했던 그 밤…….그 밤의 기억들은 두려움과 절망감으로 내게 엄습해 왔다. 내가 여전히 그런 기억 속에 잠겨 있을 때 "여보, 당신은 이제 그 집에 살지 않아요"라고 아내가 위로해 줘도 나는 울음을 터뜨리곤 했다. 나는 감정적인 상처 없이 살아가기를 원한다. 하지만 그 상처들은 오히려 내게 값진 진리를 가르쳐 주었다. 내가 평생 부모님을 묵상하는 것처럼, 내 자녀들도 평생을 통해 내 행동을 묵상할 것이다. 다시 말해, 내가 하는 행위는 개인적인 것은 없고, 다 부모로부터 나온 것이다. 지금도 내가 툭 내뱉은 말들이 얼마나 오랫동안 아이들의 마음을 찌를지 모를 일이다.

그렇게 나를 힘들게 한 어머니는 30년 전에, 아버지는 15년 전에 이미 돌아가셨다. 하지만 나는 아직도 두 분의 파손된 삶에 영향을 받고 있다. 그래서 내 아이들을 위해서라도 더욱 주의 깊게 생각하게 된다. 내가 내린 결론은 내가 부모님에게 상처를 받았음에도 불구하고 그들을 너무나도 사랑한다는 것이다. 두 분 다 술주정뱅이에 아버지는 날마다 욕설을 퍼붓고, 어머니는 심한 우울증을 앓으셨다. 부모로서 자녀를 책임진 적이 없으셨다. 하지만 그때나 지금이나 그런 사실들이 부모님에 대한 나의 사랑을 빼앗아 가지는 못한다.

그렇습니다. 부모가 알코올의존증이든 마약 중독자든 바람을 피웠든 자녀들은 죽을 때까지 내 어머니, 내 아버지를 기억합니다. 그래

서 좋은 부모, 나쁜 부모 없고, 이 땅에서 나를 예수 믿게 낳아 준 부모
가 최고의 부모입니다. 계속해서 코에슬러 교수는 말합니다.

나는 역기능 가정에서 성장한 다른 사람들과 마찬가지로 부모의 학대
로 겪게 된 분노와 깊은 실망감을 감내하는 능력을 배웠다. 어쨌든 나
는 우리 부모님을 사랑한다. 지금도 부모님에게 분노와 실망감을 느
끼지만, 부모를 사랑하고 부모에게 사랑받기를 기대하는 것이 자녀의
본성이다. 자녀는 부모가 잘났다고 부모를 사랑하는 것이 아니다. 부
모의 능력이나 실력에 따라 자녀의 사랑이 좌우되지 않는다는 것이
다. 내 자녀들도 마찬가지다. 어린 시절 갈망한 사랑을 얻기 위해 내가
그만큼 노력했기 때문에 내 자녀들이 나를 사랑하는 것이 아니다. 그
들은 그저 자신들의 아버지이기에 나를 사랑하는 것이다.

내 아버지는 평생 알코올을 남용하며 사셨다. 나는 아버지의 생이 몇
시간 남지 않았을 때 병원에서 아버지와 시간을 보냈다. 그때 나는
"아버지, 제게 하고 싶은 말씀 있으세요?" 하고 물었다. 숨이 가빠 대
화하기 힘들어하는 아버지를 보며 '감히 범접할 수 없을 정도로 무섭
고 컸던 사람이 언제 이렇게 작아져서 여기에 누워 있는가' 하는 생각
에 내 눈에는 눈물이 가득해졌다. 나는 어릴 때 아버지가 좋아서 글씨
를 함부로 쓰는 것까지 따라 하곤 했다. 아버지는 내가 아플 때 의사
에게 데려다주었고, 나에게 처음으로 야구 글러브를 사 준 사람이었
다. 나는 눈물을 감추며 아버지의 귀에 대고 속삭였다. "아빠, 사랑해
요. 정말 사랑해요." 그것은 내가 마땅히 해야 할, 또 할 수 있는 유일

한 말이었다. 그런데 그때 무슨 반사작용이라도 일어난 듯, 내가 정말 전에 무수히 듣고 싶던 그 말을 아버지가 하기 시작했다. "나도 널 사랑한단다." 그것이 우리가 나눈 마지막 대화였다.

이것이 바로 내가 역기능 가정에서 배운 가장 위대한 교훈이었다. 우리 가정이 엄청나게 파손되었음에도 불구하고 하나님 형상의 희미한 흔적이, 인간 사랑의 흩어진 잔해 속에서 여전히 반사되고 있었다. 그것은 너무나 놀라운 진리였다.

그렇습니다. 우리가 하나님을 사랑하기 전에 하나님은 이미 우리를 사랑하셨습니다. 그래서 우리를 그분의 자녀로 삼기 위해 독생자 예수까지 보내 주신 것입니다. 더욱이 형편없는 인간의 사랑과 달리 하나님의 사랑은 절대로 파기될 수 없습니다. 우리가 하나님 아버지 품으로 돌아올 때 이런 놀라운 사랑을 나누어 주는 인생을 살게 될 줄 믿습니다.

✜ 내가 가증히 여기는 것은 무엇입니까? 또 가증히 여김받는 부분은 무엇입니까? 가증히 여김받는 것이 하나님 아버지 품으로 돌아오는 비결임을 믿습니까?

✜ 좋은 부모, 나쁜 부모 없고 이 땅에서 나를 예수 믿게 낳아 준 부모가 최고의 부모임을 인정합니까?

“

아무리 평생 잘 먹고 잘산다 한들 짧은 인생입니다.
하나님 아버지 품을 모르면
인간은 영원히 슬픈 인생을 살 수밖에 없습니다.
그러므로 하나님이 고난을 통해 나를 부르실 때
하루빨리 아버지 품으로 돌아오십시오.
그것만이 살길입니다.

”

저는 미션스쿨인 중학교에 들어가면서 교회에 다니기 시작했습니다. 그러나 고등학교 졸업 후에는 하나님을 떠나 살았습니다. 이후 좋은 직장에 들어가 예쁘고 착한 아내와 결혼해 두 아들을 낳고 살았지만, 아내와 아이들을 내 소유물로 여기고 제가 만든 규칙에 따라 살게 했습니다. 그러다 제 기준에서 조금이라도 벗어나면 불같이 화를 냈습니다. 하지만 저는 저 때문에 가족이 병들어 가는 줄도 모른 채 세상 성공에 몰두하며 살았습니다. 술과 담배와 음란이 제 주특기인데도 그게 죄인지도 몰라 오히려 아내에게 생색을 내는 한마디로 웃기는 인간이었습니다.

이런 제가 아버지 품으로 돌아오기 위해서는 가증히 여김받는 고난의 시간이 필요했습니다(창 46:34). 날마다 술을 마시니 결국 당뇨병이 생겼고, 공부 잘하고 착했던 두 자녀가 학교를 안 가고 방황하기 시작한 것입니다. 하지만 저는 내 힘으로 이겨 보겠다며 갖은 열심을 냈습니다. 이렇게 제가 계속 고집을 피우니 주님은 아내의 외도 사건으로 저를 치셨습니다. 저의 언어폭력에 시달리던 아내가 다른 남자를 만나 가출한 것입니다. 당시 대기업 부장으로 승승장구하던 저는 '왜 이런 일이 우리 가정에 왔는지' 도무지 이해할 수 없었습니다.

결국 한계상황에 다다르자, 30년 전 선물받은 먼지 쌓인 성경책을 가지고 교회에 제 발로 찾아갔습니다. 그런데 죽고 싶어서 간 교회에서 제가 기억조차 하지 못한 죄들이 파노라마처럼 눈앞에 지나갔고, 저는 하나님을 부르며 엉엉 울었습니다. 말씀을 들으며 하나님이 나를 너무 사랑하셔서 건강과 자녀 문제, 그리고 아내의 외도로 찾아오신 것임을 알게 되었습니다. 저는 라헬같이 이 땅에서 실컷 잘 먹고 잘살다가 "슬프다(베노니)" 하고 세상을 떠날 인생이었습니다(창 35:18). 그런데 레아처럼 말씀이 들려 제가 얼마나 큰 죄인인지 깨달아지니 "연합하리로다(레위)", "찬송하리로다(유다)" 고백하며 고난의 사건을 "후한 선물(스불론)"로 해석하게 되었습니다(창 30장). 이렇게 제 가치관이 바뀌자 얼마 후 아내는 집으로 돌아왔고, 온 가족이 함께 교회에 다니게 되었습니다. 하지만 상황이 나아지니 제가 뭐라도 된 것처럼 하나님 앞에서도 "여기까지만!"을 외쳤습니다. 그러자 하나님은 더 가까이 나아오라고 제게 암 사건을 허락해 주셨습니다.

어느 날 제 나눔을 들은 한 장로님이 "아내를 완전히 용서했냐"고 물으셨습니다. 그때 저는 "제가 용서하려고 하는 마음 자체가 교만인 거 같습니다. 저는 용서할 자격이 없는 사람입니다. 하나님이 용서하게 해 주신 것이기에 지금은 그저 감사한 마음뿐입니다"라고 대답할 수 있었습니다. 세상에서 방황하던 저를 아버지 품으로 돌아오게 하신 주님을 사랑합니다. 아직 많이 연약하지만 유다같이 중심 잡는 한 사람이 되어 가정의 중재자 역할을 잘 감당하기를 기도합니다.

하나님 아버지, 아버지 품이 너무나 그리웠습니다. 그것이 정확히 무엇을 의미하지는 잘 몰라도 그저 막연히 그리웠습니다. 그동안 도무지 해석되지 않는 제 삶을 보면서, 또 도저히 용서할 수 없는 가족을 보면서, 정작 가장 용서가 안 되는 사람은 바로 저 자신임을 알았습니다. 그래서 '나는 하나님께 버림받은 자인가, 이미 잊힌 자인가' 하며 실망한 적도 있었습니다.

그런데 주님, 죽음에 이르는 수치를 겪고 수많은 형제와 친척을 아버지 품으로 인도한 유다를 묵상하면서 중심 잡는 그 한 사람, 회개하는 그 한 사람이 너무나도 중요하다는 것을 알았습니다. 가부장적인 그 시대에 유다는 자기 아이를 가진 며느리에게 "네가 나보다 옳도다" 고백했습니다. 그때 유다의 심정이 어땠을까요? 결국 유다가 날마다 자기 죄를 뼈아프게 보았기에 형편없는 아버지 야곱을 껴안고, 온 가족을 아버지 품으로 인도했습니다.

주님, 참으로 우리 인생도 그렇게 되기를 원합니다. 편애, 강간, 살인, 통간의 사건이 끊이지 않는 콩가루 집안인 야곱 가정을 통해 사랑하는 데는 정말 이유가 없다는 것을 처절히 보여 주셔서 감사합니다. 그러므로 우리도 아무리 형편없는 내 부모, 내 자녀, 내 형제라도 내가 하나님의 자녀로 무조건적인 사랑을 받았기에 그들을 끝까지 사랑하게 하옵소서. 아무 이유를 달지 않고 무조건 사랑하게 하옵소서.

"환난당하고 빚지고 원통한 이 사람들도 다 살았는데, 왜 스스로 죽고자 하느냐, 왜 이혼하고자 하느냐" 하며 아버지 품으로 초청해 주시는 그 말씀에 반응하기를 원합니다. 그리할 때 우리 가정이 말씀대로 번성하는 축복을 누리게 될 줄 믿습니다.

세상에서 가증히 여김받는 가정이라 할지라도 그 가정의 한 사람이 중심 잡고 걸어갈 때, 아버지 품에서 모두 안식을 누리게 될 줄 믿습니다. 주여, 역사하여 주옵소서. 예수님 이름으로 기도드립니다. 아멘.

05

축복권

창세기 47장 1~12절

하나님 아버지,
나의 연약함을 나누는 간증으로
다른 사람을 축복하는
인생이 되기를 원합니다.
말씀해 주옵소서. 듣겠습니다.

바버라 에런라이크(Barbara Ehrenreich)가 쓴『긍정의 배신』에서 본 내용입니다.

2006년 미국 시사 주간지《타임》조사에 따르면 미국 기독교인의 17퍼센트는 자신이 '번영 신학(prosperity gospel)' 운동에 속해 있다고 생각하고, 61퍼센트는 "하나님은 당신이 번창하기를 원하신다"는 말에 동의한 것으로 나타났습니다. '그렇다면 어떻게 내 삶이 번창할 수 있는가?'라는 질문에는 수많은 목사님이 "긍정적 사고를 통해 가능하다"고 설교했다고 합니다. "좋은 마음가짐을 유지하라", "부정적이거나 신랄한 태도를 버려라", "단호히 결심해라", "떨쳐 버리고 앞으로 나아가라", "축복은 우리의 것이다" 등이 설교의 주요 내용이랍니다. 그러나 이런 번영 신학의 영향을 받은 긍정주의는 2008년 글로벌 금융위기로 이어진 서브프라임 모기지 사태(subprime mortgage crisis, 미국의 주택담보대출 부실 사태)를 겪으며 결국 미국의 발등을 찍었습니다.

야곱이야말로 축복을 엄청 좋아하는 사람입니다. 긍정의 힘을 내내 부르짖으며 누구보다 열심히 살았죠. 그러나 하나님은 사사건건 야곱의 인생에 간섭하시며 그를 다루어 가셨습니다. 반면에 믿지 않는 바로 왕은 잘 먹고 잘살게 그냥 내버려 두셨죠. 비록 야곱이 원하는 축복은 아니었지만, 결국 하나님은 그에게 축복권을 주셨습니다. 하나님은 우리도 야곱이 받은 축복권을 받기 원하십니다. 본문을 통해 하나님이 원하시는 축복권은 무엇이고, 어떻게 가질 수 있는지 살펴보겠습니다.

축복권을 가지려면 가나안 본향을 사모해야 합니다

1 요셉이 바로에게 가서 고하여 이르되 내 아버지와 내 형들과 그들의 양과 소와 모든 소유가 가나안 땅에서 와서 고센 땅에 있나이다 하고 2 그의 형들 중 다섯 명을 택하여 바로에게 보이니 3 바로가 요셉의 형들에게 묻되 너희 생업이 무엇이냐 그들이 바로에게 대답하되 종들은 목자이온데 우리와 선조가 다 그러하니이다 하고
_창 47:1~3

야곱 가족이 고센 땅에 거주하려면 바로의 허락이 있어야 합니다. 아직 허락이 떨어지기 전이지만, 그들은 양과 소와 모든 소유를 가지고 이미 고센 땅에 거하고 있습니다. 그리고 요셉은 형들 중 다섯 명을 택해 바로를 알현하도록 합니다. 애굽 사람들이 좋아하는 수가 바로 5이기 때문이죠. 가만히 보면 요셉이 바로를 얼마나 예의 바르게 대하는지 모릅니다. 그러면서 바로가 먼저 "생업이 무엇이냐"고 형들

에게 묻도록 합니다. 그러자 형들이 "우리는 목자인데, 선조 때부터
이 일을 했다"고 대답합니다.

그런데 앞 장에서 우리가 보았지만, 요셉이 형들에게 바로를 만
나면 이렇게 대답하라고 이미 이야기했잖아요. 그러고 나서 바로를
만나는 장면이 연이어 나오니까 불필요하게 똑같은 이야기를 반복하
는 것처럼 보입니다. 그러나 성경에서 같은 내용이 반복되는 것은 그
만큼 굉장히 중요하다는 뜻입니다.

야곱 가족이 목축업을 이유로 고센 땅에 거하는 것은 굉장히 중
요한 일입니다. 왜 그런가요? 세상 사람들이 가증히 여기는 일을 택
하는 것이 가나안 본향을 사모하는 비결이기 때문입니다. 그러나 애
굽 사람들이 아무리 가증히 여겨도 목축업은 식생활과 관련된 일입
니다. 생명과 직결되는 일이라고 할 수 있죠. 우리가 직업을 선택할 때
도 그렇습니다. 다른 사람을 살리는 일이라면 남들이 가기 싫어하는
3D(Dirty, Difficult, Dangerous) 업종이라도 그 일을 택하기 바랍니다.
이런 이타적인 선택을 하기 위해서는 생업(生業)에 관한 가치관이 확
실해야 합니다.

일본 사람들은 생업에 대한 프라이드가 사회 전반에 깊이 깔려
있습니다. 그래서 아무리 학벌이 대단해도 자신의 전공을 포기하고,
그것이 국숫집이든 스시 가게든 몇 대째 내려오는 가업을 이어가는
사람이 많습니다.

반면에 우리나라는 조선시대부터 내려온 유교 문화로 인해 문(文)
은 상대적으로 우대를 받고, 무(武)는 천히 여김을 받았습니다. 사농공

상(士農工商)으로 백성을 나누어 차별하고, 특히 육체노동을 천히 여겼죠. 그러나 성경은 그렇게 가르치지 않습니다. 오히려 세상이 가증히 여기는 일을 하며 천국 본향을 사모하는 모습을 보여 주는 것이야말로 생업을 대하는 바른 가치관이라고 말합니다.

여러분은 누군가가 생업에 관해 질문할 때 어떻게 답하겠습니까? 아무리 애굽 사람들이 가증히 여겨도 "우리는 조상 때부터 목자를 했다"고 형들이 답한 것처럼, 우리도 구체적으로 준비하고 답할 수 있으면 좋겠습니다.

그런데 한편으로는 조상 때부터 대대로 목축한 것이 우상이 되어서도 안 됩니다. 내가 양을 너무 좋아하고, 소를 너무 좋아한다는 이유로 오히려 그렇지 못한 사람들을 우습게 여기고 잘난 척하는 것도 문제입니다.

어떤 분이 개를 너무 사랑해서 동네에 지나가는 모든 병든 개를 씻기고 치료해서 주인까지 찾아 주었답니다. 그것까지는 좋았는데, 문제는 이분이 사람이 아니라 오로지 개에 대한 기도만 부탁한다는 겁니다. 주인 잃은 개가 주인을 찾고, 아픈 개가 돌아와서 치료받기를 바라는 기도제목뿐이었죠. 길거리의 병든 개를 돌보는 것은 다른 사람을 위해서도 유익한 일입니다. 하지만 그렇다고 개 자체가 우상이 되어서는 안 됩니다.

여러분, 개는 집을 지키는 존재이지, 인간과 한 침대에서 함께 자면서 데리고 사는 존재가 아닙니다. 이스라엘 사람들이 소와 양을 치지만, 한편으로는 그것을 또 잡아먹잖아요. 인간은 하나님이 창조하신 피조물을 숭배해서는 안 됩니다. 하나님은 자기 형상대로 지음받은 인간에게 동식물을 다스리는 권세를 주셨습니다. 그러므로 개든 소든 내가 너무 좋아한다는 이유로 하나님 자리에 그것을 놓으면 안 됩니다.

> 그들이 또 바로에게 고하되 가나안 땅에 기근이 심하여 종들의 양 떼를 칠 곳이 없기로 종들이 이 곳에 거류하고자 왔사오니 원하건 대 종들로 고센 땅에 살게 하소서_창 47:4

이 역시 형들이 준비한 말입니다. 이 말을 다시 풀어 보면 "우리 가족이 비록 기근 때문에 애굽으로 왔지만, 우리는 이곳에 영구 정착할 사람들이 아니다"입니다. 요셉의 형제들이 "우리는 애굽에 영원히 있지 않고, 잠시 머물다 돌아갈 것이다"라고 말했으니 바로가 어땠을까요? 아마도 이들을 함부로 무시할 수 없었을 겁니다.

우리가 부자들만 봐도 그렇잖아요. 어느 날 가난한 식객이 찾아왔는데, "나는 영원히 이곳에 있지 않을 것이다" 하면 뭔가 안심이 되면서 상대방을 무시하지 않게 되는 게 있죠. 예수 믿는 사람은 한마디로 엉덩이가 무거우면 안 됩니다. 남을 축복하려면 내가 아무리 가난해도 부잣집에 눌어붙어서 기생하려고 하면 안 됩니다. 세상이 나를 떨거지로 여기게 해서는 안 된다는 말입니다. 내가 예수를 믿는다면, 가난하기 때문에 세상이 나를 무시하는 것이 아닙니다. 장애가 있어서 나를 무시하는 것도 아닙니다. 내가 천국 본향을 사모하는 가치관이 확실하지 않기 때문에 무시받는 것입니다.

이 땅의 어떤 좋은 학벌도, 직업도 약속의 땅 가나안과는 결코 비교할 수 없습니다. 이것을 보여 줄 사명이 우리에게 있습니다. 하나님은 믿는 우리에게 이 땅에 잠시 거류하면서 본향을 사모하는 역할을 주셨습니다. 예쁜 아내, 돈 잘 버는 남편, 공부 잘하는 자녀, 좋은 집, 비싼 차가 있는 가정이 우리의 본향이 아니라는 겁니다. 그래도 여러분은 그런 집에 영원히 거류하고 싶습니까? 그러나 자식이든 집이든 품질이 너무 좋으면 그 뒤에 있는 가나안 본향이 잘 보이지 않기 마련입니다. 반면에 각종 중독에 찌든 문제투성이 가족, 소위 품질이 별로인 가족을 보면 어떻습니까? 소망이 전혀 보이지 않습니까? 그러나 오히려 이렇게 소망이 없을 때 진정한 소망인 천국을 붙들게 됩니다.

수년 전 영국 왕실의 윌리엄 왕자(Prince William of Wales)의 결혼식을 생중계로 본 적이 있습니다. 기독교 예배 형식으로 치러진 이 결혼식은 얼마나 화려하고 멋있었는지 모릅니다. 훌륭한 오케스트라가 연주를 하고, 결혼식 의상도 상당히 화제가 되었죠.

그런데 혼인 서약을 할 때, 신부인 케이트 미들턴(Kate Middleton)의 의견에 따라 "아내는 남편에게 순복한다(obey)"는 서약을 뺐다고 합니다(엡 5:22~24). 알고 보니 찰스 왕과 결혼한 다이애나 비(Diana, Princess of Wales) 때부터 이 내용이 빠졌답니다. 이런 것이 바로 성경을 왜곡하는 것 아닙니까? 신부는 신랑에게 '순복한다'는 말 대신에 '서로 존경하고 위로하며 산다'고 서약했습니다.

우리는 애굽과 같이 화려한 영국 왕실이 너무나도 좋아 보여도 현실은 어떻습니까? 이혼과 각종 스캔들이 난무합니다. 그러니 왕자와 결혼하는 신부가 저는 하나도 부럽지 않은 거예요. 오히려 이런 상황이 너무나 가슴이 아픕니다. 우리가 그 뒤에 있는 본향을 바라봐야 하는데, 눈에 보이는 화려함만 부러워하면 되겠습니까. 애굽의 좋은 것 뒤에 있는 본향을 사모해야 남들이 가증히 여기는 고센 땅에 머물기를 자처할 수 있는 것입니다. 이런 사람이 다른 사람을 축복할 수 있습니다.

✝ 남들이 가증히 여기는 고센 땅을 선택하는 것이 가나안 본향을 사모하는 비결임을 압니까?
✝ 내가 여전히 부러워하는 화려한 애굽은 무엇(어디)입니까?

축복권을 가진 자는 세상에서도 신임을 받게 하십니다

5 바로가 요셉에게 말하여 이르되 네 아버지와 형들이 네게 왔은즉 6 애굽 땅이 네 앞에 있으니 땅의 좋은 곳에 네 아버지와 네 형들이 거주하게 하되 그들이 고센 땅에 거주하고 그들 중에 능력 있는 자가 있거든 그들로 내 가축을 관리하게 하라 _창 47:5~6

우리가 고센 땅에서 잘 살고 있으면 하나님이 우리를 높여 주십니다. 내가 고센 땅에 있는 것을 하나님이 모르시는 것이 아닙니다. 6절에 보니 바로가 요셉에게 "가족 중에 특별히 능력 있는 자는 왕의 가축을 관리하게 하라"고 명합니다. 한마디로 왕의 관리로 채용하겠다는 것이죠. 왕의 음식인 가축을 다루는 일은 왕과 아주 가까운 관계가 아니면 할 수 없는 일입니다. 이처럼 내가 믿음의 결단으로 고센 땅에 거주하겠다고 주장할 때, 하나님은 세상에서도 신임받는 축복을 주십니다.

"주일예배를 지키려고 좋은 직장을 내려놓았다!" 이것이 바로 믿음의 결단입니다. 하지만 세상 사람들 눈에는 예배 하나 때문에 화려한 애굽 직장을 포기하는 것이 얼마나 미련해 보입니까? 가증히 여겨지지 않겠습니까? 그러나 여러분, 내가 남들이 싫어하는 고센 땅에 거주하며 사명을 감당하고 있으면 하나님이 나를 높이시고 세상에서도 신임받게 하실 것입니다.

✛ 믿음을 지키고자 내가 선택한 고센 땅은 어디(무엇)입니까? 고센 땅을 주장했을 때 오히려 세상에서도 신임받는 일이 있었습니까?

다른 사람을 축복하려면 험악한 세월을 살아내야 합니다

7 요셉이 자기 아버지 야곱을 인도하여 바로 앞에 서게 하니 야곱이 바로에게 축복하매 8 바로가 야곱에게 묻되 네 나이가 얼마냐 9 야곱이 바로에게 아뢰되 내 나그네 길의 세월이 백삼십 년이니이다 내

나이가 얼마 못 되니 우리 조상의 나그네 길의 연조에 미치지 못하나 험악한 세월을 보내었나이다 하고_창47:7~9

3절에서 요셉의 형제들은 바로에게 대답할 때 "종들"이라고 자신들을 낮추며 바로가 은혜를 베풀어 주기를 바랐습니다. 반면에 야곱은 자신을 표현할 때 일인칭인 '나'로 표현합니다. 자신은 바로의 종이 아니라는 겁니다. 그러면서 바로를 처음 만난 순간부터 끝까지 그에게 은혜를 베풀고자 합니다. 우리가 보기에 야곱이 슬픈 인생을 산 것처럼 보여도, 그는 누구보다 당당히 바로를 축복했을 뿐만 아니라 심지어 그에게 존경까지 받습니다.

여러분은 누가 "당신의 인생은 어땠습니까?"라고 물어보면 한마디로 어떻게 표현하겠습니까? 야곱처럼 "험악한 세월을 보냈다"고 하겠습니까? 아니면 그냥 "편안하게 살았다"고 하겠습니까? 우리가 앞서 살펴보았지만, 야곱은 아버지와 형뿐만 아니라 외삼촌과도 관계가 힘들었습니다. 부인을 넷이나 두다 보니 아내들 사이에서도 늘 힘들었죠. 게다가 딸은 성폭행을 당하고, 두 아들은 그 일에 연루되어 살인까지 저질렀습니다. 문자적으로도 정말 험악한 인생을 살았습니다.

야곱을 보면 가만히 있어도 머리가 팍팍 돌아갑니다. 뭐든 생각이 잘 납니다. 아버지 이삭보다 할아버지 아브라함보다 훨씬 똑똑합니다. 그래서 자기 꾀로 온갖 인간 승리를 이루었죠. 그런데 그 똑똑함이 야곱 인생에 결론적으로 무슨 도움이 되었습니까?

야곱이 얼마나 똑똑했는지 그는 형 에서의 배고픔을 이용해 장자의 명분을 빼앗았습니다(창 25장). 어디 그뿐입니까? 눈이 먼 아버지를 속여 기어이 장자의 축복까지 받아 내었죠(창 27장). 이처럼 야곱은 마음만 먹으면 뭐든 다 해냈습니다. 그야말로 안 되는 것이 없는 인생입니다. 하지만 누구보다 육체적으로 정신적으로 고통을 많이 겪었습니다. 이는 그만큼 야곱이 도덕적으로든 신앙적으로든 자신의 똑똑함으로 하나님을 거스르며 살아왔다는 것을 보여 줍니다.

야곱이 험악한 인생을 산 이유는 그가 너무나도 똑똑했기 때문입니다. 너무 똑똑해서 하나님의 말씀이 들리지 않았기 때문입니다. 하나님을 모르는 사람은 자기가 하나님 자리에 있으니까 자기 꾀를 의지하며 살 수밖에 없습니다. 하지만 야곱이 누구입니까? 택자 아닙니까? 하나님이 야곱을 너무 사랑하시니까 그냥 두실 수가 없습니다. 야곱이 험악한 인생을 살 수밖에 없었던 이유가 여기에 있습니다.

하나님은 인간 승리를 외치며 자기 꾀로 살아가는 야곱을 돌이키고자 사건마다 개입해 주셨습니다. 하지만 그럴수록 야곱은 계속해서 자기 힘으로 극복하려고 애썼습니다. 결국 하다 하다 안 되니까 하나님이 어떻게 하셨습니까? 자기 육체를 그만 의지하라고 몸의 가장 중요한 부분인 환도뼈를 딱 치셨습니다. 그때 야곱은 어떤 생각을 했을까요? "하나님, 제가 불구자가 돼서 속 시원하십니까? 저를 와장창 깨뜨려 버리셨으니 참 좋으시겠습니다……." 그러다 이내 고백했을 것입니다. "그러나 주님, 참 잘하셨습니다. 제게 행하신 모든 일 중에 제 환도뼈를 치신 일이 제일 잘하신 일입니다."

그렇습니다. 야곱은 하나님이 환도뼈를 치신 일이 자신의 구원을 위해 하나님께서 작정하신 환난이며, 이 환난을 끝내실 분 역시 하나님뿐임을 깨달았습니다. 비록 지팡이를 의지하며 절뚝이는 인생을 살아도 그의 마음에 말로 설명할 수 없는 평강이 임했습니다. 하지만 야곱이 이렇게 주님을 인격적으로 만났어도 요셉과 베냐민을 내려놓지 못해 또 힘든 인생을 살았습니다. 그러다 애굽행을 앞두고 브엘세바에서 예배를 드리면서 비로소 요셉을 내려놓았죠.

그리고 지금 야곱은 여러 어둠의 사건 가운데 하나님이 어떻게 자신에게 일하셨는지 바로 왕 앞에서 간증하고 있습니다. 요즘으로 따지면 야곱이 세계 최강국 대통령 앞에서 자신의 수치를 드러낸 것과 같습니다. "내가 인간 승리를 부르짖으며 성공을 향해 달려왔는데, 성공한 것은 하나도 없고 험악한 세월만 보냈다!"라고 고백한 것이죠.

그런데 만약 야곱이 바로 앞에서 이렇게 말했다면 어땠을까요? "내 비록 기근을 피해 애굽에 왔지만, 내 아들이 여기 총리다. 내 아들 때문에 당신 나라가 다 먹고사는 것 아니냐! 그러니 나를 함부로 무시하라 마라. 내 아버지 이삭, 내 할아버지 아브라함도 얼마나 부자였는지 아는가? 그러니 내가 지팡이를 딛고 절뚝인다고 절대 나를 무시하면 안 된다!" 이랬다면 정말 매력이 하나도 없지 않겠습니까.

그러면 야곱이 바로 앞에서 진심을 다해 이런 고백을 할 수 있었던 이유는 무엇일까요? 가장 화려한 애굽에 왔지만, 인생이 나그넷길인 것을 알았기 때문입니다. 이 땅에 잠시 거류하는 인생임을 알았기 때문입니다. 그래서 그는 끝까지 실체인 '본향'을 붙잡았습니다.

"그들이 이제는 더 나은 본향을 사모하니 곧 하늘에 있는 것이

라 이러므로 하나님이 그들의 하나님이라 일컬음 받으심을 부끄러워
하지 아니하시고 그들을 위하여 한 성을 예비하셨느니라"(히 11:16). 이
말씀처럼 야곱은 험악한 세월을 보내며 '더 나은 본향', '나를 위해 예
비한 한 성'을 사모하게 되었습니다. 그러면서 '하나님이 나의 하나님
이라 일컬음 받으심을 부끄러워하지 않는 것'이 진정 장자의 축복임
을 깨달았습니다.

내 자녀가 부모인 나를 부끄러워하지 않을 근거가 무엇입니까?
내가 믿음의 조상이 되어야 내 자녀가 나를 부끄러워하지 않게 됩니
다. 내가 가나안 본향을 진짜 사모했는지 아닌지는 훗날 나의 후손이
증거해 줄 것입니다. 그러나 자녀가 믿음이 없을 때는 당장 부모가 '믿
음이 있는지 없는지'조차 잘 모르죠.

제 친정어머니가 돌아가셨을 때도 그랬어요. 하지만 제가 고된
시집살이를 통해 주님을 인격적으로 만나고 나니까 이름도 없이 빛
도 없이 교회를 섬기신 어머니야말로 신앙적으로 존경할 만한 삶을
사셨다는 것을 비로소 알았습니다.

야곱이 바로에게 축복하고 그 앞에서 나오니라_창 47:10

여러분, 이 세상을 끌고 가는 자는 세상 권력자인 바로가 아닙니
다. 하나님의 사람 야곱입니다. 그러니 보세요. 야곱이 바로를 축복합
니다. 야곱은 자신이 그리도 원하던 장자의 명분과 장자의 축복은 단
지 입으로만 기도한다고 얻게 되는 것이 아님을 알았습니다. '나는 할

수 있다'를 외치며 최면을 걸어서 얻게 되는 것도 아님을 알았죠. 그는 험악한 인생을 살아냈기에 하나님이 말씀하시는 장자의 명분과 축복이 무엇인지 알게 되었습니다.

야곱의 인생을 보면 그는 한결같이 돈을 좋아했습니다. 그런데 하나님이 사건마다 개입하셔서 그 좋아하는 돈을 다 내려놓게 하셨죠. 형 에서와의 대면을 앞두고 두려움 가운데 있을 때도 그랬습니다. 얍복 나루에서 그는 가족과 소유를 먼저 건너가게 했습니다(창 32장). 그때 돈을 내려놨습니다. 지금은 어떻습니까? 기근이 들어 가나안의 모든 소유를 내려놓고 애굽으로 왔습니다. 내가 이 땅에서 아무리 가지려고 아등바등 애를 써도 그렇습니다. 정작 하나님이 주지 않으시면 우리는 아무것도 얻을 수 없습니다. 모든 것을 하나님이 주신다는 것을 알아야 다른 사람을 진정으로 축복할 수 있습니다.

야곱이 세상 권세자 바로를 축복한 것은 하나님의 은혜가 얼마나 크고 놀라운지를 우리에게 보여 줍니다. 하나님의 은혜를 받은 우리도 마찬가지입니다. 그 누구라도 축복할 수 있습니다. 상대방이 우리나라의 대통령이든 심지어 미국의 대통령이든 상관없습니다. 물론 야곱처럼 험악한 인생을 살았다는 조건이 좀 따르긴 합니다. 즉, 야곱이 자신의 험악한 인생을 고백하는 것 자체가 바로를 구체적으로 축복하는 방법입니다. 그렇습니다. 나의 험악한 인생을 간증하는 것이야말로 다른 사람들을 어마어마하게 축복하는 길입니다.

야곱은 바로에게 "내가 기도했더니 내 아들 요셉이 총리가 되어서 바로 당신이 복을 받은 거잖아!" 이렇게 말하지 않았습니다. 대신 이렇게 말했죠. "하나님이 안 계셨으면 나도, 요셉도, 당신도 그저 죄의 노예로 살다가 죽을 수밖에 없는 존재다. 그런데 하나님이 나로 하여금 험악한 세월을 보내게 하심으로 우리 인생이 나그넷길임을 알게 하시고 천국 본향을 바라보게 하셨다." 야곱이 바로에게 한 이 축복은 비단 바로뿐만 아니라 이스라엘을 위한 축복이기도 했습니다. 그러므로 자신의 험악한 인생을 고백하며 바로를 축복한 것이야말로 야곱이 지금까지 한 일 중에서 가장 잘한 일입니다.

무엇보다 야곱이 애굽행을 결정하지 않았다면 야곱 가족은 애굽에 갈 수 없었습니다. 요셉에게도, 유다에게도 결정권은 없었죠. 결국 야곱의 결정은 이스라엘 민족이 완전히 새로운 민족으로 태어나는 출발점이 되었습니다. 이스라엘을 전 세계의 제사장 나라로 움트게 한 430년간의 훈련이 바로 이 애굽에서 시작되었기 때문입니다. 야곱이 이런 중요한 결정을 했기 때문에 위대한 믿음의 조상으로 불리게 된 것입니다. 한마디로 그는 결정적인 순간에 결정적인 선택을 했습니다.

결정적으로 야곱은 바로를 축복하고 난 후부터 다른 사람들을 축복하기 시작했습니다. 이전에는 다른 사람을 축복한 적이 없었습니다. 험악한 인생을 살고 있는데, 당장 누구를 축복하겠습니까. 그러나 고통의 세월을 보내고 나서 그는 바로의 궁에서도 하나님의 주권을 인정하는 대화와 친교만이 진정한 축복의 교제임을 알게 되었습니다. 무엇보다 그는 하나님이 인정하지 않으시는 모든 교제는 허무함으로 끝날 뿐임을 잘 알았습니다. 그래서 험악한 인생을 산 것을 조금도 부끄러워하지 않고, 바로 앞에서 "내가 험악한 인생을 살아 보니 비로소 하나님의 축복이 무엇인지 알았다"며 당당히 하나님의 처방을 가르쳐 주는 인생을 살게 된 것입니다.

또한 야곱의 축복은 "땅의 모든 족속이 너로 말미암아 복을 얻을 것이라"(창 12:3)는 말씀의 성취였습니다. 이처럼 성경은 "나로 인해 모든 사람이 복을 얻는다"고 하는데, 그렇다면 내가 다른 사람에게 줄 수 있는 최고의 복은 무엇일까요? 바로 상대방을 하나님 나라로 인도하는 것입니다.

야곱이 보낸 험악한 세월은 온 인류가 '가나안 본향'을 바라보게 했습니다. 그동안 우리가 야곱의 험악한 세월을 같이 여행해 오면서 얼마나 많은 은혜를 받았습니까? 수많은 사람이 야곱의 이야기를 들으며 세상에서 하나님께로 번지수를 옮기게 되었습니다.

야곱처럼 다른 사람을 축복하는 것은 믿는 자의 특권입니다. 우리는 축복이라는 말씀만 나와도 막 설레죠. 그래서 신앙생활을 할 때도 '축복'받는 것이 강조되는 면이 없지 않아 있지만, 진정한 축복권은 대단한 사람 앞에서도 내가 험악한 인생을 살았다고 야곱처럼 당당히 간증하는 것입니다. 야곱 인생의 최절정기는 그가 바로를 축복한 순간이었습니다.

앞서 언급한 영국 왕자의 결혼식에서 "이 혼인 서약은 잘못됐다"고 감히 그 누가 신부에게 이야기할 수 있겠습니까. 그러나 아무리 그래도 그렇지요. 어떻게 영국 주교들은 신부가 원하니까 "남편에게 복종하겠다"는 말씀을 뺄 수가 있습니까? 생각할수록 말이 안 되는 겁니다. 험악한 세월을 살아 보지 않으니 이런 일을 아무렇지 않게 행하는 것입니다.

그런데 야곱이 바로를 축복했어도 정작 바로는 그 축복을 받지 않았습니다. 지금은 요셉이 애굽을 기근에서 살리고 있으니, 바로가 요셉을 봐서라도 야곱의 축복을 받는 것처럼 보입니다. 그러나 결국 바로는 하나님께 돌아오지 않았습니다. 바로처럼 축복을 줘도 받지 않으면 그 축복은 축복한 자에게로 돌아옵니다. 그러니 상대방이 듣든지 아니 듣든지, 나를 무시하든지 말든지 상관하지 말고, 나의 험악한 세월을 간증하기 바랍니다. 내가 간증을 전했다는 것만으로도 천 배의 복이 나에게 돌아올 줄 믿습니다.

바울은 세상 기준으로 자랑할 만한 모든 것을 갖추었지만, 회심한 후 이전에 자랑하던 모든 것을 배설물로 여기게 되었다고 간증했습니다(빌 3장). 이처럼 세상 자랑을 철저히 버리고 나의 약함을 고백하는 것이 최고의 축복권입니다.

하나님은 우리를 향한 분명한 목표가 있으십니다. 바로 거룩함입니다. 그래서 우리가 그 목표에 다다를 때까지 끊임없이 가르치며 연단하십니다. 그러니 여러분은 험악한 인생을 산 야곱을 반면교사(反面教師) 삼아 하루라도 빨리 하나님께 항복하시기를 바랍니다.

S그룹의 연구원으로 일하는 한 형제의 이야기입니다. 어느 날, 이 형제가 직장 동료가 군대에서 상처를 받고 10년 정도 교회를 안 나가고 있다는 말을 듣게 되었답니다. 애통한 마음으로 동료를 위해 기도하며 다시 교회에 나갈 것을 권면했는데, 그 동료가 신우회를 몇 주

나오더니 드디어 교회에 가 보겠다고 했답니다. 그러면 우리 교회를 나오라고 했더니, 그 동료가 "왜 그렇게 담임목사님을 자랑하세요? 목사님을 너무 우상화하는 것 같네요"라고 하더랍니다. 그 말에 형제는 '그동안 내가 얼마나 본을 보인 게 없으면 저렇게 말할까?' 하며 오히려 회개가 되더랍니다. 보통 우리는 그런 말을 들으면 입에 거품을 물고 "내가 우리 목사님이 좋다는데, 네가 보태 준 거 있냐?" 이러기 쉽잖아요. 그러나 형제는 잠잠히 그 말을 다 들었습니다. 그러고는 "제가 우리 교회에서 신앙생활을 처음 시작해서 다른 교회와 비교할 수는 없겠지만, 우리 교회 말씀은 진짜라는 생각은 들어요. 그러니 한 번 와서 설교를 들어 보면 좋겠어요"라고 말했답니다.

그런데 여러분, 그 일이 있고 나서 무슨 일이 일어난 줄 아세요? 이 형제가 성금요일 예배에서 방언의 은사를 받았다는 것 아닙니까. 저는 똑똑한 이 형제가 야곱처럼 험악한 인생을 살지 않고, 하나님께 항복한 것이 얼마나 감사한지 모르겠습니다. 더욱이 방언은 신앙생활에 광적인 여자들이나 받는다는 오해와 편견이 있는데, 이 형제처럼 똑똑한 남자 성도들이 방언을 받는 것을 보니 이 또한 얼마나 감사한지 모르겠습니다.

✙ 나는 어떤 험악한 세월을 보냈습니까? 그 세월을 통해 하나님은 나를 어떻게 다루셨습니까?

다른 사람을 축복하면 이 땅에서 봉양받게 하십니다

11 요셉이 바로의 명령대로 그의 아버지와 그의 형들에게 거주할 곳을 주되 애굽의 좋은 땅 라암셋을 그들에게 주어 소유로 삼게 하고 12 또 그의 아버지와 그의 형들과 그의 아버지의 온 집에 그 식구를 따라 먹을 것을 주어 봉양하였더라 _창 47:11~12

야곱이 바로를 축복하니 바로가 야곱이 죽을 때까지 먹을 것을 주어 봉양했습니다. 그 세월이 한 17년 정도 됩니다. 17년 동안 야곱이 편하게 살다가 갔습니다. 이후부터 야곱이 회개할 것이 별로 없으니 하나님이 야곱을 빨리 데려가셨습니다. 마찬가지로 우리도 별로 손볼 것이 없으면 하나님이 빨리 데려가실 것입니다. 아직 손볼 게 많아서 우리를 살려 두신 줄 믿습니다.

앞서 나의 험악한 인생을 다른 사람에게 나누는 것이 그를 축복하는 길이라고 했습니다. 이를 달리 말하면, 다른 사람의 험악한 인생에 대해 듣는 것이 곧 내가 축복을 받는 비결이라는 뜻입니다.

『목적이 이끄는 삶』의 저자 릭 워렌(Rick Warren) 목사가 한 세미나에서 '자신의 연약함을 노출시키는 유익'에 대해 설교한 적이 있습니다. 첫 번째 유익은 연약함을 드러내는 것이 우리를 정서적으로 건강하게 만들어 준다는 것입니다. 야고보서에도 "너희 죄를 서로 고백하며 병이 낫기를 위하여 서로 기도하라"(약 5:16)고 말씀합니다. 죄를 서로 '고백하는' 것이 먼저이고, 병이 낫기를 위해 기도하는 것은 그

다음입니다. 마찬가지로 정서적으로도 우리의 상한 감정과 연약함을 드러내는 것이 치료의 출발점이라는 겁니다.

두 번째 유익은 연약함을 드러낼 때 하나님이 영적인 능력을 더해 주신다는 겁니다. 겸손은 자신의 장단점을 인정하는 것입니다. 우리가 장점과 약점이 뒤섞인 존재임을 솔직히 인정하라는 것이죠.

릭 워렌 목사는 새들백 교회(Saddleback Church)에서 사역자를 뽑을 때, 큰 상처를 겪은 사람이 아니면 사역자로 뽑지 않는다고 합니다. 상처가 별로 없는 사람은 상처받은 사람들과 어떻게 소통하고 관계를 맺어야 할지 잘 모르기 때문이랍니다.

대부분의 사람은 크고 작은 고통 가운데 살아갑니다. 고통과 상처가 없는 사람은 없습니다. 그런데도 우리는 자꾸 자신의 약점이나 상처를 숨기려고 듭니다. 하지만 약점을 솔직히 오픈할 때 사람들이 우리를 얼마나 매력적으로 느끼는지 모릅니다. 사람들은 정직하고 겸손하게 자신의 약점을 얘기하는 사람을 좋아합니다. 반면에 위선적인 사람은 근본적으로 싫어합니다.

계속해서 릭 워렌 목사는 "사람들은 타이틀이 아니라 신뢰할 수 있는 사람을 따른다"고 하면서 "목회자가 강단에서 자신의 약점을 나누면 설교 효과도 증대된다"고 말했습니다. 그러면서 릭 워렌 목사는 목회 초기에 800불의 월 사례비를 받았는데, 아내와 매일 싸우니까 일주일에 100불을 내면서 부부 상담을 받았다고 했습니다. 이렇게 강단에서 목사가 "결혼생활에 문제 없는 가정이 어디 있겠느냐. 내가 목사인데도 일주일에 100불씩 내면서 상담을 받았다"며 자신의 약점을 솔직히 고백하니, 성도들의 마음이 자연스레 열리지 않았겠습니까. 자신의 연약함을 솔직히 드러낼 때 하나님이 역사하십니다.

서두에서 긍정의 힘을 사회 곳곳에 만연하게 한 '긍정주의'가 2008년 미국의 서브프라임 사태를 거치면서 미국의 발등을 찍었다고 했습니다. 심리학 전문 잡지인《사이콜로지 투데이 Psychology Today》2009년 1월 기사에서는 "긍정적인 사고에 심취한 것이 우리를 더 행복하게 만들어 주지는 못했다"면서 "일부 자료에 의하면, 행복 운동이 활발하게 전개되는 동안 미국인들은 더 슬프고 불안해진 것으로 나타났다"고 했습니다.

이와 관련해 바버라 에런라이크는『긍정의 배신』에서 다음과 같이 말했습니다.

긍정적 사고는 지붕이 무너지거나 일자리를 잃을까 봐 걱정하지 말고 그런 부정적인 예상 자체를 경계해 쉼 없이 교정해야 한다고 촉구한다. 결국 긍정적 사고는 자신이 밀어낸 칼뱅주의와 정확히 똑같은 정신 수련을 사람들에게 부과한다. 칼뱅주의에서는 끊임없는 자기 검증과 자기통제를 요구했고, 긍정적 사고의 경우엔 자기최면을 요구한다. 역사학자 도널드 마이어가 지적했듯, 긍정적 사고는 기분을 고양시켜 주는 것들을 끊임없이 반복하고, 불가능에 대한 전망을 끊임없이 경계하고, 통제에 반발하는 몸과 마음을 끊임없이 감시할 것을 요구한다. 이는 우리가 내려놓아야 할 짐에 불과하다. 구명구(救命具)라도 되는 듯 여기지만, 긍정적인 '생각 통제' 노력은 잠재적으로 판단을 가로막고, 지극히 중요한 정보로부터 우리를 분리시키는 치명적인 부담이 되었다. …… 주의 깊은 현실주의는 행복을 배제하는 것이 아니라 오히려 가능하게 한다. 우리 자신이 처한 실제 환경을 도외시하면서 상황이 개선되기를 바랄 수 있을까?

여러분, 서브프라임 모기지 사태가 왜 일어났습니까? 주의 깊게 현실을 따지고 자기가 처한 환경을 생각해야 하는데, 처지와 상관없이 큰 집으로 가라고 주택 담보를 무분별하게 허용했다가 망하게 된 것 아닙니까? 현실을 도외시한 채 "우리는 큰 집에 살 수 있다"고 외치는 것과 야곱이 자신의 험악한 삶을 간증하며 다른 사람을 축복하는 것과는 얼마나 큰 차이가 있는지 모릅니다.

세미나에서 릭 워렌 목사는 어릴 때부터 신경과 치료를 받았고, 길거리를 걷다가 갑자기 정신을 잃기도 해서 대학에 들어갈 때까지 간질약을 먹었다고 했습니다. 얼마나 그 고통이 심했는지 마치 엠파이어 스테이트 빌딩(Empire State Building) 꼭대기에 손가락으로만 매달려서 밑을 내려다보는 기분이었다고 했습니다. 그는 그런 고통 가운데 평생 설교를 했다면서 자신의 약함을 솔직히 고백했습니다.

반면에 『긍정의 힘』으로 유명한 조엘 오스틴(Joel Osteen) 목사는 그의 책에서 이런 이야기를 했습니다. "아내가 더 크고 우아한 집으로 이사 가자고 했을 때 처음에는 반대했다. 하지만 몇 달 동안 아내는 신념과 승리의 말로 나를 설득해 냈다. 아내가 내 비전을 넓히도록 허락하지 않았더라면 내가 지금 이 집에 있는 일은 벌어지지 않았을 것이

다. 하나님은 당신을 위해서도 더 많은 것을 준비해 두고 계신다.”

여러분은 자신의 연약함을 드러내는 설교와 긍정주의로 가득한 설교 중에 어떤 설교를 들으시겠습니까? 선택은 여러분의 몫입니다.

예비 목자 양육을 받고 있는 한 부목자님이 “과제를 할 때마다 쓸 이야기가 하나도 없다”며 아내에게 투덜댔답니다. 그래서 아내가 “당신, 어제 딸이랑 싸웠잖아, 그 이야기를 써 봐요”라고 하니 이분이 “그런 얘기를 왜 해!”라고 하더랍니다. 또 하루는 이분이 목장 모임을 가는 길에 아내 집사와 싸웠습니다. 그래서 아내 집사가 왜 자신과 싸운 일을 목장에서 나누지 않냐고 물으니 또다시 “그런 얘기를 왜 해!” 라고 했답니다.

여러분, 우리가 고센 땅에 거주한다는 것이 무엇입니까? “나는 딸과 싸우는 아빠이고, 아내와 싸우는 남편이다” 하며 그때그때 나의 치졸한 부분을 솔직히 나누는 것 아닙니까? 목장에서 나의 연약함을 나누는 것이 다른 사람을 구체적으로 축복하는 방법입니다.

제가 여자 목사라서 가증히 여김받는 일이 많다고 했는데, 몇 해 전에도 목사 안수식을 하다가 그런 일을 겪었습니다. 제가 3명의 목사 후보자들에게 안수를 하기로 했는데, 그중에 한 사람이 제게 안수를 못 받겠다고 했습니다. 제가 여자 목사라는 이유 때문이었죠. 그 자리에서 바로 알았다고 했습니다. 그 사람은 목회를 시작하는 첫날에 자신이 지금 무슨 행위를 하고 있는지조차 모르는 것 같았습니다.

저는 남편이 생전에 문밖출입을 못하게 하니까, 집사 시절부터 기독교 방송을 열심히 들었습니다. 그때는 정말 들을 수 있는 것이 그것밖에 없었어요. 그런데 제가 목회자가 되고 보니까 그 방송국은 여성 목회자의 설교를 방송하지 않는다는 것을 알았습니다. 남성보다 여성 청취자가 더 많을 텐데 말입니다.

이렇게 제가 여자 목사라는 이유로 가증히 여김받는 일이 여전히 많지만, 하나님은 너무나 놀랍게도 우리들교회를 세워 가고 계십니다. 그러나 말씀이 안 들리는 사람들은 이런 이야기를 들으면 '이 교회는 내가 올 곳이 못 되는구나' 생각할 것입니다. 애굽 사람들이 가증하다는 이유로 고센 땅에는 절대 오지 않는 것처럼 말이죠.

여러분은 어떤 인생으로 다른 사람을 축복하기 원합니까? 가정이든 교회든 우리가 꼭꼭 숨겨 둔 내 연약함을 솔직히 나눌 수 있다면 그곳이 천국 아니겠습니까? 그렇습니다. 내 연약함을 나누는 것 자체가 우리 집안을 축복하고 교회 공동체를 축복하는 길입니다. 그뿐만 아니라 이 땅에서도 봉양받고 천국을 누리는 비결입니다.

그러므로 야곱처럼 나의 험악한 세월을 간증하며 "우리 인생은 나그넷길과 같다. 그러니 제발 나처럼 살지 말고 하나님께 하루라도 빨리 엎드리라"고 복음을 전하는 여러분이 되기를 축원합니다. 그러나 내가 이렇게 험악한 삶을 간증해도 나의 바로가 금세 돌아오지 않을 수 있습니다.

바로가 돌아오는 것보다 더 중요한 것은, 내가 주님을 너무 사랑하고, 나의 삶 자체가 "하나님이 나의 하나님이라 일컬음 받으심을 부끄러워하지 않으시는 인생"이 되는 것입니다. 하나님의 관심은 내가 나의 험악한 인생을 간증하는 것입니다. 나의 연약함을 나누는 것입니다. 그것이 하나님이 원하시는 축복권이기 때문입니다. 이 축복권을 나와 가정과 공동체를 위해 쓰는 우리가 되기를 바랍니다.

✛ 나의 험악한 세월을 간증하는 것이 다른 사람을 축복하는 방법임을 압니까? 가정과 공동체에서 나의 연약함을 드러내며 축복권을 나누고 있습니까?

“

진정한 축복권은
대단한 사람 앞에서도
내가 험악한 인생을 살았다고
야곱처럼 당당히 간증하는 것입니다.
야곱 인생의 최절정기는
그가 바로를 축복한 순간이었습니다.

”

명문 의대를 수석으로 졸업한 저는 의대 교수로서 최고의 자리에 오르고 싶었습니다. 하지만 담당 교수와의 다툼으로 결국 학교를 나와 병원을 개원했습니다. 그리고 개원과 동시에 서로의 스펙에 끌려 아내와 결혼했습니다. 그런데 신혼 때 아내에게 우울증과 거식증, 알코올의존증까지 있다는 사실을 알게 되었습니다. 그때부터 저는 아내에게 "너 때문에 내 인생이 꼬였다"고 하면서 아내를 무시하고 계속해서 이혼을 요구했습니다.

그런데도 아내는 이런 저를 기다려 주며 "제발 한 번만 주일예배에 가 달라"며 울면서 애원했습니다. 결국 저는 아내에게 이혼 서약서를 받고 교회에 갔습니다. 그런데 그날 "아프다고 아내를 버린다면 개돼지와 다를 것이 무엇인가" 하는 설교 말씀에 큰 찔림을 받았습니다. 더욱이 그날 간증한 집사님이 "나는 세 번 결혼했는데, 첫 번째 부인이 최고였다. 절대 이혼하지 말라"고 부르짖는데, 저도 모르게 눈물이 흘렀습니다.

그 후로 저는 모든 공예배와 목장 모임에 참석하며 6개월 만에 부목자가 되었습니다. 하지만 오직 아내의 병 낫기만을 바라며 교회에 다녔기에 금세 한계가 찾아왔습니다. 저는 밤늦은 시각까지 목장에서 목원들의 지질한 나눔을 듣는 것이 싫어 아내에게 짜증을 많이 냈습니다. 그러다 소위 품질 좋은 사람들과 어울리고 싶어서 주일에 골프 약속을 잡고, 등산까지 시작했습니다. 그런데 등산 장비를 본격적으로 구입하고 생각지도 않게 허리디스크가 파열되었습니다. 그야말로 하나님이 제 환도뼈를 치셔서 자기 육체를 의지하지 못하게 하신 것입니다(창 32장). 내 힘으로는 양말 하나조차 신을 수 없는 상황에서 아내는 아무 말 없이 저의 옷을 벗기고 제 몸을 씻겨 주었습니다. 이 일로 저는 아내를 신임하게 되었고, 비로소 구속사의 말씀이 들리기 시작했습니다.

그동안 저는 생업에 대한 가치관이 확실하지 않았습니다. 그래서 병원에서 까다로운 환자들에게 수치와 조롱을 받을 때마다 겉으로는 친절하게 비위를 맞췄지만, 속으론 '내가 누군지 아냐?'를 부르짖었습니다. 그래서 부동산으로 돈을 벌어 하루빨리 병원을 그만둘 생각만 했습니다. 그러나 하나님이 때마다 개입하심으로 부동산 문제가 끊이지 않아 저는 고센 땅인 병원을 떠날 수 없었습니다(창 47:6). 무엇보다 공동체에서 이런 저의 지질함을 나누다 보니 오히려 나의 똑똑함 때문에 야곱처럼 험악한 인생을 살게 된 것을 인정하고 회개하게 되었습니다(창 47:9). 하나님은 그토록 제가 원하던 명예와 돈은 내려놓게 하셨지만, 그 대신 나의 약점을 솔직하게 나누며 다른 사람을 구원으로 인도하는 축복권을 허락해 주셨습니다(창 47:9~10). 다른 사람을 축복하는 존귀한 인생을 살게 하시고, 가나안 본향을 사모하게 하신 하나님을 사랑합니다.

영혼의 기도

하나님 아버지, 축복받기만 바라며 열심히 살던 야곱이 어떻게 다른 사람을 축복하는 인생을 살 수 있겠습니까. 그래서 하나님이 야곱을 험악한 인생으로 인도하실 수밖에 없음을 알았습니다. 하나님의 놀라운 열심으로 다른 사람을 축복하는 인생으로 야곱을 변화시켜 주신 것처럼, 우리도 변화시켜 주옵소서.

야곱은 험악한 세월을 보내고 나서야 인생이 나그넷길임을 알았습니다. 가나안 본향을 사모하게 되었습니다. 그래서 애굽의 바로에게 "내가 살아 보니 별 인생이 없다"고 자신의 험악한 세월을 간증하며 복음을 전했습니다. 하지만 바로는 결국 돌아오지 않았습니다. 애굽에 속한 그 누구도 고센 땅에 오지 않았습니다.

주님, 제가 날마다 설교하는 것도 그렇습니다. 애굽에 속한 사람을 부르기 위함이 아닙니다. 비록 세상 사람들이 가증히 여기는 고센에 모인 우리이지만, 주님이 장차 어마어마한 제사장 나라로 우리를 세우실 그날을 바라보며, 천국 본향을 향해 나아가기를 원합니다. 참으로 제가 죽은 뒤에라도 우리 공동체가 자신의 험악한 인생을 간증하게 하옵소서. 누군가의 구원을 위해 별 인생이 없고, 내가 얼마나 악하고 음란한 죄인인지 나누게 하옵소서. 자신의 연약함을 나누는 것이 얼마나 다른 사람을 축복하는 일인지 깨닫도록 주여, 역사하여 주옵소서.

그러나 주님, 여전히 세상에 속한 마음이 제게 남아 있기에 복음을 전할 때도 모든 사람이 나를 알아주기 원하고, 인정받고자 하는 마음이 있음을 고백합니다. 한쪽에서는 인정받는데, 한쪽에서는 '왜 무시받을까' 하는 피해의식도 있습니다. 이렇게 여전히 세상의 때가 묻어 있기에 항상 간절한 마음으로 하나님께 부르짖을 수밖에 없음을 고백합니다.

주님, 가정에서 교회 공동체에서 나의 험악한 세월을 솔직히 나누는 것이 천국 공동체를 누리고 이 땅에서도 봉양받는 비결임을 믿습니다. 이제는 우리의 험악한 인생을 통해 다른 사람을 축복하는 데까지 나아가도록 믿음을 더하여 주옵소서. 세상 가치관이 아니라 구속사의 가치관으로 이 길을 걸어가도록 주여, 인도해 주옵소서. 예수님 이름으로 기도드립니다. 아멘.

06

살리는 경제정책

창세기 47장 13~26절

하나님 아버지,
어떤 흉년 가운데서도
'하나님이 나를 살리셨다'고 고백하기 원합니다.
말씀해 주옵소서. 듣겠습니다.

작거나 크거나 빚은 갚아야 합니다. 그런데 우리는 빚이 너무 작아도 안 갚고, 너무 커도 잘 안 갚습니다. 크면 엄두가 안 나서 못 갚고, 작으면 '그까짓 것' 하면서 안 갚는 것이죠. 갚을 생각을 하는 것도 큰 결정이지만, 그렇게 마음먹었다가도 중도에 여러 가지 합리화를 하면서 포기하는 경우도 많습니다. 아무리 그렇더라도 빚은 갚기로 결정해야 합니다.

우리들교회에서 자주 통용되는 경구(警句) 중에 "있으면 먹고, 없으면 금식하고, 죽으면 천국 가자"는 말이 있습니다. 내가 굶을지언정 빚은 절대 지지 말아야 하고, 졌으면 갚기로 결정해야 한다는 것이죠. 그런데 이대로 적용했을 때 그동안 얼마나 많은 가정이 살아났는지 모릅니다. 본문에서 말하는 요셉의 경제정책의 핵심도 "있으면 먹고, 없으면 금식하고, 죽으면 천국 가자!"라고 할 수 있습니다.

서울대 경제학부 김병연 석좌교수는 『크리스천 경제소프트』에서 "과연 신앙과 현실을 잘 결합한 예가 있을까? 기독교인이 정치를 한다면, 혹은 기독교인들이 일반 사회를 대상으로 정책을 수립하고 결정해야 한다면 어떻게 해야 할까?"라는 질문을 던졌습니다. 그리고 그에 대한 답으로 "요셉의 경우는 이 질문에 대해 거의 완벽한 답을 우리에게 예시하고 있다"라고 말했습니다.

과연 가정을 살리고, 나라를 살리는 '성경에 입각한 경제정책'은 무엇인지 본문을 통해 구체적으로 살펴보겠습니다.

살리는 경제정책은 '이 세상에 영원한 것은 없다'는 것에서부터 출발해야 합니다

기근이 더욱 심하여 사방에 먹을 것이 없고 애굽 땅과 가나안 땅이 기근으로 황폐하니 _창 47:13

7년 풍년에 전혀 망할 것 같지 않던 애굽 땅과 가나안 땅이 기근으로 황폐해졌습니다. 여기서 '황폐하다'는 개역한글판 성경에서 '쇠약하다'로 나오는데, 원어의 어근을 살펴보면 '기운이 없어지다', '실신하다'는 뜻입니다. 기근으로 인해 땅이 그 힘을 완전히 잃어, 그 땅에 사는 사람들도 아무것도 할 수 없게 되었다는 것이죠. 그야말로 기근의 무게에 눌려 모두가 힘들고 모진 고통을 당하게 되었습니다. 이런 기근이 2년째 지속된 상태입니다.

그런데 여러분, 가나안이 어떤 땅입니까? 각종 우상이 난무하여 믿음을 지키기 어려운 곳 아닙니까. 아브라함부터 이삭을 거쳐 야곱까지 215년을 지내는 동안 그나마 믿음이 있다고 내세울 만한 사람이 누구입니까? 예수 씨를 잇기 위해 유다와 동침한 며느리 다말 정도라고나 할까요? 얼마나 가나안 땅에 죄악이 가득하면, 아브라함이 힘들게 힘들게 갈대아 우르를 떠나 정착한 곳을 놔두고, 하나님이 야곱에게 "애굽으로 떠나라"고 말씀하셨겠습니까.

전도서 기자는 "범사에 기한이 있고 천하 만사가 다 때가 있나니 날 때가 있고 죽을 때가 있으며 심을 때가 있고 심은 것을 뽑을 때가 있으며 죽일 때가 있고 치료할 때가 있으며 헐 때가 있고 세울 때가 있으며…… 하나님이 모든 것을 지으시되 때를 따라 아름답게 하셨고 또 사람들에게는 영원을 사모하는 마음을 주셨느니라 그러나 하나님이 하시는 일의 시종을 사람으로 측량할 수 없게 하셨도다"(전 3:1~11)라고 했습니다.

이처럼 세상에는 반드시 양면이 존재합니다. 그래서 하나님이 풍년과 흉년을 번갈아 주시며 우리를 훈련하시는 겁니다. 그렇다면 풍년의 때나 흉년의 때나 우리가 아름답게 살 수 있는 비결이 무엇일까요? 세상 사람들은 풍년에는 흥청망청 쓰면서 교만해지고, 흉년에는 구걸하면서 비굴하게 삽니다. 우리가 아름답게 사는 비결은 이런 세상과 거꾸로 사는 것입니다. 그러나 세상은 이런 이야기를 전혀 알아듣지 못하죠.

애굽은 7년의 풍년을 겪으며 이미 풍년에 익숙해질 대로 익숙해졌습니다. 7은 완전수 아닙니까? 그만큼 이 풍년이 영원히 계속되리라 믿어 의심치 않았죠. 그러나 하나님이 보시기에 7년은 짧습니다. 지금까지 애굽은 영원할 것 같은 풍년을 경험하며 생각이 풀어질 대로 풀어지고, 씀씀이도 커졌습니다. 어느새 사치와 향락에 젖어 몸에 밴 부유함을 버릴 수가 없습니다. 하지만 현실은 지독한 흉년을 겪으며 지옥을 경험하고 있습니다. 원래 편하면 편할수록 요만큼의 고통도 지옥으로 다가오기 마련 아닙니까?

왜 우리 주변에도 몸에 밴 부유함을 버리지 못해 가족도 자신도 고통스럽게 만드는 사람들이 있지 않습니까? 당장 내일 굶어 죽게 생겼는데도 굳이 택시 타고 머리하러 고급 헤어숍이 있는 명동까지 가는 사람들이 있습니다. 이런 사람들의 특징이 망한 현실은 도외시한 채 '나는 반드시 다시 부자가 될 거야'라는 자기최면을 걸어 놓고 누구의 말도 듣지 않는 것입니다. 그래서 가족이 얼마나 피눈물을 흘리는지 모릅니다.

이 세상에 영원한 것은 없다는 사실을 망하기 전에 빨리 알면 좋겠지만, 내 힘으로는 그것을 깨달을 수가 없습니다. 그래서 내 인생의 흉년은 꼭 와야만 하는 것입니다.

✛ 내 인생에 찾아온 흉년은 무엇입니까? 그 흉년을 통해 이 세상에 영원한 것이 없다는 사실을 깨달았습니까?

흉년의 때에 살리는 경제정책을 펴려면
준비된 리더가 반드시 필요합니다

요셉이 곡식을 팔아 애굽 땅과 가나안 땅에 있는 돈을 모두 거두어
들이고 그 돈을 바로의 궁으로 가져가니_창 47:14

흉년은 인류 역사에서 피할 수 없는 문제입니다. 비근한 예로 미국에서 발생한 세계 금융 위기(Global Financial Crisis, 2007~2008)가 그렇습니다. 2000년대에 들어 유동성 과잉과 저금리로 부동산 가격이 급등하자, 이에 편승한 모기지론(주택 담보 대출) 업체 간에 과당경쟁이 일어났습니다. 이로 인해 신용등급이 낮은 서브프라임 등급이 차지하는 대출 비중이 2002년 말 3.4퍼센트에서 2006년 말 13.7퍼센트까지 급상승했습니다. 2004년 이후 Fed(미국 연방준비제도)는 과열된 경기를 잡기 위해 정책 목표 금리를 17차례에 걸쳐 1퍼센트에서 5.25퍼센트까지 대폭 인상했습니다. 이후 이자 부담이 커진 저소득층이 원리금을 제때 갚지 못하게 되자 집값이 폭락하고, 서브프라임 모기지의 연체율은 20퍼센트로 급상승했습니다.

결국 2007년 미국 제2의 서브프라임 모기지론 회사인 뉴센추리 파이낸셜(New Century Financial)이 파산 신청을 낸 것을 신호탄으로 '서브프라임 모기지 사태(subprime mortgage crisis)'가 본격화되었습니다. 2007년 한 해에만 미국의 개인 파산 건수는 40퍼센트나 급증했습니다. 그리고 2008년 미국의 대형 투자 은행인 리먼 브라더스

(Lehman Brothers Holdings Inc.)가 부채를 감당하지 못해 파산합니다. 이 일은 세계 금융 위기의 상징적인 사건이 되었습니다.

바버라 에런라이크는 『긍정의 배신』에서 리먼 브라더스의 파산과 관련하여 한 일화를 소개했습니다. 리먼 브라더스의 고정자산 부문 글로벌 책임자였던 마이크 겔밴드(Mike Gelband)는 2006년 말, 부동산 거품을 감지하고 CEO 리처드 풀드(Richard Fuld)에게 "세상이 변하고 있습니다. 우리의 비즈니스 모델을 다시 생각해 봐야 합니다"라고 말했습니다. 하지만 풀드는 그를 바로 해고했고, 그의 경고를 별것 아닌 것으로 치부했습니다. 그로부터 2년 뒤 리먼 브라더스는 파산했습니다.

바버라 에런라이크는 미국은 인종이나 소득 수준 탓에 오랫동안 많은 사람이 대출을 거부당했기에 신용등급이 낮거나 소득이 불안정한 사람들에게는 서브프라임 모기지가 기적처럼 여겨졌을 것이라고 말합니다. 하지만 모기지론은 집을 담보로 돈을 빌리는 것입니다. 한마디로 빚입니다. 집값이 대출금보다 높을 때만 안전합니다. 반면에 집값이 떨어지면 집을 팔아도 대출금을 못 건지니 큰일 난 것입니다.

같은 책에서 에런라이크는 "긍정주의는 스스로 자처한 위기를 겪으면서 반성과 성찰의 시간을 갖기보다 오히려 신념 자체가 더 강해졌다"고 지적하며 "자본주의의 지속 자체에 의문을 제기할 정도"라고 했습니다.

세계 금융 위기와 비슷한 상황인 이 흉년의 때에 '준비된 리더' 요셉은 어떤 정책을 펼쳤습니까? 사람들의 의식 구조를 바꾸기 위해 냉정해 보이는 '충격 요법'을 썼습니다. 공짜로 거둔 곡식을 돈을 받고 판 것이죠. 기근으로 굶고 있으니 불쌍하다며 무상으로 곡식을 지급하지 않았습니다. 무엇보다 온 국민이 곡식을 사려고 자신에게 돈을 가져오는데도 거두어들인 돈은 모두 바로의 궁으로 가져갔습니다. 비밀 장부를 만들지 않고 바로에게 다 보고한 것이죠.

보통 사람들은 돈 앞에서 무너지기 마련입니다. 그러나 요셉은 하나님의 은혜로 말미암아 보디발의 집에서 가정 총무를 하고 감옥에서 제반 사무를 처리하면서 이미 훈련을 받았습니다. 무엇보다 그는 돈을 움켜쥐려고 하지 않았습니다. 온 세상의 돈이 그에게 오는 비결이 여기에 있었습니다. 내 앞의 돈이 내 것이 아니라고 여길 때 오히려 돈이 나에게 몰려옵니다.

요셉은 때를 따라 아름다운 순종을 했습니다. 복음은 장차 받을 환난임을 잘 알았기 때문입니다(살전 3:4). 이는 곧 그가 흉년이 온다는 것을 인정하고 대비하며 살았다는 말입니다. 우리도 요셉이 적용한 것처럼 풍년의 때에 흉년을 사는 것처럼 근면하게 살면서 비축하면 흉년의 때에 남을 도울 수 있습니다. 이렇게 적용을 잘하니 하나님도 요셉을 예뻐하실 수밖에요. 이런 사람이 나라에 한 사람만 있어도 흉년 가운데 '살리는 경제정책'이 나오는 줄 믿습니다.

지난 5챕터에서 나그네에 불과한 야곱이 애굽의 바로 왕을 축복했다고 했습니다. 어떻게 축복했습니까? 험악한 세월을 간증함으로써 축복했습니다. 내가 험악한 세월을 간증해서 여러 사람을 축복했다면 당연히 하나님이 그 사람들도 책임지지 않으시겠습니까? 그러니 하나님이 바로를 축복하셔야 하는 겁니다. 야곱의 간증을 책임지셔야 하기 때문입니다. 그리고 그 축복은 요셉을 통해 이루어졌습니다.

하나님 나라에는 통치 개념이 있습니다. 하나님은 애굽의 총리가 된 요셉을 통해 하나님 나라의 통치 개념이 무엇인지 지금 보여 주고 계십니다. 야곱이 자신의 지질한 얘기를, 험악한 세월을 간증함으로써 바로를 축복할 때, 그에게 하나님 나라 통치권이 임했습니다. 그 통치권은 물론 요셉에게도 임했죠. 믿는 우리도 마찬가지입니다. 내가 간증을 나누며 다른 사람을 축복하게 되면, 나에게 하나님 나라 통치권이 임합니다. 집마다 중심 잡는 한 사람만 있으면 그 사람에게 통치권이 임해 하나님 나라가 확장됩니다.

그러면 요셉의 경제정책이 성경에 구체적으로 기록된 이유는 무엇일까요? 요셉도 야곱도 애굽의 나그네 된 백성이지만, 공짜로 얻어먹는 나그네가 아니라 애굽을 도와주는 나그네라는 것이죠. 이처럼 나의 머리도 빌려주고, 은혜도 빌려주면서 다른 사람을 돕는 자가 진정한 성도요, 준비된 리더입니다. 보통 사람들은 도와주고 나서 생색내는 경우가 허다하죠. 그러나 요셉은 자신의 힘이 아닌 하나님의 힘으로 바로를 도왔기에 생색이 없습니다.

알코올의존증에 외도까지 한 아내를 무시하던 어떤 분이 갑작스러운 허리디스크 파열로 꼼짝없이 누워 지내게 되었습니다. 그런데 그렇게 무시하던 아내가 손수 양말도 신겨 주고, 온몸을 씻겨 주면서도 아무런 생색을 내지 않더랍니다. 그때부터 이분이 아내를 신뢰하게 되었고, 말씀이 들리기 시작했다고 합니다. 지금 이분은 장로님이 되어 공동체를 얼마나 잘 섬기고 계시는지 모릅니다. 생색 없는 섬김이야말로 하나님 나라의 지경이 넓어지는 비결이 아닐 수 없습니다.

나이가 어려도 가난해도 나에게 하나님 나라가 임하면 통치권이 임합니다. 그러면 설령 무시를 받더라도, 욕을 먹더라도 주인의식을 가지고 살아가게 됩니다. 나는 하나님 나라 통치권을 가진 인생이기 때문입니다. 반면에 '만날 저것이 나를 무시해!' 하며 조금이라도 무시받는 것을 못 견뎌 한다면 아직 내게 하나님 나라가 임하지 않은 것입니다.

✛ 내가 머리도 빌려주고, 은혜도 빌려주면서 도와야 할 사람은 누구입니까?

✛ 요즘 내가 생색내는 일은 무엇입니까? 생색 없는 섬김이야말로 하나님 나라의 지경을 넓히는 길임을 압니까?

살리는 경제정책은
사람들이 흉년을 인정하도록 해 주는 것입니다

14 요셉이 곡식을 팔아 애굽 땅과 가나안 땅에 있는 돈을 모두 거두어들이고 그 돈을 바로의 궁으로 가져가니 15 애굽 땅과 가나안 땅에 돈이 떨어진지라 애굽 백성이 다 요셉에게 와서 이르되 돈이 떨어졌사오니 우리에게 먹을 거리를 주소서 어찌 주 앞에서 죽으리이

까 16 요셉이 이르되 너희의 가축을 내라 돈이 떨어졌은즉 내가 너
희의 가축과 바꾸어 주리라 17 그들이 그들의 가축을 요셉에게 끌
어오는지라 요셉이 그 말과 양 떼와 소 떼와 나귀를 받고 그들에게
먹을 것을 주되 곧 그 모든 가축과 바꾸어서 그 해 동안에 먹을 것을
그들에게 주니라_창 47:14~17

살리는 경제정책은 사람들이 "내게 흉년이 임했구나" 하고 인정
하며, 자기 생활에 책임을 지게 하는 것입니다. 한마디로 "허리띠를
졸라매라"는 것이죠. 계속되는 흉년으로 사람들은 곡식을 사느라 돈
이 다 떨어졌습니다. 그러자 요셉이 먹을거리를 달라는 그들에게 "가
축이 있지 않냐"고 합니다. 요셉은 사람들이 억지가 아니라 자발적으
로 가축을 내도록 했습니다. 생각해 보세요. 지금 당장 사람 먹을 것도
없는데, 가축에게 먹일 것이 있겠습니까? 그런데 가축을 가져오면 식
량을 준다고 하니까 이야말로 사람도 살고 가축도 사는 길 아닙니까?
그러니 도리어 사람들이 요셉의 제안을 고마워합니다. 이것이 요셉
의 방책입니다.

그 해가 다 가고 새 해가 되매 무리가 요셉에게 와서 그에게 말하되
우리가 주께 숨기지 아니하나이다 우리의 돈이 다하였고 우리의 가
축 떼가 주께로 돌아갔사오니 주께 낼 것이 아무것도 남지 아니하
고 우리의 몸과 토지뿐이라_창 47:18

그동안 사람들이 모든 것을 다 가져다 바친 줄 알았습니다. 그런데 가축까지 다 바치고 나서 하는 말을 보세요. "우리가 주께 숨기지 아니하나이다"라고 합니다. 여러분, 이 말이 의미하는 바가 무엇입니까? 솔직히 말해서 그동안은 숨겼다는 것 아닙니까? 이처럼 돈도, 가축도 다 없어져 봐야 비로소 진심을 토로하게 됩니다.

19 우리가 어찌 우리의 토지와 함께 주의 목전에 죽으리이까 우리 몸과 우리 토지를 먹을 것을 주고 사소서 우리가 토지와 함께 바로의 종이 되리니 우리에게 종자를 주시면 우리가 살고 죽지 아니하며 토지도 황폐하게 되지 아니하리이다 20 그러므로 요셉이 애굽의 모든 토지를 다 사서 바로에게 바치니 애굽의 모든 사람들이 기근에 시달려 각기 토지를 팔았음이라 땅이 바로의 소유가 되니라
_창 47:19~20

요셉이 애굽 사람들의 땅까지 다 받았습니다. 이렇게까지 애굽의 모든 토지를 산 이유가 무엇일까요?

사람들은 비록 흉년 가운데 있지만, '올해 종자를 뿌리면 내년에는 곡식이 나지 않을까?' 하는 기대가 있었습니다. 그러나 요셉은 7년간은 절대 열매가 나지 않는다는 것을 잘 알았죠. 그래서 그 땅을 다 사서 때가 될 때까지 종자를 뿌리지 않은 것입니다.

전에 요셉은 바로에게 "바로께서 꿈을 두 번 겹쳐 꾸신 것은 하나님이 이 일을 정하셨음이라 하나님이 속히 행하시리니"(창 41:32)라

고 말했습니다. 풍년과 흉년의 때를 하나님이 미리 정하셨다는 것입니다. 지혜로운 사람은 이처럼 때를 아는 사람입니다. 그러나 때를 모르는 사람은 항상 '때 늦은 순종'을 하며 흉년의 때에 종자를 심겠다고 합니다. 요셉이 이들에게 아직 종자를 주지 않은 것은 때를 모르고 죽어라 욕심내는 것을 원천적으로 막고자 했기 때문입니다. 한 톨의 곡식 종자라도 애굽 전역에 뿌리면 실로 대단한 양 아닙니까? 결국 기근에 몰려 사람들이 토지를 요셉에게 팔았기에 한 톨의 곡식 종자도 낭비되지 않은 것입니다.

우리 인생도 그래요. 기근에 몰려 나의 모든 것을 팔 수밖에 없는 것이 오히려 축복입니다. 자존심도, 용모도, 학벌도 다 팔 수밖에 없는 것이 축복입니다. 나의 모든 것을 하나님 앞에 내려놔야 비로소 살 수 있기 때문입니다.

21 요셉이 애굽 땅 이 끝에서 저 끝까지의 백성을 성읍들에 옮겼으나 22 제사장들의 토지는 사지 아니하였으니 제사장들은 바로에게서 녹을 받음이라 바로가 주는 녹을 먹으므로 그들이 토지를 팔지 않음이었더라_창 47:21~22

아무리 기근이 들었어도 요셉은 제사장의 토지는 사지 않았습니다. 그들이 비록 이스라엘의 제사장은 아니지만, 요셉은 상징적으로 자신의 통치가 하나님으로부터 기인하였음을 보여 주기 위해 제사장의 토지를 딱 묶어 둔 것입니다. 만인 제사장 시대를 사는 우리도 그렇습니다. 주께 헌신하여 주의 일을 하게 되면 주님이 주신 것은 빼앗기지 않게 될 줄 믿습니다.

> 요셉이 백성에게 이르되 오늘 내가 바로를 위하여 너희 몸과 너희 토지를 샀노라 여기 종자가 있으니 너희는 그 땅에 뿌리라_창 47:23

애굽 백성이 바로를 위하여 종이 되겠다고 합니다. 우리의 인생도 마찬가지입니다. 주님이 나의 모든 것을 빼앗아 가실 때 "내가 주님을 위해 종이 되겠다"고 하는 데까지 가야 합니다.

애굽 백성이 자진해서 종이 되겠다고 하니 무슨 일이 벌어집니까? 요셉이 백성에게 종자를 주며 땅에 뿌리라고 합니다. 때가 될 때까지 기다렸더니 드디어 종자를 뿌릴 때가 온 것이죠.

우리가 어떤 기근 가운데 있더라도 그렇습니다. 생명이 붙어 있으면 반드시 할 일이 있습니다. 하나님이 반드시 할 일을 주십니다. 그러므로 아무리 힘들어도 스스로 목숨을 끊으면 안 됩니다. 영육 간에 내게 생명이 임하면 그때부터 하나님이 내 인생을 책임져 주시는 줄 믿고 끝까지 기다리시기 바랍니다.

> 추수의 오분의 일을 바로에게 상납하고 오분의 사는 너희가 가져서 토지의 종자로도 삼고 너희의 양식으로도 삼고 너희 가족과 어린 아이의 양식으로도 삼으라_창 47:24

요셉은 백성에게 토지와 종자를 준 다음에 "이것은 너희 땅이 아니라 바로의 땅이다. 그러니까 오 분의 일은 세금으로 내라. 나머지 오 분이 사는 너희 마음대로 종자로도 삼고, 양식으로도 삼으라"고 합니다. 왕이 소유한 토지를 백성에게 공짜로 주고, 오 분의 일인 20퍼센트만 세금으로 내는 것은 당시로는 획기적인 일이었습니다. 그때는 땅을 공짜로 주면 세금을 많게는 절반을 내라고 했기 때문입니다. 그런데 요셉이 오 분의 일만 내라고 하니 백성 입장에서는 너무 고맙지 않겠습니까.

보통 세금을 내라고 하면 우리의 반응은 어떻습니까? 처음에는 땅도 공짜로 주고 오 분의 일만 내라고 하니까 고마워합니다. 그러나 이내 시간이 지나면 십 분의 일을 내는 것도 아까워하죠. 하나님께도 마찬가지입니다. 돈만 벌게 해 주시면 십일조도 드리고, 건축헌금도 드리겠다고 서원했다가도 막상 잘살게 되면, 십일조도 건축헌금도 내는 것을 아까워합니다. 우리의 태생이 그렇습니다.

예전에 한 신문에서 읽은 칼럼입니다.

이승만과 박정희가 비판받는 가장 큰 이유는 권위주의 때문이었다. 그러나 돌이켜 보면 우리는 필요한 시점에 그 시절에 맞는 지도자와 체제를 가졌다는 생각이 든다. 이승만은 신생국의 첫 지도자였다. 나라의 틀을 만드는 것이 그의 임무였다. 그는 자유민주주의와 시장경제 체제라는 틀을 만들었고, 한국전쟁을 겪으며 미국과 안보 조약을 체결함으로써 국방의 틀을 다졌다. 박정희는 그 기초 위에 경제적 번영의 기반을 닦았다. 물론 그때도 민주화에 대한 열망이 없지 않았다. 그러나 혹시 민주화가 먼저 왔다면 안보와 번영의 기초를 만들 수 있었을까. 세계 어느 나라도 신생국으로서 안보, 경제, 민주라는 목표를 동시에 달성한 나라는 없다. 우리는 너무나 다행스럽게도 국가 형성에 꼭 필요한 순서대로 안보, 경제, 민주의 목표를 차례로 달성했다. 이집트의 경우 군중의 힘으로 독재자를 무너뜨리기는 했지만 대안 세력이 없었다. 그래서 권력이 군부로 넘어간 것이다. ……

그렇다면 이 세 목표를 달성했다고 이제 느긋하게 지내면 되는가? 권위주의를 극복하고 민주 시대를 맞았으니 이제는 다 이루었는가? 모든 성공은 그 안에 파멸의 씨앗도 포함하고 있다고 한다. 우리가 마지막 단계로 이루어 낸 민주화가 먼저 이룩한 안보와 경제의 기틀을 파괴할 수도 있는 것이다. 이것이 역사의 이율배반인 것이다. 민주화가 된 이 나라의 요즘 돌아가는 모습을 보라. 곳곳에서 벌어지는 세금 낭비가 얼마인가. 쓸모없는 공항을 몇 개나 만들었으며, 경전철이니 뭐니 곳곳마다 세워 놓고 운영도 못 하는 시설물들이 얼마인가. 이런 일이 발생하는 이유는 민주주의 자체가 갖는 약점 때문이다. 민주주의는 표로 통치자를 선택하는 제도다. 보통 사람들은 미래보다는 현재에, 눈앞의 이익에 더 집착한다. 그래서 정권을 잡기 위해서는 사람들의 비위를 맞추는 것이 불가피한 일이다. 복지문제만 하더라도 현재 사는 사람들이 자기 몫만 크게 받으려 한다면 후손들은 빚더미에 앉게 된다. 안보도 마찬가지다. …… 전쟁을 무서워하는 일반 국민의 정서만을 이용하려 든다. …… 민주주의 나라에서 비효율이 판치면 효율이 그리워 권위주의로 돌아가고 싶은 마음이 일어난다. 그러나 한 번 민주주의를 맛본 나라는 다시 권위주의로 돌아갈 수 없다.

그렇습니다. 한 번 민주화가 된 나라는 뒤로 돌아가기가 하늘의 별 따기입니다. 결국 돌아가지 못하는 것 때문에 하나님이 할 수 없이 흉년과 같은 심판의 사건을 허락하시는 것입니다. 요셉이 먼 훗날을 내다보며 흉년 가운데 살리는 경제정책을 펼치고 있지만, 사실은 얼마나 사람들에게 욕먹을 일을 하고 있습니까? 절대 무상으로 주지 않고 돈 주고 곡식을 팔았잖아요. 그러나 성경을 제대로 읽지 않으면 우리는 무엇이 옳은지 그른지 제대로 분별할 수 없습니다.

앞서 요셉은 7년의 풍년 동안 소출의 20퍼센트를 세금으로 내라고 했습니다(창 41장). 7년의 풍년을 이용해 그 뒤에 올 7년의 흉년에 대비하게 한 조치이죠. 그때도 요셉이 얼마나 욕을 먹었습니까. 더욱이 지금은 풍년일 때 거둔 곡물을 돈을 받고 되팔고 있습니다. 처음에는 돈으로 사게 하고, 돈이 떨어지니 가축, 마지막에는 토지와 몸까지 내놓게 했습니다. 결론적으로 백성의 토지를 바로가 소유하도록 만들었죠. 그러고는 백성이 경작을 하되 소출의 20퍼센트를 세금으로까지 내게 했습니다. 이러니 사람들이 요셉의 경제정책에 분개하지 않겠습니까?

서두에서 언급한 『크리스천 경제소프트』에서 김병연 교수는 요셉의 경제정책을 다음과 같이 평가했습니다.

어떤 사람들은 요셉의 이러한 정책을 보고 분개할지도 모른다. 먹을 것이 없는 불쌍한 사람들에게 돈과 짐승을 받고 곡식을 팔다가 나중에는 그것도 모자라 땅까지 받았다는 것이다. 그러나 만약 곡식을 거저 주었거나 싸게 팔았다면 어떤 사람들은 필요보다 더 많이 받아 쌓아 두거나 다른 사람들에게 더 높은 가격으로 팔았을 것이다. 그러면 오히려 기아에 허덕이는 사람들에게 곡식이 배분되지 않거나 경제적 혼란이 일어날 가능성이 컸을 것이다. 그뿐만이 아니다. 돈을 주고 사게 해 유통화폐를 줄임으로써 인플레이션을 억제하였다. 결과적으로 요셉의 처방은 보다 공평하고 경제 회복에 도움이 되는 정책이었다.

요셉은 애굽 사람들이 원하는 것이 아니라 필요한 것을 해 주었습니다. 백성이 원하는 것보다 필요한 것을 해 주는 지도자는 정권을 잡는 순간부터 끝나는 날까지 욕을 먹을 수밖에 없습니다. 사람들은 당장 자기 앞의 이익만 구하기 때문입니다. 그래서 지도자의 진면목은 몇십 년 후에 드러나기 마련입니다. 당장은 알 수 없습니다.

계속해서 김병연 교수는 요셉에 대해 이렇게 말합니다.

요셉은 냉철하게 행동했다. 그러나 그것이 기아 극복에 가장 효과적인 정책이었다. 아마추어들은 이상을 지향하지만 이상을 구현하기 위한 내용이 없다. 더 위험한 것은 그런 얼치기 정치인들과 정책 결정자들이 이상적인 정책을 바로 현실 사회에 적용하는 것이다. 이런 자들의 공통적인 특징은 타락 이후의 인간에 대한 성경의 가르침과는 반대로 인간을 낙관적으로 이해하는 것이다. 이들은 곡식을 거저 주면서 필요한 만큼만 가져가라고 설교했을지도 모른다. 실제로 소련 사회주의에서 그렇게 해 본 결과 경제는 엉망진창이 된 경험이 있다.

그러나 요셉은 따뜻한 마음을 가진 신앙의 인물이었다. 통상적으로 세율이 소출의 50퍼센트를 훨씬 상회하던 그 시대에 왕의 땅을 경작하면서 소출의 20퍼센트만 세금을 바치도록 한 것은 획기적인 제도였다. 가난한 사람들의 생계도 고려하고, 또 그들이 열심히 일할 인센티브(incentive)도 감안한 정확한 정책이 아닐 수 없다.

현재 한국 사회가 겪고 있는 위기는 사람의 위기이다. 하나님께서는 성경적 비전과 실력으로 한국 사회를 섬길 요셉과 같은 리더를 한국 교회가 양육하기를 요구하신다. 이러한 리더를 배출하는 것이 한국 교회가 한국 사회에 가장 크게 기여할 수 있는 길 중 하나일 것이다.

정말 한국 교회가 한국 사회에 기여할 수 있는 길은 요셉과 같은 지도자를 키워 내는 것입니다. 미국을 일으킨 링컨 대통령 같은 그 한 사람, 사방에서 욕을 바가지로 먹어도 백성을 위해 꼭 해야 할 일을 하는 그 한 사람이 우리 사회에 세워지길 기도합니다.

✛ 요셉의 경제정책이 가혹해 보입니까? 당장은 욕을 먹더라도 먼 훗날을 위해 내가 적용해야 할 것은 무엇입니까?

살리는 경제정책으로 헌신의 삶을 살게 됩니다

그들이 이르되 주께서 우리를 살리셨사오니 우리가 주께 은혜를 입고 바로의 종이 되겠나이다 _창 47:25

백성이 흉년으로 모든 것을 다 빼앗긴 것 같은데, 오히려 요셉을 주라고 칭하며 "주께서 우리를 살리셨다"고 합니다. 우리가 모든 것을 다 빼앗기고 나서 하는 고백도 그렇습니다. "하나님이 우리를 살리셨다" 아닙니까? 그런데 배부르고 등 따뜻할 때는 이런 고백이 쉬이 나오지 않지요. 흉년으로 돈과 가축에 이어 토지와 몸까지 다 잃고 나서야 "하나님의 은혜로 내가 살아났구나"라는 고백이 나옵니다.

요셉이 애굽 토지법을 세우매 그 오분의 일이 바로에게 상납되나 제사장의 토지는 바로의 소유가 되지 아니하여 오늘날까지 이르니라 _창 47:26

애굽의 토지법이 이렇게 해서 생겨났습니다. 하나님의 언약 백성을 통해 애굽 백성도 살아났습니다. 하나님의 세밀하신 간섭이 느껴지는 대목입니다. 결론적으로 요셉의 경제정책의 요지는 "모든 것이 없어져 봐야 살리는 경제정책이 나온다"는 것입니다.

가정에서도 그렇습니다. 없어지고 낮아져 봐야 사람을 살리는 방책이 나옵니다. 사람을 살리는 방책이 나와야 가정도, 교회도, 나라도 윈윈(win-win)하게 되는 것입니다.

비록 우리는 하나님이 하시는 일을 측량할 수 없지만, 하나님이 모든 것을 지으시되 때를 따라 아름답게 하시고, 또 사람들에게 영원을 사모하는 마음을 주셨다고 했습니다. 그래서 하나님을 사랑하지 않으면 인간은 때를 따라 아름답게 하는 것이 무엇인지 결코 알 수 없습니다. 풍년의 때, 흉년의 때를 어떻게 살아야 할지 도무지 모릅니다. 앞서 풍년에는 근면하게 비축하고 흉년에는 남을 도우며 다른 사람을 살리는 것이 아름다운 인생이라고 했습니다. 세상과 거꾸로 사는 것이 아름다운 인생을 사는 비결이라는 겁니다. 결국 이런 구속사의 가치관이 있어야 모든 때를 아름답게 살며, 요셉과 같이 준비된 지도자가 되어 헌신의 삶을 살게 됩니다.

최고의 경제정책, 살리는 경제정책의 결론은 "모든 것이 없어지고 나서야 하나님의 은혜로 살아났다고 고백하는 것"입니다. 지도자가 이런 고백을 할 때 사람들에게 당장 욕 먹는 것을 두려워하지 않고, 성경에 입각한 정책을 펼치게 될 줄 믿습니다.

✜ 흉년으로 모든 것이 없어지고 나서 하나님의 은혜로 살아났다고 고백한 적이 있습니까? 그것이 진정 살리는 경제정책의 결론임을 인정합니까?

"

우리가 어떤 기근 가운데 있더라도 그렇습니다.

생명이 붙어 있으면 반드시 할 일이 있습니다.

하나님이 반드시 할 일을 주십니다.

그러므로 아무리 힘들어도 스스로 목숨을 끊으면 안 됩니다.

영육 간에 내게 생명이 임하면 그때부터 하나님이 내 인생을

책임져 주시는 줄 믿고 끝까지 기다리시기 바랍니다.

"

저는 가난한 환경에서 어렵게 공부해 컴퓨터 강사로 첫 직장을 얻었습니다. 그러다 일을 그만두고 이른 나이에 결혼해 시댁에서 살면서 고된 시집살이를 겪었습니다. 이후 시댁이 망하는 사건으로 자연스레 14년 만에 분가하면서 다시 강사 일을 시작했습니다. 처음에는 이렇게 일할 수 있다는 것만으로도 너무 감사했습니다. 게다가 그즈음 남편이 갑상샘 기능 항진증에 걸려 제가 가정경제 일부분을 책임져야 했기에 더욱 열심을 내어 일했습니다.

저는 주로 초등학교에서 학생들을 가르치는데, 갈수록 수강생이 많이 모집되어 가정경제도 피고, 얼마 후에는 임대아파트에도 당첨되어 주거도 안정되었습니다. 어느 해에는 새 학기를 준비할 때 모든 일에 수업이 꽉꽉 차 있어 '올해는 정말 대박이구나' 싶었습니다.

그런데 공교롭게도 그해에 코로나 팬데믹이 시작되었습니다. 외부 강사는 학교 출입이 금지되었고, 당연히 일에도 타격을 받았습니다. 그래도 상황에 따라 온오프라인을 병행하며 힘닿는 데까지 수업을 바듯이 이어갔습니다. 그러다 결국 번아웃증후군이 왔고, 자율신경계가 망가지는 병까지 걸리고 말았습니다. 기근이 더욱 심하여 애굽 땅과 가나안 땅이 황폐해진 것처럼(창 47:13) 저의 몸도 쇠약해지는 흉년을 맞게 된 것입니다.

그러나 저는 이 일로 하나님과의 첫사랑을 잃고 내 열심을 부리다가 영적 흉년까지 들게 된 것임을 깨닫고 회개하게 되었습니다. 그리고 정신건강의학과에서 약을 처방받고, 상담 치료를 병행했습니다. 지금은 일하는 시간과 쉬는 시간을 분리하고, 숙면하는 훈련을 하면서 일상생활을 유지하고 있습니다.

이후 저는 동네의 작은 도서관에서 수업을 하게 되었습니다. 그런데 사서들이 일 처리가 신속하지 못하고 강사를 함부로 대하는 듯한 행동을 보이자 그들에 대한 미움이 올라왔습니다. '왜 그런가?' 곰곰이 생각해 보니 제 안에 '나는 여기서 일할 사람이 아닌데……' 하는 교만이 있음을 알게 되었습니다. 기근으로 황폐해진 자신들의 몸과 토지를 내놓고 바로의 종이 되겠다고 하는 백성처럼(창 47:19~20), 이제는 내 열심으로 살다가 병약해진 제 몸과 마음을 하나님께 온전히 드리기를 원합니다. 그럴 때 "흉년 가운데 주께서 나를 살리셨다"고 고백하며(창 47:25) 고난의 시간을 잘 통과하게 될 줄 믿습니다.

영혼의 기도

하나님 아버지, 우리 인생에 풍년과 흉년이 다 올 수밖에 없다는 것을 인정하기가 너무나도 힘이 듭니다. 그래서 풍년에는 교만하기가 짝이 없이 흥청망청 살며, 흉년에는 비굴하기가 짝이 없이 구걸하며 삽니다. 불쌍히 여겨 주옵소서.

주님, 모두 잘살아 보겠다고 공부도 하고 결혼도 하는데, 정작 우리 안에 하나님이 안 계신다면 다 무슨 소용이겠습니까. 그 가운데 어찌 사람을 살리는 방책을 세울 수 있겠습니까. 아무리 잘살아도 하나님을 모르면 남는 것이 아무것도 없음을 깨닫기 원합니다. 결국 우리는 하나님이 흉년으로 나의 모든 것을 치셔야만 "주님이 나를 살리셨다"고 고백할 수밖에 없는 죄인입니다. 그래도 주님, 이 땅에서 하나님이 나의 모든 것을 치셔서라도 내가 하나님의 종으로 살 수 있다면 얼마나 감사한지 모르겠습니다.

이제는 흉년 가운데 내가 아무것도 할 수 없음을 인정하고, 하나님이 나를 살리셨다고 고백하는 것이 최고의 경제정책, 살리는 경제정책임을 알고, 구속사의 가치관으로 살아가게 하옵소서. 어떤 흉년 가운데 있더라도 하나님이 개입해 주시면 그때부터 내 인생 최고의 열매를 맺을 줄 믿습니다. 우리의 모든 환경이 주께서 주신 동산이기에 각자의 터전에서 땀 흘리며 씨를 뿌리며 수고할 때 땅끝에서 주님을 맞이하게 될 줄 믿습니다. 현실은 여전히 어렵고 힘들지만, 모든 때를 아름답게 하실 주님을 믿고 헌신하도록 인도하옵소서.

주님, 특별히 우리의 부모 세대를 위해 기도합니다. 그들이 허리띠를 졸라맸기에 우리나라가 경제 대국이 될 수 있었습니다. 너무나 감사합니다. 믿지 않는 부모에게 우리가 드릴 수 있는 최고의 선물은 오직 구원뿐임을 믿사오니, 그들을 천국에서 만날 수 있도록 구원하여 주옵소서. 우리의 부모님들이 영육 간에 강건한 노후를 보낼 수 있도록 도와주옵소서. 눈이 건강해져서 성경을 읽는 데 불편함이 없게 해 주시고, 예배를 드릴 수 있도록 청력도 지켜 주옵소서. 무엇보다 "있으면 먹고, 없으면 금식하고, 죽으면 천국 가자"는 구속사의 가치관으로 모든 때를 아름답게 살 수 있도록 은혜 위에 은혜를 내려 주옵소서. 예수님 이름으로 기도드립니다. 아멘.

Part 2

최고의 유언은
회개입니다

07

유언

창세기 47장 27~31절

하나님 아버지,
가족에게 반드시 천국에서 만나자고
유언하기를 원합니다.
말씀해 주옵소서. 듣겠습니다.

조선 성종(成宗)은 "폐비(廢妃) 윤 씨 문제는 나의 사후 100년 뒤까지 절대 거론하지 말라"는 유언을 남기고 죽었습니다. 그러나 폐비 윤 씨는 성종과는 반대의 유언을 했습니다. 그녀는 사약을 마시고 죽기 직전, 피 묻은 손수건을 친정어머니에게 건네주며 이렇게 말했습니다. "원자가 다행히 목숨을 보전하거든 이것으로 나의 원통함을 말해 주고 또 나를 임금이 거동하는 길옆에 묻어 임금의 행차를 보게 해 주시오." 결국 성종의 유언 대신 윤 씨의 유언이 지켜졌습니다. 아들 연산군이 어머니가 사약을 받고 죽은 사실을 알게 되면서 피의 참극이 벌어지고만 것이죠. 이 복수가 얼마나 무서웠는지 연산군은 어머니의 죽음에 가담한 자 중에 살아 있는 자는 참형에 처하고, 이미 죽은 자는 시신을 꺼내 참형하고 토막 내어 까마귀의 밥이 되도록 했습니다.

예수 그리스도를 모르면 이처럼 복수심에 가득 차서 원수 갚는 유언을 할 수 있습니다. 나름 성군(聖君)이라 불리는 성종의 유언은 지켜지지 않고, 폐비 윤 씨의 복수의 유언은 지켜진 것을 여러분은 어떻게 생각하십니까? 믿지 않는 부모가 유언을 하면 자녀들이 잘 분별해야 하는데, 평소에는 부모 말을 잘 안 듣던 사람도 지키지 말아야 할 유언을 지키는 경향이 있습니다. 저는 결론적으로 가정에서 중심 잡는 한 사람이 되어야 할 성종이 잘못 살았기에 아내도 아들도 다 지옥을 살게 되었다고 생각합니다.

한편, 불교계에서 도인으로 일컫는 성철 스님은 이런 유언을 남겼다고 전해집니다. "내 죄는 산보다 높고, 바다보다 깊은데 내 어찌 감당하랴. 내가 80년 동안 포교한 것이 헛것이로다. 우리는 구원이 없다. 죗값을 해결할 자가 없기 때문이다." 이런 유언은 인간적으로 상당히 멋있게 들립니다.

그에 비해 유관순 열사의 유언은 처절하기 그지없습니다. "내 손톱이 빠져나가고 내 귀와 코가 잘리고 내 다리가 부러져도 그 고통은 이길 수 있사오나 나라를 잃어버린 그 고통만은 견딜 수가 없습니다. 나라에 바칠 목숨이 오직 하나밖에 없는 것이 이 소녀의 유일한 슬픔입니다." 저는 유관순 열사와 같이 예수 믿는 조상 덕분에 일제로부터 우리나라를 되찾을 수 있었다고 생각합니다. 예수를 믿으면 자연스레 내 나라, 내 조국을 귀히 여기게 되기 때문입니다.

우리가 몇몇 유명한 사람들의 유언을 살펴보았지만, 유언은 말로 해서 되는 것이 아닙니다. 삶이 따라 주어야 합니다. 한마디로 유언은 내 삶의 결론입니다. 세상 가치관이든 영적인 가치관이든 내가 어떤 가치관에 따라 살았는지에 따라 자녀가 그 유언을 따를 것입니다. 여러분은 생의 마지막 날 후손에게 어떤 유언을 남기시겠습니까? 야곱의 유언을 통해 믿는 자의 유언은 어떠해야 하는지 교훈을 얻기를 바랍니다.

예배 공동체를 잊지 말라는 것입니다

이스라엘 족속이 애굽 고센 땅에 거주하며 거기서 생업을 얻어 생육하고 번성하였더라_창 47:27

계속해서 고센 땅에 대한 이야기가 나오는 이유가 뭘까요? 성경은 이스라엘 족속이 생육하고 번성하는 이유가 이 고센 땅에 거하기 때문이라고 말합니다.

사람이 천하게 살아야 오히려 아프지 않고 건강하게 산다는 말이 있습니다. 저는 평소에 편도염으로 40도 가까이 열이 자주 나곤 했어요. 그나마 남편이 의사였으니 망정이지, 늘 링거를 달고 살았죠. 항생제도 너무 많이 먹어서 위가 다 헐어 버렸습니다. 처음에는 링거도 한 번만 맞으면 금세 나았는데, 갈수록 점점 주사의 양이 늘어나더군요. 편도염이 발병하면 너무 아파서 정말 살맛이 하나도 안 났습니다. 하루는 열이 계속 나서 편도를 떼려고 병원까지 찾아갔습니다. 그런데 의사 선생님이 "조금만 기다려 봅시다. 조금만 더 참아 보세요. 그래도 편도가 쓰임이 있어요"라고 해서 결국 제거 수술을 받지 않았죠.

그런데 말입니다. 남편이 소천하고 나서 그때부터 제 편도가 아프지 않더라고요. 당장 나를 도와줄 사람이 없으니까, 이제는 아파도 링거 놔 줄 사람이 없으니까 아프면 안 되잖아요. 신기하게도 남편이 가고 오히려 더 건강해졌습니다. 여전히 몸이 약하지만 인생 전체를 놓고 볼 때 지금이 제일 건강한 것 같습니다. 하나님은 강단에서 설교할 만큼의 건강, 딱 그 정도의 건강을 제게 허락해 주셨습니다. 평생 골골했는데 정말 기적 아닙니까? 하나님이 저를 생육하고 번성하게 하신 줄 믿습니다.

27절에서 '생육하다'는 '심히 증가했다'는 의미이고, '번성하다'는 '우글거린다'는 뜻입니다. 다시 말해, 고센 땅에서 이스라엘이 역동적으로 열매를 맺고 증가했다는 것입니다. 이는 곧 아브라함에게 하신 약속의 말씀이 이스라엘 자손에게 이어져 내려왔다는 말입니다. 그 말씀이 무엇인가요? "내가 너로 심히 번성하게 하리니 내가 네게서 민족들이 나게 하며 왕들이 네게로부터 나오리라"(창 17:6)입니다. 이처럼 하나님은 이스라엘 자손에게 약속하신 대로 말할 수 없는 번성을 허락해 주셨습니다.

그런데 생각해 보세요. 애굽 백성은 풍년의 때 나라에 곡식을 내고, 흉년의 때 자신들이 낸 곡식을 돈을 주고 사 먹었습니다. 반면에 이스라엘은 어떤가요? 지금 아무 고생도 하지 않고 맨입으로 곡식을 먹고 있지 않습니까? 요셉은 애굽에게는 곡식을 무상 배급하지 않았지만, 이스라엘에게는 전적으로 무상 배급했습니다. 그러면 애굽 사람은 왜 이 일에 불만을 품지 않았을까요? 애굽을 살린 요셉의 공로 때문이었죠.

지금 요셉 한 사람 덕분에 애굽이 복을 받고 이스라엘이 복을 받고 있습니다. 둘 다 똑같이 복을 받아도 그래요. 이스라엘은 생육하고 번성하게 하는 능력이 요셉을 통해 하나님으로부터 왔다는 것을 깨달았습니다. 그러나 애굽은 이 복이 하나님으로부터 온 것임을 전혀 깨닫지 못했습니다. 어쨌든 팩트는 요셉 한 사람 덕분에 애굽과 이스라엘이 먹고살게 되고, 수많은 사람이 축복을 받았다는 겁니다. 여기서 바로가 한 일은 하나도 없습니다.

우리 주변을 보면 죽도록 수고해도 아무 열매도 먹지 못하는 사람이 있는가 하면, 수고한 만큼 열매를 거두는 사람도 있습니다. 또 큰 수고를 하지 않고도 많은 열매를 먹는 사람이 있는가 하면, 편편히 놀면서도 편안히 앉아서 받아먹는 인간들도 있어요. 지금 이스라엘의 모습이 딱 후자입니다. 그렇다고 이스라엘이 편안하게 논 것만은 아닙니다. 무상으로 곡식을 받긴 했지만, 고센 땅에서 생업에 종사했습니다.

여러분은 자기가 수고한 것보다 많이 먹는 사람들, 아무것도 하지 않았는데도 넉넉하게 사는 사람들을 보면 어떤 생각부터 듭니까? 시기심이 막 올라옵니까? 그럴 때는 '아, 누군가가 저들을 위해 수고했구나, 누군가가 기도했구나. 저들이 기도의 빛을 참으로 많이 졌구나' 이렇게 여기기를 바랍니다. 그리고 여러분도 누군가를 위해 수고하고 기도하기를 바랍니다. 그것이 여러분의 자녀가 풍성함을 누리는 비결입니다. 성경에 축복은 천 대까지, 저주는 삼사 대까지 간다는 말씀도 있지 않습니까(출 20:5~6). 그러므로 지금 내가 하나님의 풍성한 축복을 받고 있다면, 다 누군가의 수고 덕분임을 알고 감사해야 합니다.

지금 내가 생육하고 번성하고 있다면, 첫째는 하나님의 은혜 덕분이요, 둘째는 믿음의 조상의 은혜 덕분이요, 그다음은 고센 공동체,

즉 예배 공동체의 은혜 덕분임을 알아야 합니다. 결정적으로 이 모든 것이 '하나님'으로부터 비롯된 것임을 절대 잊지 말아야 합니다.

요셉 한 사람 덕분에 애굽이 복을 받고, 이스라엘이 복을 받고 있는데, 그렇다면 복 있는 사람은 어떤 사람입니까? 예수님과 가장 닮은 사람 아닙니까. 요셉은 모든 면에서 예수님의 표상입니다. 예수님과 여러모로 비슷합니다. 그는 은 20에 팔리고, 예수님은 은 30에 팔리셨죠. 무엇보다 요셉은 죄도 없이 고난을 당하고, 아무 조건 없이 자신을 판 형들을 용서했습니다. 요셉이야말로 모든 것을 아낌없이 주는 모델입니다. 복인(福人)은 바로 이런 사람입니다. 예수님처럼 죽어지고 썩어지고 밀알이 되어(요 12:24) 다른 사람에게 줄 것만 있는 인생을 사는 사람입니다. 우리는 이런 사람들을 가까이해야 하고, 사모해야 합니다. 믿음의 복인들이 모인 곳이야말로 이 땅에서 우리가 누릴 수 있는 천국 공동체이기 때문입니다.

물론 세상의 눈으로 보면 고센 땅도, 고센 공동체도 지질하기 그지없습니다. 하지만 이곳에는 믿음의 조상인 아브라함과 이삭과 야곱의 후손들이 모여 있습니다. 더욱이 장차 이스라엘의 열두 지파가 될 야곱의 아들들이 모두 있지 않습니까. 믿음의 복인들이 줄줄이 사탕처럼 다 모여 있는데 어찌 생육하고 번성하지 않을 수 있겠습니까.

『람세스』라는 소설을 읽어 보면, 애굽은 수천 년 전에도 너무 교양 있고 멋있어 보입니다. 그런데 보세요. 애굽이 잘살아도 그곳에는 믿음 있는 사람이 없습니다. 아무리 교양 있고 아름다운 것이 계속될 것 같아도 주님은 이 세대를 '악하고 음란하다' 딱 두 가지로 정의해 주셨습니다(마 12:39). 예수가 없으면 모두 악하고 음란할 뿐입니다. 인간에게는 선한 것이 하나도 없기 때문입니다.

그러므로 비록 지질해 보여도 믿음의 복인들이 모인 공동체에 있다는 것이 얼마나 축복인지 모릅니다. 복인들이 줄줄이 모여 있는 고센 공동체에서는 복을 받지 않으려야 받지 않을 수가 없습니다. 다른 사람에게 늘 줄 것만 있는 사람을 만나면 저절로 복을 받게 되어 있습니다. 결국 그 복이 나를 통해 또 다른 사람에게 전해지니 복에 복이 계속해서 전염되는 겁니다.

그러나 세상 사람들을 만나면 어떻습니까? 시기와 질투밖에 더합니까? 날이 갈수록 믿음으로 서로 통하는 사람들이 모인 공동체가 얼마나 큰 축복인지 절감하게 됩니다. 그래서 야곱도 "애굽이 아무리 잘살아도 다 소용없다. 너희가 지금 생육하고 번성하는 이유는 고센 땅, 예배 공동체에 있기 때문이다"라고 하는 것입니다.

복 있는 사람은 한마디로 다른 사람을 잘되게 하는 사람입니다. 그는 가나안, 천국 공동체를 사모하기에 이 땅에서 아까운 것이 별로 없습니다. 욕심이 없으니까 다른 사람에게 자신의 것을 다 내주는 것이죠.

저는 힘들고 어려운 분들의 간증이 흘러넘치는 교회야말로 금주고도 못 사는 고센 공동체, 복인 공동체라고 생각합니다. 하지만 고센 공동체는 "참으로 아름답고 아름답구나~" 하면서 교양 있게 지낼 곳이 못 됩니다. 제사장이 지성소에 들어가기 전에 성소에서 번제물을 드리는 모습을 상상해 보세요. 번제물을 잡아 각을 뜨는 과정에서 짐승의 울음소리와 피비린내가 진동하지 않겠습니까. 마찬가지로 고센 공동체에서도 날마다 죄와 사투를 벌여 가며 각종 전쟁이 치러집니다. 거룩을 향해 가는 전쟁이 집마다 목장마다 끊임없이 있습니다.

어떤 분이 목장에서 남자 목원끼리 육두문자를 주고받으며 싸우는 것을 보고, "머리털 나고 이런 욕은 난생처음 들어봤다"고 했습니다. 싸운 분들을 대신해 제가 엎드려 사죄드립니다. 성도들끼리 싸웠다는 소식에 가슴이 미어지고, 이스라엘 백성을 위해 기도한 모세의 마음이 어땠을지 절로 체휼되었습니다.

하지만 이렇게 싸우고 난리를 쳐도 이분들이 목장에 와서 앉아 있는 것이 기적 아닙니까? 무엇보다 이 남편들이 목장에 오기까지 그 아내들이 얼마나 수고를 많이 했는지 모릅니다. 교양 있는 애굽 공동체는 이런 분들을 결코 이해하지 못하겠지만, 이스라엘 공동체는 다릅니다. 우리가 앞서 살펴보았지만, 살인에 간음에 온갖 숨기고 싶은 죄를 지은 사람들이 다 여기에 모여 있잖아요. 이 사람들이야말로 전 세계의 악하고 음란한 사람들을 주께로 인도하는 '믿음의 효시' 아니겠습니까. 그러니 욕을 해도 술을 마셔도 떠나지 말고, 끝까지 공동체에 잘 붙어 계십시오. 이런 분들도 변화될 날이 옵니다.

그런데 문제는 이분들이 싸우다가 모임 중간에 집으로 다 가 버렸다는 것입니다. 이럴 때 목자는 그저 눈물 흘리는 것밖에 할 수 있는 일이 없습니다. 하지만 더 큰 문제는 따로 있습니다. 이분들이 아직 말씀이 안 들린다는 사실입니다. 그래서 한다는 말이 "왜 내가 먼저 사과해야 하냐"입니다. 이런 상황이 너무 안타깝고 속상하지만 어쩌겠습니까? 기다리는 수밖에 더 있습니까? 말씀이 안 들리면 목장에서 충분히 이런 일이 일어날 수 있습니다. 사람 사는 데는 이런저런 일이 있기 마련 아닙니까. 부부간에 싸우는 경우는 많아도 이렇게 목원 간에 싸우는 일은 별로 없는데, 서로 욕을 하고 싸웠다는 것은 심각한 일이 아닐 수 없습니다. 조심스럽지만 정신과 진료도 고려해 봐야 하지 않을까 싶습니다. 이제는 제발 서로 싸우지 말고 사이좋게 지내길 바랍니다. 모두 말씀이 들려서 온 교회적으로 이 일을 함께 회개하고, 서로 배려하고 격려할 수 있기를 바랍니다.

지금은 지질해 보여도 자기 죄를 보고 가는 믿음의 공동체에 끝까지 붙어 있으면 반드시 생육하고 번성하게 될 줄 믿습니다. 하나님의 약속은 절대 변함이 없기 때문입니다. 생각지 못한 방법으로 반드시 그 약속을 이루어 주실 것입니다.

✢ 나는 어떤 공동체에 속해 있습니까? 교양 있고 멋있는 애굽 공동체입니까? 지질해도 믿음의 복인들이 모인 고센 공동체(예배 공동체)입니까?

예배 공동체가 중요한 이유는 환경에 장사가 없기 때문입니다

28 야곱이 애굽 땅에 십칠 년을 거주하였으니 그의 나이가 백사십칠 세라 29 이스라엘이 죽을 날이 가까우매 그의 아들 요셉을 불러

그에게 이르되 이제 내가 네게 은혜를 입었거든 청하노니 네 손을
내 허벅지 아래에 넣고 인애와 성실함으로 내게 행하여 애굽에 나
를 장사하지 아니하도록 하라_창 47:28~29

야곱이 애굽 땅에 17년을 거주했다고 합니다. 요셉은 17세가 될
때까지 야곱에게 길러졌습니다. 그리고 야곱 가족이 흉년을 피해 애
굽에 온 후로는 요셉이 17년 동안 야곱을 책임지고 보살폈죠. 대흉년
은 이미 한참 전에 끝났습니다. 그런데 어떻게 아무도 가나안 땅으로
돌아갈 생각을 하지 않을 수 있을까요? 아무리 하나님이 아브라함에
게 "네 자손은 사대 만에 이 땅으로 돌아온다"(창 15:16)고 약속하셨어
도 그렇지요. 야곱 가족은 정말 이 약속을 기억하고 가나안으로 돌아
갈 생각을 하지 않은 걸까요? 다른 사람은 몰라도 지도자인 야곱마저
어쩜 이럴 수가 있습니까? 이런 것을 보면 야곱은 참으로 마지막까지
'되었다 함'이 없는 인생을 살았습니다. 그래서 이스라엘이라는 새 이
름을 받았는데도 영적 상태에 따라 안 좋을 때는 '야곱'으로, 좋을 때
는 '이스라엘'로 절마다 이름이 다르게 불린 것이죠. 하나님이 그에게
원하시는 거룩의 수준이 있을 터인데, 마지막까지 겨우겨우 턱걸이
하면서 가는 야곱입니다.

그러면 야곱은 흉년을 피해 잠시 거주하려던 애굽에 왜 17년이
나 있었을까요? 당연히 요셉의 통치가 계속되고 있었기 때문이죠. 요
셉 덕분에 콩가루 집안인 야곱 가족이 하나 되어 어느 때보다 행복하
고, 안전하고, 경제적으로도 풍성한 시간을 보내게 되었잖아요. 이렇

게 모든 것이 형통한데 여기서 떠나고 싶은 사람이 누가 있겠습니까? 아무리 믿음이 좋아도 쉽게 떠날 수가 없는 겁니다.

하버드 대학을 비롯한 미국 명문 사립 대학 연합인 아이비리그(Ivy League)를 봐도 그렇습니다. 아이비리그의 원조는 '앵글로색슨 프로테스탄트(Anglo-Saxon Protestant)입니다. 청교도 신앙으로 시작되었다고 할 수 있죠. 그러나 하나님이 세상적으로 그들을 생육하고 번성하게 하시니까 지금은 어떻습니까? 사실상 귀족 사회와 유사한 초엘리트 계층을 형성해 지탄을 받고 있습니다.

결국 번성할 때 애굽을 떠나지 못한 이스라엘은 어떻게 되었나요? 400년 후에 요셉을 알지 못하는 새 왕이 일어나 이스라엘을 학대해 주니까(출 1장) 비로소 애굽을 떠났습니다. 어떤 선교사님이 『내려놓음』, 『더 내려놓음』, 『같이 걷기』라는 책을 언급한 제 설교를 듣고는 제게 이메일을 보내왔습니다. 자신은 그 제목처럼 살 수 없을 것 같다면서 "나라면 『내려놓지 못함』, 『결코 내려놓지 못함』, 『억지로 내려놓음』으로 제목을 바꾸고 싶다"고 했습니다. 그분의 말에 참 공감이 되었습니다.

저도 화려한 애굽 시댁과 남편이 저를 학대해 주지 않았다면 어찌 하나님 나라를 알 수 있었겠습니까. 내 힘으로는 결코 애굽을 내려놓지 못했을 겁니다. 학대를 통해 억지로 억지로 내려놓게 되었습니다. 그러니 여러분도 지금 당장 내려놓지 못하는 사람을 너무 정죄하지 않았으면 좋겠습니다. 하나님이 결국은 내려놓게 하실 것입니다. 아무리 생각해도 "내려놓지 못함, 결코 내려놓지 못함, 억지로 내려놓음”은 솔직한 명언이 아닐 수 없습니다.

우리 인생도 마찬가지입니다. 집마다 내려놓지 못하는 환경이 있고, 내려놓지 못하는 사람이 있습니다. 그래도 나 자신의 안 되는 것 때문에 늘 안타까워하는 야곱 같은 사람이 그 가정에 있으면 소망이 있습니다. 그 한 사람이 공동체를 살려 낼 줄 믿습니다.

그러면 야곱이 반드시 약속의 땅으로 돌아가야 한다고 유언을 남긴 이유가 무엇인가요? 애굽의 고센 땅은 생업을 얻을 곳이지 영원히 있을 곳이 아니기 때문입니다. 하지만 누구나 잘살게 되면 마치 그곳에 영원히 있을 것처럼 착각하기 쉽습니다. 야곱도 17년을 애굽에 거주하지 않았습니까? 환경에 장사가 없기 때문입니다. 예배 공동체가 중요한 이유가 여기에 있습니다.

야곱의 지난 17년을 상상해 보세요. 총리 아들 덕분에 버금 수레도 타고 재미가 쏠쏠하지 않았겠습니까. 링컨 컨티넨탈(Lincoln Continental) 같은 고급 세단을 타는 기분이랄까요? 그런데 야곱이 애굽에서 17년을 살아 보니 확실히 알았습니다. ‘이 세상은 정말 헛것이구나! 부러울 게 없구나!’ 그러니 보세요. 29절에서 ‘이스라엘’로 주어가 딱 바뀝니다. 번성한 애굽에서 그대로 살고 싶을 때는 ‘야곱’이고, 하나님의 약속을 기억하며 유언을 할 때는 ‘이스라엘’로 바뀌는 것이죠.

마게도냐의 영웅 알렉산더 대왕(Alexander the Great)은 33살의 나이에 요절하면서 이런 유언을 남겼답니다. “죽어서 내 육신이 누울 공간은 이 한 평인 것을 이 한 평을 차지하기 위해 수많은 적을 물리치며 수만 리 길을 달려왔단 말인가!" 그러면서 회한의 눈물을 흘렸다고 합니다.

또 전승에 의하면 조선시대의 명기 황진이는 이렇게 유언했다고 합니다. "나 때문에 천하의 남자가 자신을 스스로 사랑하지 못했으니 내가 죽거든 관을 쓰지 말고 시체를 동문 밖 모래터에 그냥 내쳐 개미와 벌레들이 내 살을 뜯어 먹게 함으로써 천하 여인들의 경계로 삼아라." 그 이유에 대해서는 "나는 평생에 여러 사람과 같이 놀기를 좋아하였은즉, 나를 이 고적한 산중에 묻어 주지 말고 사람들이 많이 다니는 대로변에 묻어 주며, 또 평생에 음악과 풍류를 좋아하였은즉 장사 지낼 때도 곡을 하지 말고 풍악을 울려서 장례를 지내 달라"고 말했답니다.

황진이의 유언을 보면 꼭 예수 믿는 사람이 한 유언 같습니다. 조선시대에는 장례 문화가 굉장해서 아버지가 돌아가시면 삼년상(三年喪)까지 치렀죠. 이런 시대에 황진이는 자기 시체를 벌레들이 와서 뜯어먹게 내버려 두고 장송곡 대신 풍악을 울려 달라고 했습니다. 보통 사람들은 죽음을 두려워하는데 그녀는 온몸으로 "별 인생이 없다"를 보여 주며 본질적인 유언을 했습니다.

저는 이렇게 유언하는 것이야말로 최고의 개혁이라고 생각합니다. 그녀는 남존여비가 팽배한 조선 땅에 여자로 태어나 기생으로 살았으니, 고센처럼 무시받을 수밖에 없는 인생을 살았을 것입니다. 그래서일까요? 저는 그녀의 인생이 마치 일곱 귀신 들렸다가 고침받고 예수님의 부활을 처음 목격한 막달라 마리아 같다는 생각이 들었습니다. 황진이가 남긴 유언은 서두에 언급한 성종과 폐비 윤 씨의 유언하고는 정말 비교가 안 되는, 조선시대 유교적 규범을 갈아엎는 참으로 멋있는 유언이라고 생각합니다.

✛ 내가 학대를 받아 억지로 내려놓게 된 것은 무엇입니까? 환경에 장사가 없다는 말이 얼마나 인정됩니까?

이 세상이 다가 아니고, 천국은 반드시 있습니다

29 이스라엘이 죽을 날이 가까우매 그의 아들 요셉을 불러 그에게 이르되 이제 내가 네게 은혜를 입었거든 청하노니 네 손을 내 허벅지 아래에 넣고 인애와 성실함으로 내게 행하여 애굽에 나를 장사하지 아니하도록 하라 30 내가 조상들과 함께 눕거든 너는 나를 애굽에서 메어다가 조상의 묘지에 장사하라 요셉이 이르되 내가 아버지의 말씀대로 행하리이다 _창 47:29~30

우리가 보기에 야곱은 후손이 생육하고 번성하고 있으니 편안히 눈을 감을 수 있을 것만 같습니다. 하지만 한 가지 문제를 해결하지 않으면 제대로 눈을 감을 수가 없습니다. 그 한 가지는 바로 자신의 장사(葬事) 문제입니다. 당시 애굽은 장례 문화가 세계 최고로 발달했습니다. 그래서 최고 수준을 자랑하는 장의사들이 몇 천년씩 보존되는 미라를 만들었죠. 바로가 요셉 집안에 호의가 있으니 야곱을 귀족의 무덤에 묻히게 할 수도 있었을 것입니다.

그러나 야곱이 직접 살아 보니 애굽의 그 모든 것이 하나도 부럽지 않게 되었다고 했습니다. 그래서 요셉에게 "인애와 성실함으로 내게 행하여 애굽에 나를 장사하지 말고, 조상의 묘지에 장사하라"고 한 것입니다. 여기서 인애는 원어로 '헤세드'입니다. 인자, 자비, 사랑을 뜻하는 이 말은 하나님의 성품을 나타내는 단어입니다. 즉, 야곱은 "나를 주님의 사랑으로 대하기 원한다면 약속의 땅 가나안에 반드시 장사해 달라"고 간곡히 요셉에게 부탁한 겁니다.

그러면서 야곱은 '내가 조상들과 함께 눕거든'이라고 하며 자신의 죽음에 대해 담담히 이야기합니다. 여기서 야곱이 죽는다는 표현을 쓰지 않은 것은 죽음이 두렵지 않기 때문입니다. 원어를 살펴보면 야곱은 슬픔이 아니라 경쾌한 어조로 이 말을 한 것을 알 수 있습니다. 이처럼 성도는 이 땅에서 마지막이 다가올수록 천국을 더욱 사모하게 됩니다. 고생과 수고를 그치고 광명한 천국에 들어가 안식할 날이 멀지 않으니 죽음이 두렵지 않고 오히려 기쁜 것입니다.

야곱은 가나안 땅을 기업으로 주신다는 하나님의 약속을 자신이 끝까지 붙들었다는 것을 자손들이 기억하기를 원했습니다. 그리고 그들도 약속의 땅을 포기하지 않기를 바랐죠. 그러기 위해서는 후손들이 가나안의 막벨라 굴, 즉 조상의 묘지에 갔다 와야 합니다.

하지만 야곱은 그들이 그냥은 절대로 가지 않을 것을 잘 알았습니다. 앞으로 우리가 살펴보겠지만, 그래서 자신을 가나안에 묻어 달라고 거듭 유언한 겁니다.

창세기 15장에서 하나님은 아브라함에게 "네 자손이 이방에서 객이 되어 그들을 섬기겠고, 네 자손은 사대 만에 이 땅으로 돌아올 것이라"(창 15:13, 16)고 이미 약속해 주셨습니다. 또 야곱에게는 브엘세바에서 "내가 너와 함께 애굽으로 내려가겠고 반드시 너를 인도하여 다시 올라올 것이며 요셉이 그의 손으로 네 눈을 감기리라"(창 46:4)는 약속을 주셨죠. 그래서 야곱은 하나님의 약속이 당대에 이루어지지 않으리란 것을 누구보다 잘 알았습니다. 왜 우리 가족을 봐도 그렇지 않습니까? 내 당대에는 돌아오기 힘들어 보이는 식구들이 꼭 있습니다. 그러나 야곱은 하나님의 약속이 내 후손을 통해서라도 반드시 이루어질 것을 믿고 유언했습니다.

예수님이 부활하시고 나서도 그랬습니다. 기독교는 부흥하고 있었지만, 가장 화려하고 찬란한 시대를 보내고 있는 로마 사람들은 예수 믿을 필요를 전혀 느끼지 못했죠. 그러면서 기독교를 심히 박해했습니다. 하지만 그리스도인들은 지하 감옥에 갇혀 고생하고 쫓겨 다니면서도 신앙의 순수성을 지키기 위해 순교도 마다하지 않았습니다. 로마의 극심한 박해를 피해 예배를 드리기 위해 만든 카타콤(비밀 지하 묘지)은 마치 애굽의 고센 공동체와 같았습니다.

당시 로마는 쾌락의 문화가 판치며 도덕적 타락이 상당했습니다. 그래서 로마 남자들은 정작 자신들도 문란하게 살면서 로마 여자들이 문란하다는 이유로 순수한 히브리 처녀들과 결혼하기를 원했습니다. 로마 남자와 결혼한 히브리 여자들은 자신의 남편이 그리스도인으로 변화되기 힘들다는 것을 알았습니다. 그래서 자녀들을 믿음으로 양육시키는 데 온 힘을 쏟았죠. 그렇게 1대, 2대, 3대를 거치며 300년 동안 자녀들을 양육시킨 결과 어떤 일이 벌어졌나요? 생각지 못한 방법으로 마침내 로마가 무너졌습니다. A.D. 313년, 콘스탄티누스의 밀라노 칙령을 통해 기독교가 공인된 것입니다.

다시 본문으로 돌아가 보겠습니다. 야곱으로서는 조상의 묘지에 자신을 장사해 달라는 것이, 후손이 천국을 소망하게 하는 최선의 방법이었습니다. 야곱은 지금 죽음이 자신에게 쉴 새 없이 달려오고 있지만, "내가 갈 곳은 가나안이다. 지금 너희가 애굽에서 잘살아도 이곳은 영원히 있을 곳이 아니다. 우리가 가야 할 곳은 가나안, 약속의 땅이다"라고 하면서 온몸으로 유언하고 있습니다. 그야말로 후손들이 하나님의 약속을 붙들 수 있도록 구체적인 본을 보인 것이죠.

여기서 야곱이 그리도 간절히 간절히 가기 원한 가나안은 신학적으로 '천국'을 의미합니다. 야곱의 유언을 오늘날 우리의 언어로 풀어 보면 이렇습니다. "내가 가는 천국에 너희도 반드시 와야 한다. 그러기 위해서는 예배 공동체에 속해 주일 성수하고, 날마다 큐티하며 신앙생활을 잘 해야 한단다. 당장 눈에 보이는 것이 없어도 천국을 소망하며 가야 한다."

그러나 이런 말조차 아예 들으려고 하지 않는 가족이 얼마나 많습니까? 아무리 내가 천국 갈 확신이 있어도 믿지 않는 식구들을 천국으로 이끌고자 내 힘으로 할 수 있는 일은 아무것도 없습니다. 그렇다고 그냥 포기하면 되겠습니까? 내 당대에는 돌아오지 않을 것을 알면서도 야곱이 얼마나 후손이 천국을 소망하도록 간절하면서도 구체적으로 청했습니까. 그러니 여러분도 믿지 않는 가족이 천국을 소망하도록 내가 구체적으로 할 수 있는 일이 무엇인지 생각해 보시기 바랍니다. 결국은 예수 믿는다는 것이 무엇인지 삶으로 보여 주는 것밖에 달리 길이 없음을 알게 될 것입니다.

중고생 천 여명을 대상으로 한 설문조사에서 학교 가기 가장 싫은 이유 1위가 시험을 못 봐서도 아니고, 선생님에게 야단맞아서도 아니고, 부모님이 서로 싸우기 때문이랍니다. 부모가 싸우면 아이들이 학교에 딱 가기 싫다는 겁니다. 그러니 여러분, 맨날 싸우면서 자녀에게 "교회 가라, 말씀 봐라" 그러면 그 말을 자녀가 듣겠습니까? 아무리 입으로 백번 유언하면 뭐 합니까? 정작 부모가 말한 그대로 살지 못하면 그게 다 무슨 소용입니까? 부모가 삶으로 가르치는 것만 자녀에게 남습니다.

✦ 믿지 않는 가족에게 예수 믿는 것이 무엇인지 삶으로 보여 주고 있습니까? 믿지 않는 내 가족이 천국을 소망하도록 구체적으로 적용해야 할 것은 무엇입니까?

유언을 하고 나면 맹세를 시켜야 합니다

야곱이 또 이르되 내게 맹세하라 하매 그가 맹세하니 이스라엘이
침상 머리에서 하나님께 경배하니라 _창 47:31

야곱이 유언을 하고 나서 맹세를 시키니까 요셉이 그대로 맹세
합니다. 그러자 이스라엘이 침상 머리에서 하나님께 경배했다고 합
니다. 요셉이 자기 말을 잘 들어주니 야곱이 감사하지 않았겠습니까.
그러나 부모 말을 전혀 듣지 않는 자녀들이 꼭 있습니다. 억지로 맹세
를 시킬 수는 없습니다. 그래도 유언을 하고 나면 맹세를 시키는 것이
좋습니다.

앞서 '야곱'은 세상적인 이름이고 '이스라엘'은 영적인 이름이라
고 했습니다. 그런데 31절에 보니 주어가 이스라엘이 아니라 야곱입
니다. 아직도 야곱에게 인간적으로 '내가 할 수 있다'는 마음이 남아
있기 때문입니다. 그런데도 하나님은 요셉에게 맹세시킨 것을 선히
여기셔서 야곱에서 다시 이스라엘로 주어를 바꿔 주셨습니다.

그러면 유언을 하고 나서 맹세를 시키는 것이 왜 좋습니까? "사
람이 마음으로 믿어 의에 이르고 입으로 시인하여 구원에 이르느니
라"(롬 10:10). 이 말씀처럼 복음은 입으로 시인하는 것이 중요합니다.
부족해도 영접 기도를 하고 입으로 시인하면 천국 갈 때까지 그것을
기억할 수밖에 없습니다. 유언도 마찬가지입니다. 부모는 유언을 할
때 그냥 지나가는 것처럼 하지 말고 유언을 지킨다는 맹세를 자녀에

게 받아야 합니다. 그래야 훗날이라도 자녀가 기억할 것입니다.

암 투병을 하다 소천하신 고(故) 정 집사님의 이야기입니다. 정 집사님은 소천하기 일주일 전에 남편과 세 아들에게 유언을 적은 편지를 남겼습니다. 우리가 죽을 때 어떻게 적용해야 하는지 집사님이 편지를 통해 잘 보여 주고 가셨다고 생각합니다.

집사님은 당시 고3인 막내아들에게 "혼자서 잘 헤쳐 나가는 ○○이를 보면 자랑스럽단다! 힘내! 사랑한다!" 하고, 다음과 같은 유언을 남겼습니다.

엄마가 바라는 것은 첫째, 불신결혼 하지 마라. 꼭 믿는 여자와 결혼해라. 둘째, 주님을 영접하고 꼭 교회에서 양육을 받아라. 셋째, 진로는 적성에 맞게 선택해서 즐겁게 일해라. 넷째, 형들과 사이좋게 지내라. 다섯째, 아빠의 힘이 되어 주어라. 엄마는 천국에서 지켜보며 기도하고 있을게.

또 정 집사님과 함께 어릴 때부터 착실하게 신앙생활을 한 작은 아들에게는 이렇게 편지를 썼습니다.

엄마와 같은 마음으로 열심히 신앙생활을 하던 네가 위로가 되고, 늘 자랑스러웠어. 지금도 착실히 신앙생활 하는 모습을 보면 참 뿌듯하단다. 그러나 한 번씩 폭발하는 혈기는 감당하기 어려웠다. 객지생활 하면서 힘든 점이 많겠지만, 잘 헤쳐 나가리라 믿는다. 무엇보다 불신

결혼 하지 마라. 네가 그러지 않을 것을 믿지만 다시 한번 당부한다. 공동체에 붙어 양육 잘 받고, 매일 큐티하며 자신의 약점을 잘 극복하며 살아라. 진로는 적성에 맞게 선택해서 즐겁게 일해라. 형과 동생과 사이좋게 지내라. 아빠의 힘이 되어 주어라. 엄마는 천국에서 지켜보며 기도하고 있을게.

집사님이 세 자녀에게 마지막으로 남긴 말은 "엄마는 천국에서 지켜보며 기도하고 있을게"입니다. 정말 온몸으로 "세상이 다가 아니고, 천국은 반드시 있다"고 유언한 것 아닙니까? 그리고 우리들교회 목자로 섬기는 남편에게는 "사랑하는 남편께"라고 시작하는 편지를 남겼습니다.

영정 사진은 큰방 장롱 속 초록 가방에 여러 사진이 있으나, 너무 웃는 것 말고 점잖은 것으로 해 주세요. 교회장으로 하는 것은 당연하겠죠?^^ 내 옷은 다 내놓고 혹시 입을 사람이 있으면 목장 식구들에게 나눠 주시고, 입을 사람이 없는 옷은 재활용 수거함에 버려 주세요. 우리 아이들 잘 돌보고, 당신과 마음이 잘 맞는 배우자를 만나 결혼하셔도 좋습니다. 친정과 담쌓지 말고, 안부 전화하는 것은 구원 때문인 거 아시죠? 내 장례식은 ○○병원 장례식장에서 하고, ○○연화장에서 화장해서 뿌려 주세요.

제 남편은 간암으로 하루 만에 세상을 떠나기 직전, 극적으로 회개하고 나서 제게 병원비부터 챙겨 오라고 했어요. 심지어 병원 옥상에 고추 말린 것을 걷으라는 말도 잊지 않았죠. 그런데 정 집사님도 마지막을 앞두고 통증이 상당했을 텐데, 자신의 통장 비밀번호부터 사망 보험금이 얼마 나온다는 것까지 구체적으로 편지에 적었습니다. 정말 죽음이 두렵다면 어찌 이렇게 유언할 수 있겠습니까? 도리어 집사님에게서 기쁨이 느껴집니다.

계속해서 정 집사님이 남편 집사님에게 보내는 편지입니다.

당신을 만나서 알콩달콩 단란한 가정을 꾸리길 소망했었지요. 그러나 당신은 잔재미라고는 별로 없고 사나이다운 기질로 날 많이 외롭게 했어요. 불교 신자인 당신과 기독교 신자인 내가 만나 "종교 문제는 서로 터치하지 말자"고 했었지요. 그렇게 저는 믿음 없이 당신과 불신 결혼을 했어요. 그 후 아이들을 양육하며 종교 문제로 갈등을 겪고, 저는 교직 생활을 하느라 아이들을 제대로 양육하지 못했지요. 서로 떨어져 지내야 했으니까요. 그것이 무척 아쉬움으로 남습니다. 이제는 목자로 섬기면서 야무지게 살림도 하고 아이들 뒷바라지도 하고 싶은데, 사명이 다했다면 기쁘게 천국 가야지요.

그래도 당신이 물질 고난으로 주님을 영접하고 오직 예수만 부르짖으니 기뻐요. 아내가 1순위인 줄도 알고, 나를 잘 대해 주고 투병 기간 내내 헌신해 줘서 감사해요. 이제는 아쉬움과 후회와 미련을 다 접어 버리고 다 내려놓고 나는 갑니다. 내가 없는 당분간은 허전함으로 힘들겠지요. 너무 오래 방황하지 말고 당신이 늘 말해 왔듯이 공동체에

잘 묶여 지내세요. 그나저나 빚이 많아 잘 갚고 살 수 있을지 걱정이
되기도 하나 주님이 함께해 주시겠지요.

정 집사님은 교사 출신이고, 남편 집사님은 한의사입니다. 세 아
들 모두 공부도 잘합니다. 남들이 볼 때는 너무나 부러운 가정 아닙니
까? 그런데 이분이 결정적으로 이런 고백을 했습니다.

솔직히 당신과 함께한 세월 중 가장 기쁘고 행복했던 때는 당신이 교
회에 등록하고 같이 신앙생활 한 것이었어요. 당신을 사랑했어요. 천
국에서 훗날 만납시다. 샬롬.

남편 집사님은 주식으로 돈을 다 잃고 주님을 영접했습니다. 하
지만 정 집사님은 주식으로 돈을 잃어버린 것이 하나도 힘들지 않고
이 일로 남편과 같이 신앙생활을 하면서 영적으로 말이 통하게 된 게
가장 기쁘고 행복했다고 고백했습니다.

왕도 이렇게 유언하지 못하는데, 우리들교회 일개(?) 집사에 불
과한 이분이 야곱과 같은 유언을 했습니다. 그러니 여러분, 성도가 얼
마나 대단한 신분인지 아시겠지요? 정 집사님은 성경대로 자녀를 축
복하고, 마지막까지 "공동체를 중요하게 여기라"고 자녀들에게 유언
했습니다. 진정한 유언은 바로 이런 것이 아닐까요?

우리도 믿음의 고센 공동체, 예배 공동체를 잊지 말라고 유언해
야 합니다. 세상이 다가 아니고, 천국은 반드시 있기 때문입니다. 정

집사님이 자녀들에게 불신결혼하지 말라고 유언한 것은 그 누구도 환경에 장사가 없기 때문입니다.

사랑하는 여러분, "반드시 천국에서 만나자!"는 약속이야말로 가족을 정말 사랑하기에 남길 수 있는 유언입니다. 가족에게 영생을 주는 것보다 더 귀한 선물은 없기 때문입니다. 야곱은 생전에 후손이 가나안에 돌아온 것을 보지 못했어도 그 후손은 모두 가나안에 입성했습니다. 마찬가지로 정 집사님의 큰아들도 집사님 생전에는 교회에 나오지 않았지만, 지금은 공동체에 잘 속해 가고 있습니다. 믿지 않는 우리의 모든 식구도 반드시 천국에서 모두 만나게 될 것을 믿습니다.

✛ 생의 마지막에 어떤 유언을 남기겠습니까? 나의 영적·육적 후사에게 "예배 공동체를 잊지 말고, 반드시 천국에서 만나자"고 유언하겠습니까?

"

성도는 이 땅에서 마지막이 다가올수록
천국을 더욱 사모하게 됩니다.
고생과 수고를 그치고
광명한 천국에 들어가
안식할 날이 멀지 않으니
죽음이 두렵지 않고 오히려 기쁜 것입니다.

"

야곱이 애굽 땅에 17년을 거주했다고 하는데, 저도 애굽과 같은 미국에서 19년을 살았습니다(창 47:28). 외교관이신 아버지가 발령을 받아 온 가족이 미국에 함께 갔다가 학업 문제로 저 혼자 남게 되었기 때문입니다. 나름 모범생으로 살다가 미국 대학에 들어갔는데, 그때부터 저는 고삐 풀린 망아지가 되어 공부는 뒷전이고 방탕하고 문란한 생활을 했습니다.

그러다 한국에 나와 군 생활을 하면서 겨우 정신을 차렸습니다. 제대 후에는 다시 미국으로 돌아가 법대를 졸업하고 직장을 다녔습니다. 이후 잠시 비자 문제로 한국에 들어왔는데, 마치 하나님이 오래전부터 계획하신 것처럼, 순적하게 한국에서 취업도 하고 결혼도 하게 되었습니다. 그러면서 드디어 오랜 해외 생활에 마침표를 찍게 되었습니다.

하지만 어느새 저는 예전의 모습으로 돌아가 흥청망청 놀고 마시는 생활을 이어 갔습니다. 무엇보다 아내와 한마음이 되지 못했습니다. 문제가 생겨도 나는 잘못한 게 없고, 아내와 주변 사람들 때문이라며 상대방을 원망하기만 했습니다. 또 겉으로는 쿨한 척했지만, 속으로는 열등감과 인정중독에 사로잡혀 악한 생각을 많이 했습니다.

그러다 아내와의 갈등으로 이혼 위기에 있을 때 아내의 권유로 목장 모임에 나가게 되었습니다. 저는 결혼하고 아내의 잦은 변덕으로 교회를 6번 이상 옮겨 다녔기에 아내가 새로운 교회에 가자고 할 때도 어떤 교회일지 하나도 궁금하지 않았습니다. 그런데 그 모임에서 자기 죄를 고백하고 회개하는 사람들을 보면서 '이것이 바로 구원의 첫 발걸음이구나!' 하고 깨닫게 되었습니다.

그러던 어느 날, 저는 목장 모임에서 그동안 유흥과 허세에 빠져 아내 모르게 대출을 받아 2억 원의 빚을 졌다는 사실을 고백했습니다. '이제 아내가 이혼하자고 말하겠지'라고 생각했는데, 아내는 오히려 저를 용서해 주었을 뿐만 아니라 돈을 아껴 쓰면서 함께 빚 갚는 적용을 했습니다.

이후 저를 목자로 세워 주신 하나님은 생의 마지막까지 믿음의 공동체에서 지체들을 섬기고, 함께 말씀을 보고 나누는 것이 저의 사명임을 깨닫게 해 주셨습니다. 아직 갈 길이 멀지만, 야곱처럼 저도 하나님의 약속을 붙잡고 하늘 본향을 사모하며 걸어가길 기도합니다 (창 47:29~31).

영혼의 기도

하나님 아버지, 영적·육적 자녀들에게 우리의 말과 행동이 날마다 유언이 된다는 사실을 기억하고, 삶으로 유언을 준비하게 하옵소서. 우리는 내일 일을 모르기 때문입니다.

하지만 주님, 화려한 애굽에 살면서 가나안 천국을 사모하기가 너무 어렵고, 유혹이 되는 것을 고백합니다. 우리 힘으로는 세상을 내려놓지 못합니다. 결코 내려놓지 못합니다. 그래서 하나님이 억지로 내려놓을 수밖에 없는 환경을 허락하셨습니다. 우리가 다 죄인이기 때문입니다. 그러므로 주님, 억지로 내려놓을 수밖에 없는 환경을 주셔서 감사합니다. 그로 인해 주님을 더욱 붙들게 하시니 사무치게 감사드립니다.

험악한 세월을 보낸 야곱이 화려한 애굽에서 17년을 살면서 이 세상은 마음 둘 곳이 없다는 것을 깨달았다고 합니다. 그래서 "세상이 다가 아니다. 천국은 반드시 있다. 우리 모두 천국에서 만나자"는 유언을 남겼습니다. 주님, 우리도 이렇게 유언하기를 원합니다.

그러나 우리 중에는 "천국에서 만나자"는 부모의 말에 "엄마, 아빠가 가는 천국에는 절대로 가지 않겠다"고 하는 자녀들이 있습니다. 주님, 이럴 때 우리는 어찌해야 합니까? 아무리 유언을 해도 말씀대로 살아내는 것이 중요한데, 어떻게 우리가 살아낼 수 있겠습니까.

주님, 야곱이 형편없고 지질한 인생을 살았지만, 그런 자신을 자녀들 앞에서 인정하며 간 것처럼, 우리도 우리 자신의 연약함을 인정하기를 원합니다. 그러므로 자녀들에게 "엄마, 아빠는 하나님이 없으면 하루도 살 수 없는 인생이었다"고 솔직히 고백하는 부모가 되게 하옵소서. 그것이 진정한 유언을 준비하는 인생임을 믿습니다.

주님, 우리 힘으로는 도저히 감당할 수 없는 가족이 있고, 지체들이 있음을 고백합니다. 그래서 정말 사투를 벌일 수밖에 없는 영적 전쟁이 우리 가운데 많이 있습니다. 그런데 주님이 우리가 힘든 것을 다 안다고 하십니다. 참으로 우리가 힘든 사람들을 포기하지 않고 구원 때문에 감당하며 갈 때, 하늘나라에 우리의 처소를 예비하시고 우리 자녀와 후손을 축복하실 줄 믿습니다. 반드시 하나님이 고센 공동체에 놀라운 역사를 허락하실 것을 믿사오니 믿음의 공동체를 귀히 여기며 모든 영적 전쟁에서 승리할 수 있도록 인도해 주옵소서. 하나님 아버지를 의지하여 구원의 여정을 끝까지 걸어가는 우리가 되도록 주여, 역사하여 주옵소서. 예수님 이름으로 기도드립니다. 아멘.

08

특별한 사랑

창세기 48장 1~7절

하나님 아버지,
특별한 사랑을 내려놓기 원합니다.
말씀해 주옵소서. 듣겠습니다.

우리 모두 특별한 사랑을 하고 받기 원합니다. 사랑 때문에 다들 울고, 웃습니다. 우리의 영원한 주제가 바로 사랑입니다. 야곱은 라헬에 이어 요셉으로 이어지는 특별한 사랑을 했습니다. 그리고 이제 그 사랑의 대단원을 마치려고 합니다.

미국의 정신과 의사인 스캇 펙(M. Scott Peck) 박사는 『아직도 가야 할 길』에서 사랑을 "자기 자신이나 타인의 영적 성장을 도울 목적으로 자신을 확대시켜 나가려는 의지"라고 정의했습니다. 다시 말해, 자신이나 다른 사람의 영적 성장을 도와주지 못하는 사랑은 참사랑이 아니라는 겁니다. 사랑한다고 하면서도 결과적으로는 상대방에게 짐만 지우고 있다든지, 일시적으로는 기쁨을 주지만 장기적으로는 상대방이나 자신이 독립적이고 성숙한 인격으로 성장하는 일에 방해가 된다면 참사랑이 아닙니다. 쉽게 얘기하면, 아무리 고귀해 보여도 유부남, 유부녀와의 만남은 절대 사랑이 될 수 없다는 겁니다.

야곱은 요셉을 편애함으로써 요셉과 다른 자녀와의 관계를 파괴적으로 만든 장본인입니다. 요셉에 대한 특별한 사랑을 평생 놓지 못했다고 해도 과언이 아닙니다. 그러나 이제 죽음을 앞두고, 그 사랑의 종착역을 향해 달려가고 있습니다. 비로소 특별한 사랑을 내려놓는 야곱을 통해 참사랑이 무엇인지 살펴보겠습니다.

특별한 사랑은 특별 대우하는 사랑입니다

이 일 후에 어떤 사람이 요셉에게 말하기를 네 아버지가 병들었다
하므로 그가 곧 두 아들 므낫세와 에브라임과 함께 이르니 _창 48:1

앞서 야곱이 험악한 세월을 보낸 자신의 삶을 간증하며 바로 왕
을 축복했다고 했습니다(창 47:9~10). '험악한 세월'은 여러 성경에서 여
러 단어로 번역되는데, 그 단어들을 통틀어 정리하면 "악하고 힘들고
어렵고 고달프고 불쾌한 세월"입니다. 야곱이 고난을 많이 겪은 것도
사실이지만, 너무 악하기도 했죠. 야곱도 자신의 악을 생각하니 불쾌
할 수밖에요. 그래서 날마다 궂은일을 겪으며, 고달픈 현실 가운데 살
았다는 것이 그 인생의 결론입니다. 야곱이 살아낸 험악한 세월을 생
각하니 제가 다 눈물이 앞을 가립니다.

하나님은 야곱에게 때마다 나타나셔서 앞길을 알려 주셨습니다.
그런 야곱도 이제 병들어 곧 죽음을 눈앞에 두고 있습니다. 성경에서
이렇게 "병들었다"고 언급된 인물은 야곱이 처음입니다. 아무리 믿음
이 좋은 사람도, 오늘 병들어 죽을 수 있습니다. 누구도 내일 일을 모
릅니다. 그래서 항상 죽음을 준비하며 오늘을 살아야 합니다.

요셉은 아버지 야곱이 병들었다는 소식을 듣고 두 아들을 데리

고 야곱에게 왔습니다. 야곱의 축복을 받기 위해서였습니다. 창세기 27장에서 야곱은 아버지를 거짓말로 속여 에서가 받을 장자의 복을 가로챘습니다. 이후 야곱이 이미 축복을 가져간 걸 알고 에서가 뭐라고 하나요? "내 아버지여 아버지가 빌 복이 이 하나 뿐이리이까 내 아버지여 내게 축복하소서 내게도 그리하소서"(창 27:38) 하며 소리를 높여 울었죠. 그러자 이삭은 에서에게 저주와도 같은 예언을 선포합니다. 이삭이 야곱에게 준 복과 에서에게 준 복이 다릅니다. 즉, 영적인 복과 육적인 복은 엄연히 다릅니다. 아마도 요셉은 이미 야곱에게 이런 이야기를 들어서 알고 있었을 겁니다. 그래서 자신은 절대 바뀌지 않는 복, 아버지가 해 주는 마지막 축복을 받고 싶어서 두 아들을 데리고 선수를 친 것이죠.

그렇다면 여기에는 어떤 저의가 깔려 있을까요?

족장이 임종을 앞두었을 때, 그의 모든 아들은 아버지의 축복을 받기 위해 같이 모이는 게 당시 관례였습니다. 그런데 너무나도 착해 보이는 요셉이 형제들을 빼고 갔습니다. 다른 형제들은 제쳐 두고 혼자만 복을 받으려고 한 것입니다. 그런데 요셉은 지금 나는 새도 떨어뜨리는 권력자 애굽의 총리 아닙니까? 여기서 무슨 복을 더 받으려고 아버지에게 간 것일까요?

요셉은 천국의 복, 가나안의 복이 무엇인지 잘 알았습니다. 그래서 그 복을 받기 위해 아버지를 찾아간 것입니다. 그러나 그 저변에는 "나는 너희를 기근에서 구해 줬고, 먹여 살렸으니까 내가 복을 받고, 내 아들들이 복을 받는 것은 당연하다"는 인식이 암암리에 깔려 있습니다. "나와 내 아들들은 특별 대우를 받아야 한다"는 것이죠. 여기에 맞춰 야곱도 "맞아, 요셉은 특별 대우를 받아 마땅하지" 하면서 끝까지 요셉을 믿고 싶어 합니다.

> 어떤 사람이 야곱에게 말하되 네 아들 요셉이 네게 왔다 하매 이스라엘이 힘을 내어 침상에 앉아_창 48:2

야곱은 자신이 너무나도 좋아하는 요셉이 왔다고 하니까 젖 먹던 힘까지 내서 침상에 앉습니다. 불꽃같은 사랑으로 마지막 죽기 전에 요셉을 축복해 주고 싶은 것입니다. 특별한 사랑을 받고 싶어 하는 요셉, 그런 요셉에게 특별 대우를 해 주고 싶은 야곱이 만났으니 둘이 딱 맞아떨어집니다. 여전히 다른 형제들은 안중에도 없습니다. 당장 아버지가 죽을병이 들었다고 해도 다른 아들들은 요셉처럼 자녀를 데려가서 야곱에게 축복받을 엄두조차 내지 못합니다. 형제들은 요셉 앞에 서면 한없이 작아집니다. 지은 죄가 많으니까, 지금 요셉이 자신들을 먹여 살려 주고 있으니까 가만히 있을 수밖에 없는 것이죠.

이렇게 보면 형제들은 너무 쪼다 같고, 요셉은 참 훌륭해 보입니다. 감히 비교가 안 될 만큼 훌륭하니 야곱 눈에는 오로지 요셉밖에 안 들어옵니다. 도통 요셉에게서 헤어 나오지를 못합니다. 야곱과 요셉이 주거니 받거니 하면서 서로 열렬히 사랑하는 것 같습니다. 하지만 이것은 참사랑이 아닙니다. 요셉을 향한 야곱의 사랑은 특별 대우하는 사랑, 편애일 뿐입니다.

3 요셉에게 이르되 이전에 가나안 땅 루스에서 전능하신 하나님이 내게 나타나사 복을 주시며 4 내게 이르시되 내가 너로 생육하고 번성하게 하여 네게서 많은 백성이 나게 하고 내가 이 땅을 네 후손에게 주어 영원한 소유가 되게 하리라 하셨느니라_창 48:3~4

야곱은 요셉에게 벧엘에서의 체험을 말하고 있습니다(창 28장). 그런데 성경을 읽다 보면 이상한 점이 하나 있습니다. 하나님이 요셉에게 특별한 꿈을 주시긴 해도 그에게 나타나셨다는 기록이 없다는 겁니다. 반면에 야곱에게는 늘 하나님이 나타나 주십니다. 그러니 야곱이 안타까운 마음에 벧엘에서 처음 자신을 만나 주신 하나님이 요셉에게도 동일하게 나타나 주시길 간절히 바란 것이죠.

그러면 여기서 창세기 28장의 내용을 다시 살펴보겠습니다. 형에서에게서 장자의 축복을 빼앗은 야곱은 형의 분노를 피해 도망을 갑니다. 그렇게 도망자 신세가 된 야곱은 한 곳에 이르러 돌베개를 베고 잠이 들죠. 그는 꿈에서 하나님의 약속을 받고, 베개로 삼은 돌 위에 기름을 부어 그곳 이름을 '벧엘'이라 하고 십일조 서원을 드립니다.

그러니까 야곱은 바로 이때 하나님께 받은 약속, 그 축복을 요셉에게 주고 싶었던 것입니다. 이 축복에는 땅과 백성이 다 포함되어 있었습니다. 야곱은 전능하신 하나님이 요셉에게 땅과 백성의 지경이 넓어지는 복을 내려 주시길 간절히 원하고 또 원했습니다. 야곱이 왜 그랬을까요?

무의식적으로 야곱은 요셉이 '약속의 하나님'보다는 '전능하신 하나님'과 더 어울린다고 생각한 것 같습니다. 무엇이든 형통한 요셉을 보면 전능하신 하나님과 짝이 딱 맞아 보입니다. 그러면 전능하신 하나님과 약속의 하나님은 어떤 차이가 있습니까? 한마디로 약속의 하나님은 '십자가를 통과한 하나님'입니다. 험악한 세월을 보낸 야곱은 누구보다 유다의 참믿음을 이미 알고 있었습니다. 며느리와 동침한 유다가 "그는 나보다 옳도다" 하며 구속사적 고백을 한 것을 기억하고 있었죠(창 38장). 그렇습니다. 야곱은 유다가 요셉보다 믿음이 좋은 것을 알면서도 하나님의 축복은 요셉에게 이어지길 열망한 것입니다.

14세기 영국의 한 성인은 "온유한 것은 인간 자신을 있는 그대로 진실하게 알고 느끼는 것 이외의 다른 아무것도 아니다. 자기 자신을 생긴 그대로 진실하게 보고 느끼는 사람이면 누구나 참으로 온유함에 틀림없다"고 말했습니다. 한마디로 자신을 있는 그대로 인정하는 사람이 진짜 온유한 사람이라는 겁니다. 누가 나를 못생겼다고 하면 "나는 못생겼어요" 하고 인정하면 되는데, 그게 잘 안 되니까 화가 나는 것이죠. "나는 가난해요", "우리 부모님은 이혼하셨어요"라고 진실하게 이야기하는 사람이 온유한 사람입니다. 그런데 진실을 자꾸 왜곡하거나 사실을 덮거나 빼려고 하면 우리 마음이 어떻게 됩니까? 나도 모르게 강퍅해지기 마련입니다.

여러분은 특별 대우를 주고받는 것에 한마음이 된 야곱과 요셉이 어떻게 보입니까? 온유해 보입니까? 결국 아브라함, 이삭, 야곱으로 이어지는 믿음의 흐름은 요셉으로 넘어가지 않았습니다. 결국 누구에게 넘어갔나요? 바로 유다입니다. 그런데도 야곱은 제대로 분별하지 못했습니다. 계속해서 인간적인 냄새를 풍기는 야곱입니다.

37장부터 요셉이 계속 주인공처럼 보이지만, 진짜 주인공은 야곱입니다. 한마디로 야곱의 이야기입니다. 그래서 하나님은 '야곱의 족보'(창 37:2)라고 제목을 붙여 주셨습니다. 여기서 야곱의 인생이 마무리되기 전에 우리가 한 가지 생각해 볼 점이 있습니다. 야곱은 사랑하는 라헬의 자녀 요셉과 베냐민을 정도 이상으로 집착했습니다. 그래서 그 결과가 무엇입니까? 다른 가족을 파괴적인 상황으로 몰아넣었습니다. 이처럼 내가 가족 안에서 십자가를 통과한 지혜 없이 누군가를 편애하면 집안이 파괴적으로 망가질 수 있습니다.

✛ 내가 특별 대우하는 사람은 누구입니까? 또 누구에게 특별한 사랑을 받고 싶습니까? 내가 누군가를 편애하는 것이 집안을 파괴적으로 망치는 길임을 압니까?

특별한 사랑은 파괴적인 사랑입니다

왜 그렇게 야곱이 요셉을 편애했는지 우리는 그 이유를 한번 생각해 볼 필요가 있습니다. 야곱과 라헬의 이야기만큼 비극적인 사랑 이야기는 없습니다. 그러면 여기서 잠시 야곱의 인생을 간단히 반추해 보겠습니다.

야곱이 형 에서의 분노를 피해 도망가기 전, 아버지 이삭은 그를 외삼촌 라반이 있는 밧단아람으로 보내면서 거기서 아내를 맞이하라고 했습니다. 그 명을 받고 야곱이 밧단아람에 딱 도착했는데, 라반의 딸 라헬을 딱 만나 첫눈에 반하죠. 그는 라헬과 결혼하기 위해 외삼촌 라반을 7년을 섬깁니다. 얼마나 야곱이 라헬을 사랑했는지 7년을 며칠같이 여겼다고 했습니다(창 29:20). 그런데 이게 웬일입니까? 결혼식 다음 날 아침에 눈을 떠 보니 라헬이 아니라 언니 레아가 떡하니 누워 있는 겁니다. 라반은 언니보다 아우를 먼저 주는 것은 우리 지방에서 하지 않는 일이라며 라헬을 얻으려면 또 자신을 7년 동안 섬기라고 합니다. 그래서 야곱이 어떻게 합니까? 레아보다 라헬을 더 사랑하여 다시 7년간 라반을 섬기고, 결국 라헬을 아내로 맞이합니다.

곱고 아리따운 라헬은 처음부터 야곱에게 고난을 가져다주었습니다. 그런데 반전은 야곱이 사랑하는 라헬은 자녀가 없는데, 못생긴 레아는 아이를 쑥쑥 잘 낳는다는 겁니다. 라헬이 아이를 낳지 못하는 동안에도 레아는 계속해서 아들을 낳았습니다. 그러니까 라헬이 얼마나 야곱에게 성을 내는지 모릅니다(창 30:1). 야곱이 자신을 사랑하니까 마음대로 뒤흔드는 것이죠. 이렇게 성을 내도 야곱은 특별한 사랑을 하고 있으니까 라헬 앞에서는 전전긍긍합니다. 라헬 앞에만 서면 작아지는 야곱입니다. 그럼에도 불구하고 하나님이 라헬을 생각하셔서 그의 태를 여셨습니다(창 30:22). 그렇게 힘들게 힘들게 아들을 낳고는 그 이름을 요셉이라고 짓습니다.

이후 야곱은 온 가족을 데리고 고향인 가나안으로 돌아가기로 합니다. 그로부터 20여 년이 흘렀는데도 야곱은 목적지인 벧엘로 돌아가지 않고 숙곳에 머물다가 세겜에 정착합니다(창 33장). 그러다 무슨 일이 벌어집니까? 세겜에서 딸 디나가 강간을 당하고 두 아들은 살인 사건에 연루됩니다(창 34장). 그러자 하나님이 "일어나 벧엘로 올라가서 거기 거주하며 네가 네 형 에서의 낯을 피하여 도망하던 때에 네게 나타났던 하나님께 거기서 제단을 쌓으라"(창 35:1)고 명령하십니다. 그런데 그 명령대로 행하고 돌아가는 길에 에브랏, 곧 베들레헴 길에서 라헬이 산고로 죽고 맙니다. 결국 라헬은 열조가 묻힌 막벨라 굴이 아니라 에브랏 길에 장사되었습니다(창 35:19). 라헬의 무덤이 길가에 있다는 것은 그녀의 죽음이 안식과 평안과는 거리가 멀다는 것을 상징적으로 보여 줍니다.

성경은 라헬이 에브랏 길에서 죽었다는 이야기를 얼마나 많이 하는지 모릅니다. 그런데 이렇게 길가에서 죽은 라헬 이야기에는 한 가지 비밀이 있습니다. 31장에서 야곱은 그 사랑하는 라헬에게 자기도 모르게 죽음의 저주를 내린 적이 있습니다.

외삼촌 라반이 야곱에게 너무 못되게 구니까 야곱이 가족을 데리고 모든 소유까지 다 챙겨서 도주했습니다. 이후 라반의 추격전이 시작되죠. 그런데 도주하기 전에 라헬이 가정의 수호신인 라반의 드라빔을 몰래 훔칩니다. 마침내 야곱을 따라잡은 라반이 왜 자신의 드라빔을 훔쳐 갔냐고 따집니다. 야곱은 자신의 결백을 증명하기 위해 이렇게 말합니다. "외삼촌의 신을 누구에게서 찾든지 그는 살지 못할 것이요 우리 형제들 앞에서 무엇이든지 외삼촌의 것이 발견되거든 외삼촌에게로 가져가소서"(창 31:32). 라헬이 드라빔을 훔친 줄은 꿈에도 모르고 눈먼 장담을 한 것이죠. 그래서 제일 사랑하는 라헬을 자기 입으로 저주했습니다. 이제 그 저주가 이루어지는 것은 시간문제입니다.

성경을 보면, 아무리 잘못된 서원을 했어도 그 서원을 갚아야 되는 것을 봅니다. 사사기의 입다가 그렇습니다(삿 11장). 그는 "전쟁에서 이기면 맨 처음 자신을 영접하러 나오는 자를 하나님께 제물로 드리겠다"고 서원했습니다. 그런데 무남독녀인 자신의 딸이 영접하러 나오자 자기가 서원한 대로 딸을 번제물로 드렸습니다.

야곱이 저주한 순간부터 실상 라헬은 죽은 목숨인 셈입니다. 야곱은 라헬을 저주했지만, 정작 자신만 그 사실을 몰랐습니다. 그러나 성경을 읽는 우리는 다 압니다. 야곱처럼 남들은 다 아는데 자신만 모르는 경우가 우리 주변에도 얼마나 많은지 모릅니다.

그러면 야곱은 언제 라헬이 드라빔을 훔친 것을 알게 되었을까요? 야곱은 에서와의 만남을 앞두고 얍복 나루에서 하나님을 인격적으로 만났습니다. 그리도 무서워했던 에서와도 화해했죠. 이제는 괴롭히는 라반도 없고 편안합니다. 게다가 야곱은 돈도 많고 자녀도 많습니다. 그러니 '여기가 좋사오니' 하며 숙곳과 세겜에 머물며 허송세월을 합니다. 야곱이 영적으로 다운이 됐습니다.

그때 무슨 일이 일어났습니까? 세겜에서 디나가 강간을 당하고, 그 일로 두 아들이 살인까지 저지르죠. 그야말로 자식 문제로 하나님이 경을 치셨습니다. 그뿐만이 아닙니다. 라헬이 죽고 나서 맏아들 르우벤이 아버지의 첩 빌하와 동침했습니다(창 35:22). 그러니 야곱의 심정이 어땠겠습니까? 정말 죽을 것 같지 않았을까요?

그런데 이렇게 힘들 때마다 하나님이 야곱에게 나타나셔서 말씀해 주셨습니다. 세겜에 머물렀을 때는 "야곱아, 너 왜 거기 있니? 빨리 벧엘로 올라가렴. 나와 약속하지 않았니? 빨리 가서 제단을 쌓고 예배드려라"고 하셨죠. 그러자 정신을 차린 야곱이 자기 집안사람과 자기와 함께한 모든 자에게 이렇게 말합니다. "너희 중에 있는 이방 신상들을 버리고 자신을 정결하게 하고 너희들의 의복을 바꾸어 입으라"(창 35:2). 야곱이 이방 신상을 버리라고 명령을 내리자 그들이 자기 손에 있는 모든 이방 신상들과 자기 귀에 있는 귀고리들을 야곱에게 주고, 야곱은 그것들을 세겜 근처 상수리나무 아래에 묻었다고 했습니다(창 35:4). 이때 라헬도 드라빔을 서슴없이 내놓았을 것입니다.

그런데 생각해 보세요. 라헬이 "여보, 제가 그때 아버지 드라빔을 가져왔어요. 당신 몰랐죠?" 하니 야곱이 얼마나 놀랐겠습니까? 야곱은 자신이 한 맹세 때문에 이제 사랑하는 라헬이 죽게 된다는 사실을 알게 됐으니 하루하루가 고통이었을 겁니다. 라헬 역시 그 사실을 알고 괴로웠겠지요.

그러다 라헬은 벧엘에서 길을 떠나 가는 길에 산고로 죽었습니다. 저는 하나님이 라헬을 이렇게 데려가신 것이 오히려 그녀의 고통을 덜어 주신 일이라고 생각합니다. 살아도 사는 게 아니잖아요. 야곱도 라헬도 기본적으로 하나님을 경외하는 사람들이기 때문에 하나님이 고통을 감해 주신 부분이 있다고 봅니다.

야곱은 평생 라헬을 사랑했습니다. 그야말로 특별한 사랑이었습니다. 이처럼 특별한 사랑을 하면 나만 힘든 것이 아닙니다. 상대방도 죽입니다. 우리도 누군가를 특별한 사랑으로 대하면 야곱처럼 험악한 세월을 살 수밖에 없습니다. 특별한 사랑은 내가 사랑하는 모든 사람을 죽이는 파괴적인 사랑, 그 이상도 그 이하도 아닙니다.

라헬이 죽고 나서 야곱에게는 라헬의 소생 요셉과 베냐민이 남았습니다. 라헬을 향한 특별한 사랑은 이제 요셉에게로 향합니다. 이후 야곱은 요셉에게 자신의 남은 인생을 다 걸었다고 해도 과언이 아니었죠. 오죽하면 요셉만 채색옷을 입히고 예뻐했겠습니까. 그런 데다 요셉이 탁월하기까지 합니다. 지금으로 치면 하버드생 정도라고나 할까요? 게다가 나는 새도 떨어뜨리는 애굽의 총리가 되지 않았습니까? 가만있어도 공부도 잘하고, 가만있어도 자신을 죽이려고 한 형들까지 용서도 잘합니다. 반면에 레아의 소생들은 예뻐하려야 예뻐할 수가 없습니다. 살인에, 통간에 이 아들들에게는 각종 사건이 끊이지 않습니다.

야곱이 요셉을 이다지도 사랑하는데, 형들은 요셉의 피 묻은 옷을 가지고 와서 짐승에게 찢겨 죽었다고 했으니 그때 야곱이 얼마나 놀랐겠습니까? 라헬이 드라빔을 훔쳤을 때, 갓난아기인 요셉은 엄마 라헬의 품에 안겨 있었을 것입니다. 당연히 야곱의 저주를 함께 들었겠죠. 그러니 야곱 입장에서는 '아, 라헬에게 한 저주가 요셉에게도 임했구나! 그래서 요셉이 죽은 것이구나' 이렇게 생각할 수밖에 없습니다. 야곱은 요셉을 향한 특별한 사랑 때문에 무려 22년간이나 스올의 고통 가운데 살았습니다.

내가 너무 좋아하는 사람, 내가 특별하게 사랑하는 사람은 결국 나에게 괴로움을 끼치게 마련입니다. 그러므로 지금 내가 특별한 사랑을 하고 있다면, 빨리 그 사랑을 끊어 내기를 바랍니다. 안 그러면 야곱 집안처럼 온 집안이 초토화될 수 있습니다. 여러분이 그토록 바라는 특별한 사랑은 이 세상에 없습니다.

그렇게 요셉을 보내고 야곱에게 오직 베냐민밖에 남지 않았을 때, 또 무슨 일이 벌어집니까? 야곱이 베냐민마저 잃을 위기에 처합니다. 기근 때문에 양식을 구하려고 애굽에 다녀온 형제들이 야곱에게 한다는 말이 무엇이었나요? "애굽 총리가 우리가 정탐꾼이 아니라는 사실을 증명하려면 막내아우를 데려오라고 했다"는 것이었죠 (창 42:34). 그때 야곱은 또 생각했을 것입니다. '아, 베냐민도 저주를 받아 죽게 생겼구나!' 그러니 온 가족이 기근으로 다 굶어 죽는다고 해도 "베냐민만은 절대 애굽에 못 보내"가 야곱의 입에서 전자동으로 나올 수밖에 없는 겁니다. 야곱은 다른 아들들 앞에서 내 아내는 라헬이고, 내 아들은 요셉과 베냐민밖에 없다고 했습니다. 생각할수록 너무 밥맛 아닙니까? 더욱이 둘째 아들 시므온이 애굽에 볼모로 잡혀 있는데도 야곱은 오직 베냐민 걱정뿐입니다. 시므온은 야곱에게 아들도 아닙니다.

그런데 이런 기가 막힌 상황에서 누구의 이야기도 듣지 않던 야곱을 유다가 설득시킵니다. 유다는 우리가 이미 잘 알다시피 창세기 38장에서 엄청난 죄를 짓고 참된 회개를 했습니다. 그러고 나니 유다가 별 인생이 없다는 것을 알았습니다. 이후 유다는 "제가 베냐민 대신 죽겠습니다. 제 생명을 담보하겠습니다"라고 하며 자기희생적인 제안으로 야곱을 설득시켰습니다.

야곱의 인생을 반추하면 반추할수록 "험악한 세월을 보냈다"는 그의 말이 정말 딱 맞다는 생각이 듭니다. 그러면 성경은 왜 이리 야곱의 이야기를 많이 하는 걸까요? 우리가 야곱과 성정이 똑같기 때문입니다. 우리 자신을 봐도 얼마나 특별 대우 받기를 좋아합니까? 주변을 봐도 그래요. 온 가족을 도탄에 빠뜨리면서도 특별한 사랑에서 벗어나지 못하는 경우가 얼마나 많은지 모릅니다. 그래서 죄인 줄도 모른 채 특별한 사랑을 부르짖으며 동성애를 끊지 못하고, 부적절한 만남에서 벗어나지를 못합니다. "나는 그 사람밖에 없다"며 생난리를 칩니다.

그런데 여러분, 보통 부부간에 "나는 당신밖에 없어! 당신 없으면 죽어!" 이러는 경우가 어디 흔합니까? 그런 부부를 보면 속으로 '뭘 잘못 먹었나?' 싶지 않습니까? 거듭 말씀드리지만, 별 인생도 없고, 특별한 사랑도 없습니다.

＋ 여전히 별 인생, 특별한 사랑을 꿈꾸고 있지는 않습니까? 험악한 인생을 산 야곱을 보며 특별한 사랑이 온 가족을 도탄에 빠뜨릴 수 있다는 것이 인정됩니까?

특별한 사랑이 죄책감으로 표현됩니다

5 내가 애굽으로 와서 네게 이르기 전에 애굽에서 네가 낳은 두 아들 에브라임과 므낫세는 내 것이라 르우벤과 시므온처럼 내 것이 될 것이요 6 이들 후의 네 소생은 네 것이 될 것이며 그들의 유산은 그들의 형의 이름으로 함께 받으리라_창 48:5~6

전에 라헬이 요셉을 낳았을 때 뭐라고 했습니까? "여호와는 다시 다른 아들을 내게 더하시기를 원하노라"(창 30:24)고 했습니다. 이 말은 곧 라헬의 유언이 되었습니다. 그러나 라헬은 요셉과 베냐민 둘만 낳았죠. 야곱은 그녀의 유언대로 라헬에게 자식을 많이 안겨 주고 싶었습니다. 그래서 요셉에게 에브라임과 므낫세를 자신의 아들로 삼겠다고 한 것입니다. 한마디로 에브라임과 므낫세를 라헬의 소생으로 만들어 주고 싶은 겁니다. 이는 라헬을 저주한 죄책감에서 벗어나려는 야곱의 보상 심리에서 비롯된 행동입니다.

야곱은 요셉에게 "두 아들 이후부터 낳은 아들을 네 소생으로 하라"고 합니다. 이런 야곱의 제안에는 어느 정도 일리가 있습니다. 야곱은 요셉을 이렇게 설득하지 않았을까요?

"요셉아, 네가 애굽으로 와서 어쩔 수 없이 애굽 여인과 결혼했잖니? 그러면 너의 정통성을 의심받을 수 있다. 그러니까 네가 애굽에서 낳은 두 아들은 내 아들로 삼을게. 무엇보다 너는 기근에서 온 식구를 구했잖니? 네게 두 몫을 준다고 해도 아무도 뭐라 할 사람이 없다."

이렇게 야곱은 모든 사람이 이해하게끔 요셉을 설득했습니다. 그런데 이후 이스라엘 지파들의 계보를 보면, 제사장 지파인 레위 지파를 제외하고, 열두 지파 중에 에브라임과 므낫세 지파는 있는데, 정작 요셉의 이름을 딴 지파는 없습니다. 반면에 유다는 그의 이름으로 지파가 계속 이어집니다. 특별한 사랑의 결론이 이렇습니다.

여러분, 자녀가 부모의 특별한 사랑을 받는다고 잘되는 것이 아닙니다. 내가 이타적인 사랑을 해야 자녀들도 특별한 사랑이 아닌 진짜 사랑을 하게 됩니다. 내가 끼고돈다고 자녀가 잘 되는 것이 절대 아니란 말입니다. 자녀가 예쁠수록 남처럼 보라는 말이 괜히 있는 것이 아닙니다. 그러나 어찌 그조차 내 마음대로 되겠습니까.

저는 어릴 때도, 결혼해서도 특별 대우를 받아 본 적이 없습니다. 그러나 제가 부모님에게 특별 대우를 받지 못해서 오늘날의 제가 있는 줄 압니다. 제가 남편에게 특별 대우를 받지 못해서 오늘날의 제가 있는 줄 압니다. 저를 여기저기서 인정해 주었으면 오늘날 제가 어떻게 목회자가 되어 성도들을 섬길 수 있었겠습니까? 때마다 특별 대우를 받지 못해서 오늘날의 저와 여러분이 있는 줄 믿습니다.

✝ 죄책감에 대한 보상 심리로 내가 하려는 일은 무엇입니까?
✝ 특별 대우를 받지 못해서 오늘날의 내가 있다는 것이 인정됩니까?

마지막 고백을 통해 특별한 사랑을 내려놓습니다

내게 대하여는 내가 이전에 밧단에서 올 때에 라헬이 나를 따르는
도중 가나안 땅에서 죽었는데 그 곳은 에브랏까지 길이 아직도 먼
곳이라 내가 거기서 그를 에브랏 길에 장사하였느니라 (에브랏은
곧 베들레헴이라)_창 48:7

야곱은 왜 갑자기 라헬의 죽음에 대해 이야기한 걸까요? 라헬 이
야기가 뜬금없이 등장하니 너무 이상하지 않습니까? 1절부터 7절까
지의 키워드는 '라헬'입니다. 이 이야기의 핵심은 "라헬이 야곱을 따
르는 도중에 가나안 땅에서 죽었다"는 겁니다. 거기서 조금만 더 가면
베들레헴이 있고, 또 조금만 더 가면 벧엘이 있는데, 그 조금을 못 가
서 라헬이 죽었습니다. 그러니 야곱은 라헬만 생각하면 너무 안타까
운 겁니다. 그는 라헬을 열조의 묘실이 있는 막벨라 굴에 묻고 싶었지
만, 하나님은 거기, 길가에서 라헬을 죽게 하셨습니다.

본문에서 라헬이 길가에서 '죽었다'는 표현을 원어로 살펴보면
슬퍼하면서 '갑자기 죽었다'는 뜻으로 해석할 수 있습니다. 단순히 슬
프게 죽었다고 번역하기도 합니다. 그런데 같은 단어가 창세기 20장
3절과 26장 9절에도 등장합니다.

"그 밤에 하나님이 아비멜렉에게 현몽하시고 그에게 이르시되
네가 데려간 이 여인으로 말미암아 네가 죽으리니 그는 남편이 있는
여자임이라"(창 20:3).

"이에 아비멜렉이 이삭을 불러 이르되 그가 분명히 네 아내거늘 어찌 네 누이라 하였느냐 이삭이 그에게 대답하되 내 생각에 그로 말미암아 내가 죽게 될까 두려워하였음이로라"(창 26:9).

아브라함은 그랄 왕 아비멜렉에게 사라를 누이라고 속였습니다. 자신이 죽을까 봐 두려워서였죠. 이를 모르는 아비멜렉이 사라를 취하려고 하자, 하나님이 아비멜렉에게 직접 나타나셔서 "이 여인으로 말미암아 네가 죽으리니" 하며 호통을 치셨습니다. 그랄 땅에 내려온 이삭도 아버지와 똑같은 거짓말을 했습니다. 그야말로 대를 이은 거짓말입니다. 당시 그랄 왕 아비멜렉에게 아내 리브가를 누이라 속인 것이죠. 결국 이를 알게 된 아비멜렉이 추궁하자 이삭은 "내 생각에 그로 말미암아 내가 죽게 될까 두려워서 그랬다"고 말합니다. 같은 단어인데, 여기서는 '인하여 죽는다', '말미암아 죽는다'라는 뜻으로 쓰였습니다. 이 히브리어 번역을 보고 제 눈이 번쩍 뜨였습니다. 이 번역에 근거해 라헬의 죽음을 야곱의 말로 쉽게 풀어 보면 이렇습니다.

"요셉아, 네 엄마 라헬이 약속의 땅에 조금 못 미쳐서 죽었잖니? 그래서 내가 너무 슬펐단다. 어떻게 네 엄마는 갑자기 죽을 수 있니? 그런데 말이다. 사실 네 엄마는 바로 나 때문에, 나로 인하여 죽었어. 내가 저주하고 맹세한 그 고백 때문에 죽었어."

그렇습니다. 야곱은 무덤까지 가져가고 싶은 이 이야기를 아버지의 마지막 축복을 받기 원하는 요셉에게 고백했습니다. 물론 야곱이 "네 엄마를 내가 죽였다"라고 직접적으로 이야기하지는 않았습니다. "잠시 후면 네 엄마를 내가 죽였다는 것을 너도 알게 되리라"는 의미로 라헬의 죽음을 언급한 것이죠. 비록 야곱이 애매모호하게 표현했어도 이미 성경의 독자들은 야곱의 특별한 사랑과 맹세 때문에 라헬이 죽은 것을 알고 있습니다. 이는 확실한 사실입니다.

야곱은 살면서 자신의 잘못을 자백할 필요를 절실히 느꼈지만, 그동안 차마 말하지 못했습니다. 그러다 임종의 순간에 무덤까지 가져가고 싶은 이야기를 직접적인 언급은 피하면서도 절묘한 표현으로 고백했습니다. 그리고 이 고백으로 말미암아 마침내 생전에 누리지 못한 안식에 들어갔습니다. 이 고백으로 말미암아 꽉 쥐고 있던 것을 비로소 내려놓게 된 것입니다.

"내가 네 엄마를 죽였다." 야곱의 이 고백은 요셉에게 장자권을 주려는 최선의 고백이요, 마지막 고백입니다. 또한 "네 엄마는 조금만 더 가면 약속의 땅에 도착할 수 있었는데 가지 못했다. 하지만 요셉아, 너는 조금만 더 가면 유다를 넘어설 수 있을 거야" 하며 희망을 담은 사랑의 고백입니다. 야곱은 마지막까지 지독히도 아픈 사랑을 했습니다.

야곱은 영적으로 유다보다 2퍼센트 부족해 보이는 요셉에게 두 배의 몫을 줌으로써 "너는 할 수 있다"고 요셉을 격려했습니다. 그가 이렇게까지 한 이유가 무엇입니까? 아브라함과 이삭과 야곱의 하나님이 요셉에게로 이어지기를 간절히 간절히 바랐기 때문입니다. 그렇게 되는 것은 이후 요셉의 몫이겠지만, 야곱으로서는 마지막까지 최선을 다한 것입니다.

그런데 야곱이 이 고백을 하고 나서 영적 분별력이 생겼습니다.

무덤까지 가져가고 싶은 일을 고백하고 딱 내려놓으니 비로소 하나님의 뜻이 보이기 시작한 것입니다. 그래서 이후부터 야곱은 하나님의 뜻대로 마지막 유언을 합니다.

야곱의 인생을 반추할수록 그가 사랑하는 라헬과 요셉과 베냐민 때문에 인생이 기쁘지 않았다는 것을 알 수 있습니다. 보세요. 야곱의 특별한 사랑 때문에 그 자신뿐만 아니라, 온 가족도 참으로 힘든 삶을 살았습니다. 하지만 지금까지 야곱은 힘들다는 표현을 감히 할 수도 없었습니다. 사랑하는 라헬이 자기 때문에 죽었다는 것을 생각만 해도 하루도 견디기 힘들었을 겁니다.

우리가 그동안 야곱을 자세히 살펴보았지만, 이 사람이 집착이 좀 있습니다. 전에 라헬을 사랑해서 7년을 며칠같이 여겼다고 했잖아요. 이것만 봐도 약간 이상하지 않습니까? 집착의 끝판왕 야곱이 죄책감으로 스스로 죽지 않고 살아 있는 것 자체가 하나님의 은혜 아니겠습니까.

야곱처럼 무덤까지 가져가고 싶은 이야기를 고백한 한 집사님의 간증입니다.

저는 30여 년 전에 제 딸에 대한 친권포기각서에 서명하고, 모 아동복지회를 통해 딸을 입양 보냈습니다. 21살의 나이에 생긴 아이를 감당하기 힘들었기 때문입니다. 아이 엄마의 언니가 입양을 권유하자, 저는 술의 힘을 빌려 못 이기는 척하며 갓 태어난 아기를 버리는 죄악을 저질렀습니다. 그 후 몇 개월을 죄책감으로 방황하며 무기력하게 살았습니다. 가족들이 아이에 대해 물으면 사산되었다고 둘러댔습니다. 그렇게 제 딸은 죽은 아이가 되어 버렸습니다. 이후에도 저는 아픈 기억은 깊이 감춘 채 방탕한 삶을 계속 이어 나갔습니다.

많은 시간이 흘러 제게 예수님이 찾아오셨을 때 "하나님, 그때 저는 너무 두려웠습니다. 몇 달 만에 저를 찾아와서 내 아이를 임신했다고 하는 아이 엄마를 의심했습니다"라고 고백했습니다. 이후 저는 눈물로 저의 죄를 주님 앞에 회개했기 때문에 다 해결된 줄로만 생각했습니다. 그런데 돌이켜 보니 제가 아이 엄마를 의심했던 이유는 그녀를 술집에서 만났기 때문이었습니다. 저는 아무런 가책 없이 그녀와 몇 차례 성관계를 했습니다. 나중에 그녀가 가출 소녀임을 알게 되었지만, 어떤 도움도 주지 못했습니다. 아이가 생겼다고 했을 때도 그녀와 아이에 대한 책임감은 더더욱 들지 않았습니다. 그저 그들을 짐처럼 여길 뿐이었습니다. 결국 저는 두 사람에게 평생의 아픔만을 남겨 주고 말았습니다.

예수님은 죽어 가는 야이로의 딸을 살리러 가시는 길에 혈루증 앓는 여인을 고쳐 주십니다(눅 8장). 이후 그의 딸이 죽었다는 소식을 들은 야이로에게 "두려워하지 말고 믿기만 하라 그리하면 딸이 구원을 얻으리라"고 말씀하십니다. 그리고 죽은 아이를 위해 통곡하는 사람들에게 "울지 말라 죽은 것이 아니라 잔다"고 하시며, 아이의 손을 잡고 일으켜 주셨습니다. 이 말씀처럼 주님은 제가 이미 죽은 아이로 취급해 버린 딸을 자는 아이로 정정해 주셨습니다.

저는 지금껏 세상에 제 치부를 드러내지 않아도 '주님이 다 아시니 해결된 것 아니냐'고 생각했습니다. 그러나 항상 마음 한편이 불편했습니다. 어두운 그림자처럼 제 뒤를 따르는 무언가가 늘 있었습니다. 그런데 주님은 그런 제게 단호히 저의 죄를 공동체에 드러내라고 말씀하셨습니다.

제가 이렇게 무덤까지 가져가고 싶은 일을 고백하는 것은 이제 와서 딸의 생사를 알고자 함은 아닙니다. 솔직히 그 아이가 친부모에 대한 그리움으로 힘든 삶을 살다가 구덩이에 빠져 헤매고 있지는 않을까 두렵습니다. 그럼에도 불구하고 야이로의 딸을 일으켜 주신 주님이 제 딸의 손도 붙잡아 주실 것을 믿습니다.

이제는 "두려워하지 말고 믿기만 하라 그리하면 딸이 구원을 얻으리라"(눅 8:50) 하신 말씀에 의지하여 주님의 명령대로 행하기를 원합니다. 야이로의 딸처럼 자다가 깨어난 사람들, 힘든 지체들에게 먹을 것을 주며(눅 8:55) 그들을 정성을 다해 섬기겠습니다. 날마다 내 아버지께서 주시는 힘으로 주님의 사랑을 실천하기로 결단하며 제게 붙여 주신 힘든 사람들의 친구가 되겠습니다.

여전히 저를 보는 사람들의 시선이 두렵지만, 믿음의 여정에서 드러내기 싫은 저의 죄악을 두려워하지 않고 고백하겠습니다. 무엇보다 아이 엄마가 자식을 버렸다는 죄의식 가운데 살면서 아직 주님을 만나지 못했다면 꼭 주님이 찾아가 주셔서 두 팔로 감싸안아 주시기를 간절히 기도합니다.

야곱처럼 특별한 사랑을 하느라 인생이 너무나도 힘이 듭니까?

그래서 그 집착을 그만 내려놓고 싶습니까? 그조차 우리 마음대로 되는 것은 아니지만, 야곱처럼 마지막 고백을 할 때 진정한 안식에 들어가게 될 줄 믿습니다. 평범한 사랑이 진정 특별한 사랑임을 알고, 성령님의 도우심으로 특별한 사랑을 내려놓는 우리 모두가 되기를 축원합니다.

✛ 내가 무덤까지 가져가고 싶은 죄는 무엇입니까? 내 죄를 고백함으로 내려놓게 된 특별한 사랑이 있습니까?

큰 고난 없이 살며 '이만하면 행복하다' 할 즈음에 남편의 외도 사실이 드러났습니다. 이혼을 고민했지만, 아직 어린 두 딸을 생각하니 막막했습니다. 그러던 중 시누이의 전도로 우리들교회에 오게 되었습니다. 첫 예배를 드리던 날 선포된 말씀은 '실수하지 않으시는 하나님(마 2:13~23)'이었습니다. 저에게 일어난 이 사건 역시 실수가 아니라 "있어야 할 일"이라고 하시니, 그 말씀이 너무나 인정되었습니다. 그 말씀은 어떤 말로도 위로받지 못하던 제게 큰 위로가 되었습니다.

이후 교회에 등록해 열심히 양육을 받고 있는데, 기도하려고 입만 떼면 남편의 그녀를 위한 기도가 나오면서 눈물이 흘렀습니다. 처음에는 이를 악물고 가슴을 치며 "하나님, 저 이 기도 절대 못 해요!"라고 했지만, 어느 순간 그녀가 언젠가 주님 앞에 온전히 회개하게 해 달라는 기도가 나왔습니다. 그런데 그렇게 기도한 지 한 달 후에 그녀가 남편의 아들을 낳았다는 소식을 들었습니다. 저는 두 딸에게 "이 아이는 하나님이 우리에게 주신 선물이야. 엄마는 너희만 잘 따라와 주면 살 수 있다. 이제부터 우리 말씀 따라 살아 보자"고 말했습니다.

그런데 하루는 예배를 드리고 있는데, 그녀로부터 욕설이 담긴 문자가 왔습니다. 때마침 "네가 물 가운데로 지날 때에 내가 너와 함게 할 것이라…… 물이 너를 침몰하지 못할 것이며 네가 불 가운데로 지날 때에…… 불꽃이 너를 사르지도 못하리니”(사 43:2) 하는 말씀이 들렸고, 하나님이 꼭 저에게 하시는 말씀으로 들려 통곡이 터져 나왔습니다.

남편은 그녀가 저뿐만 아니라 딸들에게까지 전화와 문자로 고통을 주고 있음에도 불구하고, 전전긍긍하기만 할 뿐이었습니다. 저는 우유부단한 남편에게 “앞으로 죽은 듯이 살 테니 제발 아이들만은 괴롭히지 말아 달라”고 애원했습니다. 그러나 야곱이 라헬에게 죽음의 저주를 한 것을 깨닫고 힘들어한 것처럼, 저도 연약한 남편에게 부지중에 함부로 말한 것이 깨달아져 괴로웠습니다. 그러면서 야곱이 그 저주가 라헬의 소생 요셉과 베냐민에게 미칠까 두려워했던 것같이 저도 아이들에게 안 좋은 영향이 미칠까 봐 늘 두려웠습니다(창 48:7).

그동안 저는 남편과 특별한 사랑을 주고받고 있다고 착각하며 살았습니다. 그런데 남편이 진실을 왜곡한 채 이 모든 일이 저로 인해 일어났다고 하니, 그 말이 남편에 대한 특별한 사랑을 놓지 못하고 있던 저의 악을 드러내는 것 같아 회개가 되었습니다. 때로는 ‘내가 조금만 더 잘 했으면 이런 파괴적인 사랑을 겪지 않아도 됐을 텐데……’ 하는 마음에 안타까움이 올라오기도 합니다. 하지만 저는 이 일로 남편에 대한 특별한 사랑을 내려놓고 비로소 하나님의 참사랑을 깨닫게 되었습니다. 특별한 사랑을 갈구하던 저를 진정한 안식의 길로 인도해 주신 주님, 사랑합니다.

영혼의 기도

주님, 특별한 사랑을 하고 싶었습니다. 또 얼마나 특별 대우를 받고 싶었는지 모릅니다. 하지만 특별한 사랑을 하고, 특별 대우를 받음으로써 내 옆의 사람들이 얼마나 고통을 받을지는 생각조차 하기 싫었습니다. 그러면서 특별한 사랑을 꿈꿀 때마다 뭔지 모를 죄책감이 제 마음을 짓눌렀습니다.

그런데 주님은 특별한 사랑을 하느라 인생이 힘들었던 야곱을 통해 참으로 별 인생이 없다는 것을 모델로 보여 주셨습니다. 그럼에도 특별한 사랑을 갈구하며 시간을 낭비하는 우리를 용서해 주옵소서. 특별한 사랑을 내려놓지 못하는 나 때문에 하나님이 얼마나 슬퍼하시는지 알기를 원합니다.

특별한 사랑을 내려놓도록 야곱을 찾아오신 하나님이 우리에게도 찾아오시기를 간구합니다.

그래서 우리도 가족에게 "여보, 나 때문에 많이 힘들었지? 얘들아, 나 때문에 많이 힘들었지?" 이렇게 마지막 고백을 하기 원합니다.

이 마지막 고백으로 꽉 쥐고 있던 주먹을 내려놓기 원합니다. 그조차 우리 마음대로 되는 것은 아니지만, 성령님의 도우심을 구하며 마지막 고백을 할 때 진정한 안식에 들어가게 될 줄 믿습니다. 특별한

사랑을 내려놓고 평범한 사랑을 잘하는 우리가 되도록 날마다 인도
해 주옵소서. 주님의 안식으로 축복하여 주옵소서. 예수님 이름으로
기도드립니다. 아멘.

09

마지막 분별

창세기 48장 8~22절

하나님 아버지,
마지막까지 구원의 분별,
믿음의 분별을 하기 원합니다.
말씀해 주옵소서. 듣겠습니다.

야곱은 일생 라헬과 요셉과 특별한 사랑을 하느라고 참으로 힘든 인생을 살았습니다. 지난 8챕터에서 야곱은 뜬금없이 라헬의 죽음을 언급했습니다(창 48:7). 그때 라헬이 '죽었다'는 원어를 보면, '갑자기 죽었다'는 뜻도 있지만, '무엇을 인하여(말미암아) 죽었다'는 뜻도 있다고 했습니다. 야곱의 이 고백에는 "드라빔을 훔친 라헬을 내가 저주해서 그녀가 나로 인하여 죽었다"는 의미가 있습니다. 즉, 야곱은 자신이 라헬을 죽였다는 죄책감이 있었습니다. 그래서 그에 대한 보상 심리로 라헬의 소생 요셉에게 실질적 장자로서의 '두 몫의 축복'을 주고자 한 것입니다.

그런데 여러분, 누구보다 힘든 훈련을 통해 주님의 사랑을 알게 된 야곱 아닙니까? 그렇다면 당연히 자신 같은 고난을 경험한 자녀가 주님의 사랑을 알리라는 걸 왜 모르겠습니까? 그렇습니다. 야곱은 생명 내놓는 사랑으로 요셉과 형들을 화해시킨 유다가 믿음이 좋다는 것을 이미 알고 있었습니다. 하지만 요셉을 너무 사랑하니까 그 믿음의 자리에 유다가 아닌 요셉을 자꾸 올려놓고 싶은 겁니다. 요셉의 성품과 행위가 너무나도 훌륭하기 때문입니다.

야곱과 요셉의 관계는 아무리 내가 사랑하는 사람이라고 해도 믿음까지 줄 수 있는 것은 아님을 보여 줍니다. 라헬까지는 내려놓았는데, 여전히 요셉에 대한 특별한 사랑을 내려놓지 못하는 야곱입니다. 그러니 사랑을 주고 싶은 사람은 여전히 요셉이고, 그의 아들들인 에브라임과 므낫세인 겁니다.

우리가 누군가를 믿음으로 분별한다는 것은 상대방을 지식적으로 판단하는 것이 아닙니다. 끝까지 상대방을 사랑하고 축복할 때, 그가 어떤 태도를 보이냐에 따라 저절로 믿음인지 성품인지 분별되는 것입니다. 본문을 통해 야곱도 정말 하기 어려웠던 '마지막 분별'에 대해 살펴보겠습니다.

마지막까지 사랑합니다

8 이스라엘이 요셉의 아들들을 보고 이르되 이들은 누구냐 9 요셉이 그의 아버지에게 아뢰되 이는 하나님이 여기서 내게 주신 아들들이니이다 아버지가 이르되 그들을 데리고 내 앞으로 나아오라 내가 그들에게 축복하리라_창 48:8~9

야곱은 요셉을 분별하는 과정에서 요셉의 아들들을 끝까지 사랑하고 축복하는 모습을 보여 줍니다. 야곱의 인생에서 '축복'이라는 단어가 37번 정도 나오는데, 그야말로 야곱은 축복이라면 사족을 못 쓰는 사람이었습니다. 오죽하면 아버지 이삭을 거짓말로 속여 장자의 축복을 받아 냈겠습니까? 그런 야곱이 요셉의 아들들을 보고는 "이들은 누구냐"고 묻습니다. 요셉의 아들들에게는 제대로 된 축복을 해 주고 싶었기 때문입니다.

> 이스라엘의 눈이 나이로 말미암아 어두워서 보지 못하더라 요셉이 두 아들을 이끌어 아버지 앞으로 나아가니 이스라엘이 그들에게 입 맞추고 그들을 안고_창 48:10

전에 이삭은 형 에서로 분장한 야곱에게 속아 축복을 해 주었죠. 그는 비교적 평탄한 인생을 살다 보니 분별을 잘 못했습니다. 그러나 야곱은 험악한 세월을 살아내서 그런지 육신이 쇠해 비록 육안은 어두워졌어도 영안은 누구보다 밝았습니다. 야곱은 정확하게 후손을 축복할 준비를 갖추었습니다.

"믿음은 바라는 것들의 실상이요 보이지 않는 것들의 증거니"(히 11:1)라고 했습니다. 이 말씀처럼, 믿음이란 보이지 않는 것을 실상으로 놓고 걸어가는 것입니다. 야곱에게는 바로 그런 믿음의 눈이 있었습니다. 이처럼 믿음의 눈을 가진 자만이 보이지 않는 하나님의 약속을 바라보며 정확하게 후손을 축복할 수 있습니다.

> 요셉에게 이르되 내가 네 얼굴을 보리라고는 생각하지 못하였더니 하나님이 내게 네 자손까지도 보게 하셨도다_창 48:11

지금 야곱은 "요셉아, 나는 정말 네가 짐승에게 찢겨 죽은 줄로만 알았다. 그런데 이렇게 너를 보고 네 자식까지 보게 될 줄 내가 어찌 알았겠니?"라고 합니다. 마지막까지 요셉에 대한 사랑이 절절히 묻어납니다. 어떻게 야곱은 끝까지 요셉밖에 모를 수 있습니까?

그러나 우리 주변에도 야곱과 같은 집이 한둘이 아닙니다. 아무리 믿음의 집안이라도 그래요. "우리 아버지는 형밖에 몰라! 우리는 사람도 아닌가 봐"라며 서운함을 토로하는 경우를 종종 봅니다. 그런데 요셉의 형들은 아버지가 오직 요셉만 끼고돌아도 여기에 대한 어떤 말도 하지 않았습니다. 너무 대단하지 않습니까? 그래서 형들도 다 열두 지파에 올라간 줄 믿습니다.

한편으로 자녀들을 축복받는 자리에 데려가는 요셉을 보며 열성 아빠가 따로 없다는 생각이 듭니다. 더욱이 요셉은 애굽의 총리 아닙니까? 그런데도 "반드시 내 자녀들은 야곱의 축복을 받아야만 해! 믿음이 최고야"를 외치니 신앙이 참 좋아 보입니다. 하지만 그 이면에는 인간적인 요소가 다분합니다.

12 요셉이 아버지의 무릎 사이에서 두 아들을 물러나게 하고 땅에 엎드려 절하고 13 오른손으로는 에브라임을 이스라엘의 왼손을 향하게 하고 왼손으로는 므낫세를 이스라엘의 오른손을 향하게 하여 이끌어 그에게 가까이 나아가매 14 이스라엘이 오른손을 펴서 차남 에브라임의 머리에 얹고 왼손을 펴서 므낫세의 머리에 얹으니 므낫세는 장자라도 팔을 엇바꾸어 얹었더라_창 48:12~14

요셉은 일부러 아버지 야곱이 장손인 므낫세를 축복하기 쉽도록 앉혔습니다. 요셉에게는 장자와 차자의 순서가 확실했습니다. 그래서 야곱에게 올 때에도 므낫세를 앞세웠죠(창 48:1). 오른손은 권위와 능력과 축복과 은혜의 상징입니다. 따라서 요셉은 당연히 맏아들 므낫세가 오른손의 축복을 받아야만 한다고 여겼습니다. 당연히 왼손은 그 모든 것의 반대를 의미하기에 므낫세가 왼손의 축복을 받으면 절대로 안 되는 것이었죠.

그런데 이게 웬일입니까? 아버지 이스라엘이 팔을 엇바꿔서 므낫세가 아닌 에브라임을 오른손으로 축복했습니다. 눈이 어두운 야곱이 일부러 이렇게 행동한 것은 영적인 행동이라고 할 수 있습니다. 비록 야곱이 요셉에 대한 특별한 사랑을 내려놓지 못했지만, 그로서는 마지막까지 최선을 다해 '구원의 사랑'을 표현한 것입니다.

생각해 보세요. 여러분의 자녀가 믿지 않는다고 해서 "너는 틀렸어" 이러고 끝내면 되겠습니까? 자녀가 믿지 않아도 부모는 최선을 다해 자녀를 사랑해야 합니다. 받아들이고, 안 받아들이고는 자녀의 몫입니다. 믿지 않는 부모의 경우도 마찬가지입니다. 부모가 받아들이든 그렇지 않든 그것은 부모의 몫입니다. 그래도 우리는 믿지 않는 가족에게 마지막까지 사랑하는 모습을 보여 주어야 합니다. 그것이 우리가 끝까지 해야 할 일, 즉 사명이기 때문입니다.

속 썩이는 딸 때문에 너무 힘들다는 한 집사님의 나눔입니다.

어릴 때 딸은 누구보다 사랑스럽고 예뻤습니다. 그랬던 딸이 초등학교 고학년 때부터 무기력해지더니 고등학생이 된 지금까지도 무기력합니다. 그동안 저는 딸의 마음을 맞춰 주려고 온갖 노력을 다했습니다. 하루는 개학을 앞두고, 딸이 말도 안 되는 색으로 머리를 염색하겠다고 해서 제가 직접 염색을 해 주었습니다. 언제든지 원하는 것을 먹을 수 있도록 밥과 간식도 늘 챙겨 주고, 학교도 지각할까 봐 차로 직접 데려다주었습니다.

그렇게 열심히 노력했건만, 딸은 고등학교에 가서도 여전한 방식으로 지각을 하기 시작했습니다. 그러니 딸에게 아침마다 살벌하게 잔소리를 하게 됩니다. 큐티 말씀을 볼 때마다 정답은 딸에게 믿음의 유산을 물려주는 것밖에 달리 길이 없다는 것을 깨닫지만, 솔직히 이런 현실이 너무 힘이 듭니다. 진심으로 제가 죽기 전에 딸이 잘되는 모습을 꼭 보고 싶습니다.

소위 엘리트인 이 집사님은 살면서 한 번도 무너져 본 적이 없고, 어릴 때도 부모의 인정과 사랑을 받으며 부족함 없이 자랐다고 합니다. 그러다 보니 안되는 것이 무엇인지를 잘 모른답니다. 솔직히 부모 때문에 힘들다고 하는 지체들의 나눔도 이해가 잘 안 된다고 합니다. 집사님을 보면 큐티도 열심히 하고, 예배도 빠지지 않고 잘 참석합니다. 그런데 항상 그 결론이 "딸이 학원에 빠지지 않고 공부 잘해서 좋은 학교에 가야 한다"에 딱 머물러 있습니다. 그러면서 어릴 때 딸을 엄하게 키우지 않아서 이런 결과가 나왔다며 화만 내고, 정작 회개는 안 되는 것 같습니다.

그러나 저는 속 썩이는 이 딸이야말로 구원의 푯대가 되어 이 집안을 이끌고 있다고 생각합니다. 딸이 이렇게 수고하지 않으면 살면서 한 번도 무너져 본 적이 없는 이 집사님 부부가 교회 공동체에 잘 붙어 있을 수 있었을까요? 영 힘들지 않았을까요? 그래서 이 딸이 이 집안의 보석이 맞습니다. 집사님 부부가 진정한 회개로 나아가기까지 딸이 더 속을 썩여 주기를 주님의 이름으로 축원합니다. 집사님 부부는 구원을 위해 딸을 끝까지 사랑하기를 바랍니다.

⟊ 부모로서 나는 구원을 위해 자녀를 끝까지 사랑하고 있습니까? 자녀를 향한 나의 사랑은 어떤 사랑입니까? 그저 세상적으로 잘되기만을 바라는 인간적인 사랑은 아닙니까?

마지막까지 축복합니다

15 그가 요셉을 위하여 축복하여 이르되 내 조부 아브라함과 아버지 이삭이 섬기던 하나님, 나의 출생으로부터 지금까지 나를 기르신 하나님, 16 나를 모든 환난에서 건지신 여호와의 사자께서 이 아이들에게 복을 주시오며 이들로 내 이름과 내 조상 아브라함과 이삭의 이름으로 칭하게 하시오며 이들이 세상에서 번식되게 하시기를 원하나이다_창 48:15~16

야곱이 고백하는 축복의 내용을 요약해 보면 "할아버지 아브라함과 아버지 이삭이 섬기던 하나님이 나와 함께하시고, 나와 같이 걸어 주시며 나를 기르시고 환난에서 건져 주셨다"입니다. 이 야곱의 고백에 담긴 속뜻을 살펴보면 이렇습니다. "할아버지와 아버지는 스스로 하나님을 섬겼지만, 나는 스스로 하나님을 섬길 만큼 충분히 성숙하지 못했다. 그래서 어린아이 같은 나를 하나님이 친히 길러 주시고, 때마다 인도해 주셨다."

그렇다면 하나님이 야곱을 구체적으로 어떻게 건져 주셨습니까? 형 에서와 외삼촌 라반의 손에서 건져 주시고, 기근에서도 건져 주셨습니다. 그야말로 모든 환난에서 건지신 하나님입니다. 여기서 '건지셨다'의 원어는 고엘로 '기업 무를 자'를 뜻합니다. 다시 말해, 하나님의 기업을 위해 야곱을 건져 주셨다는 겁니다. 더 나아가 여기에는 나를 건지신 하나님이 우리 집안을 건져 주시고, 이스라엘을 건져 주시고, 온 세계를 건져 주실 것이라는 굉장한 뜻이 담겨 있습니다.

야곱은 아브라함과 이삭과 야곱의 하나님이 요셉의 하나님이 되셔서 요셉으로 하여금 언약의 계승자가 되게 해 달라고 기도했습니다. 하지만 결과적으로 요셉은 언약의 계승자가 되지 못했습니다. 그래도 야곱은 요셉의 두 자녀에게 이 땅에서도 가장 좋은 곳에 거하면서 역사의 중심부에서 활동하게 해 달라는 간결하지만 엄청난 축복기도를 해 주었습니다. 특별한 사랑으로 요셉과 그 아들들을 끝까지 사랑하고 축복하는 야곱입니다.

여러분도 이렇게 자녀를 축복하기를 바랍니다. 그렇다고 좋은 이야기만 하라는 뜻이 아닙니다. 나와 함께하시고 나와 늘 동행하시며 환난에서 건지신 하나님을 자녀들이 알도록 말씀으로, 나의 표정과 언어로 자녀를 축복하라는 의미입니다. 그러면 여러분 중에는 "축복이 안 나오는데요?" 이러는 분이 또 있을 겁니다. 빈말이라도 좋습니다. 먼저 자녀에게 축복의 말을 건네 보시기 바랍니다. 저는 부모와 자녀가 서로 큐티하며 삶을 나누는 것이야말로 부모가 자녀를 최고로 축복하는 길이라고 생각합니다.

✛ 여러분은 자녀를 어떻게 축복합니까? 자녀와 함께 큐티하며 자녀에게 축복의 말을 건네는 적용을 해 보기 바랍니다.

마지막까지 자녀를 분별합니다

야곱이 죽기 직전까지 어떻게 요셉을 분별하는지 두 가지로 살펴보겠습니다.

첫째, 총리 요셉의 한계를 보여 줍니다

요셉이 그 아버지가 오른손을 에브라임의 머리에 얹은 것을 보고 기뻐하지 아니하여 아버지의 손을 들어 에브라임의 머리에서 므낫세의 머리로 옮기고자 하여 _창 48:17

요셉이 그 아버지가 에브라임의 머리에 오른손을 얹은 것을 보고 "기뻐하지 아니했다"고 합니다. 이 말을 직역하면 "그의 눈이 악하여졌다"라는 뜻입니다. 여기에 해당하는 단어의 기본형을 보면 '악하다', '근심하다', '사납다'라는 의미가 있습니다.

요셉은 아버지가 자신의 생각과 달리 므낫세가 아닌 에브라임에게 축복하자 너무 못마땅한 나머지 근심하면서 악하여지고 사나워졌습니다. 그러면서 야곱이 눈이 어두워져서 잘못 축복했다고 여깁니다.

여기서 우리는 중요한 사실을 발견할 수 있습니다. 요셉의 교양과 도덕과 지적 능력에는 한계가 있다는 점입니다. 총리 요셉은 살리는 경제정책으로 기근 가운데 황폐해진 애굽뿐만 아니라 이스라엘도 살려 냈죠. 그는 참으로 세상눈은 밝았습니다. 그러나 영안은 부족했습니다.

그런데 여러분 야곱이 누구입니까? 하나님의 대리자이자, 믿음이 조상 아닙니까? 아브라함의 하나님, 이삭의 하나님, 야곱의 하나님으로 불리는 그 믿음의 조상입니다. 그런데 요셉은 자신이 그런 아버지를 넘어섰다고 착각했습니다. 나는 새도 떨어뜨리는 애굽의 총리 정도 되면 우리도 이런 생각이 절로 들지 않겠습니까. 그러나 세상의 기준과 하나님의 기준은 엄연히 다릅니다.

요셉은 지금 야곱 앞에서 "아버지, 므낫세가 장자입니다. 장자가 우선 아닙니까? 아버지가 이러시면 집안의 질서가 무너집니다" 하면서 옳고 그름으로 야곱의 행동을 판단하고 있습니다. 여기서 요셉이 "장자가 먼저 아닙니까?" 하는 것은 "그 사람 똑똑하지 않습니까? 그 사람 학벌 좋지 않아요? 그 사람 돈 많지 않아요? 그 사람 착하지 않습니까?" 이렇게 말하는 것과 같습니다.

그런데 참 재미있는 사실은 장자가 축복받아야 된다고 부르짖는 요셉 자신도 장자가 아니라는 점입니다. 요셉은 다른 형제들은 제쳐 두고 혼자 축복을 받으러 와서는 두 아들 중에서는 꼭 맏이가 축복을 받아야 한다고 생각합니다. 고정관념에 딱 사로잡혀 있습니다. 아무리 그래도 어쩜 다른 형제들의 자녀는 생각조차 하지 않고, 내 자식 그것도 맏이만 챙길 수 있습니까? 과거에 자기를 죽이려고 했던 형들을 용서하고 기근에서 온 가족을 살린 요셉인데, 언제 이렇게 자기중심적으로 생각이 바뀐 걸까요? 총리 요셉의 한계를 여실히 보여 주고 있습니다. 요셉은 이제 병든 아버지의 손을 억지로 들어서 므낫세의 머리로 옮기고자 합니다.

> 그의 아버지에게 이르되 아버지여 그리 마옵소서 이는 장자이니 오른손을 그의 머리에 얹으소서 하였으나_창 48:18

요셉이 얼마나 급했던지 원어에 보면 "안 돼요! 그렇게는! 아버지!" 이렇게 문장이 뒤죽박죽입니다. 빨리 이 축복을 바꾸려고 급하게 막 외친 것이죠. 이것만 봐도 요셉은 앞날을 보는 믿음의 눈이 없습니다.

전에 이삭은 야곱이 자신을 속여 장자의 축복을 받아 낸 것을 알고 어떻게 했습니까? 그것이 잘못되었음을 알았지만, 그 축복을 번복하지는 않았습니다. 하물며 야곱은 의도적으로 에브라임을 축복했는데, 그 축복을 뒤집겠습니까?

에서는 나중에 야곱에게 속은 것을 알고는 "내 아버지여 아버지가 빌 복이 이 하나 뿐이리이까 내 아버지여 내게 축복하소서 내게도 그리하소서" 하며 소리를 높여 울었습니다(창 27:38). 그러나 요셉은 에서보다는 훨씬 '교양파'라 병든 아버지 앞에서 무섭게 자신의 감정을 조절합니다. 그러나 이는 조용한 사람이 단호할 때 더 무서운 것처럼, 무섭게 상대방을 붙드는 행동입니다. 바위같이 단단한 마음을 지닌 요셉은 지금 강한 명령조로 아버지에게 외치고 있습니다. "반드시 돌이켜야 합니다! 아버지! 오른손을 우리 장자 므낫세 위에 얹으세요! 아버지!"

요셉은 야곱의 눈이 어둡다는 것을 알고는 빨리 손을 바꾸라고 했습니다. 즉, 그는 아버지의 안수를 쉽게 여겼습니다. 요셉이 억울하게 감옥에 있을 때 하나님은 이스라엘의 구원을 위해 요셉에게 꿈을 주시고, 바로의 꿈도 해석할 수 있게 해 주셨습니다. 하지만 총리가 된 지금은 다릅니다. 요셉이 배부르고 등 따뜻한 상황입니다. 이때는 하나님이 요셉에게 앞날에 대해 알려 주지 않으십니다. 자기 유익을 구하고자 하니 자기 자녀들의 앞날을 하나도 모르는 겁니다. 그러나 요셉이 십자가를 길로 놓고 걸어갈 때는 하나님의 꿈을 해석할 수 있었습니다.

우리가 십자가를 잘 지고 가는 것 같아도, 길고 짧은 것은 끝까지 대봐야 압니다. 요셉도 전에는 십자가를 잘 지고 갔는데, 지금은 배가 불러서 십자가에서 내려왔습니다. 야곱이 아브라함의 하나님, 이삭의 하나님, 야곱 자신의 하나님이 요셉의 하나님이 되게 해 달라고 기도한 것은 그만큼 요셉이 자타가 공인하는 출중한 인물이기 때문입니다. 요셉은 확실히 야곱 집안의 구원자 노릇을 했습니다. 총리로서 돈도 많으니 가족에게 못 해 줄 게 없었죠. 그러나 여러분, 돈으로 잘해 주는 것을 믿음으로 착각해서는 안 됩니다.

야곱이 죽기 직전에 결정적인 한계를 드러낸 요셉입니다. 결국 요셉의 행동은 그가 하나님의 선택을 이해하지 못한다는 것을 여실히 보여 줍니다. 교양과 도덕으로는 이것을 결코 이해할 수 없습니다. 요셉은 구속사를 이해하지 못한 채 축복은 맏아들이 받아야만 한다는 고정관념에 딱 갇혀 있었습니다. 그래서 아버지가 팔을 엇바꾸어 차자를 축복한 것을 두고 '아니, 이 양반이 노망이 들었나? 눈이 안 보여서 그러나?'라고 생각한 겁니다. 그 정도로 요셉의 눈이 악하여졌다는 겁니다. 총리면 총리지 아버지에게조차 자신이 총리인 줄 알았습니다. 이처럼 평소에는 부드럽던 사람도 자기 이해타산이 걸리면 본성이 딱 드러나기 마련입니다.

그런데 여기서 정작 장자의 축복을 빼앗긴 사람은 므낫세 아닙니까? 그러면 오히려 므낫세가 난리를 쳐야 되잖아요. 하지만 므낫세는 에브라임이 장자의 축복을 받아도 하나도 원망하거나 불평하지 않았습니다. 하나님의 섭리를 인정하고 "아멘"으로 받아들였습니다. 여기서 인정하지 못하는 사람은 소위 믿음 좋은 아버지 요셉뿐입니다.

이후 므낫세는 이스라엘의 열두 지파에 그 이름을 찬란히 올렸죠. 민수기에 보면, 이때로부터 400년이 지난 출애굽 당시 1차 인구조사에서 에브라임 지파는 40,500명이고, 므낫세 지파는 32,200명이었습니다(민 1장). 그런데 40년의 광야생활을 거치고 2차 인구조사에서는 에브라임 지파가 32,500명으로 총 8,000명이 줄었습니다. 이에 반해 므낫세 지파는 20,500명이 늘어서 52,700명이 되었습니다(민 26장).

므낫세가 이 기가 막힌 상황을 겸손히 인정했더니 그 후손이 이런 복을 받게 된 줄 믿습니다. 하나님은 항상 교만한 자를 미워하시고 약한 자를 통해 일하십니다. 그 원리를 잘 보여 주는 것이 바로 므낫세 지파의 슬로브핫의 딸들입니다. 슬로브핫의 딸들은 아들이 없는 자신들의 가문이 기업을 이어 가도록 믿음으로 상속권을 요구했습니다. 이에 하나님은 "슬로브핫 딸들의 말이 옳도다"(민 27:7) 하며 그들의 요청을 들어주시죠. 이처럼 어느 때를 막론하고 하나님이 겸손한 자, 약한 자를 들어 쓰신다는 사실에는 변함이 없습니다.

그런데 요셉은 어쩜 야곱에게 "아버지! 그리 마옵소서"라고 할 수 있습니까? "내가 지금껏 이 나라를 먹여 살리고, 당신들을 먹여 살렸는데 어떻게 내가 원하는 대로 축복을 안 해 줄 수가 있느냐?"라고 따질 수 있습니까? 이럴 때 하나님의 선택이 이해되지 않는 사람은 "아니, 목사님은 왜 훌륭한 요셉을 끌어내리지 못해 저러시나" 이렇게 생각할 수 있습니다. 그래서 제가 이 설교를 할 때마다 얼마나 욕을 바가지로 먹는지 모릅니다. 그러나 여러분, 저는 지금 요셉을 욕하는 것이 아닙니다.

야곱의 열두 아들 중에서 요셉이 훌륭한 것은 맞습니다. 그가 너무 훌륭하다 보니 야곱조차 마지막까지 그의 신앙이 믿음인지 성품인지 분별이 안 되는 부분이 있었습니다. 물론 야곱의 열두 아들 모두 믿음의 조상에 올라갔죠. 그래도 열두 아들 중에서 예수님의 직계 조상을 가려내려면 야곱이 반드시 믿음으로 자녀를 분별해야만 합니다.

야곱은 유다가 믿음이 제일 낫다는 것을 알면서도 왜 끝까지 요셉을 밀고 싶었을까요? 아무리 믿음이 좋아도 며느리와 동침한 유다는 세상적으로 너무 지질해 보이잖아요. 여러분은 훌륭한 요셉과 지질한 유다 중에 누구와 살고 싶습니까? 아마도 대부분은 요셉이라고 답할 것입니다. 그러나 믿음의 사람 야곱은 요셉의 행동을 보고 드디어 그를 분별해 냅니다.

둘째, '믿음'이냐, '성품'이냐를 분별합니다

그의 아버지가 허락하지 아니하며 이르되 나도 안다 내 아들아 나도 안다 그도 한 족속이 되며 그도 크게 되려니와 그의 아우가 그보다 큰 자가 되고 그의 자손이 여러 민족을 이루리라 하고_창 48:19

"나도 안다, 내 아들아. 나도 안다." 야곱의 이 말이 이번 챕터의 핵심입니다. 야곱의 말을 풀어 보면 이렇습니다. "요셉아, 네가 원하는 것처럼 나도 너를 축복하고 싶단다. 네가 그렇게 당하고도 형들을 용서하고 애굽에까지 초청해서 지금 모든 가족을 먹여 살리고 있잖니? 내가 어찌 네가 원하는 것을 해 주고 싶지 않겠니? 그러나 내가 주고자 하는 것은 영생, 즉 영적인 장자권이란다. 세상의 장자권이 아니란다. 그런데 그 장자권은 잘난 사람이 받는 것이 아니다. 지금까지 늘 의외의 사람이 받아왔단다."

그렇습니다. 영적인 장자권을 지금까지 누가 받았는지 보세요. 가인과 아벨이 아닌 다른 씨인 셋이 받았고, 잘난 아들 이스마엘이 아닌 눈만 껌벅껌벅하는 이삭이 받았습니다. 힘세고 남자다운 에서가 아니라 사기꾼 야곱이 받았습니다. 유다와 다말의 자식 중에서도 그래요. 먼저 나온 세라보다 나중에 나온 베레스가 받았습니다. 사무엘은 사울을 대신할 새 왕으로 이새의 아들 중 형들이 아닌 막내 다윗을 세웠습니다(삼상 16장). 천국 잔치 비유를 봐도 그렇습니다(눅 14장). 처음에 초대받은 사람들은 이런저런 핑계를 대며 한 사람도 잔치에 오지 않았습니다. 결국 가난한 자들과 몸 불편한 자들과 맹인들과 저는 자들이 잔치에 참여했습니다.

아마도 야곱은 요셉 앞에서 자신의 인생을 이렇게 술회(述懷)하지 않았을까요?

요셉아, 나는 외삼촌 라반의 집에서 너희 엄마 라헬을 얻기 위해 무려 14년이나 고생을 했단다. 네 엄마를 얻고 거기서 잘살아 보려고 했지. 하지만 외삼촌이 나를 괴롭히고 속이니 몰래 떠날 수밖에 없었단다. 나중에 알고 보니 네 엄마가 도망칠 때 하나님이 그리도 싫어하시는 드라빔을 훔쳤더구나. 네 엄마가 그러리라고 내가 상상이나 했겠니? 그런데 외삼촌 라반이 드라빔을 찾으러 왔을 때, 나는 네 엄마가 그런

줄도 모르고, "드라빔을 누구에게서 찾든지 그는 살지 못할 것이라"고 큰소리치며 저주했단다. 결국 내 입으로 사랑하는 네 엄마를 저주한 꼴이 되었지.

나는 전에 하나님께 벧엘로 돌아오겠다고 약속했단다. 하지만 그 약속을 부러 잊은 채 잘살아 보겠다며 세겜에 눌러앉았지. 그런데 네 누이 디나가 세겜에 나갔다가 강간을 당했잖니? 그 일로 레위와 시므온까지 살인 사건에 연루되었지. 그러나 나를 긍휼히 여기신 하나님은 그때 내게 벧엘로 돌아가라고 명령하셨지. 그리고 나는 그 명령대로 벧엘로 돌아왔단다. 그때 나는 알았어. 하나님이 '아니다' 그러시면 아닌 거구나. 그런데 나는 꼭 일이 벌어지고 난 뒤에야 그것을 알았단다. 처음부터 알지를 못했어.

요셉아, 내가 열두 아들 중에서도 너를 얼마나 사랑했니? 그야말로 특별한 사랑이었지. 하지만 우리는 네가 열일곱 살까지만 함께 있을 수 있었어. 너도 잘 알다시피 그다음부터 너는 내 인생에서 죽은 아들이었지. 그러니까 네 엄마 라헬도 내가 사랑했지만 내가 죽인 꼴이 되었고, 너 역시 그랬지. 나는 정말 내가 한 저주로 인해 네가 죽었다고 생각했어. 그때 나는 알았단다. 정말 인생살이 내 마음대로 되는 것이 없구나.

내가 기근을 피해 애굽에 왔을 때가 130세였다. 솔직히 내 나이도 있고, 가나안 땅에서 안정되게 살고 싶었지. 그래서 떠나고 싶지 않은 마음도 있었어. 하지만 네가 애굽의 총리가 되었다고 하는데 어떻게 안 가 보겠니? 사람은 늙으면 고향에서 살고 싶어 한다는데, 내가 그것도 못하고 여기에 있구나. 그러나 결정적으로 내가 여기 있는 것은 하나님이 가라고 하셨기 때문이다.

요셉아, 실은 나도 오른손을 들어서 므낫세를 축복하려고 했단다. 그런데 하나님이 "아니다" 하셔서 "네, 알았습니다" 하고 바로 팔을 엇바꾸어 얹은 것이다. 성령님이 감동을 주시니 이제 험한 일을 겪지 않고도 이렇게 금세 깨달아지는 게 있구나. 우리 인생은 내 마음대로 살아 봤자 돌아갈 뿐이야.

사랑하는 요셉아, 내가 147세가 되어서야 너의 신앙이 믿음인지 성품인지 분별했어. 네가 하도 훌륭해서 그동안 부러 모른 척하고 싶었단다. 그런데 이제는 확실히 알았구나.

여러분, 이것이 "나도 안다, 내 아들아. 나도 안다"의 뜻입니다. 요셉이 팔을 엇바꾸어 얹은 야곱을 기뻐하지 아니하고 "아버지! 그리 마옵소서" 한 것에 대한 야곱의 반응입니다. 평생 요셉을 그리도 좋아하다가 마지막 천국 문 앞에서 드디어 요셉을 분별한 야곱입니다. 야곱은 이렇게 마지막에 알았는데, 여러분은 더 빨리 알았으니 얼마나 감사합니까?

하나님이 가라고 하시는 길을 가는 것이 가장 빠른 길입니다. 말씀 묵상하고, 공동체에 묻는 것이 더디 가는 길 같아도 나중에 가 보면 알게 됩니다. 하나님은 실수가 없으시기 때문입니다. 내 자녀가 입시에 떨어져도 그렇습니다. 말씀대로 적용했다면, 그것은 결코 실패가 아닙니다. 세상의 모든 경험과 지식을 다 동원한다 해도 우리는 자녀들의 앞길을 스스로 알 수 없습니다. 하나님이 알게 해 주셔야 알 수 있습니다.

본문을 보면 하나님이 처음부터 끝까지 야곱을 이스라엘로 호칭하십니다. 그를 야곱이 아닌 이스라엘로 부르실 만큼 야곱이 성숙해졌기 때문입니다. 한마디로 야곱에게 '격'이 생겼습니다. 아무리 오래 믿고, 잘 믿는 것 같아도 세상의 지식과 경험을 앞세우며 자신이 다 안다고 착각한다면 그 사람은 아직 야곱입니다. 반면에 믿은 지 얼마 되지 않아도 "나는 하나님의 인도하심으로만 산다"고 고백하는 사람은 이미 이스라엘입니다.

야곱의 뜻은 '사기꾼', '속이는 자', '도둑'이고, 이스라엘의 뜻은 '하나님과 씨름하는 자'입니다. 하나님이 야곱에게 이스라엘이란 이름을 주셨어도 야곱이 그동안 얼마나 야곱과 이스라엘 사이를 왔다 갔다 했는지 모릅니다. 그러나 마지막에는 이스라엘로 자리매김했습니다. 드디어 하나님이 야곱을 이기셨습니다. 할렐루야! 야곱을 이기신 하나님이 결국은 나도 이기실 것입니다. 아직 야곱과 이스라엘 사이에 있습니까? 우리도 결국은 하나님과 겨루어 이긴 이스라엘이 되어, 마지막에 정확하게 요셉을 분별하게 될 줄 믿습니다.

그 날에 그들에게 축복하여 이르되 이스라엘이 너로 말미암아 축복하기를 하나님이 네게 에브라임 같고 므낫세 같게 하시리라 하며 에브라임을 므낫세보다 앞세웠더라_창 48:20

야곱은 요셉의 태도에 조금도 흔들리지 않고 에브라임을 앞세우며 축복했습니다. 그는 누구보다 아브라함의 하나님, 이삭의 하나님, 야곱의 하나님이 요셉의 하나님으로 이어지기를 간절히 원했습니다. 그러나 요셉의 어이없는 태도로 인해 그 바람은 결국 이루어질 수 없게 되었습니다. 야곱은 평소에 '과연 모든 것을 갖추고도 예수님을 잘 믿을 수 있을까? 우리 요셉을 보면 그럴 수 있을 것 같기도 한데, 정말 그럴까?' 생각했을 것입니다. 그러나 요셉의 반응을 보고 '아, 요셉이 2퍼센트 부족했던 것이 과연 결정적이었구나' 인정할 수밖에 없었습니다.

아무리 봐도 고난 없이 예수 믿는 것은 거의 불가능한 일 같습니다. 물론 요셉이 고난이 없었던 것은 아닙니다. 그러나 과연 애굽의 총리가 되어서도 하나님을 잘 믿을까 싶었는데, 결정적인 순간에 그는 구속사를 깨닫지 못하는 모습을 보여 주었습니다. 요셉이 너무 훌륭하고 좋은 사람인데, 안타깝게도 야곱이 하는 믿음의 말을 알아듣지 못했습니다.

> 21 이스라엘이 요셉에게 또 이르되 나는 죽으나 하나님이 너희와 함께 계시사 너희를 인도하여 너희 조상의 땅으로 돌아가게 하시려니와 22 내가 네게 네 형제보다 세겜 땅을 더 주었나니 이는 내가 내 칼과 활로 아모리 족속의 손에서 빼앗은 것이니라_창 48:21~22

야곱은 '여호와께서 더하게 하신다'는 요셉의 이름 뜻대로 세겜 땅 일부분을 요셉에게 더 주었습니다. 그러면서 그것이 자신이 칼과 활로 빼앗은 것이라고 말합니다. 이렇게 야곱은 마지막까지 요셉을 절절히 사랑했습니다. 결과적으로 요셉 지파는 에브라임과 므낫세 두 지파를 합쳐 많은 인구를 갖게 되었습니다.

그런데 여기서 야곱이 말하는 아모리 족속의 멸망은 장차 있게 될 가나안 정복을 가리키는 말입니다. 그렇습니다. 야곱은 지금 일어나지도 않은 일을 이미 이루어진 것처럼 완료형으로 표현했습니다. 이는 곧 "나의 후손은 반드시 가나안에 들어갈 것인데, 능력자인 네가 반드시 끌고 가야 한다"고 요셉에게 명령한 것입니다.

에브라임 지파는 야곱의 예언대로 정말 막강했습니다. 그 유명한 모세의 후계자 여호수아도 에브라임 지파 출신이었죠. 반면에 예수님의 직계 조상이 될 유다 지파는 오랫동안 숨죽이고 있다가 왕정 시대가 되어서야 짠! 하고 다윗이 등장했습니다. 그리고 다윗으로부터 이어진 계보는 마지막에 예수님으로 완성되었습니다. 예수님이 마지막에 등장하셨습니다. 우리도 항상 마지막까지 가 봐야 아는 것이 있습니다. 에브라임 지파는 육적으로는 수가 많은 큰 지파가 되었지만, 결국 영적인 장자권은 유다 지파가 가졌습니다.

이때 요셉이 구속사를 깨닫지 못한 것이 참 작은 차이 같지만, 이는 결정적이면서 절대적인 차이를 가져왔습니다. 요셉이 아무리 잘난 총리면 뭐 합니까? 그 후손인 에브라임 지파는 예수님이 오실 유다 지파를 때마다 괴롭히는 지파로 자리매김했습니다.

분열 왕국 시대에 남유다를 제일 괴롭힌 세력이 이방 나라 앗수

르도 아니고, 바벨론도 아니고, 형제 나라인 북이스라엘의 에브라임 지파였습니다. 마찬가지로 가만 보면 안 믿는 사람보다 소위 믿는 사람, 그것도 직분 있는 사람들이 우리를 더 힘들게 할 때가 많습니다.

여하튼 죽음을 앞둔 야곱이 마지막으로 요셉을 분별해 내는 기가 막힌 일이 일어났습니다. 야곱은 라헬이 죽고 나서도 '조금만 더 왔으면 약속의 땅에 거할 수 있었을 텐데……' 하면서 그렇지 못한 것이 못내 슬펐을 겁니다. 이처럼 우리에게도 다 온 것 같은데 아직 더 가야 하는 '조금'이 있습니다. 특히 아내가 라헬처럼 아름답고, 자녀가 요셉처럼 효자일 때는 그냥 그 자체로 되었다 여기고 싶은 생각이 왜 안 들겠습니까. 더욱이 요셉은 예수님의 표상 아닙니까? 온 가족을 극진히 돌보고 사랑했을 뿐만 아니라 자신을 죽이려고 한 형들까지 용서했습니다. 하지만 요셉은 딱 거기까지였습니다. 구속사로 더 나아가지 못했습니다.

성경에서 숫자 7은 하나님의 수를, 6은 세상의 수를 상징합니다. 세상 권력과 지혜를 상징하는 666은 사탄의 수입니다(계 13:18). 세상에서 아무리 최고라 할지라도 666은 삼위 하나님의 수 777에는 결코 이르지 못합니다. 그렇다고 제가 요셉이 사탄이라고 하는 게 절대 아닙니다. 세상적으로 너무 완벽하면 예수님이 들어갈 틈이 없다는 말입니다.

'이 아이는 성품도 좋고, 공부도 잘하고, 모든 것을 잘 해내니까 내가 조금만 더 이끌어 주면 예수도 잘 믿을 것 같아' 이런 생각이 드는 자녀가 있을 수 있지요. 하지만 그 '조금만'이 안 되는 경우가 얼마나 허다합니까? 야곱에게도 요셉이 조금만 하면 될 것 같은 마음이 끝까지 있었을 겁니다.

그러나 여러분, 고난으로 자아가 완전히 무너지지 않고서는 우리는 구속사를 온전히 깨달을 수 없습니다. 우리의 마지막 분별은 구원의 분별입니다. 이는 곧 믿음의 분별입니다. 우리는 믿음으로만 구원에 이를 수 있기 때문입니다. 행위로 따라갈 자가 없는 요셉을 마지막에 분별해 낸 야곱이야말로 과연 믿음의 조상답습니다. 저는 야곱이 요셉을 너무나도 사랑하기에 마지막에 구원의 분별, 믿음의 분별을 해 주고 갔다고 생각합니다.

그런데 야곱은 아무리 요셉을 절절히 사랑해도 그에게 "네가 최고다" 그렇게 말하지 않았습니다. 오히려 "요셉아, 믿음으로는 유다가 최고다. 그러니 너는 유다 형님을 잘 따라가야 한다"라고 말했다고 볼 수 있습니다. 여러분이 직분이 있든, 믿은 지 오래됐든 상관없습니다. 아무리 지질해 보여도 상대방이 믿음이 있다면 그를 따라야 합니다. 하나님의 선택에는 결코 차별이 없기 때문입니다.

그래서 배우자를 고를 때도, 직장을 구할 때도 항상 우리의 기준은 구원이 되어야 합니다. 구원 때문에 결혼하고, 구원 때문에 직장을 택해야 합니다. 심지어 내가 병이 들어도 그렇습니다. 모든 일을 구원으로 연결해야 합니다. 최고의 분별은 구원의 분별, 믿음의 분별이기 때문입니다. 하지만 요셉은 그러지 못했습니다. 그의 관심은 그저 자기 자식이 축복받는 것에만 국한되었습니다.

요셉 같은 한 집사님의 큐티 나눔입니다.

하나님은 왜 야곱과 같이 야비한 사기꾼을 선택하여 구속사의 계보를 이어 가게 하시는 걸까요? 주변의 교활하고 약삭빠른 사람 때문에 내가 손해를 보고, 심지어 그런 사람이 예수를 믿는다고 떠벌릴 때마다 저는 믿음에 대한 근본적인 회의감에 빠져 하나님의 선택이 이해되지 않았습니다. 솔직히 그동안 교회에 다니면서 "남의 죄를 보지 말고 네 죄만 보고 가라"는 말씀도 거북하게 들렸습니다. '죄'라는 단어가 주는 거부감 때문이었습니다. 그러나 말씀을 통해 야곱과 같은 저의 추한 모습을 하나씩 발견하게 되면서 이제는 제가 야곱보다 나을 것이 없는 존재임을 인정하게 되었습니다.

알코올의존증과 폭력적인 주사가 있는 아버지 때문에 부모님은 극심한 불화를 겪으셨습니다. 결국 두 분은 11년 넘게 별거 생활을 하셨습니다. 큰아들인 저는 그런 아버지를 11년 동안 모시고 살았고, 별거 중인 어머니도 따로 봉양했습니다. 그러나 형제들은 부모님을 일절 보지 않고 살았습니다. 그러다 몇 년 전에 아버지가 소천하셨습니다. 췌장암 말기로 2개월 시한부 선고를 받은 아버지는 항암을 포기하고, 즉시 병상 세례를 받으셨습니다. 아버지는 자기 죄를 인정하며 마지막 두 달 동안 어머니와 따뜻한 정을 나누셨습니다. 그렇게 두 분은 50년 넘게 불화하며 부부로서 허송세월을 보낸 아쉬움과 후회를 달래셨습니다. 어머니뿐만 아니라 동생도 아버지와 관계를 회복했습니다. 그러나 누나는 아버지가 소천하기 이틀 전에야 겨우 찾아왔고, 매형은 오지도 않았습니다. 아버지의 소천은 저희 부부에게 구원의 확신을 더욱 확고히 하는 사건이 되었습니다.

그런데 1년 후 누나가 아버지가 남기신 돈을 달라며 소송을 제기했습니다. 그 일로 저는 세무조사까지 받게 되었습니다. 저는 무려 6개월 동안 15년간의 모든 통장 내역을 내놓고 조사를 받아야만 했습니다. 그러나 아버지의 재산은 오래전에 이미 처분하여 치료비와 생활비로 다 써 버렸기에 아버지가 남기신 돈은 정말 얼마 되지 않았습니다. 상속 관계를 정리해 보니 아버지 통장에는 겨우 200만 원만 남아 있었습니다. 어머니는 이런 누나를 보고, 자신이 죽으면 또 소송을 하려고 들 것이니 "내가 죽어도 네 누나에게 알리지 말라"고 하셨습니다.

저는 10년 넘게 아버지를 모시고 살았을 뿐만 아니라, 어머니께 생활비를 드려 왔습니다. 이제는 제가 처한 문제에 대해 분별력을 가지고 하나님의 합당한 뜻을 구하고 싶습니다. 제가 구속사의 계보를 잇는 선택을 하도록 하나님이 누나와의 관계에서 분별력과 지혜를 주시기를 기도합니다.

역기능 가정에서 자란 이 집사님은 지금은 엘리트 법조인의 길을 걷고 있습니다. 정말 딱 요셉 같지 않습니까? 마지막까지 힘든 아버지를 너무나도 잘 모셨는데, 졸지에 누나가 소송을 제기해서 생색날 일이 생겼습니다. 그런데 한편으로는 그래요. 당대 신앙인인 이 집사님이 이런 험악한 일을 당하지 않았다면 자신의 신앙이 믿음인지 성품인지 분별할 수 있었을까요? 저는 하나님이 이분을 너무 사랑하셔서 이런 험악한 일을 허락하셨다고 생각합니다.

여러분도 '이 누나가 왜 이럴까?' 한번 생각해 보시기 바랍니다.

누나는 힘들고 어렵게 살면서 부모 사랑도 제대로 받지 못하고 살았습니다. 그런데 누나가 보기에 자신과 달리 동생은 하는 일마다 잘되고 부모님 사랑도 독차지하는 것만 같습니다. 이분은 그저 장남이라는 의무감에 부모님을 봉양하는 것인데도 말입니다. 한마디로 누나에게 집사님은 존재 자체가 가해자입니다. 이럴 때는 어떤 이유도 통하지 않는 것입니다.

정말 기가 막히지만, 믿음이 없는 누나는 사랑의 대상이지 믿음의 대상이 아닙니다. 믿음 없는 식구에게 무엇을 바라겠습니까? 무엇보다 이 문제는 절대 성품으로 참을 수 있는 일이 아닙니다. 따라서 집사님은 구속사적인 시각으로 이 문제를 봐야 합니다.

그러면 여러분 중에는 "구속사로 참는 것이 뭔데요?" 이러면서 분해하는 사람이 한둘이 아닐 겁니다. 그러나 "그는 나보다 옳도다"고백한 이후 유다의 인생을 생각해 보세요. "나 같은 죄인 살리신 주 은혜 놀라워"의 고백이 있는 사람은 구원 때문에 참고, 인내하고, 용서하는 인생을 살게 됩니다. 하지만 나를 살리신 주님의 은혜를 모르면 인간은 계속해서 옳고 그름을 따지며 지옥을 살 수밖에 없습니다.

제가 보기에 집사님은 이 정도의 고난이 있지 않았다면 교회에 붙어 있지 않았을 것 같습니다. 죄에 대한 이야기만 들어도 거부감이 들었다고 하지 않았습니까? 그런데 누나의 수고로 구속사를 더욱 깊이 묵상하게 되었으니 오히려 누나에게 감사해야 합니다. 누나가 이분을 위해 정말 수고한 것입니다.

우리가 마지막까지 분별해야 하는 이유는 모두 구원 때문임을

기억하고, 구원의 분별, 믿음의 분별을 하는 여러분이 되기를 기도합
니다.

✛ 나는 믿음으로 신앙생활을 합니까? 성품으로 신앙생활을 합니까? 스스
로 진단해 보기 바랍니다. 성품으로 신앙생활하는 것은 결국 외모로 차
별하는 것과 같습니다. 내가 외모로 차별하는 것은 무엇입니까? 구원의
분별, 믿음의 분별이 최고의 분별임을 믿습니까?
✛ 나는 야곱처럼 마지막까지 안타까운 마음으로 '믿음이 최고다'라고 이
야기하는 부모입니까? 요셉 같은 효자라서 아직 구속사의 말씀이 안 들
리지는 않습니까?

저는 아버지의 알코올의존증과 폭력으로 부모님의 불화가 극심한 역기능 가정에서 자랐습니다. 결국 두 분이 별거하시는 바람에, 저는 아버지를 직접 모시면서 따로 사시는 어머니를 봉양해야만 했습니다. 그러다 아버지가 췌장암 말기 판정을 받으셨습니다. 그때 아버지는 평생 처음으로 자기 잘못을 인정하고, 병상 세례를 받으셨습니다. 그리고 11년 만에 어머니를 만나 마지막 두 달 동안 따뜻한 정을 나누고 소천하셨습니다. 이 일은 저희 부부에게 구원의 확신을 굳건히 해 주었을 뿐만 아니라, 어머니가 교회에 정착하는 계기가 되었습니다. 동생도 그때 아버지와 관계를 회복했지만, 누나는 아버지가 소천하기 이틀 전에야 겨우 찾아왔습니다.

그런데 아버지가 돌아가시고 1년 후, 누나가 아버지의 유산을 달라며 제게 소송을 제기했습니다. 지난 11년간 저 혼자 아버지의 병 수발을 들고, 어머니까지 봉양했는데 말입니다. 그러다 보니 요셉이 장자와 차자를 어긋맞게 안수하는 야곱을 보고 기뻐하지 않은 것처럼(창 48:17~18) '온 가족이 싫어하고 두려워하는 아버지를 모신 대가가 이것인가? 하나님은 왜 내가 원하는 축복은 주지 않으시는가?' 하며 이 상황을 이해할 수 없었습니다. 더욱이 누나는 원하는 돈을 다 주기로 하고 재판을 끝냈는데도, 끝내 가족과 연락을 끊어 버렸습니다. 그러자 어머니는 당신이 세상을 떠나면 누나가 또 소송을 제기할 것이라면서 "내가 죽어도 네 누나에게는 절대 알리지 말라"고 하셨습니다.

공동체에서 이 일을 나누니 목사님은 "누나가 왜 그럴까? 생각해 보라"고 하시면서 "힘든 삶을 살고 있는 누나에게 변호사인 집사님은 존재 자체가 가해자일 수 있다. 먼저 구원받은 사람이 화해의 책임이 있으니 어머니가 소천하시면 당연히 누나에게 알려야 한다"고 처방해 주셨습니다. 그 말씀을 듣고 저는 누나와의 관계를 객관적으로 돌아보게 되었습니다. 그러자 요동하던 제 마음이 어느새 편안해졌습니다.

솔직히 저는 야곱 같은 사기꾼을 선택하신 하나님의 역사를 이해할 수 없었습니다. 믿는다고 하면서도 교활하고 약삭빠른 사람들 때문에 억울하게 손해를 봤던 경험을 곱씹으며 오랫동안 믿음에 대한 근본적인 회의감에 빠져 있었습니다. 하지만 믿음의 공동체를 만나 날마다 큐티를 하며 저의 위선적인 모습을 하나씩 깨닫게 되었습니다. 그제야 제가 야곱보다 나을 것이 없는 죄인임을 인정하게 되었습니다. 저의 교양과 능력으로는 하나님의 선택을 이해할 수 없었는데, 하나님은 가족 간에 험악한 일을 겪게 하심으로 제가 믿음으로 신앙생활을 하고 있는지 성품으로 하고 있는지 분별하게 해 주셨습니다. 이제는 야곱이 요셉에게 "나도 안다, 내 아들아, 나도 안다"고 한 것처럼(창 48:19), 저도 구원을 위해 분별하고 마지막까지 누나를 축복하며 갈 수 있기를 기도합니다.

하나님 아버지, 야곱이 가장 어려운 마지막 분별을 했습니다. 일평생 놓을 수 없던 요셉을 드디어 내려놓고 그의 신앙이 성품인지 믿음인지 비로소 분별했습니다. 결코 가능할 것 같지 않은 일이 야곱에게 일어났습니다.

주님, 그런데 우리 가운데는 구속사를 알아듣지 못해 요셉처럼 성을 내고, 불쾌하게 여기는 지체들이 있습니다. 그럼에도 불구하고 그들의 성냄에 "나도 안다, 내 아들아", "저도 알아요, 아버지, 어머니" 이렇게 끝까지 인내하며 말해 주는 우리가 되기를 원합니다.

특별히 가족이 옆에서 피를 철철 흘리며 죽어가도 전혀 눈도 깜짝하지 않는 식구들을 위해 기도합니다. 아내가 병들고, 자식이 집을 나가도 주식을 절대 못 내려놓고, 도박을 절대 못 내려놓는 그 가족을 주여, 어찌합니까? 그 남자, 그 여자를 절대 못 내려놓겠다고 하는 그 가족을 어찌합니까? 저들이 어찌해야 내려놓을 수 있겠습니까? 누구의 말도 들리지 않고, 오직 자기밖에 모르는 이런 식구들을 어찌해야 합니까? 주님, 우리가 구속사를 아무리 잘 알아도 정작 상대방이 받아들이지 않으면 무슨 말을 어떻게 할 수 있겠습니까?

야곱이 마지막까지 요셉이 원하는 것을 해 주고, 천국에 갈 수도 있었지만, 그래도 "그것은 아니다"라고 말해 준 것처럼, 우리도 그렇게 끝까지 분별하여 말하도록 도와주옵소서. 최고의 사랑은 가족을 구원으로 이끄는 것임을 알게 하여 주옵소서. 여전히 깨닫지 못하는 우리 식구들을 불쌍히 여겨 주시고, 그 마음을 돌이킬 수 있도록 주여, 역사하여 주옵소서. 성품이 아닌 오직 믿음으로 천국에 가는 것임을 알고, 우리 모두 마지막까지 구원의 분별, 믿음의 분별을 할 수 있도록 도와주옵소서. 예수님 이름으로 기도드립니다. 아멘.

10

최고의 유언

창세기 49장 1~12절

하나님 아버지,
후일에 당할 일을 알려 주는
최고의 유언을 하기 원합니다.
말씀해 주옵소서. 듣겠습니다.

지난 9챕터에서 죽음을 앞둔 야곱이 마지막 분별로 구원의 분별, 믿음의 분별을 했습니다. 야곱이 아무리 요셉을 믿음의 자리에 올려놓고자 해도 요셉은 결국 자기가 한 말로 분별을 당했죠. 그야말로 성품으로 나도 속고, 남도 속이는 야곱 집의 대단한 구원자 요셉입니다. 그러나 야곱은 험악한 세월을 보내면서 주님과 겨루어 이긴 이스라엘이 되었습니다. 그래서 요셉과 나머지 아들들을 믿음으로 분별할 수 있었습니다.

본문에서 야곱은 자녀들이 후일에 당할 일을 객관적으로 예언합니다. 이런 야곱의 분별은 결국 자녀들에게 최고의 축복이 되었습니다. 말 그대로 최고의 유언이 된 것이죠. 이 유언을 하기 위해 야곱이 평생 험악한 삶을 살았다고 해도 과언이 아닙니다. 과연 최고의 유언은 무엇인지 본문을 통해 살펴보겠습니다.

최고의 유언은 후일에 당할 일을 알려 줍니다

1 야곱이 그 아들들을 불러 이르되 너희는 모이라 너희가 후일에 당

할 일을 내가 너희에게 이르리라 2 너희는 모여 들으라 야곱의 아들
들아 너희 아버지 이스라엘에게 들을지어다 _창 49:1~2

야곱의 아버지 이삭은 자신이 죽기 전 몰래 큰아들 에서를 불러
축복하려고 했습니다. 하지만 야곱은 공개적으로 아들들을 불러서
축복합니다. 처음에는 야곱도 요셉만 축복하려고 했죠. 그러나 마지
막 분별을 끝낸 야곱은 열두 아들 모두를 불러 그들을 축복합니다.

1절과 2절에서 야곱은 '모이라', '이르리라', '모여 들으라', '들을
지어다'라고 아들들에게 명령합니다. 그런데 두 절의 내용이 상당히
유사합니다. 이렇게 반복되는 것은 그만큼 이 명령이 긴급하고 중요
하다는 말입니다.

"너희는 자발적으로 모여 들으라"는 야곱의 명령에는 단순히 모
여서 듣는 것을 넘어 "들은 바를 깨닫고 준행하는 데까지 나아가라"
는 의미가 담겨 있습니다. 우리도 마찬가지입니다. 말씀을 듣고자 모
이고, 그 말씀을 깨닫고 적용하는 데까지 나아가야 합니다.

그런데 보세요. 야곱이 누구에게 들으라고 합니까? 야곱이 아니
라 '너희 아버지 이스라엘'에게 들으라고 합니다. 이 말이 의미하는
바가 무엇입니까? 말하자면 야곱은 유언을 이렇게 시작하고 있는 겁
니다.

"나 야곱은 죄 많은 인생을 살았다. 남을 잘 속일 뿐만 아니라 돈
과 여자를 좋아했다. 게다가 어마어마한 편애까지 했다. 그래서 하나
님은 내게 허락하신 복을 이루실 때까지 나로 험악한 세월을 살게 하

실 수밖에 없었다. 내 비록 너희에게 말할 자격은 없지만, 그래도 이제는 라헬도 내려놓고 요셉도 내려놓았다. 속이는 자 '야곱'에서 영적 아비인 '이스라엘'이 되어 너희 모두를 언약의 자손으로 축복해 줄 수 있게 된 것이다. 그러니 이제부터 내 말을 잘 듣기 바란다."

그러면 야곱의 아들들은 이스라엘에게 무엇을 들어야 하나요? 바로 '후일에 당할 일'입니다. 창세기 49장 28절에 보면 "그들의 아버지가 그들에게 말하고 그들에게 축복하였으니 곧 그들 각 사람의 분량대로 축복하였더라"고 합니다. 후일에 당할 일을 알려 준 이스라엘의 유언이 바로 '축복'이라는 말이죠.

그런데 우리가 보통 '당한다'고 할 때 잘 먹고 잘사는 것을 당한다고 하지는 않지요. 그런 면에서 '후일에 당할 일'은 십자가를 통과하지 않으면 결코 축복을 받을 수 없다는 말입니다. 성경이 복음을 장차 받을 환난이라고 말하는 이유가 무엇입니까? 십자가 없이는 영광도 없기 때문입니다. 무엇보다 복음을 예방주사로 맞고 가는 것과 그냥 가는 것에는 큰 차이가 있습니다. 따라서 후일에 당할 일을 예방주사 맞으면서 가는 것은 믿는 자의 특권이 아닐 수 없습니다.

죽음을 앞둔 147세의 야곱은 영적 아비 이스라엘이 되어 성령의 감동으로 아들들에게 후일에 당할 일을 유언으로 남겼습니다. 이처럼 믿음의 부모가 자녀를 제대로 봐 주는 것이 자녀에게 얼마나 큰 유익인지 모릅니다. 영적으로 정확하고 객관적으로 분별받는 것만큼 언약의 자녀에게 큰 축복은 없기 때문입니다.

그런데 야곱의 유언은 언뜻 보면 축복 같기도 하고, 다시 보면 저주 같기도 합니다. 저주 같은 유언을 하고 축복이라고 하는 것 같달까요? 여기에는 야곱의 유언을 후세에 경계로 삼게 하려는 뜻이 숨어 있습니다.

우리가 앞서 살펴보았지만, 야곱뿐만 아니라 그의 아들들도 참으로 죄 많은 인생을 살았습니다. 그러나 결론적으로 모두 열두 지파의 조상이 되었죠. 모두 천국에 입성했습니다. 연약하고 죄 많은 우리 인생도 그렇습니다. 하나님이 이들처럼 빚어서 천국 백성 삼으실 줄 믿습니다.

그런데 야곱이 아들들을 축복하는 모습을 보면, 아브라함이나 이삭이 자녀를 축복할 때와는 사뭇 다릅니다. 아브라함도, 이삭도 축복할 때는 언약의 자손 한 사람만 불렀죠. 반면에 야곱은 열두 아들을 공개적으로 불러 모았습니다. 열두 자녀 모두 믿음의 조상으로 찬란히 올려놓고 축복한 것이죠. 그래서 야곱이 한 축복은 좋고 나쁘고를 판단할 수 있는 것이 아닙니다. 각 사람의 분량대로 열두 아들의 역할이 있다고 보면 됩니다(창 49:28).

야곱의 아들들이 후일에 당할 일을 미리 들은 것처럼, 우리도 교회 공동체에 모여 결혼에 대해, 죽음에 대해, 입시에 대해, 직장에 대해, 부도에 대해 등 후일에 당할 일을 미리 듣고 알고 가는 것이 얼마나 축복인지 모릅니다.

교회 공동체에 속해 후일에 당할 일을 미리 들었더니 친정어머니를 객관적으로 보고 지혜롭게 대할 수 있었다는 한 집사님의 나눔입니다.

제 어머니는 자녀 우상이 하늘을 찌르는 데다 기복적인 신앙관을 가진 분입니다. 얼마 전의 일입니다. 어머니는 사위가 바로 옆에 있는데도 "너는 이렇게 살 사람이 아니다. 당장 이혼해라" 하고 말씀하셨습니다. 결국 그 말에 남편은 큰 상처를 받았습니다. 어머니가 그렇게 말씀하신 이면에는 저를 염려하는 마음도 분명히 있었을 겁니다. 하지만 저는 그동안 교회에서 양육을 받으며 어머니를 객관적으로 보게 되었기에 "엄마, 남편이 나를 힘들게 하는 것보다 엄마의 그런 말이 몇천 배는 제 피를 말려요. 때로는 알아도 모른 척 좀 해 주세요. 엄마는 제가 남편과 문제를 잘 극복할 수 있도록 그저 기도해 주시면 돼요"라고 솔직히 말씀드릴 수 있었습니다.

여러분, 이 집사님 너무 멋있지 않습니까? 우리가 가족 관계에서 정말 해석이 안 되는 일이 많은데, 이렇게 친정어머니를 객관적으로 보고 분별해서 말하는 모습이 참 매력적이라는 생각이 듭니다.

오래전 한 권사님은 딸 결혼식에서 울먹이며 이렇게 소감을 밝히신 적이 있습니다. "우리 ○○이가 나중에 저를 생각할 때, 엄마는 주님을 참 사랑했다는 것만 기억해 주면 좋겠습니다." 권사님과 같은 소원을 가진 저도 그 이야기를 듣는데 눈물이 흘렀습니다. 그날 참석한 하객들도 권사님의 고백에 함께 울었습니다. 저는 이런 고백이야말로 최고의 유언이 아닐까 싶습니다.

집사님도, 권사님도 이렇게 말할 수 있었던 것은 여전한 방식으로 교회 공동체에 모여 예배드리고, 후일에 당할 일을 날마다 목장에서 들었기 때문입니다. 우리도 공동체에서 들은 말씀대로 적용하고자 할 때, 어떤 사건도 구원의 기회로 연결되고, 십자가 지는 적용도 이전보다 쉽게 하게 될 줄 믿습니다.

✝ 나는 교회 공동체에 모여 후일에 당할 일을 잘 들으면서 가고 있습니까? 가족을 객관적으로 분별하며 후일에 당할 일을 알려 주는 것이 최고의 유언임을 압니까?

최고의 유언은 탁월하지 못함의 축복입니다

3 르우벤아 너는 내 장자요 내 능력이요 내 기력의 시작이라 위풍이 월등하고 권능이 탁월하다마는 4 물의 끓음 같았은즉 너는 탁월하지 못하리니 네가 아버지의 침상에 올라 더럽혔음이로다 그가 내 침상에 올랐었도다 _창 49:3~4

야곱이 르우벤에게 한 축복은 "탁월하지 못함의 축복으로 깨끗함을 배우라"는 것입니다. 즉, 탁월하지 못함의 십자가를 지고 거룩함으로 나아가라는 뜻입니다.

야곱은 장자인 르우벤이 탁월한 것을 이미 알고 있었습니다. 그 시대의 장자는 부모의 자랑이요, 기쁨일 뿐만 아니라, 특별한 지위와 법적 특권까지 가졌죠. 특별히 야곱이 르우벤을 자신의 능력이라고 생각한 이유가 무엇입니까? "위풍이 월등하고 권능이 탁월하다"는 야곱의 표현대로, 그가 격조와 품위를 갖추었을 뿐만 아니라, 그 영예 또한 드높았기 때문입니다. 르우벤은 소위 말하는 '나이스한 자녀'였습니다. 이렇게 탁월했지만, 그의 성격은 물의 끓음 같았습니다. 이것은 그가 안팎의 환경에 따라 요동하고, 자신이 갖고 싶고 하고 싶은 일은 반드시 해야만 직성이 풀리는 성격이라는 뜻입니다.

그런데 그런 르우벤이 아버지의 밥상도 아닌 침상에 올랐다고 합니다. 4절에서 야곱은 르우벤이 자신의 침상에 올랐다고 두 번이나 말합니다. 어떻게 이런 일이 있을 수 있습니까?

창세기 30장 14절에 보면 르우벤이 들에서 합환채를 얻어 어머니 레아에게 드렸다고 했습니다. 르우벤에게는 남편의 사랑을 받지 못하는 어머니에 대한 안타까움이 있었습니다. 그만큼 따뜻하고 배려가 있는 아들입니다. 그런 아들이 아버지의 첩 빌하와 동침한 것입니다(창 35:22). 그런데 르우벤은 빌하를 겁간한 것이 아닙니다. 그녀와 통간했습니다. 지금으로 치면 장자로서의 모든 특권과 평판과 명예를 다 내려놓고 그야말로 빌하와 세기적인 사랑을 했다고 할 수 있죠.

포 브론슨(Po Bronson)과 애쉴리 메리먼(Ashley Merryman)이 쓴 『양육쇼크』란 책에 보면, 학교 안에서 일어나는 온갖 비열한 행위, 잔인함, 고문 등은 소위 괴롭히기를 일삼는 나쁜 아이들이 저지르는 것이 아니랍니다. 오히려 대부분은 학교에서 인기 있고, 아이들이 좋아하며 존경하기까지 하는 아이가 저지른다고 합니다. 아동 발달의 관점으로 보면 진짜 사회적인 능력이 뛰어난 아이는 공격적이지 않다는 게 오랫동안 진리처럼 인정받고 있었습니다.

그런데 문제 행동을 일삼는 아이들은 정확하게만 사용하면 친절함도 잔인함과 마찬가지로 효과적인 권력 도구가 된다는 사실을 알고 있었다는 겁니다. 관건은 적절한 균형과 타이밍이랍니다. 이 아이들은 친절함과 잔인함이라는 이중전략을 교대로 사용하는데, 여기에 숙달되면 다른 이들에게 혐오감을 불러일으키는 것이 아니라, 오히려 매력적으로 보인답니다. 심지어 친구들뿐만 아니라 교사들도 이 아이들을 좋아하고, 상냥하다고 평가했습니다. 보통 공격성만을 사용하는 아이들은 늘 부정적인 결과로 인해 안 좋은 평판을 얻습니다. 이와 달리 이중전략을 구사하는 아이들은 다양한 수준의 공격성을 선택적으로 사용할 수 있다는 겁니다.

저는 이런 탁월함이야말로 바로 '망하는 탁월함'이라고 봅니다. 친절함과 잔인함이 공존하는 양면의 얼굴을 가졌으니 이 아이들이야말로 정말 사이코패스가 따로 없지 않습니까?

르우벤도 그렇습니다. 그는 친절함으로 아버지의 첩 빌하를 공격했고, 잔인함으로 아버지의 권위에 도전했습니다. 결국 물의 끓음 같은 대담한 탁월함이 르우벤을 망치고 말았습니다. 그래서 야곱이 "너는 탁월하나 탁월하지 못함의 벌을 통해 탁월하신 주님을 바라보라"는 처방을 내린 것입니다.

그런데 창세기 35장 22절에 보면 르우벤이 아버지의 첩 빌하와 동침했다는 소식을 야곱이 아니라, '이스라엘'이 들었다고 했습니다. 그때 이스라엘은 그 소식을 듣고도 르우벤을 야단치지 않았습니다.

저는 처음에 야곱이 참 이상하다고 생각했습니다. 하지만 다시 말씀을 묵상해 보니 야곱이 이해되었습니다. 그 당시는 라헬이 죽은 지 얼마 안 되었을 때잖아요. 아마도 야곱은 죄책감으로 괴로워하며 '내가 이렇게 허물 많은 죄인인데 자식을 야단칠 자격이 있겠는가' 하고 생각했을 것 같습니다. 왜 우리 중에도 '내가 자녀에게 보여 준 것이 하나도 없는데, 내 주제에 누구를 야단치겠는가?' 하며 '나는 절대 말 못해' 하는 부모들이 있지 않습니까. 야곱이 꼭 그렇습니다. 또한 야곱은 부모가 아무리 야단친다고 해도 자녀가 변하는 것이 아님을 살면서 점점 알았을 겁니다.

그렇게 야곱은 평생 르우벤과 빌하의 일을 입 다물고 살았습니다. 그러다 죽기 전에, 르우벤을 정말 사랑하기 때문에 객관적으로 아들을 보고 믿음의 처방을 내린 것입니다. 이때 야곱은 눈물을 뚝뚝 흘리며 르우벤에게 이렇게 유언하지 않았을까요?

"르우벤, 너는 나의 자손을 번성시킬 나의 능력이야. 너 때문에 내가 얼마나 힘이 났었는지 아니? 너는 나의 존귀하고 탁월한 아들이란다. 그런데 너의 죄가 탁월한 네 손과 발과 마음을 다 묶어 버렸지. 그래서 악은 모양이라도 버려야 되는 거란다."

한마디로 르우벤이 후일에 당할 일은 '탁월하지 못함의 십자가를 지라는 것'입니다. 이는 나 자신이 탁월하지 못할 때 '아, 이것이 내가 당해야 하는 일이구나' 하고 바로 받아들이라는 뜻입니다. 아이러니하게도 자신의 탁월하지 못함을 인정하는 것이야말로 진정으로 탁월해지는 비결이기 때문입니다.

십수 년 전, 명문 의대에 재학 중인 3명의 남학생이 동기 여학생을 집단으로 성추행한 사건이 있었습니다. 이 사건은 당시 온 국민을 큰 충격에 빠뜨렸습니다. 남학생들은 부모가 의사와 변호사인 부요한 가정에서 자랐고, 성적도 상위권에 속했다고 합니다. 그런데 그 탁월한 자녀들이 이런 범죄를 저지를지 어찌 상상이나 했겠습니까. 잔인한 탁월함이 그 속에 감추어져 있었던 것이죠. 그러나 저는 이렇게 탁월하지 못하게 된 것이 그 자녀들의 미래를 위해 있어야 할 일이었다고 생각합니다. 탁월하지 못한 사건을 통해 진짜 탁월하신 예수님을 바라보게 되었다면 이야말로 축복의 벌 아니겠습니까.

과거 세간을 떠들썩하게 한 고위 각료들의 성추문 사건도 그렇습니다. 이런 것만 봐도 인간은 악하고 음란하다는 예수님의 말씀은 참으로 맞습니다(마 12:39). 탁월함의 대명사라고 할 수 있는 이분들이 한 번의 실수인지, 숨겨진 것이 이제야 드러난 것인지는 잘 몰라도 과거의 영광은 뒤로한 채 앞으로 탁월하지 못한 시대를 겪어야만 할 것입니다. 거듭 말씀드리지만, 탁월하지 못하게 된 사건으로 내가 주께로 인도되었다면 그보다 더 큰 축복은 없습니다. 어떤 사건이 와도 해석이 중요한 이유가 여기에 있습니다.

하나님은 탁월하지 못함의 십자가를 지는 모델로 야곱의 첫째 아들 르우벤을 쓰셨습니다. 앞서 탁월하지 못함을 인정하는 것이야말로 진정으로 탁월해지는 비결이라고 했습니다. 이 말을 다시 풀어 보면, "탁월함은 나의 탁월하지 못함을 인정하는 것으로 유지된다"는 말과 같습니다. 무엇보다 깨끗한 심령은 내가 탁월하지 못함을 인정하는 것입니다. 그래서 진정한 탁월함은 겸손함과 깨끗함, 곧 거룩함입니다. 인생의 목적은 행복이 아니고 거룩이라는 명제는 이처럼 언제 어디서나 적용되는 것 같습니다. 여러분, 하나님이 쓰시고자 하는 사람은 탁월한 사람이 아닙니다. 깨끗한 심령의 사람, 즉 자신의 탁월하지 못함을 인정하는 사람입니다.

결국 야곱의 예언대로 르우벤 지파에서는 어떤 탁월한 사사도, 왕도, 선지자도 나오지 않았습니다. 르우벤 지파는 후에 약소 지파로 전락했습니다. 우리가 조상의 죄까지 갚아야 한다고 말하는 이유가 바로 여기에 있습니다. 왜, 우리 주변을 봐도 집마다 내려오는 사연과 저주로 탁월하지 못한 집들이 있지 않습니까.

그러나 여러분, 복음은 장차 받을 환난입니다. 그러므로 지금 내가 탁월하지 못하다면, 아무리 그것이 집안의 사연과 저주로부터 내려온 것이라도 '내가 당해야 할 일이구나' 하고 빨리 인정하기를 바랍니다. 그럴 때 나의 탁월하지 못함을 통해 진정한 탁월함을 배우게 될 것입니다.

르우벤은 연약한 믿음의 군상을 보여 주는 역할로 쓰임받았지만, 이 땅에서는 이런 역할이 반드시 필요합니다. 그래서 야곱이 탁월하지 못함의 십자가를 지는 모델로 르우벤을 축복한 것입니다. 그러니 여러분도 '나는 왜 이렇게 부족해, 나는 왜 이리 되는 일이 없을까' 하며 자신을 비하하지 말고, 먼저 자신의 탁월하지 못함을 인정하기 바랍니다. 그리고 나의 약재료로 탁월하지 못한 환경에 있는 다른 사람을 주께로 인도하기를 바랍니다. 우리가 깨끗한 심령이 되어 그 역할을 기쁘게 감당할 때, 가장 탁월한 인생을 살게 될 줄 믿습니다.

나의 탁월함을 잘못 사용해서 탁월하지 못한 환경에 처한 적이 있습니까? 그 환경을 통해 탁월하신 예수님을 바라보게 되었습니까? 그것이 진정 축복임을 인정합니까?

최고의 유언은 흩어짐의 축복입니다

5 시므온과 레위는 형제요 그들의 칼은 폭력의 도구로다 6 내 혼아 그들의 모의에 상관하지 말지어다 내 영광아 그들의 집회에 참여하지 말지어다 그들이 그들의 분노대로 사람을 죽이고 그들의 혈기대로 소의 발목 힘줄을 끊었음이로다 7 그 노여움이 혹독하니 저주를 받을 것이요 분기가 맹렬하니 저주를 받을 것이라 내가 그들을 야곱 중에서 나누며 이스라엘 중에서 흩으리로다 _창 49:5~7

야곱이 시므온과 레위에게 한 축복은 "흩어짐의 축복을 통해 온유함을 배우라"는 것입니다. 야곱은 전에 시므온과 레위가 여동생 디나의 일로 복수의 칼을 들고 잔인하게 행동한 것을 기억했습니다 (창 34장). 그때는 야곱이 라반의 집을 떠나 아버지 이삭이 있는 약속의 땅으로 가는 중이었죠. 사실 야곱의 목적지는 벧엘이라서 야곱 가족은 세겜에 머물지 말아야 했습니다. 이렇게 세겜에 오래 머물다 보니 무슨 일이 생겼습니까? 음란한 오라비들의 영향을 받은 디나가 '그 땅의 딸들'을 보려고 세겜의 거리를 쏘다니다가 '히위 족속 중 하몰의 아들 그 땅의 추장 세겜'에게 강간을 당했습니다.

저는 이 일은 99퍼센트 야곱의 책임이라고 생각합니다. 그런데 야곱이 그 소식을 듣고도 잠잠했다고 합니다. 르우벤이 아버지의 첩과 동침해도 잠잠하고, 딸이 강간을 당해도 잠잠한 야곱입니다.

하지만 디나와 시므온과 레위는 같은 엄마 레아에게서 난 오누이 아닙니까? 딸이 겁탈을 당하든 말든 아무 말도 하지 않는 아버지에게 당연히 시므온과 레위는 분기탱천했겠죠. 그래서 야곱 몰래 세겜 땅의 모든 남자를 죽이기로 모의한 것입니다.

야곱의 아들들은 세겜 성읍의 남자가 다 할례를 받으면 디나와 결혼시켜 주겠다며 세겜과 그 아버지 하몰을 속였습니다. 아마도 할례를 할 때도 성기의 포피 정도만 벤 것이 아니라 마구마구 베지 않았을까 싶어요. 시므온과 레위는 그들이 고통하는 이때를 놓치지 않고 급습했습니다. 그리고 잔인하게 그들을 칼로 죽였죠.

그러니까 야곱이 시므온과 레위에게 뭐라고 말합니까? "너희가 내게 화를 끼쳐 나로 하여금 이 땅의 주민 곧 가나안 족속과 브리스 족속에게 악취를 내게 하였도다 나는 수가 적은즉 그들이 모여 나를 치고 나를 죽이리니 그러면 나와 내 집이 멸망하리라"(창 34:30)고 합니다. 그러자 이들이 살기등등해서 "그가 우리 누이를 창녀 같이 대우함이 옳으니이까!"(창 34:31)라고 합니다. 그야말로 부자지간에 싸움이 났습니다. 이것만 봐도 정말 야곱이 문제 부모 아닙니까? 집안싸움이 장난이 아닙니다. 그래도 야곱은 어찌할 도리가 없습니다. 왜 그런가요? 그때는 야곱이 오로지 라헬과 요셉만 사랑할 때 아닙니까? 그러니 레아의 자식들에게 야곱이 어떤 말을 해도 들을 자녀가 하나도 없는 것입니다.

야곱은 평생토록 레아가 싫었을 것 같습니다. 밉게 생긴 데다, 자기가 원하지 않았는데도 결혼했잖아요. 게다가 첫째 아들은 자신의 첩 빌하와 간음하지를 않나, 둘째와 셋째 아들은 복수심에 눈이 멀어 집안을 망칠 뻔한 살인을 저질렀습니다. 넷째 아들은 더 기가 막힙니다. 며느리와 동침했습니다. 딸은 강간을 당했습니다. 면면을 살펴보면 온 식구가 음란하다고 해도 과언이 아닙니다. 레아의 자녀들이 이 모양이니 야곱은 그 엄마에 그 아들이라고 생각하며 레아의 '레' 자도 듣기 싫어하지 않았을까요? 평생 남편 사랑도 못 받았는데, 자식들까지 이렇게 속을 썩이니 레아만 생각하면 제가 너무 슬픈 것입니다.

레아는 아들 이름을 지은 것만 봐도 참 믿음이 있어 보이는데, 어쩜 이렇게 세계적인 죄들만 짓는 아들들만 낳았는지 모르겠습니다. 반면에 야곱이 사랑하는 라헬을 보세요. 얼굴도 예쁜데, 준수한 요셉까지 낳았습니다. 요셉이야말로 세계적인 모범생 아닙니까?

한쪽은 세계적인 죄인이 되어 줄줄이 죄를 짓고 있는데, 다른 한쪽은 세계적인 모범생으로 예쁜 짓만 골라 하고 있습니다. 그러니 하나님이 험악한 인생을 통해 아무리 야곱에게 말씀하셔도 야곱은 그저 라헬과 요셉만 좋은 겁니다. 여러분이라도 안 그렇겠습니까?

창세기 42장에서 시므온만 홀로 애굽에 억류되었을 때도 그래요. 야곱이 시므온 한 명 때문에 애통했다는 말이 없습니다. 야곱은 그때도 라헬의 소생인 베냐민만 싸고돌았죠. 그러니 다른 자녀들이 야곱의 말을 듣겠습니까? 이렇게 야곱이 라헬과 그녀의 소생 요셉과 베냐민만 사랑했기에 다른 자녀들을 바로잡는 데 평생이 걸린 것입니다. 그래도 야곱이 마지막에 진정으로 라헬과 요셉을 내려놓았기에, 한 성령이 역사하여 아들들도 아버지의 유언을 최고의 유언으로 받게 된 줄 믿습니다.

그런데 말입니다. 야곱이 아들들을 차별했어도 레아의 소생 유다가 예수님의 조상이 되었으니 사실 좋고 나쁘고가 어디 있겠습니까? 야곱이 그리도 사랑한 라헬은 결국 약속의 땅에 묻히지 못했고, 세계적인 모범생 요셉의 후손은 예수님의 조상 유다 지파를 평생 괴롭혔습니다. 요셉의 동생인 베냐민도 그렇습니다. 베냐민 지파에서 예수님의 조상 다윗을 악랄하게 괴롭힌 사울 왕이 나왔습니다.

이것만 봐도 사랑 타령은 이제 그만해야 하지 않을까요? 이 땅에서 사랑받아도, 사랑받지 못해도 그래요. 우리 인생은 생각보다 짧습니다. 이 땅에서 예수를 믿는 것보다 더 중요한 일은 없습니다. 유다 같이 차별받고, 문제 많은 자녀라도 얼마든지 예수를 잘 믿을 수 있습니다. 그러니 여러분이 혹은 여러분의 자녀가 문제가 많더라도 희망을 버리지 마시기를 바랍니다. 길고 짧은 것은 마지막까지 가 봐야 압니다.

다시 본문으로 돌아가 보겠습니다. 시므온과 레위에게 임할 하나님의 축복이자 저주는 무엇인가요? 바로 흩어짐의 축복입니다. 이는 후에 두 지파가 이스라엘 가운데 흩어져 사는 벌로 구체화되었습니다. 이 예언대로 시므온 지파는 나중에 유다 지파에 흡수되어 독립적인 지파로서의 위치를 상실하고 말았죠. 반면에 레위 지파는 출애굽기 32장의 금송아지 사건 때 하나님 편에 서서 우상숭배한 백성을 처단하는 일에 헌신하면서, 하나님을 기업으로 삼는 제사장 지파가 되었습니다. 이후 그들은 온 이스라엘에 '흩어져' 백성을 섬기게 되었죠. 그야말로 흩어짐이 저주가 아니라 진짜 축복이 되는 반전이 일어난 것입니다.

공의를 행하는 것과 복수하는 것은 엄연히 다른데도, 시므온과 레위는 젊은 혈기로 그 둘을 제대로 구별하지 못했습니다. 공의는 하나님 편에서 심판하는 것이고, 복수는 사적인 감정으로 상대방을 단죄하는 것입니다. 무엇보다 잔인함은 하나님 자녀의 성품이 아닙니다. 원수를 갚는 문제도 마찬가지입니다. 아무리 억울하고 분해도 참고 인내하며 원수 갚는 것을 하나님께 맡겨야 합니다. 그것이 공의의 하나님이 자기 백성에게 바라시는 것이기 때문입니다. 예수님도 원수 갚지 말고 사랑하라고 말씀하셨습니다(마 5:44). 그러나 우리가 살아가는 동안 얼마나 억울하고 분한 일을 많이 겪습니까? '언젠가는 꼭 복수할 거야' 하며 여전히 이를 갈고 있는 일이 왜 없겠습니까?

제가 〈화해〉라는 제목의 설교를 할 때의 일입니다. "화해를 위해서는 내가 가해자일 수도 있다는 생각을 해야 한다"는 제 설교를 듣다가 어떤 분이 "더는 끝까지 들어 줄 수 없다"며 중간에 나가셨다는 이야기를 들었습니다. 그래서 제가 그분의 상황을 들어 보니 일생 힘드셨겠다는 생각이 절로 들었습니다. 우리 인생을 봐도, 그분의 인생을 봐도 이 세상은 진짜 공의롭지 못합니다.

구한말 우리나라에 들어오신 선교사님들에 관한 책을 읽은 적이 있습니다. 그 책에 보니 일제강점기 때는 아무것도 없어도 일본 사람이 당장 집을 내놓으라고 하면 집을 내놓고, 땅을 내놓으라고 하면 땅을 내놓아야 했다고 합니다. 그때의 상황은 단순히 '불공평하다'라고 말할 정도가 아니었습니다. 우리가 그 시대만 생각해도 억울한 것이 너무너무 많지만, 그래도 선교사님들 덕분에 복음이 들어와서 우리나라가 이 정도까지 발전할 수 있었다고 생각합니다. 여전히 억울한 일이 많지만, 생명 내놓는 사랑으로 온 가족을 화해시킨 유다처럼(창 45장) 우리도 그런 적용을 할 수 있으면 좋겠습니다.

야곱은 분노조절장애에 억울함이 많은 시므온과 레위에게 이렇게 마지막 유언을 남기지 않았을까요?

"시므온과 레위야, 너희도 얼마나 인생이 힘들었느냐? 그래도 세겜에서의 일은 꼭 짚고 넘어가야겠다. 너희가 너무나도 큰 죄를 지었기 때문이다. 너희는 이 죄로 인해 흩어져서 살아야 한다. 이제는 흩어짐의 십자가를 지고, 잔인함과 분노로 가득한 사람들을 살리는 사명으로 나아가라."

그렇습니다. 르우벤, 시므온과 레위에 대한 유언에는 인생을 살면서 사람들이 많이 짓는 죄들이 언급되었습니다. 간음, 미움, 분노, 살인 등 여기서 자유로울 사람이 우리 중에 몇이나 되겠습니까? 그렇다고 우리가 혈기 나는 대로 살면 시므온과 레위처럼 흩어지는 벌을 받을 수밖에 없습니다. 야곱의 유언을 다시 정리해 보면 "분노로 살인한 너희가 축복을 받으려면, 흩어져 살면서 이렇게 살아서는 안 된다고 사람들에게 이야기해야 한다"는 것입니다. 야곱은 오늘날을 사는 우리에게도 동일하게 외치고 있습니다. "너희는 절대 분노에 따라 살면 안 된다. 그러면 시므온과 레위처럼 흩어짐을 당하게 된다. 그러니 분노로 이혼하고, 분노로 관계를 끝내선 안 된다."

오래전에 대학교수가 완전범죄를 꿈꾸며 내연녀와 공모해 아내를 살해한 일이 있었습니다. 탁월하고 잔인한 그 교수는 감옥에 가는 벌을 받았습니다. 만약 이럴 때 여러분 중에 시므온과 레위 같은 분이 있다면 이런 사람에게 찾아가 해 줄 말이 있지 않겠습니까? "나도 그랬다. 나도 죄인이다. 그런데 지금은 주님을 만나 변했다." 저는 이렇게 탁월하고 잔인한 사람들을 주께로 인도하는 일이야말로 개인 구원이 사회 구원으로 이어지는 비결이라고 생각합니다.

시므온과 레위와 같은 약재료를 가진 한 집사님의 나눔입니다.

저는 사업을 벌인다고 처가와 친가에 돈을 빌렸을 뿐만 아니라, 개인 사채와 금융권에서도 돈을 끌어다 쓰고 갚지 못했습니다. 그러니 저를 죽이겠다고 하는 피의 보복자들이 얼마나 많았겠습니까? 문제는 저도 그들을 죽이고 싶었다는 겁니다. 제 사정을 아는 주변 사람들은 모두 제가 도망가거나 자살할 거라고 이야기했지만, 우리들교회라는 도피성에 온 뒤부터 저는 도망도 안 가고 자살도 하지 않았습니다.

그런데 제가 공동체에서 이런 이야기를 나누면 다들 입을 모아 "죄를 지었으면 감옥에 가야 한다"고 처방했습니다. 그 누구도 감옥에 가지 말라고 말한 사람이 없었습니다. 처음에는 내심 서운하기도 했지만, 그런 이야기를 계속 듣다 보니 지금은 '죄를 지었으면 당연히 감옥에 가야겠구나' 하는 생각이 듭니다. 하지만 한편으로는 '차라리 사업이 망하자마자 감옥에 갔으면 지금쯤은 벌써 나왔을 텐데……' 하는 생각에 솔직히 억울한 마음도 있습니다.

이분이야말로 프라이팬으로 아내 머리를 냅다 때린 일로 유명합니다. 분노조절장애가 있으셨죠. 지금은 목자로 섬기며 솔직한 간증으로 수많은 사람을 살려 내고 계십니다. 재판에서 어떤 선고를 받든 삶의 결론으로 인정하고, 온유함으로 잘 받아들이기를 바랍니다.

✛ 내 삶의 결론으로 온 흩어짐의 사건은 무엇입니까? 흩어진 이유가 무엇입니까? 분노 때문입니까? 혈기 때문입니까? 음란 때문입니까? 미움 때문입니까? 흩어짐의 사건을 축복의 벌로 잘 해석하고 있습니까?

최고의 유언은 자기희생의 축복입니다

유다야 너는 네 형제의 찬송이 될지라 네 손이 네 원수의 목을 잡을 것이요 네 아버지의 아들들이 네 앞에 절하리로다 _창 49:8

예수님의 조상인 유다는 요셉과 더불어 다섯 절이나 축복의 말씀을 받았습니다. 유다의 이름에는 '찬양하다', '찬송하다', '고백하다'는 뜻이 있습니다. 그 이름의 뜻대로 며느리와 간음한 죄를 고백한 유다는 형제의 찬송이 되었습니다. 리더십은 이렇게 자기 죄를 보는 사람에게 주어집니다. 가장 뛰어난 리더십은 원수의 목을 잡기 위해 하나님의 도우심이 아니면 한시도 살 수 없다고 부르짖는 사람에게 주어집니다. 여기서 원수는 나를 힘들게 하는 대상만을 지칭하는 것이 아닙니다. 내 속의 욕심, 이기심도 나의 원수입니다. 여러분은 내 속의 원수의 목을 잡기 위해 어떻게 기도하고 있습니까?

유다는 사자 새끼로다 내 아들아 너는 움킨 것을 찢고 올라갔도다 그가 엎드리고 웅크림이 수사자 같고 암사자 같으니 누가 그를 범할 수 있으랴_창 49:9

우리가 이미 앞에서 살펴보았지만, 유다는 생명 내놓는 사랑으로 요셉과 형제들의 화해자, 중재자로 자리매김했습니다. 그런 유다를 야곱은 동물 중에서 가장 용맹한 사자 새끼라고 말합니다. 자기희생의 카리스마가 사자 새끼로 표현된 것이죠. 그리고 그 사자 새끼가 '움킨 것을 찢고 올라갔다'고 합니다. 이는 어떤 힘든 문제를 만나도 말씀으로 해석하고 용감하게 올라간다는 의미입니다. 또한 '그가 엎드리고 웅크림이 수사자 같고 암사자 같다'는 것은 가만히 있어도 그를 범할 자가 아무도 없다는 뜻입니다. 이처럼 자기희생의 축복은 가장 뛰어난 리더십과 엄청난 카리스마로 나타납니다.

> 규가 유다를 떠나지 아니하며 통치자의 지팡이가 그 발 사이에서 떠나지 아니하기를 실로가 오시기까지 이르리니 그에게 모든 백성이 복종하리로다_창 49:10

여기서 '규'는 왕이 손에 잡고 있는 '홀'로 고귀함과 왕권을 상징하고, '실로'는 예수님을 뜻합니다. 즉, 예수님이 오시기까지 모든 백성이 잘난 요셉이 아니라 유다에게 복종한다는 것입니다. 진실한 사랑의 중보자 유다가 받은 축복이 이렇게나 큽니다.

> 11 그의 나귀를 포도나무에 매며 그의 암나귀 새끼를 아름다운 포도나무에 맬 것이며 또 그 옷을 포도주에 빨며 그의 복장을 포도즙에 빨리로다 12 그의 눈은 포도주로 인하여 붉겠고 그의 이는 우유로 말미암아 희리로다_창 49:11~12

포도나무는 '평화', '기쁨', '번식력'을 상징합니다. 나귀는 보통 식물을 먹기에 포도나무에 매지 않죠. 나귀를 포도나무에 맸다는 것은 그만큼 엄청난 부자가 된다는 뜻입니다. 물론 우리가 물 대신 포도주로 옷을 빨지는 않겠지만, 메시아 시대에는 모든 것이 풍성하기에 이런 것이 하나도 문제가 되지 않습니다.

포도나무든 포도주든 포도즙이든 모두 아름답습니다. 하지만 원래 포도나무는 관상용이 아닙니다. 그냥은 아무짝에도 쓸모없습니다. 포도 열매가 밟혀서 즙이 되어야 포도주로 먹힙니다. 이것이 포도나무 본연의 역할입니다.

포도주가 되기 위해 밟히는 과정은 아름다운 희생을 의미합니다. 야곱은 밟히고 먹히는 자기희생으로 일하는 사람의 모습을 어떻게 묘사하나요? 그의 눈은 붉고, 그의 이는 하얗다고 합니다. 그만큼 아름답다는 것이죠. 예수 잘 믿는 사람들을 봐도 그렇지 않습니까? 생긴 것과 상관없이 표정이 온화하니 아름다워 보입니다.

성도의 목적은 자기희생이라고 할 수 있는데, 하나님은 유다에게 이 자기희생의 축복을 주셨습니다. 결국 유다를 통해 우리는 가장 탁월한 리더십은 자기희생 없이는 결코 얻을 수 없음을 알 수 있습니다. 저는 구원을 위해 늘 자원해서 섬기는 분들이야말로 바로 이 유다의 축복을 받았다고 생각합니다.

그러면 르우벤과 유다의 차이점은 무엇일까요? 르우벤은 아버지의 첩과 동침하고 유다는 며느리와 동침했습니다. 둘 다 똑같이 음란한 죄를 지었습니다. 여러분은 이 중에서 누가 더 나쁘다고 생각합니까? 야곱은 유다에게는 엄청난 축복을 하고, 르우벤에게는 탁월하지 못하게 될 것이라고 했습니다. 왜 그랬을까요? 르우벤은 아버지의 첩 빌하와 동침한 일로 회개했다는 이야기가 없습니다. 그냥 불륜으로 끝났습니다. 르우벤이 탁월하지 못하게 된 이유가 거기에 있습니다. 반면에 유다는 며느리와 동침한 죄를 인정하고 회개했습니다. 그랬더니 가장 탁월한 리더십이 주어졌을 뿐만 아니라, 결정적으로 예수님의 조상까지 되었습니다. 회개하는 것과 회개하지 않는 것이 이렇게나 차이가 큽니다.

야곱은 마지막 유언을 할 때, 유다가 완전히 회개했다는 것을 인정했습니다. 그래서 며느리와 간음한 이야기를 일절 언급하지 않고, 형제의 찬송이 될 것이라고 축복했습니다. 하지만 르우벤은 회개하지 않았기에 야곱이 그 문제를 마지막에 다룬 것입니다.

그렇다면 야곱은 왜 유다의 잘못을 하나도 지적하지 않았을까요? 하나님께서 "회개한 자는 그 죄를 도말하시고 하나도 기억하지 않으신다"(사 43:25)는 말씀의 모델로 이 기가 막힌 죄를 지은 유다를 세우셨기 때문입니다. 죄에 경중이 있는 것이 아닙니다. 축복의 바로미터는 '내가 회개했는가, 회개하지 않았는가'입니다.

제가 창세기 아홉 번째 큐티강해서『그는 나보다 옳도다』에서도 자세히 밝혔지만, 37장부터 요셉의 이야기가 나오다가 38장에서 생뚱맞게 유다의 이야기가 등장합니다. 이렇게 긴급히 유다의 이야기를 배열한 이유가 무엇일까요? 그리스도의 계보가 요셉이 아닌 유다에게로 이어진다는 것을 밝히기 위함입니다. 39장부터는 다시 요셉의 이야기가 창세기 후반부를 찬란히 장식하고 있습니다.

그런데 요셉의 이야기가 시작되는 37장 2절을 보면, "야곱의 족보는 이러하니라 요셉이 십칠 세의 소년으로서 그의 형들과 함께 양을 칠 때에"라고 합니다. 한마디로 요셉이 아니라 야곱이 주인공이라는 겁니다. 우리는 야곱이 주인공이라고 하면서도 성경이 요셉의 이야기를 풀어 가는 것에 주목해야 합니다.

여러분, 49장까지 이어진 야곱의 인생을 한 문장으로 요약하면 무엇입니까? "야곱이 하고 싶은 것을 다 하느라 험악한 인생을 살았으나 끝내 주님이 야곱을 이기셨다"는 것 아닙니까? 그렇습니다. 처음부터 주인공은 요셉이 아니라, 험악한 인생을 산 야곱이었습니다.

그러면 유다와 다말의 사건이 왜 구속사적인 사건인지 설명하기 위해 창세기 38장을 다시 살펴보겠습니다. 이 사건은 한마디로 '하나님의 계시'라고 할 수 있습니다. 왜 다말이 창녀로 변장하여 시아버지 유다와 동침했습니까? 그녀는 남편이 죽으면 죽은 남편을 대신할 형제와 동침해 후손을 남기려는 '계대혼인법'에 순종하여 그리한 것입니다. 하나님의 언약을 잇기 위해 수치를 무릅쓰고 나아간 것이죠. 결국 그녀의 이런 의로운 행위로 말미암아 메시아의 혈통적 계보가 야곱에서 유다로 이어지게 되었습니다.

결정적으로 유다가 며느리 다말이 대를 잇기 위해 자신을 속이고 동침한 것을 알고 한 말이 무엇인가요? 바로 "그는 나보다 옳도다", 영어로는 "She is more righteous than I"입니다. 여러분, 유다의 죄가 무엇입니까? 그는 첫째 아들이 죽고, 계대혼인법에 따라 며느리 다말을 둘째 아들에게 주었습니다. 그런데 그만 둘째도 죽었습니다. 그러면 셋째 아들에게 며느리를 줘야 하는데, 하나 남은 아들마저 죽을까 봐 며느리를 셋째 아들에게 내어 주지 않았습니다. 그러므로 유다의 이 고백에는 계대혼인법에 순종하지 못한 죄와 자신의 연약한 믿음을 회개한다는 의미가 담겨 있습니다.

야곱은 38장에서 유다가 한 이 고백의 의미를 잘 알고 있었습니다. 다시 말해, 유다가 영적 장자라는 것을 이미 알고 있었습니다. 정답을 아는데도, 요셉이 너무 훌륭하니까 영적 장자로 요셉을 세우려고 고집을 피운 것이죠.

한편, 계대혼인법에서 죽은 자를 다른 형제가 대신하는 행위는 죄인을 대신하여 죽으신 '그리스도 행위의 모형'이라고 할 수 있습니다. 이렇게 야곱에게서 유다로 이어진 메시아의 계보는 유다에서 베레스로, 베레스에서 룻의 남편 보아스에게로 이어지다가 마침내 다윗에까지 이릅니다. 룻기 4장에 이 계보가 나옵니다. 그리고 이 다윗의 자손에서 여자의 후손, 예수 그리스도가 오십니다.

룻기 4장 12절에 보면 "여호와께서 이 젊은 여자로 말미암아 네게 상속자를 주사 네 집이 다말이 유다에게 낳아준 베레스의 집과 같게 하시기를 원하노라 하니라"고 합니다.

이 말을 구속사가 아닌 세속사로 읽으면 "며느리하고 시아버지하고 동침한 집 같게 하시기를 원하노라" 아닙니까? 그렇게 읽어 버리면 기분 나빠서 어떻게 삽니까? 유다와 다말의 스토리는 남들이 보면 부끄러운 이야기 같지만, 구속사로 읽으면 너무나도 자랑스러운 이야기입니다. 한마디로 어떤 수치스러운 죄를 지었어도 "그는 나보다 옳도다" 고백하며 예수 믿는 인생이 최고라는 겁니다. 내 자녀가 아무리 문제가 많아도 그렇습니다. 감옥에 다녀왔어도 그래요. 예수만 믿으면 최고의 자녀입니다.

르우벤은 육적 장자이고, 두 배의 몫을 받은 요셉은 실질적 장자입니다. 그리고 장차 메시아의 조상이 될 유다는 영적 장자입니다. 이 중에서 가장 큰 축복을 받은 사람은 단연코 유다입니다. 역대상 5장 2절에도 이 내용이 동일하게 나옵니다. "유다는 형제보다 뛰어나고 주권자가 유다에게서 났으나 장자의 명분은 요셉에게 있으니라." 그야말로 유다는 주님을 평생 찬양해도 아깝지 않을 큰 은혜를 받았습니다. 하나님이 기뻐하시는 회개를 했기 때문입니다. 이렇게 회개한 사람은 주를 향한 감사와 찬양이 절로 나올 수밖에 없습니다.

우리가 보기에는 요셉이 열매도 많고 사람들의 칭송도 많이 받는 것 같습니다. 그러나 하나님은 오히려 이 땅에서 아무 열매도 없어 보이고, 수치스러운 죄를 지은 유다를 형제의 찬송이 되게 하셨습니다. 하지만 우리는 어떻습니까? 이미 유다가 생명 내놓는 사랑으로 형제들 사이에서 중재자 역할을 하고 있는데도 유다를 인정하기가 쉽지 않습니다. 이것이 우리의 한계입니다. 저도 여러분이 요셉을 더 좋아하는 것을 잘 알고 있습니다.

그러나 여러분, 유다가 받은 자기희생의 축복은 그냥 축복이 아닙니다. 가장 탁월한 축복이자, 영원한 축복입니다. 결정적으로 그 축복은 진정으로 회개한 자에게만 주어집니다. 그래서 결국 최고의 유언은 '회개하라!'인 것입니다.

우리가 겪는 대부분의 문제는 돈 문제라고 해도 과언이 아닙니다. 한 집사님이 친정의 상속 문제로 속앓이를 하고 있다며 이런 나눔을 했습니다. 친정엄마는 아들들에게만 재산을 많이 주고 싶어 하는데, 딸들에게 주기로 한 땅값이 많이 올랐답니다. 그래서 엄마가 어떻게든 딸들에게 재산을 안 주려고 하다 보니 딸들이 난리가 난 겁니다.

하루는 언니들이 재산 문제로 친정엄마와 싸우다가 "엄마, 딸들한테 그렇게 재산을 안 주려고 하면 지옥 가"라고까지 말했답니다. 그러면서 언니들은 집사님에게 만날 전화해서 자신들의 의견을 이분의 의견인 것처럼 엄마에게 전해 주길 바란답니다. 제가 보기엔 엄마가 딸들에게 "너희가 그동안 수고가 많았구나. 미안하다" 이 한마디만 해도 딸들의 마음이 스르륵 녹을 텐데, 이 엄마가 꼭 아들들만의 엄마인 것처럼 자꾸 말을 하니 딸들의 분노를 사는 겁니다.

다음은 이 나눔을 들은 한 권사님과 이 집사님이 나눈 대화입니다.

권사님: 집사님은 엄마가 딸들에게 재산을 안 준다는 말을 들으면 서운하지 않나요? 그 집에는 믿는 사람이 집사님밖에 없어요?

집사님: 저도 당연히 서운하죠. 엄마는 명예 권사님이고, 언니들도 교회 다녀요. 오빠들만 안 다니고요.

권사님: 교회 다니는 딸들이 재산 문제로 이렇게 난리를 치니 믿지 않는 가족이 보기에 얼마나 본이 안 되겠어요. 더욱이 딸들은 재산 형성에 기여한 바가 없다면서요? 옛날 어르신들은 남아선호사상이 심하잖아요. 게다가 엄마는 정신도 오락가락하신다면서요. 엄마한테 뭘 바라시나요? 엄마는 제대로 판단할 수 없으세요. 그러니까 집사님은 입 꾹 다물고 언니들 장단에 춤추지 마세요.

그러고 나서 이 권사님이 이렇게 자신의 간증을 하셨습니다.

권사님: 친정아버지는 전 재산인 건물을 저에게 맡기고 미국에 가셨어요. 그런데 그 건물을 관리하느라고 제가 얼마나 힘들었는지 몰라요. 때마다 세금 내고, 수리하고 할 일이 참 많았죠. 그러다 아버지가 돌아가시자 천사인 줄 알았던 다섯 형제들이 빨리 그 건물을 팔아서 자기 몫을 내놓으라고 했어요. 20여 년 전인데도 그 건물에 상속세만 1억 8천만 원이 나왔어요. 하지만 정작 그 상속세는 저한테 내라고 하고 다들 가만히 있더군요. 결국 이것저것 다 팔아서 세금을 냈습니다. 그런데 아버지 유언이 "건물을 팔지 말고 제일 어려운 형제에게 줘라"였어요. 그래서 과부가 된 언니에게 상속세까지 다 낸 그 건물을 딱 주었죠. 더 기가 막힌 것은 언니가 이것을 전혀 고마워하지 않았다는 거예요. 더욱이 언니는 "네가 세금 다 떼먹고 뭔가 문제가 있으니까 주는 거 아니야?" 하면서 1년간이나 저를 뒷조사했어요. 그때 날마다 큐티하며 구속사의 말씀을 듣지 않았더라면 저는 아마 언니와 소송을 했을 거예요.

그즈음 양육 과제를 하고 있었는데, 본문이 아브라함이 조카 롯에게 먼저 땅을 선택하라고 양보하는 말씀이었어요(창 13장). 그 말씀을 반복해서 묵상하고 또 묵상했죠. 그런데 그때 만약 아버지가 제 이름으로 그 건물을 남겨 주셨더라면 정말 큰일 날 뻔했다는 걸 깨달았어요. 건물이 지하철역 앞에 있다 보니 건물값이 계속 올랐어요. 그러자 남편은 왜 자신과 상의도 없이 건물을 언니에게 주었냐면서 화를 냈

요. 3번이나 바람을 피우고 마지막에는 혼외자까지 낳은 남편이 말이
죠. 그런데 진짜 그 건물이 제 명의로 있었다면 100퍼센트 저는 남편
과 이혼했을 겁니다. 그때가 바람피우던 남편이 매일 이혼하자면서
저를 가장 힘들게 할 때였거든요. 다섯 형제는 다 저를 뜯어먹으려고
하고……. 그러나 분쟁이 있는 곳에서 나 한 사람이 죽어지니 온 집안
이 조용해졌습니다.

그러니 집사님, 교회는 다녀도 믿음 없는 언니들에게는 기대하지 말
고, 분별해서 말했으면 좋겠어요. 친정엄마에게는 언니들이 진정으로
원하는 것은 엄마의 마음이 열리는 것이라고 말씀드려 보세요. 언니
들이 자꾸 집사님을 앞세워서 자기들이 하고 싶은 말을 하려는데, 그
럴 때는 지혜롭게 거절할 필요도 있어요. 만약 엄마가 집사님한테만
재산을 준다고 하면 언니들이 어떻게 할 것 같으세요? 아마 난리 날
걸요? 노령인 어머니는 오늘 한 이야기도 내일 되면 또 까먹으세요.
그러니까 엄마가 "너한테만 재산을 주겠다" 이런 이야기를 하셔도 하
나도 믿지 마세요. 언니들과 지금은 잘 지내는 것 같아도 돈 문제로
이권 다툼이 생기면 어느 날 꽝 하고 폭발하고 말 거예요. 그렇다고
재산을 다 포기하겠다 뭐 이런 말도 하지 마세요.

여러분, 권사님이 처방을 너무 잘하지 않으십니까? 벌써 20여
년도 더 된 오래전 일이지만 그때 권사님이 참 대단한 적용을 하셨다
는 생각이 듭니다. 우리도 이렇게 돈을 내려놓아야 합니다. 권사님이
이 모든 상처를 약재료 삼아 힘든 사람들을 섬기며 오직 주를 위해 사

시니 두 자녀가 다 믿음의 결혼을 했습니다. 그중 한 자녀는 선교사 자녀와 결혼을 했습니다. 불륜의 아이콘이었던 권사님의 남편도 장로님이 되어 자신의 죄와 수치를 공동체에서 구원의 약재료로 나눠 주고 계십니다. 회개의 신앙고백이 있는 자기희생의 축복을 통해 모든 사람을 살리는 유다 가문으로, 권사님 가정이 딱 자리매김한 줄 믿습니다.

우리가 최고의 유언을 준비하기 위해서는 말로만이 아니라, 십자가의 삶을 실제로 살아내야 합니다. 내 삶의 결론으로 온 탁월하지 못함의 축복을 통해 깨끗함을 배우고, 흩어지는 축복으로 온유함을 배우며, 십자가 지는 자기희생의 축복으로 형제의 찬송이 되는 우리가 되길 기도합니다.

✛ 나는 육적 장자입니까? 실질적 장자입니까? 영적 장자입니까? 자기희생의 축복은 진정으로 회개한 자에게만 주어집니다. 나에게는 회개의 신앙고백이 있습니까?

르우벤이 아버지의 첩 빌하와 동침함으로 탁월하지 못하게 된 것처럼 (창 49:4) 저도 유부녀와의 불륜으로 제 인생의 전부였던 군에서 강제 전역을 당했습니다. 그 사건 이후로 저희 부부는 날마다 부부싸움을 했습니다. 어느 날은 괴로운 마음에 아내에게 같이 죽자며 차를 몰고 저수지로 돌진하기도 했습니다. 또 하루는 아내가 자꾸 지적을 해 대서 아내 머리를 프라이팬으로 냅다 후려친 적도 있습니다. 그러다 기독교 방송을 듣고 큐티하는 교회로 인도된 아내를 따라, 저도 공동체에 속하게 되었습니다. 저는 그저 공동체에 딱 붙어만 있었을 뿐인데, 놀랍게도 어느 순간 가정폭력과 부부싸움이 그치게 되었습니다.

저는 군 전역 후에 사업을 시작했습니다. 그러나 번창하던 사업은 글로벌 금융위기와 경기 불황으로 금세 어려워졌습니다. 급기야 저는 부도를 막기 위해 친가와 처가에서 돈을 빌리고, 개인 사채와 금융권까지 돈을 끌어다 썼습니다. 하지만 결국 쫄딱 망해서 빌린 돈을 갚지 못하게 되었습니다. 그러니 얼마나 저를 죽이겠다는 피의 보복자들이 많았겠습니까? 이후 몇 년 동안 피해자들의 고소, 고발이 이어지면서 저는 횡령과 사기죄로 계속해서 재판을 받게 되었습니다. 사람들은 이런 저를 보고 "저러다 자살할 것이다. 도망갈 것이다"라고 이야기했지만, 저는 교회에 온 뒤로 자살할 생각도 하지 않았고, 도망가지도 않았습니다.

그런데 제가 목장에서 이런 이야기를 나누면 다들 위로는커녕 하나같이 "죄를 지었으면 감옥에 가는 것이 당연하다"고 처방해 주었습니다. 처음에는 그 말이 서운했지만, "복음은 장차 받을 환난"이라는 말씀대로, 이렇게 후일을 당할 일을 모여서 듣고 가는 목장이야말로 진정한 축복임을 알게 되었습니다(창 49:1~2).

저는 오랫동안 여러 모양으로 경고하시는 하나님의 말씀을 듣지 않고, 나의 탁월함을 과시하며 살았습니다. 또한 물의 끓음 같은 성격으로 환경에 따라 요동하기를 반복하며 내가 갖고 싶은 것은 갖고, 하고 싶은 것은 해야 직성이 풀렸습니다. 그러다 사업이 망하는 탁월하지 못하는 축복을 받게 되면서 비로소 주님만 바라보며 깨끗함을 배우게 되었습니다(창 49:3~4). 야곱이 시므온과 레위에게 흩어지는 축복을 통해 온유함을 배우라고 했듯이, 재판 결과가 어떠하든 하나님의 공의로운 축복으로 받고 그 가운데서 온유함을 배우기를 원합니다(창 49:5~7). 며느리와 동침한 유다가 회개함으로 예수님의 계보에 이름을 올리는 최고의 축복을 누렸듯이(창 49:8~12) 고난을 통해 제게 회개할 기회를 주시고, 자기희생의 축복을 누리게 하신 하나님, 사랑합니다.

하나님 아버지, 참으로 우리 자녀들에게 '엄마, 아빠는 주님을 사랑했다'고 기억되는 인생을 살기 원합니다. 후일에 당할 일은 십자가의 삶으로 전해지는 유언일 텐데, 야곱이 십자가와 상관없이 자기 정욕대로 살았을 때는 그의 말이 하나도 유언이 되지 못했습니다. 야곱이 그리도 좋아하는 라헬과 요셉을 내려놓지 못해 다른 자녀들에게 얼마나 큰 아픔을 주었는지 우리가 지금까지 보지 않았습니까. 그래서 하나님은 야곱에게 허락하신 복을 이루기까지 수많은 험악한 사건을 허락하실 수밖에 없으셨습니다. 그리고 결국 하나님이 야곱을 이기시고 믿음의 조상으로 그를 세우셨습니다.

주님, 우리의 인생도 그렇습니다. 날마다 구속사로 해석하고 간다고 하면서도 야곱처럼 내 본능이 좋아하는 것을 따라가는 연약함이 있습니다. 그래서 여전히 좋고 싫은 것이 많습니다. 하지만 하나님이 야곱을 이기신 것처럼 우리도 이기실 것을 믿습니다. 결코 내 힘으로는 내려놓을 수 없지만, 나를 이기실 주님을 바라보며 날마다 나아가오니 주여, 역사하여 주옵소서.

주님, 제 삶의 결론으로 탁월하지 못한 환경이 왔지만, 그 환경을 통해 얼마나 많은 눈물을 흘리고 주께 엎드리게 되었는지 모르겠

습니다. 참으로 탁월하지 못한 축복으로 깨끗함을 배우고, 흩어짐의
축복을 통해 온유함을 배우게 해 주셔서 감사합니다. 이제는 회개의
신앙고백이 있는 자기희생의 축복을 받아 자녀들을 제대로 축복하고
유언하고 가기를 원합니다. 후일에 당할 일을 알기 위해 믿음의 공동
체에 모여 들으며 최고의 유언을 준비하는 우리가 되도록 은혜 위에
은혜를 내려 주옵소서. 예수님 이름으로 기도드립니다. 아멘.

11

각 사람의 분량대로

창세기 49장 13~28절

하나님 아버지,
각 사람의 분량대로
하나님의 일에 쓰임받기 원합니다.
말씀해 주옵소서. 듣겠습니다.

재미있는 통계를 보았습니다. 부모가 육적으로 잘살면 자녀가 잘될 확률이 7퍼센트밖에 안 되고, 부모가 고생을 하면 자녀가 잘될 확률이 70퍼센트나 된다고 합니다. 이 통계만 봐도 알맞은 가난은 최고의 교육이 맞습니다. 하지만 대부분의 부모는 자녀들에게 고생을 물려주고 싶지 않아 이를 갈고 돈을 벌죠.

지난 10챕터에서 후일에 당할 일을 알려 주는 것이 최고의 유언이라고 했습니다. 당장은 듣기 힘들어도 각자의 처한 상황과 입장에서 객관적으로 말해 주는 것이 진정한 축복이라는 말입니다. 이는 곧 각 사람의 분량대로, 하나님이 주신 은사대로 축복하는 것과 같습니다. 하나님이 주신 은사는 경계를 지킬 때 공동체를 유익하게 합니다. 그러나 경계를 넘어가면 공동체를 해롭게 합니다.

야곱의 열두 아들 중에서 지난 챕터에서 최고의 유언을 받은 4명을 제외하고, 나머지 8명이 각 사람의 분량대로 어떤 은사를 받는지 본문을 통해 살펴보겠습니다.

해변에 거주하는 은사 스불론입니다

스불론은 해변에 거주하리니 그 곳은 배 매는 해변이라 그의 경계
가 시돈까지리로다 _창 49:13

저는 처음에 '해변에 거주한다는 것이 무슨 축복이 될까?' 싶었
습니다. 그런데 교회 공동체는 대부분 평범한 교인들로 구성되어 있
잖아요. 교회에 잘 거하는 교인이 없으면 공동체의 존립 기반이 흔들
릴 수밖에 없습니다. 그래서 요동하지 않고 정해진 지경에 거주하는
것이 얼마나 큰 은사인지 모릅니다. 스불론에 대한 유언이 한 절에 쓱
지나가니 축복 같아 보이지 않지만, 내용만 보면 실은 대단한 축복입
니다. 무엇보다 '거주하는 은사'는 많은 사람이 가진 은사이기도 합니
다. 그러니 여러분은 교회에 다니기만 해도 "나는 대단한 은사를 가졌
다!" 이러면서 감격하기를 바랍니다. 제가 늘 "공동체에 붙어만 있으
면 수지맞는다"고 말하는 것이 바로 스불론의 축복입니다.

그러나 해변에는 배가 매여 있으니 스불론은 언제든지 망망대해
로 나갈 확률이 큽니다. 그래서 하나님이 스불론에게 경계를 주신 것
입니다. 여호수아서 19장에 보면 스불론 지파에게 할당된 땅은 내륙
의 땅들입니다. 하지만 이들은 해상무역으로 돈을 벌기 위해 해변으
로 움직였죠. 스불론 지파가 애초에 상업적 동기로 분배받은 땅을 떠
났다고 본다면, 야곱의 유언은 다소 비난에 가까운 예언이라고 할 수
있습니다.

이를테면 야곱은 "스불론, 네가 돈이 좋아서 해변에 갔지만, 그래도 경계는 시돈까지다. 아무리 돈이 좋아도 시돈을 넘어가면 안 된다. 여기까지야! 알겠니?" 이러는 것이죠. 레아의 여섯 번째 아들인 스불론은 '후한 선물'이라는 뜻입니다. 그 이름의 뜻처럼 그는 이미 후한 선물을 받았습니다. 그런데도 더 많이 가져서 주님께 영광 돌리겠다는 명분으로 하나님이 정해 주신 경계를 넘어가서는 안 된다는 것입니다.

✛ 스불론처럼 공동체에 평범하게 잘 거하고 있습니까? 그러다가 경계를 넘어간 적은 없습니까?

낮아짐의 은사, 나귀 잇사갈입니다

14 잇사갈은 양의 우리 사이에 꿇어앉은 건장한 나귀로다 15 그는 쉴 곳을 보고 좋게 여기며 토지를 보고 아름답게 여기고 어깨를 내려 짐을 메고 압제 아래에서 섬기리로다_창 49:14~15

건장한 나귀가 꿇어앉아 있는 모습을 한번 상상해 보세요. 나귀 같은 잇사갈은 자기한테 잘해 주기만 하면 아무 곳이나 꿇어앉습니다. 약간 모자라 보이지만, 다른 사람의 짐을 얼마든지 져 주는 배려심이 있습니다. 요령도 안 부리고 우직할 정도로 손해를 감수하죠. 남이 자신을 놀려도 놀리는 줄도 모르는, 아주 단순한 사람입니다. 그래서 그 옆에서 누가 아무리 성질을 부려도 그저 눈만 껌벅껌벅하고 앉아 있습니다. 그러다가 한숨 자고 나면 옆 사람이 성질 부린 것도 다 잊어버리죠. 잇사갈 같은 사람이 공동체에 있으면, 그 존재 자체만으로도 다른 사람을 세워 줍니다. 어제 주인이었다가 오늘 종이 되어도 별로 상처가 없습니다. 뭐든 "오케이, 좋아 좋아!"입니다. 이렇게 좋은 은사가 어디 있습니까? 그러니 보세요. 스불론에 대한 예언이 한 절인데 비해 잇사갈은 두 절이나 됩니다. 그만큼 굉장히 비중이 있다는 말이죠.

그러나 잇사갈 같은 사람이 경계를 넘게 되면 쉴 곳을 보고 좋게 여기며 늘 놀 생각만 합니다. 아무리 심각한 상황이라도 놀 일이 생기면 만사 제치고 노니 문제입니다. 왜 교회에서도 "우리 이번 주일에는 놀러 안 가요?", "회식 좀 합시다!", "누가 콘도 회원권 좀 나한테 안 빌려주나?" 하고 말하는 분들이 꼭 있지 않습니까? 이런 사람은 밤낮, 일 년 열두 달 '어디로 놀러 갈까?' 이 생각으로 가득하죠. 하지만 이렇게 놀 생각만 하다 보면 현실에서 변화를 시도하지 않고, 현상을 유지하는 데에만 급급해집니다. 자꾸 꾸물거리고 일을 뒤로 미루다 보면 어느새 마음이 완고해지기도 하죠. 그뿐만이 아닙니다. 문제가 있을 때 목표를 설정하고 계획을 세우는 사람에게 "그래 봤자 다 무슨 소용이야. 이 상황은 변화될 수 없어"라며 초를 치기도 합니다.

잇사갈 같은 사람은 직장에서든 교회에서든 평소에는 명령대로 순종하며 자기 일과 조직에 만족하는 것처럼 보입니다. 하지만 자기 방식대로 일이 전개되지 않으면 무척 조급해하고 짜증을 잘 냅니다.

그러다가 그 일과 전혀 무관한 상황에서 생뚱맞게 감정을 폭발하죠. 그러나 이런 성향은 공동체에 악영향을 끼칠 수 있습니다. 아무리 사람을 잘 섬겨도 그렇습니다. 유다처럼 자기희생으로 섬기기보다 자꾸 잇사갈처럼 쉴 곳을 보고 좋게 여기면, 하루아침에 주인에서 종으로 바뀔 수가 있습니다.

✛ 잇사갈처럼 낮아져서 섬기고 있습니까? 틈만 나면 쉴 곳을 찾아 헤매지는 않습니까?

심판의 은사, 뱀인 단입니다

단은 이스라엘의 한 지파 같이 그의 백성을 심판하리로다_창 49:16

단은 라헬의 시녀인 빌하의 소생으로, 그 이름의 뜻이 '판단하다', '심판하다', '나의 억울함을 푸시려고 내 호소를 들으셨다'입니다(창 30:6). 단에게는 옳고 그름을 헤아리는 능력이 있습니다. 그래서 때마다 심판을 잘합니다.

단 지파는 비록 규모는 작아도 이스라엘을 정의롭게 판단해서 한 지파로서 구실을 톡톡히 했습니다. 이런 사람이 공동체에 있으면 얼마나 결정이 빨라지는지 모릅니다. 문제를 바로바로 해결하는 것처럼 보이죠. 밤낮 눈만 껌벅껌벅하며 잠만 자는 잇사갈이 결정을 빨

리하겠습니까? 단 같은 사람이 공동체에 있으면 탄력을 받아 일이 빨
리빨리 진행됩니다.

그러나 단은 길섶의 뱀과 같습니다. 뱀의 특성이 무엇입니까? 대
상을 몰래 측면공격 해서 치명상을 입혀 죽이는 것입니다. 판단을 잘
하다 보니까 그만큼 월권도 잘합니다. 결국 단 지파는 약속의 땅을 받
아놓고도 초점에서 벗어난 순종을 했습니다.

이스라엘 지파는 출애굽 후 가나안 정복 시대에 여호수아로부터
요단 서편의 땅을 분배받았습니다(수 19장). 유다 지파는 여호수아에게
할당받은 120여 개의 성읍을 우직하게 정복했습니다. 반면에 단 지파
는 자신들에게 할당해 준 성읍은 쳐다보지도 않고, 새로운 땅을 찾았
습니다. 약속의 땅을 받아놓고도 멋대로 지경을 확장한 것이죠. 그렇
게 찾은 땅이 바로 라이스입니다. 단 지파는 평화롭게 살고 있는 라이
스 주민을 마구 약탈했습니다(삿 18장). 그러고선 하나님이 명령하신
대로 땅을 정복했다고 부르짖었죠. 이처럼 단 지파는 안에서 해결해
야 할 문제를 밖에서 해결하려고 했습니다. 이런 사람들의 특징이 무
엇입니까? 바로 기복신앙입니다.

이를테면 "내가 죽어도 이 남편, 이 아내하고는 못 살겠다"면서
이혼하고, 갑자기 선교사로 떠나는 사람이 있습니다. "하나님이 짝지

어 주신 것을 사람이 나누지 못할지라"(마 19:6)는 명령은 제쳐 두고, 배우자가 꼴도 보기 싫어서 떠나는 것이죠. 그런데도 마치 주를 위해 헌신하는 것처럼 포장합니다.

　　결국 단 지파가 취한 라이스 성읍은 어떻게 되었습니까? 북이스라엘의 초대 왕 여로보암이 이곳에 금송아지를 세우면서 그야말로 우상숭배의 중심지가 되었습니다(왕상 12장). 그렇습니다. 단은 경계를 넘어가도 한참 넘어갔습니다. 그래서 단 같은 사람은 공동체를 해롭게 하는 정도가 아니라 완전히 망가뜨립니다.

✛ 단처럼 판단하다가 월권한 적은 없습니까?

추격하는 은사 갓입니다

갓은 군대의 추격을 받으나 도리어 그 뒤를 추격하리로다 _창 49:19

　　갓은 늘 추격합니다. 왜 추격할까요? 출애굽 이후 가나안 정복 전쟁 시대에 르우벤과 갓 지파는 비옥한 요단 동편 땅을 보고, 자신들의 기업으로 삼고자 모세에게 그 땅을 분배해 줄 것을 먼저 요청했습니다. 결국 이들은 요단 서편의 정복 전쟁에 동참한다는 조건으로 므낫세 반 지파와 함께 요단 동편의 땅을 분배받았죠(민 32장). 그런데 생각해 보세요. 세 지파가 원하는 곳을 다른 사람들도 당연히 원하지 않겠습니까? 요단 동편, 즉 트랜스요르단(Transjordan) 지역은 열방이 호시탐탐 노리며 침을 흘리는 곳입니다. 그러니 이곳에 정착한 지파들은 날마다 침략을 받을 수밖에요. 날마다 열방의 추격을 받으니까 또 날마다 추격을 해야 하지 않겠습니까? 날마다 추격받고 추격하느라 그야말로 정신이 하나도 없습니다.

그래서 갓 같은 사람은 상처가 있긴 하지만 거기에 안주하지 않고, 그 상처를 극복하기 위해 분명한 목표와 비전을 제시하며 적극적으로 살아갑니다. 한마디로 자신감이 넘칩니다. 어쨌든 공동체에는 추격하는 사람이 있어야 합니다. 보통 세상에서는 이런 사람을 유능하다고 하죠. 그런데 본문의 19절을 히브리어 원문으로 보면, 총 여섯 단어로 구성된 문장 중에 세 단어가 '압력을 가하다', '침략하다'의 어근에서 나왔습니다.

갓처럼 추격의 은사를 가진 사람이 경계를 넘어가면 어떻게 될까요? 늘 공격받고 공격하다 보니 강박관념이 생기고, 그 결과 일중독이 되기 쉽습니다. 자신보다 앞서가는 사람을 보면 시기와 질투를 잘 느끼기도 하죠. 특히 외부적인 성취와 업적을 자신과 동일시하는 우를 범하다 보니 수단과 방법을 가리지 않고 성공하려고 애씁니다. 이처럼 목표를 성취하려는 욕구가 지나치다 보면 결국 거짓과 기만에 취약해집니다.

✛ 추격의 은사를 가진 갓처럼 일중독으로 살고 있지는 않습니까?
✛ 스불론, 잇사갈, 단, 갓의 은사 중에 나는 어디에 속합니까?

음식을 대접하는 은사 아셀입니다

아셀에게서 나는 먹을 것은 기름진 것이라 그가 왕의 수라상을 차리리로다_창 49:20

여러분은 공동체에서 음식을 잘 대접하는 사람을 보면 어떠신가요? 기분이 좋지 않습니까? 부부목장만 봐도 그래요. 특히 남자 집사님들 중에는 밥 먹으러 목장에 온다는 분들이 적지 않습니다. 먹는 재미 때문에 모임에 나간다고 해도 과언이 아니죠. 일주일에 한 번 목장에 모여 밥 먹는 것 덕분에 교회가 이만큼 부흥했달까요? 아셀처럼 음식을 대접하는 은사가 얼마나 공동체를 세우는지 모릅니다. 여러분의 배우자감이 한식, 일식, 중식, 양식 등의 조리사 자격증이 다 있다고 생각해 보세요. 그야말로 백 점짜리 배우자 아닙니까? 요즘 젊은 사람들은 집에서 밥을 잘 하지 않는다는데, 목장 모임에서 젊은 새댁이 밥을 해 주면 다들 격려와 칭찬을 열렬히 해 주기를 바랍니다.

사람들에게 음식을 대접하는 일은 참 좋은 일입니다. 그러나 음식 자체가 우상이 되어서는 안 됩니다. 봉사 중독이 되어 정작 예배를 소홀히 여기면 곤란하다는 것이죠. 이 예언처럼 아셀 지파는 사사 시대에 드보라가 이끄는 전쟁에 참여하지 않아서 공개적인 비난을 받았습니다(삿 4~5장). 요즘으로 따지면 자기가 하는 교회 봉사가 너무 중요해서 예배에 참여할 시간이 없다고 하는 것과 같아요. 그래서 아셀 같은 사람이 경계를 넘어가면 교회에서 실컷 김장하고, 꽃꽂이하느라 정작 예배는 뒷전입니다. 심지어 맛있는 김치를 위해서라면 최상급 젓갈을 공수하기 위해 지방까지 내려가는 수고도 마다하지 않죠. 예배가 문제가 아닙니다. 그러곤 만나는 사람마다 "내가 만든 김치 어땠어요?", "꽃꽂이는 어땠어요?" 하고 물으며, 사람들의 평판에 신경을 씁니다. 물론 아셀 같은 사람은 공동체에 꼭 필요합니다. 그러나 이런 사람은 은사 자체가 목적이 되지 않도록 주의해야 합니다.

✚ 아셀처럼 봉사 중독이 되어 예배를 소홀히 여긴 적은 없습니까?

기쁜 소식을 전하는 은사, 암사슴 납달리입니다

납달리는 놓인 암사슴이라 아름다운 소리를 발하는도다 _창 49:21

납달리는 아름다운 소리로, 찬양으로 복음을 전하는 은사를 가졌습니다. 그는 단과 함께 빌하의 소생이죠. 그런데 빌하가 야곱의 첫아들 르우벤과 동침했잖아요. 엄마와 이복형이 통간했으니 그 자녀들의 상처가 오죽했겠습니까.

그런데 말입니다. 상처가 있는 사람들이 노래를 하면 굉장히 아름답게 들리는 것이 있습니다. 납달리가 아름다운 목소리로 구슬프게 '애수의 소야곡'을 부른다고 상상해 보세요. 슬픔 속에서도 아름다움이 느껴질 것입니다. 아마도 납달리는 '상처가 별이 된 찬양'을 부르지 않았을까요? 하지만 우리가 어떻게 날마다 아름다운 찬양을 부를 수 있겠습니까? 찬양할 때는 마냥 좋아도 늘 그렇지는 않지요. 특히 납달리 같은 사람들은 상처가 많다 보니 공동체의 트러블메이커(troublemaker)가 되기도 합니다.

저는 어려서부터 성가대 반주를 했습니다. 그런데 사람들의 박수를 많이 받다 보면 스스로를 특별하다고 여기기 쉽더라고요. 그래서 믿음도 없이 찬양으로 박수받는 것이 얼마나 독이 되는지 모릅니다. 그만큼 믿음이 들어가기가 하늘의 별 따기이기 때문이죠. 사람에게 선한 것이 어디 있겠습니까? 아무리 아름다운 목소리를 가졌더라도 그래요. 이 은사를 하나님이 주셨다고 여기지 않고, 내가 대단히 잘해서 아름다운 소리를 낸다고 생각한다면, 그 소리는 찬양이 아니라 그저 노래일 뿐입니다.

지금은 소천한 제 둘째 언니는 성악을 전공할 만큼 아름다운 목소리를 가졌습니다. 그러나 후두염 판정을 받고, 수십 년을 선교사로 헌신하며 고생을 많이 하다 보니 그 좋던 목소리를 많이 잃었죠. 수년 전, 언니가 목회자 세미나에서 특별 찬양을 부른 적이 있었습니다. 그때 저는 찬양은 목소리가 다가 아니라는 것을 알았습니다. 예전의 꾀꼬리 같은 목소리는 아니었지만 그날 언니는 단순한 노래가 아닌 진정한 찬양을 불렀습니다.

✢ 납달리처럼 상처가 별이 되어 찬양하고 있습니까? 내가 아름다운 소리를 낸다고 자랑하며 찬양이 아닌 노래를 하고 있지는 않습니까?

보여 주는 은사, 무성한 가지 요셉입니다

22 요셉은 무성한 가지 곧 샘 곁의 무성한 가지라 그 가지가 담을 넘었도다 23 활쏘는 자가 그를 학대하며 적개심을 가지고 그를 쏘았으나 24 요셉의 활은 도리어 굳세며 그의 팔은 힘이 있으니 이는 야곱의 전능자 이스라엘의 반석인 목자의 손을 힘입음이라 25 네 아버지의 하나님께로 말미암나니 그가 너를 도우실 것이요 전능자로 말미암나니 그가 네게 복을 주실 것이라 위로 하늘의 복과 아래로 깊은 샘의 복과 젖먹이는 복과 태의 복이리로다 26 네 아버지의 축복이 내 선조의 축복보다 나아서 영원한 산이 한 없음 같이 이 축복이 요셉의 머리로 돌아오며 그 형제 중 뛰어난 자의 정수리로 돌아오리로다_창 49:22~26

요셉이 받을 복이 얼마나 크고 풍성한지 야곱은 유다와 같이 다섯 절이나 할애해서 요셉을 축복합니다. 라헬은 요셉을 낳고, "하나님이 내 부끄러움을 씻으셨다. 여호와는 다시 다른 아들을 내게 더하시기를 원하노라"(창 30:23~24)고 했지요. 그렇습니다. 요셉의 이름은 "여호와께서 더하게 하신다"는 뜻입니다. 그런데 요셉의 인생을 보면 정말 그 이름대로 된 것 같아 제가 다 전율이 느껴집니다. 그러면 요셉이 형통하게 된 이유가 무엇입니까? 물론 그가 하나님 말씀대로 적용을 잘 해서 형통하게 된 것도 있습니다. 그러나 결정적으로 하나님이 그와 함께하셨기에 범사에 형통하게 된 것입니다(창 39장).

야곱은 자녀들을 사자 새끼, 나귀, 뱀, 암사슴, 이리 등의 동물로 많이 비유했습니다. 물의 끓음, 해변, 칼 같은 물질적인 요소로 그 특징을 묘사한 자녀들도 있죠. 하지만 요셉은 다른 아들들과는 종류와 장르와 레벨이 완전히 다릅니다. 야곱은 요셉을 무성한 가지, 즉 식물로 표현했습니다. 담장 너머 드리워진 무성한 가지를 한번 상상해 보세요. 정말 요셉은 아무도 따라갈 수 없는 고상한 축복을 받았습니다. 그야말로 어나더 레벨(another level)입니다.

공동체에는 요셉이 받은 복과 같은 '눈에 보이는 축복'이 있어야 합니다. 단, 뭐든 경계를 넘어가서는 안 됩니다. 가령, 어떤 재벌이 예수를 잘 믿는다고 하면 대체로 반응이 어떻습니까? "예수 잘 믿더니 과연 재벌이 되었네" 이러지 않습니까? 신자에게는 유다의 찬양도 필요하고, 요셉의 형통도 필요합니다. 각자의 역할이 있는 것입니다.

그러나 요셉은 무성한 가지로 결국 경계를 넘고 말았습니다. 세상에서 받을 수 있는 복은 다 받은 요셉은 존재 자체로 여러 사람을 주눅 들게 했죠. 그러니 여러분, 이렇게나 많은 복을 받으면 뭐 합니까? 경계를 넘어가면 도리어 복이 독이 될 수도 있습니다.

우리가 자존감이 있으면 '나는 할 수 있다!'가 되는데, 자만심으로 가득하면 '나는 가지고 있다'가 됩니다. 물론 자존감이 지나치게 높아도 자만해질 수 있습니다. 요셉의 후손인 에브라임 지파가 그랬죠. 북이스라엘을 다스린 에브라임 지파는 방종한 삶에 빠져 우상숭배에 몰두함으로써 결국 앗수르에 의해 멸망당했습니다. 요셉 지파는 하나님께 복을 받는 것도 중요하지만, 받은 복을 잘 관리하는 것이 더 중요하다는 것을 역사를 통해 보여 주었습니다.

물어뜯는 은사, 이리 베냐민입니다

베냐민은 물어뜯는 이리라 아침에는 빼앗은 것을 먹고 저녁에는 움킨 것을 나누리로다_창 49:27

베냐민은 지고는 못 삽니다. 그러나 이렇게 물어뜯어도 저녁에는 움킨 것을 나눕니다. 이리같이 잘 물어뜯는 사람은 그 끈질김으로 누구든지 교회에 잘 데려다가 앉혀 놓죠. 전도를 해도 누구에게 꺾이는 법이 없습니다. 교회에는 이런 사람이 꼭 필요합니다. 베냐민의 물어뜯는 은사는 경계를 잘 지키기만 하면 공동체를 유익하게 하는 너무나도 아름다운 달란트입니다.

베냐민 지파가 차지한 땅은 이스라엘 지파 중에 가장 강한 유다 지파와 에브라임 지파 사이에 있었습니다. 유다와 에브라임이 남북으로 베냐민을 막아 주는 형국이었죠(수 18장). 그러다 보니 베냐민 지파는 상대적으로 이방의 침략을 덜 받았습니다. 여기처럼 안전한 땅이 없습니다. 부족한 것도 없고, 약하지도 않습니다. 그러면 감사해야 할 것 같은데, 베냐민은 오로지 자기밖에 모릅니다. 도통 남한테 줄 줄도 모르죠. 물어뜯는 이리의 특성을 유감없이 발휘합니다.

베냐민 같은 사람은 날마다 교회에 사람을 물어다 놓으니 겉보기에는 헌신적이고 이타적인 것처럼 보입니다. 그러나 이기심으로 행한 것은 공동체에 혼란과 무질서를 가져오게 되어 있습니다. 전도를 아무리 많이 해도, 교회에서 인정받으려고 하는 것과 정말 구원 때문에 애통해서 한 것은 나중에 표가 나게 마련입니다. 이기심으로 행하면서도 정작 그것을 합리화하고 자꾸 숨기려 들면 신앙생활이 피폐해질 수밖에 없습니다.

베냐민같이 지고는 못 사는 한 집사님의 나눔입니다.

딸과 친한 친구가 잘나간다는 소리를 듣고 속이 상했다. 겉으로는 잘됐다고 말했지만, 속으로는 시기와 질투가 났다. 아들과 동갑인 언니의 딸들이 잘되는 것도 시기가 난다. 하나님이 다 각자 다른 달란트를 주셨는데도 왜 자꾸 이런 고민을 하는 걸까? 아무래도 나는 시기 장애와 질투 장애가 있는 것 같다.

그런데 여러분, 이분이 목장에서 솔직하게 나누는 게 좀 귀여워 보이지 않나요? 우리가 상대방을 보면 저 사람이 시기와 질투가 있는지 딱 알지 않습니까? 그때 솔직하게 "나는 시기가 있어" 이야기하면 금세 호감이 가죠. 하지만 시기가 있는데도 안 그런 척 음흉하게 숨기는 사람은 어째 말도 건네기 싫어집니다. 어떤 관계에서든 솔직히 말하는 것과 그렇지 않은 것은 천지 차이입니다.

✛ 베냐민처럼 잘 나누다가 물어뜯는 이리의 특성을 유감없이 발휘한 적은 없습니까?
✛ 아셀, 납달리, 요셉, 베냐민의 은사 중에 나는 어디에 해당합니까?

복음은 경계입니다

이들은 이스라엘의 열두 지파라 이와 같이 그들의 아버지가 그들에게 말하고 그들에게 축복하였으니 곧 그들 각 사람의 분량대로 축복하였더라 _창 49:28

우리가 각 사람의 분량대로 축복을 받으려면 반드시 회개를 해야 합니다. 회개해야 그 은사가 제대로 쓰임받을 수 있기 때문입니다. 그러므로 회개가 축복의 비결입니다.

지금까지 야곱이 아들들에게 예언한 내용을 정리해 보면, 한마디로 "복음은 경계"라는 것입니다. 민수기에도 하나님은 이스라엘 민족에게 동서남북의 경계를 딱 정해 주셨습니다. 경계는 부족해도 넘쳐서도 안 됩니다. 사명과 연결되어 있기 때문입니다. 여기서 경계를 지킨다는 것은 곧 자기 자리, 자기 위치, 자기 주제를 잘 아는 것을 말합니다. 이번 대지에서는 제일 경계를 많이 넘어간 두 지파에 대해 성경 전체를 아우르며 살펴보도록 하겠습니다.

첫째, 단 지파입니다

단은 라헬의 여종 빌하의 첫째 아들입니다. '억울함을 푸신다'는 그 이름의 뜻대로 태생부터 첩의 소생으로 억울하게 태어났죠. 다른 형제들 사이에서 눈치 보며 살다 보니 생존을 위해 거짓말하고 변명도 많이 했겠죠. 그때마다 단은 어쩔 수 없었다며 거짓을 정당화하고, 때로는 그렇게 하는 것이 마땅하다고 생각했을 것입니다.

단은 과연 심판의 은사대로 순간순간 상황을 판단하는 능력이 탁월합니다. 옳고 그름을 잘 헤아립니다. 그런데 자세히 보면 자기 입장에 유익한 것만 따릅니다. 그래서 그 결국이 무엇입니까? 앞에서도 살펴보았지만, 단 지파는 약속의 땅을 떠나 자기 마음대로 새로운 땅을 약탈했습니다. 그곳은 훗날 금송아지 우상의 온상지가 되었죠. 결국 이 우상숭배는 온 이스라엘을 도탄에 빠뜨리고 말았습니다. 예수님이 십자가 지시기 전, 가룟 유다가 배신할 것을 알고도 "네가 하는 일을 속히 하라"(요 13:27)고 말씀하셨듯이, 야곱이 단에 대해 남긴 유언 또한 그들의 미래를 내다본 예견이라 볼 수 있습니다.

여호와여 나는 주의 구원을 기다리나이다_창 49:18

그래서 야곱이 이 기가 막힌 자식, 단을 위해 특별히 기도했습니다. 여호와만이 구원인데, 단은 여호와만이 구원이 아니라고 생각해서 경계를 넘어갔습니다. 단을 봐도 그렇고, 예수님을 팔아 버린 가룟 유다를 봐도 그렇고, 12명 중에 1명이 구원받지 못했습니다. 이 말인즉 내 자식이 구원되지 못할 확률이 12분의 1이라는 겁니다. 그러니 야곱이 너무 안타까워서 "여호와여, 나는 주의 구원을 기다리나이다"라는 기도가 절로 나옵니다. 하지만 그 기도도 효력이 없었던 것일까요? 결국 단 지파는 북이스라엘의 멸망과 함께 역사 속으로 사라졌고, 요한계시록 7장에 열거된 열두 지파 중에서도 빠졌습니다. 그러므로 우리는 자녀들이 구원받지 못하는 12분의 1에 속하지 않도록 기도해야 합니다.

둘째, 요셉 지파입니다

24 요셉의 활은 도리어 굳세며 그의 팔은 힘이 있으니 이는 야곱의 전능자 이스라엘의 반석인 목자의 손을 힘입음이라 25 네 아버지의 하나님께로 말미암나니 그가 너를 도우실 것이요 전능자로 말미암나니 그가 네게 복을 주실 것이라 위로 하늘의 복과 아래로 깊은 샘의 복과 젖먹이는 복과 태의 복이리로다 26 네 아버지의 축복이 내 선조의 축복보다 나아서 영원한 산이 한 없음 같이 이 축복이 요셉의 머리로 돌아오며 그 형제 중 뛰어난 자의 정수리로 돌아오리로다_창 49:24~26

요셉 자손인 에브라임 지파는 단 지파와 마찬가지로 이스라엘에 금송아지 우상을 가져왔죠. 그리스도의 표상과 진짜의 차이는 이렇게나 엄청납니다. 야곱이 죽기 직전 마지막으로 분별할 때 요셉은 이미 그 한계를 드러낸 바 있습니다. 더욱이 결혼도 이방신 '온'을 섬기는 제사장 보디베라의 딸 아스낫과 하지 않았습니까(창 41:45). 여기서 온은 '태양의 집'이라는 뜻입니다. 그는 이름도 애굽식인 '사브낫바네아(신이 말씀하신다)'로 바꾸고 완전히 애굽에 귀화했습니다. 한마디로 요셉은 애굽인입니다. 그러니 야곱이 이런 요셉을 보며 절로 기도가 나오지 않았겠습니까?

그래서 이스라엘이 된 야곱이 요셉을 어떻게 축복합니까? 24절에서 '이스라엘의 반석인 목자의 손을 힘입는다'는 표현을 NIV 영어 성경은 'because of the Shepherd, the Rock of Israel'이라고 번역했습니다. 이 말은 야곱의 반석 되신 목자로 인해, 그 전능자이신 목자로 인해 요셉의 팔에 힘이 있다는 뜻입니다. 25절과 26절에도 "네 아버지 야곱의 하나님이 너를 도우시고, 네게 복을 주실 것이다", "네 아버지 야곱의 복이 네 선조의 축복보다 나아서 너를 그 형제 중에 뛰어난 자의 정수리로 돌아오리로다"라고 합니다. 야곱은 무려 세 절에 걸쳐서 "지금까지 나를 길러 주신 나의 하나님이 너를 축복해 주시기를 원한다"고 너무나도 간절하게 요셉을 축복했습니다.

그러면 야곱이 요셉에게 한 축복은 유다에게 한 축복과 무슨 차이가 있을까요? 야곱은 "유다는 사자 새끼로다. 내 아들아 너는 움킨 것을 찢고 올라갔도다…… 규가 유다를 떠나지 아니하며 통치자의 지팡이가 그 발 사이에서 떠나지 아니하기를 실로가 오시기까지 이르리니 그에게 모든 백성이 복종하리로다"(창 49:9~10)라고 축복했죠.

야곱은 유다가 아들이라도 존경을 담아 마치 예수님을 보듯이 축복했습니다. 그러니 더는 야곱의 하나님이 유다를 축복해 주실 필요가 하나도 없는 것입니다. 왜죠? 유다가 예수님의 조상이기 때문입니다. 여러분, 이 차이를 이해하시겠습니까?

야곱이 요셉에게 보이는 복은 다 주었는데도 요셉이 뭔가 2퍼센트가 부족해 보인다고 했습니다. 요셉의 일생을 보면 그야말로 받을 수 있는 복이란 복은 다 받았습니다. 인간적으로도 너무나 완전하고 훌륭해 보입니다. 전에 요셉이 보디발 집의 가정 총무로 있을 때를 생각해 보세요. 보디발 아내의 끈질긴 유혹을 "내가 어찌 이 큰 악을 행하여 하나님께 죄를 지으리이까"(창 39:9) 하며 거절하지 않았습니까? 무엇보다 자신을 죽이려고 했던 형들도 다 용서했습니다(창 45장). 그뿐만이 아닙니다. 애굽의 총리가 되어 기근 가운데 있던 온 가족을 살려 냈죠. 아무리 생각해도 너무나 훌륭합니다. 이렇게 요셉이 보이는 복, 육적인 복을 많이 받으니 상대적으로 보이지 않는 영적인 복을 시들하게 볼 수밖에 없지 않았을까요? 그런 데다 성품이 어찌나 좋은지 영적인 복까지 대단하게 여기는 것처럼 보였죠. 모두 깜빡 속을 뻔했습니다. 오죽하면 믿음의 조상 야곱도 마지막에 가서야 요셉을 분별했겠습니까?

물론 요셉이 깨끗한 인생을 산 것은 그 자체로 축복입니다. 하지만 진짜 마지막 축복은 험악한 인생을 산 야곱이 했습니다. 이미 야곱은 자신의 험악한 삶을 간증하며 바로를 축복했습니다(창 47장). 여하튼 야곱은 죽기 직전까지 요셉을 너무나도 사랑했습니다. 그래서 "우리 요셉이 세상에서만 옳다 여김받고, 정작 구원받지 못하면 어쩌나”
하며, 있는 정성 없는 정성을 다해 간절히 간절히 축복한 것이죠.

제가 보니까 교회에서도 “유다같이 지질한 사람이 믿음이 좋다”
고 하면 잘 인정을 안 하고, 영적인 복도 명예와 지위 정도로 여기는
분들이 있더라고요. 그런 분들은 대개 집안도 대단하고, 교회에서 직
분이 높은 경우가 많았습니다. 그런데 이런 현상이 역사적으로도 진
짜 일어났습니다.

여호수아서에 보면 요셉 자손인 에브라임과 므낫세 지파가 제비
를 뽑아 땅을 분배받습니다. 그런데 여기서 딱 나온 소리가 무엇입니
까? “요셉 자손이 여호수아에게 말하여 이르되 여호와께서 지금까지
내게 복을 주시므로 내가 큰 민족이 되었거늘 당신이 나의 기업을 위
하여 한 제비, 한 분깃으로만 내게 주심은 어찌함이니이까”(수 17:14)라
며 불평합니다. 그래서 여호수아가 “스스로 개척하라”고 처방했습니
다. 그랬더니 또 뭐라고 하나요? “산지가 넉넉하지 않을뿐더러 골짜
기에 거주하는 자들이 다 철 병거가 있어서 못 간다”며 이유 같지 않
은 이유를 핑계로 댑니다.

반면에 유다 지파의 갈렙은 어땠습니까? 85세의 나이에도 불구
하고 아무도 가지 않으려는 땅, 가나안 땅 중에서도 험하고 힘든 곳
인 헤브론 산지를 자신에게 달라고 요청합니다. 그러면서 “그 곳에는
아낙 사람이 있고 그 성읍들은 크고 견고할지라도 여호와께서 나와
함께 하시면 내가 여호와께서 말씀하신 대로 그들을 쫓아내리이다”
(수 14:12)라고 합니다.

이를테면 갈렙은 다른 사람이 잘 하지 않으려는 교회 화장실 청소를 내 역할, 내 책임으로 여기고 본을 보인 것이죠. 하지만 갈렙의 헌신을 보고도 요셉 자손들은 하나도 은혜를 받지 못했습니다. 그러면서 "저 지파는 시아버지와 며느리가 동침했잖아. 저 지질한 것들은 화장실 청소하는 것이 마땅하지. 당연히 궂은일이라도 해야지"라고 수군댑니다.

그런데 여호수아 17장에서 가장 강력한 기득권을 쥔 요셉 자손이 불평을 하니까 나머지 지파들도 영향을 받았습니다. 그래서 다른 지파들도 가나안 족속을 쫓아내는 일에 지체합니다. 이 내용이 성경에 그대로 나옵니다. 요셉 자손은 이런 식으로 이스라엘에 좋지 않은 영향을 많이 끼쳤습니다.

요셉 자손 같은 사람들의 특징이 무엇인가요? 우선 자신을 지나치게 남보다 우월하다고 여깁니다. 그래서 다른 이들로부터 많은 것을 기대하고, 이들에게 자신이 주장할 권리가 있다고 생각하죠. 그러면서 "내가 아버지를 먹여 살렸잖아. 내가 형들을 먹여 살렸어. 그러니까 나는 언제나 대접을 받아야 해"라며 온갖 생색을 다 냅니다.

결국 자만심에 빠져 정신을 못 차리고 있던 요셉 자손은 여호수아 시대를 지나 열왕기 시대에 이르러 어찌 되었습니까? 요셉 자손 중에브라임 지파 출신인 여로보암이 등장하여 북이스라엘 왕국을 세우죠. 이후 북이스라엘은 예수님이 오시는 유다 지파, 즉 다윗 지파가 통치하는 남유다를 끊임없이 대적했습니다. 이때 요셉 자손이 얼마나 영향력이 있는지 이스라엘의 열두 지파 중에서 무려 열 지파가 여로

344

보암에게 합세했습니다. 시대를 초월하여 다들 요셉을 좋아합니다.

그런데 성경은 북이스라엘 왕들을 어떻게 평가합니까? 한결같이 "여호와 보시기에 악을 행하였더라"고 합니다. 북이스라엘 왕들 중에 선한 왕이 한 사람도 없다는 것을 여러분은 어떻게 생각하십니까?

우리나라가 제일 힘들어하는 나라가 어디입니까? 미국, 중국, 일본입니까? 우리와 한민족인 북한 아닙니까? 마찬가지로 남유다가 가장 힘들어한 족속은 이방인인 가나안도 아니고 내 고향 족속인 북이스라엘이었습니다.

요셉은 애굽의 총리였습니다. 그러나 그는 이방 나라의 총리일 뿐, 하나님 나라를 위한 제사장은 아니었습니다. 소위 외국에 나가서 재벌이 되었는데, 번 돈으로 조국을 약간 도왔다고 할 수 있죠. 물론 그것만도 사람들은 대단하게 여깁니다.

남유다를 괴롭히던 북이스라엘은 결국 B.C. 722년에 앗수르에 의해 멸망하고 말았습니다. 그래서 세상에서 그 존재가 사라졌나 했습니다. 반면에 유다 지파는 계속 이어져서 유다 지파를 통해 예수님이 오셨습니다.

그런데 성경의 맨 마지막 책인 요한계시록 7장에 보면 에브라임 지파는 사라지고, 요셉 지파가 그 명단에 딱 포함되었습니다. 경계를 넘어간 단 지파는 결국 최종 명단에서 빠졌지만, 사라진 줄 알았던 요셉 지파는 마지막에 턱걸이로 딱 입성을 했습니다. 저는 이것이 요셉이 기근으로부터 이스라엘을 구한 공로 때문이라고 생각합니다.

그렇습니다. 우리가 이타적으로 살면서 남을 도운 것을 사람은 몰라줘도 하나님은 기억하십니다. 그래서 다른 사람을 도운 것은 하나님께 꾸어 드린 것과 같습니다. 하나님이 기억하시고 다 갚아 주실 것입니다.

우리가 익히 알다시피 유다는 창세기 38장에서 "그는 나보다 옳도다"고백하며 놀라운 회개를 했습니다. 이후 그의 후손인 유다 지파는 성경 곳곳에서 지파를 계수할 때마다 항상 제일 먼저 언급되고, 숫자도 가장 많았습니다. 유다 지파가 언제나 일등입니다. 반면에 요셉 지파는 북이스라엘의 멸망과 함께 잠시 사라졌다가 마지막 계시록의 명단에 턱걸이로 겨우 들어갔습니다. 저는 이것이 다 야곱의 간절한 기도 덕분이라고 생각합니다.

단과 요셉은 둘 다 참 똑똑합니다. 그러나 그 똑똑함으로 경계를 넘어가서 공동체를 위협하고 말았습니다. 앞서 우리가 살펴본 한 줄로 쓱 지나간 지파는 공동체를 위협했다는 말이 없습니다. 이것만 봐도 참으로 공평하신 하나님입니다.

저는 열두 지파 중에 우상숭배로 지경을 완전히 이탈한 단 지파는 차치하고, 정말 힘든 지파는 바로 요셉 지파라고 생각합니다. 이들은 공동체에서 세력을 행사하면서 잘 믿는 사람들을 핍박하고 무시했습니다. 우리가 요셉같이 눈에 보이는 복을 받은 사람들을 보면 위축되고 주눅 들 수 있습니다. 그런데 이렇게 성경 전체를 통해 요셉 지파를 살펴보니 보이는 복을 받는 것이 꼭 좋은 것만은 아님을 새삼 느끼게 됩니다.

우리는 지금까지 열두 아들을 축복하는 야곱의 유언을 살펴보았습니다. 이 중에는 정말 한 절에 축복이 쓱 지나간 아들도 있고, 유다나 요셉처럼 다섯 절이나 걸쳐 축복받은 아들도 있습니다. 하지만 요한계시록 7장의 명단을 보니 구원받은 수는 각 지파마다 만 이천 명씩 다 똑같습니다. 이것은 어떤 은사를 가졌든 차별 없이 천국에 입성한다는 것을 보여 줍니다. "지질한 유다나 훌륭한 요셉이나 똑같이 천국에 입성하는데, 요셉이 약간 부끄럽게 '턱걸이 입성'을 하더라" 이런 뜻입니다. 그러니 여러분은 '나는 왜 이것밖에 안 되나?' 하면서 잘난 요셉을 부러워하지 마시기 바랍니다.

상처 많고 문제 많은 사람이 모이는 곳이 교회 공동체입니다. 우리 중에 열두 지파의 범주에서 벗어날 사람은 아무도 없습니다. 하나님이 각자에게 은사를 주셨으니 반드시 그것을 찾아내시길 바랍니다. "나는 은사가 없어요!" 이런 분은 "나는 예수님 안 믿어요" 이런 것과 같습니다. 은사가 없는 사람은 없습니다. 각자의 역할이 있을 뿐입니다. 내게 어떤 역할이 주어지든 회개하고 천국 가면 다 똑같습니다.

솔직히 말해서 며느리와 동침한 유다야말로 우리가 보기에 가장 안 좋은 역할 아닙니까? 그런데 그는 그 일로 평생을 회개하며 살았습니다. 회개한 후에는 그 어떤 문제도 일으키지 않았죠. 반면에 요셉은 우리가 보기에 가장 좋은 역할처럼 보이지만, 그만큼 자기 죄를 보는 것이 어려웠습니다. 요셉처럼 보이는 복을 많이 받으면 허벅지를 꼬집어도 회개가 잘 안 나옵니다. 회개는 억지로 할 수 있는 것이 아니기 때문입니다.

그런데 여기서 우리가 꼭 기억해야 할 것이 있습니다. 요셉의 형통은 유다의 찬송과 비교할 수 없다는 점입니다. 유다의 찬송은 회개한 후에 찾아오는 엄청난 축복입니다. 각 사람의 분량대로 주신 은사는 회개하기 전에는 공동체를 해롭게 하다가 회개한 후에는 공동체를 유익하게 만듭니다. 하지만 공동체에는 회개 전과 회개 후의 사람들이 다 모여 있지 않습니까? 당연히 바람 잘 날이 없습니다. 그래서 회개에 이르기 위해서는 말씀과 기도가 필수입니다. 회개한 성도들은 또 다른 성도들을 회개케 하기 위해 "당신이 나보다 옳습니다"를 부르짖으며 가게 되어 있습니다. 여전히 교회 생활이 고난이고, "왜 내가 해?" 하며 자꾸 불평이 나온다면 아직 내가 회개하기 전이라는 말과 같습니다. 회개만 하면 저절로 유다처럼 말없이 섬기게 되어 있습니다.

그러므로 내 은사가 공동체를 유익하게 하려면 반드시 회개가 수반되어야 합니다. 은사는 하나님이 주신 선물입니다. 좋고 나쁘고가 없습니다. 그래서 야곱이 각 사람의 분량대로 축복했다고 하는 것입니다. 야곱의 축복이 최고의 유언인 이유가 여기에 있습니다.

여러분의 은사는 회개하기 전의 것입니까? 회개한 후의 은사입니까? 나의 은사는 회개만 하면 하나님이 최고로 쓰십니다.

아버지의 억울한 죽음이 해석되지 않아 힘들어하는 한 집사님의 나눔입니다.

제가 아홉 살 때 아버지가 돌아가셨습니다. 당시에는 교통사고로 돌아가셨다고 들었는데, 고등학교에 올라갈 즈음 작은이모부는 제게

"아버지가 억울하게 돌아가셨다"고 말했습니다. 부당하게 유치장에 갇힌 아버지는 "왜 죄도 없는 나를 여기 넣었냐!"고 항의하다가 경찰에게 얼굴이 함몰될 정도로 맞고 돌아가셨다고 합니다. 그런데 그때 경찰서에서는 할아버지에게 서류에 사인하지 않으면 아버지의 시신을 주지 않겠다고 했답니다. 그래서 할아버지가 모르고 사인을 했는데, 알고 보니 합의서에 서명한 것이었습니다. 결국 그들이 준 합의금을 받고 사건은 유야무야되었습니다.

아버지가 그렇게 돌아가셨다는 사실을 알고 어느 자식이 가만히 있겠습니까? 당시 대학생이던 형님도 그 사실을 알고, 할아버지에게 "더럽고 치사한 돈을 왜 받았냐"고 화를 냈습니다. 그 충격에 할아버지는 농약을 먹고 돌아가셨습니다. 아무리 할아버지 입장을 생각하고 또 생각해 봐도 여전히 이해가 안 됩니다. 할아버지가 그렇게 가시고, 3년 후에는 고모마저 돌아가시면서 집안은 쑥대밭이 되었습니다.

저는 아내와 20년이 넘게 결혼생활을 하면서도 이런 집안 이야기를 한 번도 나누지 않았습니다. 그러다 우리들교회에 와서 처음으로 목장에서 이 일을 오픈했습니다. 하지만 제 마음은 더 처절해졌습니다.

목사님이 창세기 45장을 설교하실 때의 일입니다. 목사님은 "요셉이 피해자가 아닌 가해자의 입장에서 자신의 죄를 깨달았기에 자신을 죽이려 했던 형들을 용서할 수 있었다"고 말씀하셨습니다. 하지만 저는 그 말씀을 듣다가 예배당을 뛰쳐나가고 말았습니다. 지금까지 피해자 입장에서만 살아왔는데, 어떻게 제가 가해자가 될 수 있겠습니까? 아버지를 죽음에 이르게 한 그들과 어떻게 제가 화해할 수 있겠습니까?

'이것을 어떻게 받아들여야 하나? 또 목장 식구들에게는 뭐라고 말해야 하나?' 밤새 고민이 되었습니다. 정말 그때만큼 목사님이 미운 적이 없었습니다. 아무래도 목사님은 저 때문에 오래 사실 것 같습니다.

그런데 이분의 나눔을 듣고 있던 한 장로님이 자신의 간증과 함께 이런 나눔을 하셨습니다.

전처는 아이들도 버리고 집을 나가 다른 남자와 살고 있었습니다. 그때 목사님은 제게 이혼하면 안 된다고 하셨습니다. 그런데 어느 순간 "이혼하고 재혼하라"고 하셨습니다. 목사님이 왜 그러셨을까요? 당시 제가 전처와 이혼하지 않은 상태에서 다른 여자를 만나고 있었기 때문입니다. 목사님이 그 사실을 알고, 제가 계속 죄를 짓다가 지옥 갈 것 같으니까 죄에서 벗어나라고 그리 말씀하신 것이었습니다.

누가 가해자든 피해자든 목사님은 성도가 천국 가는 길을 말씀하시는 것입니다. 결코 인간적이고 세상적인 관점에서 가해자나 피해자 입장에 대해 말씀하시는 것이 아닙니다. 결론은 "우리 모두 천국 가야 한다"는 것인데, 성령님이 집사님의 마음을 만져 주셔야만 이 말씀이 와 닿을 것 같습니다. 구원은 내가 결정할 문제가 아니라 하나님의 선택입니다. 지금은 집사님이 많이 화나고 힘드시겠지만, 성령님이 집사님의 마음을 만져 주시길 간절히 기도합니다. 목사님이 가장 중요하게 생각하고, 원하시는 것은 저나 집사님이나 모두 천국 가는 것임을 잊지 않으셨으면 좋겠습니다.

그랬더니 이 집사님이 이렇게 말씀하셨습니다.

제가 정말 힘들었을 때 목장 식구들의 기도 덕분에 살아난 것 같습니다. 일주일 동안 이 고민과 고통에서 정말 벗어나고 싶다는 생각을 많이 했습니다. 그런데 저도 모르게 술을 사러 편의점 앞에 서 있더라고요. 그때 목장의 한 집사님이 제게 전화를 했습니다. 바로 그 전화 한 통이 저를 살려서 이 자리까지 오게 되었습니다. 그때 전화해 준 그 집사님께 너무 고맙습니다. 그전까지 저는 목사님의 설교를 더는 듣고 싶지도 이해하고 싶지도 않았습니다. 그런데 오늘 목장에 와서 지난 일주일간 저 자신을 가만히 돌아보니, 아직 억울한 마음이 완전히 해결된 것은 아니지만, 제가 가해자라는 인식이 서서히 들기 시작하더군요. 제가 한창 힘들어할 때 권찰님은 "체휼 못 해 주는 목자와 권찰 때문에 너무 힘든 것은 알지만, 이 목장 공동체를 잊지 말아 달라"고 하셨습니다. 그래서 제가 "체휼을 바라는 것이 아니다. 정말 힘드니까 시간을 좀 달라"고 말씀드렸습니다. 그러자 권찰님은 "얼마든지 그렇게 하라"며 기꺼이 제 부탁에 응해 주셨습니다.

회개하신 장로님과 회개하신 목자님과 권찰님이 아직 억울해하는 이 집사님을 위해 안타까워하며 진정한 회개로 이분을 이끌어 갈 줄 믿습니다. 저는 이런 나눔이야말로 각 사람의 분량대로의 나눔이 아닐까 생각합니다.

우리가 요셉처럼 "무슨 일을 만나든지 만사형통하리라" 하면 좋겠지만, 그 전에 유다처럼 "영영 부를 나의 찬송 예수 인도하셨네"의 고백이 있는 찬송을 부를 수 있었으면 좋겠습니다.

모든 은사의 주인은 주님이십니다. 이것을 기억하며, 각 사람의 분량대로, 은사대로 하나님의 일에 쓰임받기를 기도합니다.

✝ 나의 은사는 무엇입니까? 그것은 내가 회개하기 전의 은사입니까? 회개한 후의 은사입니까? 모든 은사의 주인은 주님이심을 믿고, 나의 은사가 하나님께 쓰임받길 기도하고 있습니까?

"

우리가 각 사람의 분량대로 축복을 받으려면
반드시 회개를 해야 합니다.
회개해야 그 은사가 제대로 쓰임받을 수 있기 때문입니다.
그러므로 회개가 축복의 비결입니다.

"

저는 의대에 입학한 후 기독 학생 동아리에 가입해 1년여간 교회를 다녔습니다. 그러나 학업에 대한 중압감과 세상 성공에 대한 갈망으로 점차 교회와 멀어졌습니다. 물어뜯는 이리인 베냐민 지파처럼(창 49:27), 지고는 못 사는 성격인 저는 늘 이기고 이기려는 마음으로 가득했고, 그 지독한 열심 덕분에 우수한 성적으로 대학을 졸업했습니다. 그러다 인턴 수련 중에 전처와 결혼했습니다. 이후 추격하는 은사를 가진 갓 지파와 같이(창 49:19) 일중독자가 되어 살다가 바라던 대학병원의 교수로 임용되었습니다.

요셉처럼 무성한 가지를 드리울 날을 고대하며 교만하게 살던 중에(창 49:22) 저는 생각지 못한 심한 기근을 맞게 되었습니다. 전처가 저 모르게 많은 빚을 지고, 돌려막다가 그 빚이 눈덩이처럼 불어난 것입니다. 저는 빚을 갚기 위해 대학병원 교수직을 포기하고 일반 병원에 취직했습니다. 그러면서 단 지파처럼 옳고 그름을 따지며(창 49:16) 전처에게 원망과 분노를 퍼부었습니다. 그러다 급기야 전처가 가출하는 지경에 이르렀습니다.

절망 가운데 지내던 어느 날, 저는 방송을 통해 담임목사님의 설교를 우연히 듣고, 주일예배에 참석했습니다. 그런데 설교 중에 한 달란트 받은 자를 향해 "악하고 게으른 종아!"(마 25장) 하시는 책망이 꼭 제게 하시는 말씀 같아 흐르는 눈물을 주체할 수 없었습니다. 그 후 저는 55주 동안 끊임없이 양육을 받으며 공동체에 깊이 뿌리를 내렸습니다. 그 사이 전처는 집에 잠시 들어왔지만 얼마 후 다시 나갔습니다. 저는 "아이들에게 깨끗한 호적을 물려주라"는 공동체의 처방을 듣고 전처를 기다렸지만, 성품의 한계와 육신의 정욕 때문에 지금의 아내와 사귀게 되었습니다. 목사님은 이런 제게 "이제 이혼하고 재혼하라"고 처방해 주셨습니다. 제가 이혼하지 않은 상태에서 다른 여자를 만나는 것이 죄짓는 일이고, 그 죄로 인해 구원받지 못할까 봐 애통한 마음에 그러신 것이었습니다.

이후 저는 아프리카 선교보다 힘들다는 재혼생활을 하게 되었습니다. 아무것도 아닌 일로 아내와 자주 싸웠고, 하루는 아이들 문제로 아내에게 폭력까지 휘둘렀습니다. 그날 아내의 신고로 경찰에 체포될 뻔했는데, 목장 식구들의 중재 덕분에 아내와 극적으로 화해할 수 있었습니다. 이렇게 저는 아내를 폭행하는 밑바닥을 찍고 나서야 제가 죽을 수밖에 없는 죄인이며, 제 힘으로는 아무것도 할 수 없음을 깨닫게 되었습니다. 단 지파와 같이 아내를 약탈하고, 요셉 지파와 같이 경계를 넘어 아내를 위협하는 말과 행동을 하는 저는 참으로 주의 은혜가 아니면 살아갈 수 없는 죄인입니다(창 49:17,22). 죄로 인해 멸망할 수밖에 없는 저를 친히 업어 주시고, 길러 주시고, 동행하여 주실 뿐만 아니라, 각 사람의 분량대로 축복하는 인생을 살도록 인도하신 하나님, 사랑하고 감사합니다.

영혼의 기도

하나님 아버지, 우리 모두에게 은사를 주셨다고 합니다. 한 달란트 주신 자나 다섯 달란트 주신 자나 다 똑같이 은사를 주셨다고 합니다. 하지만 한 달란트 받은 자는 땅속에 달란트를 묻어 두었습니다. 그러자 주님은 악하고 게으른 종이라며 그를 꾸짖으셨습니다.

그렇습니다. 하나님께서는 한 절에 축복이 끝난 스불론이나 잘난 요셉이나 지질한 유다나 각 사람의 분량대로 모두에게 은사를 주셨습니다. 그런데도 우리는 날마다 자신과 남의 은사를 비교합니다. 누구는 가족을 섬기느라 힘들고, 누구는 성도를 섬기느라 힘들다면서 한 달란트 받은 자처럼 자꾸 불평하며 따집니다.

주님, 힘든 가족 한 사람을 섬기느라 툭 치면 회개가 나오는 사람과 아무리 수만 명을 섬기는 목회자라도 정작 회개하지 않는 사람이 있다면, 하나님이 누구에게 복을 주시겠습니까? 겉으로 보이는 것이 다가 아닌데, 경계를 넘어가서 비교와 시기 가운데 지옥을 살고 있는 우리를 불쌍히 여겨 주옵소서. 피해의식으로 경계를 넘어간 단 지파가 결국 구원에서 멀어진 것을 반면교사로 삼게 해 주옵소서. 무엇보다 각자 죄를 회개하면서 가야 이 은사가 쓰임받는 것을 꼭 기억하게 하옵소서.

그런데 주님, 교회 공동체에는 회개한 사람도 있고, 아직 회개하지 않은 사람도 있습니다. 그래서 참으로 바람 잘 날이 없습니다. 우리가 이것을 인정하기 원합니다. 그리하여 회개한 우리가 아직 회개하지 못한 너희를 애통해하며 끌고 가게 하옵소서.

참으로 나의 은사는 좋고 나쁨이 없는데, "그는 나보다 옳도다" 고백한 유다처럼, 무조건 회개하는 우리가 되면 좋겠습니다. 그런데 주님, 회개가 마음대로 되는 게 아니지 않습니까? 무조건 회개가 되면 얼마나 좋겠습니까? 회개가 잘 안 되는 요셉의 모습이 우리에게도 동일하게 있음을 고백합니다. 주여, 불쌍히 여겨 주옵소서.

회개가 안 되는 요셉을 위해 생명 내놓는 사랑으로 중재한 유다처럼 생색내지 않고 섬기며, 야곱처럼 마지막까지 간절한 마음으로 기도하는 우리가 되기를 원합니다. 그리할 때 요셉이 마지막에 턱걸이로라도 천국에 입성한 것처럼 우리의 모든 식구도 천국에 들어갈 줄 믿습니다.

진정한 효도와 사랑은 말씀에 의거해서 할 수 있는 것임을 알고, 부모로서 자녀로서 자기 주제를 알고, 각자 자신의 자리와 경계를 잘 지키기를 원합니다. 그리하여 각 사람의 분량대로 축복하고 축복받는 부모와 자녀가 되도록 은혜 위에 은혜를 더하여 주옵소서. 예수님 이름으로 기도드립니다. 아멘.

12

마지막 유언

창세기 49장 29~33절

하나님 아버지,
'내가 가는 천국에 너희도 오라'고
마지막 유언을 남기는 우리가 되기를 원합니다.
말씀해 주옵소서. 듣겠습니다.

제가 쓴 『문제아는 없고 문제 부모만 있습니다』라는 책이 처음 나왔을 때, 제목에 대한 반감 때문에 선물하기 어렵다고 하는 분이 있었습니다. 그러면서 그분은 '문제아, 문제 부모 무엇이 문제인가?', '미안해, 너희 잘못이 아니야' 이 정도 제목이면 오죽 좋았겠냐고 했습니다. 그래도 저자인 제가 실전 전문가라고 하면서 "이 책은 훌륭한 목사님의 성공 사례보다 철저히 실패하고 찢긴 사람들의 솔직한 간증과 사례가 많이 담겨 있어 유익하다"고 서평을 길게 남겨 주었습니다.

이 책의 제목처럼, 자녀의 문제는 부모의 문제가 정말 맞습니다. 그러나 가장 힘든 자녀가 부모를 진실로 회개하게 하고 거룩하게 합니다. 그래서 문제 자녀가 보석인 것입니다. 창세기의 야곱을 봐도 그렇고, 우리 주위를 둘러봐도 문제 부모가 참 많습니다. 야곱은 나중에야 자신이 문제 부모임을 깨달았습니다. 그러곤 각 사람의 분량대로 최고의 유언, 최고의 축복을 해 주었죠. 야곱의 마지막은 그가 믿음의 조상으로서 부족함 없이 각 사람을 분별했음을 보여 줍니다. 그리고 이제 야곱은 진짜 마지막 유언을 남겨 두고 있습니다. 야곱이 남긴 마지막 유언을 통해 우리도 어떤 유언을 해야 할지 살펴보겠습니다.

돌아갈 곳이 있다는 믿음의 유언이어야 합니다

29 그가 그들에게 명하여 이르되 내가 내 조상들에게로 돌아가리니
나를 헷 사람 에브론의 밭에 있는 굴에 우리 선조와 함께 장사하라
30 이 굴은 가나안 땅 마므레 앞 막벨라 밭에 있는 것이라 아브라함
이 헷 사람 에브론에게서 밭과 함께 사서 그의 매장지를 삼았으므
로_창 49:29~30

전에 야곱은 요셉에게 "애굽에 나를 장사하지 말고, 조상의 묘지
에 장사해 달라"고 부탁했습니다(창 47:29~30). 그리고 마지막 축복을
마친 후에는 아들들에게 조상의 묘지, 즉 헷 사람 에브론의 밭에 있는
굴에 우리 선조와 함께 자신을 장사해 달라고 명했습니다.

이처럼 야곱이 자신의 매장지를 막벨라 굴로 정한 것은 단순히
가족묘에 묻히고 싶어서만은 아니었습니다. 야곱은 화려한 애굽에
살고 있으니 화려한 매장지에 화려하게 묻힐 수도 있었습니다. 당시
애굽은 장례 문화가 상당히 발달했죠. 그런데도 야곱은 거듭해서 "나
는 이곳, 애굽에 묻히지 않겠다"고 말했습니다. 본질적으로 하나님이
믿음의 조상들에게 주신 '약속의 땅'에 묻히기 원했기 때문입니다. 여
기에는 "내 자손이 지금은 비록 애굽에 있지만, 언젠가는 약속의 땅으
로 돌아가야 한다"는 그의 당부도 포함되어 있습니다.

믿음의 유언을 남긴 아버지 덕분에 온 가족이 만나기만 하면 부
흥회를 한다는 어느 목사님의 간증을 읽었습니다.

이 목사님은 8남매 중 막내아들입니다. 어릴 때부터 목사님의 아버지는 8남매의 머리에 손을 얹고 한 명 한 명 축복 기도를 해 주었답니다. 큰아들은 동생들을 먹여 살려야 하니까 사업가가 되고, 둘째는 교수가 되고, 큰딸은 목사 사모가 되게 해 달라고 자녀들을 쭉 축복했습니다. 그러다 막내아들인 이분에게는 "주의 종이 되게 해 주시옵소서"라고 기도를 했습니다. 그런데 그때 이분이 머리를 살짝 뺐답니다. 그랬더니 이 아버지가 끝까지 쫓아와서 끝끝내 기도를 해 주더랍니다.

이후 아버지는 그곳이 부흥 집회든 새벽기도든 은혜의 자리라면 막내아들을 다 데리고 다녔습니다. 그런데 이 목사님이 은혜를 너무 못 받으니까 하루는 아버지가 낙심이 되어 이렇게 말했습니다. "내가 너를 이렇게 열심히 은혜의 자리에 데리고 다니는데, 너는 어째 방언 하나를 못 받냐! 이 녀석아!" 이분은 '아버지가 가장 좋아하는 것이 방언이구나' 하며 그때부터 연극을 하기로 결심했답니다. 그래서 가정 예배를 드릴 때마다 아버지 앞에서 몸을 앞뒤로 흔들면서 "아빠빠빠" 방언 소리를 흉내 냈습니다. 그러자 아버지가 너무 좋아하면서 집에 들어오고 나갈 때마다 이분에게 용돈을 주었답니다.

그러다 하루는 이 사실을 누나에게도 알려 줬습니다. 그래서 이분이 "누나, 나는 아빠빠빠 할 테니까 누나는 아따따따 해" 이랬답니다. 둘이 그렇게 윙크를 주고받으며 몸을 앞뒤로 흔들어 대니 아버지한테 용돈을 두둑이 챙겨 받았죠. 그러던 어느 날, 누나와 싸움이 벌어졌는데, 누나가 "너 아버지한테 가짜 방언 하는 것 다 이른다"고 엄포를 놓더랍니다. 결국 아버지가 이 사실을 알게 되면서 "이 사기꾼 같은 놈!"이라고 욕을 먹고, 나갈 때도 매를 맞고 들어올 때도 매를 맞았답니다.

그래도 어찌어찌 이분이 아버지의 기도대로 목사가 되었습니다. 그런데 아버지가 돌아가시기 전 자신만 불러서 "애야, 너에게 녹음테이프를 줄 테니 내가 죽은 다음에 공개해라" 부탁을 하더랍니다. 이분은 아버지가 재산이 좀 있으니까 '나한테만 뭘 좀 주시려나' 내심 기대했답니다. 아버지가 돌아가시고 나서 녹음테이프를 공개했는데, 그 내용이 "그랬지비(함경도 방언으로 "그랬지요", "맞지요"라는 뜻) 목사님에게 내 전 재산을 드리거라"였답니다. 아버지가 살아 계실 때 다섯 개의 교회를 세웠는데, 자녀들에게 물려준 교회는 단 하나도 없다고 합니다.

지금은 8남매의 후손이 번성하여 모이면 서른 명이 넘는답니다. 그리고 일 년에 두 번 온 가족이 아버지의 산소를 찾는다고 합니다. 사람 수가 워낙 많다 보니 산소에서 예배를 드리려면 천막을 두 개나 쳐야 한답니다. 그런데 그 자손 중에는 성가대원도 있고, 설교할 사람도 있고, 기도할 사람도 있고, 특송할 사람도 있다고 합니다. 심지어 성가대 지휘자도 있어서 묵도할 때 지휘에 맞춰 다들 "아멘~ 아~멘~" 하며 묵도송도 함께 부른답니다.

그런데 그중에서 제가 제일 은혜받은 부분은 이것입니다. 설교자는 100만 원, 기도 맡은 사람과 사회자는 각각 50만 원을 내야 한답니다. 이렇게 중요한 예배 순서를 맡은 사람들이 목돈을 내고, 가정마다 일 인당 10만 원씩을 내는데, 그 돈을 다 모으면 오륙백만 원은 족히 된답니다. 그런데 그 돈을 가장 어려운 가정에 준다는 겁니다. 8남매가 모두 화목하게 지내는 비결이 여기에 있었습니다. 가족 중에 이 원칙에 불복종하는 사람이 아무도 없다고 하는데, 생각해 보세요. 어려울 때 오륙백만 원을 받으면 계 타는 것과 같지 않겠습니까?

여러분, 만약 이 아버지가 많은 재산을 자녀들에게 남겼다면 후손이 이렇게 화목할 수 있었을까요? 누구는 주고, 누구는 안 주었다면 분명히 분란이 일어났을 것입니다. 재산을 교회에 헌납했더니 온 가족이 만나기만 하면 부흥회를 하고, 서로 돈까지 모아 힘든 가정을 도우니 만나면 너무 즐거운 겁니다. 이것이 바로 아버지가 자녀들에게 "돌아갈 곳이 있다"는 믿음의 유언을 한 것이 아니고 무엇이겠습니까. 예수 믿고 잘 사는 삶이란 바로 이런 것입니다.

제가 이 집안의 간증을 듣고 은혜를 많이 받았습니다. 이 목사님은 믿음의 5대라고 합니다. 제가 모태신앙은 '못해 신앙'이라고 종종 말할 때도 있지만, 이 가정이야말로 모태신앙의 저력이 무엇인지 몸소 보여 주었다는 생각이 듭니다. 이런 믿음의 소문은 좀 퍼져야 할 것 같아서 이 목사님의 간증을 나누었습니다. 여러분 가정에도 이런 믿음의 소문이 퍼지기를 바랍니다.

우리가 창세기 47장을 묵상할 때도 자세히 살펴보았지만, 야곱이 애굽이 아닌 고향 땅에 자신을 묻어 달라고 유언한 것이 무슨 뜻입니까? 예배 공동체를 귀히 여기고, 이 세상이 다가 아니라 천국이 반드시 있다는 것을 기억하라는 의미입니다. 이때 야곱은 반드시 가나안 땅에 자신을 장사하도록 자신의 허벅지 아래(환도뼈)에 요셉의 손을 넣고 맹세까지 시켰습니다.

47장부터 유언을 시작한 야곱은 최고의 유언으로 후일에 당할 일을 아들들에게 알려 주고, 각 사람의 분량대로 그들을 축복했습니다. 지금까지 야곱은 아들들에게 유언을 지키겠다는 다짐을 받고 또 받아 냈습니다. 우리 식으로 표현하자면 새끼손가락 걸고 약속하고, 도장 찍고 복사까지 하면서 자신을 약속의 땅에 묻어 달라고 거듭 당부한 것입니다. 야곱이 왜 이렇게까지 한 것입니까? 죽으면 끝이 아니기 때문입니다.

29절에서 "내가 내 조상들에게로 돌아가리니"라는 구절을 원어로 직역하면 "나는 내 조상들, 내 동족이 모여 있는 세계로 간다"는 뜻입니다. 그렇습니다. 육신도 집이 있고, 영혼도 집이 있습니다. 인간이 죽으면 영혼의 집으로 가는 것이기에 죽음 이후에도 삶은 계속됩니다.

성경은 "한 번 죽는 것은 사람에게 정해진 것이요 그 후에는 심판이 있으리니"(히 9:27)라고 말씀합니다. 이 말씀처럼 마지막 날 모든 인간은 반드시 하나님의 심판대 앞에 서게 될 것입니다. 그때 의인은 영생으로, 악인은 영벌로 나뉘게 될 것입니다. 그러므로 우리는 영원한 하나님 나라에 들어가 누리게 될 영생을 소망하며, 지금부터 죽음을 잘 준비해야 합니다. 내가 반드시 죽는 존재이고, 언젠가 하나님의 심판대 앞에 서야 한다는 걸 안다면, 일부러 죄악 가운데 거할 수는 없을 것입니다. 나에게 마지막 때가 있다는 것을 아는 사람은 겸손할 수밖에 없습니다.

어떤 분이 자녀들에게 "내가 사고로 갑자기 죽을 수도 있으니 반드시 신결혼해라. 절대 불신결혼 하지 말아라" 하고 미리 유언을 남겼다는 이야기를 들었습니다. 이처럼 우리의 삶은 유한하기에 우리는 유언을 잘 하기 위해 평생을 산다고 해도 과언이 아닙니다. 야곱은 지난 17년 동안 총리 아들 덕분에 애굽에서 화려하게 살았지만, 자신이 돌아갈 곳을 분명히 알았습니다. 그래서 "우리 선조와 함께 나를 장사하라"고 반복하고 또 반복해서 아들들에게 유언한 것입니다.

✛ 나는 '죽으면 돌아갈 곳이 있다'는 믿음이 있습니까? 후손에게 어떤 유언을 마지막으로 남기겠습니까?

삶으로 값을 치른 믿음의 유언이어야 합니다

이 굴은 가나안 땅 마므레 앞 막벨라 밭에 있는 것이라 아브라함이 헷 사람 에브론에게서 밭과 함께 사서 그의 매장지를 삼았으므로
_창 49:30

하나님은 아브라함에게 "가나안 땅을 네 자손에게 주리라"(창 12:7) 약속하셨지만, 그가 산 땅은 오직 이 매장지뿐이었습니다. 아브라함은 자신의 뼈를 묻을 그 땅이 결코 이방인의 소유로 남길 원치 않았습니다. 그래서 땅을 미리 사 둔 것입니다. 야곱이 아들들에게 매장지의 위치를 자세히 설명하고 반드시 거기에 자신의 유골을 묻으라고 한 것도 그렇습니다.

창세기 15장에서 하나님은 아브라함에게 "너는 반드시 알라 네 자손이 이방에서 객이 되어 그들을 섬기겠고 그들은 사백 년 동안 네 자손을 괴롭히리니…… 네 자손은 사대 만에 이 땅으로 돌아오리니"(창 15:13, 16)라고 하셨죠. 한마디로 야곱은 "네 자손이 반드시 돌아오리라"는 하나님의 약속을 믿었기에 이렇게 유언한 것입니다.

그러니까 야곱은 아들들에게 "나는 우리 아버지가 있는 막벨라 굴에 묻히겠다. 이 굴은 아브라함 할아버지가 은 400세겔을 주고 산 땅이다. 그때 헷 족속은 이 땅을 그냥 가지라고 했지만, 아브라함 할아버지는 정당한 값을 치렀다. 확실한 등기부등본이 있어야 후손들이 기억하고 그곳에 갈 것이기 때문이다. 그렇다. 막벨라 굴은 내 조상이 값을 치렀고, 또 내가 값을 치른 땅이다. 그러므로 너희는 반드시 이곳에 와야 한다"고 말하고 있는 겁니다.

아브라함처럼, 야곱처럼 우리에게도 값을 치른 막벨라 굴이 있어야 합니다. 그래야 자녀들이 우리가 죽고 난 뒤에라도 "와, 우리 아버지가, 어머니가 가신 신앙의 길이 확실하구나" 하고 따라올 것입니다. 여러분 가정의 막벨라 굴은 무엇입니까? 가정마다 아버지의 돈, 어머니의 희생, 부모의 사랑으로 값을 치른 막벨라 굴이 있을 것입니다.

믿음의 부모는 자녀들에게 "얘들아, 나는 너희가 예수 믿는 것밖에 소원이 없어. 나는 반드시 약속의 땅, 막벨라 굴에 갈 거야. 그러니 너희도 거기에 꼭 와야 한다"고 유언합니다. 하지만 막벨라 굴은 애굽에 비해 너무나 초라합니다. 야곱도 처음에 할아버지와 아버지가 값을 치른 그곳에 가지 않으려고 무던히 다른 곳을 기웃거리지 않았습니까? 그러나 자신도 평생을 통해 구원의 값을 치르면서 비로소 그 가치를 알게 되었습니다.

내가 지금 값을 치른 막벨라 굴이 아무리 초라해 보여도 그렇습니다. 예수님 때문에 값을 치렀다면 그 어떤 것으로도 가치를 환산할수 없습니다. 우리가 자신의 죄와 수치를 오픈해서 다른 사람을 살리는 일도 그렇습니다. 지금은 몰라도 그것은 값을 치를 수 없을 정도로 어마어마한 상급을 천국에 쌓는 일입니다.

야곱의 지난날을 돌아보면, 그는 앞날은커녕 현실도 제대로 보지 못했을뿐더러 과거도 제대로 해석하지 못했습니다. 팥죽 한 그릇으로 형에게 장자의 명분을 사고, 아버지를 속여 축복은 받았지만, 그 결과가 어떠했습니까? 집을 떠나 무려 20년간 타향살이, 피난살이, 머슴살이를 해야만 했죠. 이것을 과연 축복이라고 말할 수 있을까요? 그렇게 사기를 치면 그 죗값이 돌아온다는 것을 그때는 왜 미처 생각하지 못했을까요?

결혼생활도 마찬가지입니다. 야곱은 하나님이 주신 사람 외에 자기 욕심으로 라헬을 굳이 굳이 아내로 맞이했습니다. 그것 때문에 얼마나 갖은 고생을 했습니까? 한 집안에 아내가 여럿 있으면 가정에 갈등이 많으리란 걸 왜 몰랐을까요?

그동안 야곱의 스토리를 쭉 읽어 왔기에 여러분은 야곱이 어떻게 돈을 벌었는지 아실 것입니다. 그는 소위 재주가 많은 사람입니다. 그래서 돈을 잘 벌었습니다. 아무리 돈을 많이 벌어도 그렇지요. 돈도 철학을 가지고 적당히 벌어야 합니다. 라반의 아들들에게 "야곱이 우리 아버지의 소유를 다 빼앗았다"(창 31:1) 이런 소리나 들으면 되겠습니까? 그 결론이 무엇입니까? 라반을 피해 야반도주한 것이었죠.

자식 문제도 그렇습니다. 야곱이 오죽이나 요셉을 편애했습니까? 물론 부모마다 예쁜 자식, 사랑이 저절로 되는 자식이 있을 수 있죠. 그러나 부모라면 다른 자식 앞에서 그것을 표현해서는 안 됩니다. 가정뿐만 아니라 주님이 피로 값 주고 사신 교회 공동체에서도 그래요. 내가 너무 좋아하는 사람이 있다고 해도 지나치게 표 내고 다니는 것은 어리석은 짓입니다.

그런데 야곱은 요셉을 특별히 더 사랑하여 그에게만 채색옷을 지어 입혔습니다(창 37:3). 그 결과 요셉이 어떻게 되었습니까? 형들의 미움과 시기를 받아 애굽으로 팔려 갔죠. 이처럼 야곱은 한 치 앞도 모르는 사람입니다.

그랬던 야곱이 노년이 되어 애굽의 바로를 축복하고, 열두 아들을 각 사람의 분량대로 축복하는 예언자가 되었습니다. 그가 열두 아들에게 후일에 당할 일을 예언하는 모습을 상상해 보세요. 야곱이 이렇게 할 수 있었던 이유가 무엇입니까? 눈에 보이는 세상 성공이 다가 아니고, 진정한 성공, 영원한 성공이 무엇인지 알았기 때문입니다. 세상 성공이 결코 영원한 성공을 보장할 수 없다는 것을 알았기 때문입니다. 그런데 나중에 보니 정말 야곱이 예언한 대로 다 이루어지지 않았습니까?

요한계시록 7장에 열두 지파 명단을 보면 단과 에브라임 지파가 빠져 있습니다. 두 지파 모두 우상숭배를 주도했기 때문입니다. 특별히 요셉 자손인 에브라임 지파의 역사는 성경 전체를 통하여 세상 성 공에 취해 주님을 저버리는 것을 하나님이 얼마나 싫어하시는지 보 여 주었습니다.

야곱은 이 세상의 성공과 장자의 명분이 같은 것인 줄 알고 열심 히 달려왔습니다. 그런데 세상적인 것도 다 가져 보고, 화려한 애굽도 경험하고 나서 알았습니다. 아무리 노력해도 안 되는 것이 있다는 것 을 말입니다. 보이는 복을 사모했던 야곱은 수많은 사건을 거치면서 보이지 않는 하늘의 복을 비로소 알게 되었습니다. 그래서 선조가 묻 힌 막벨라 굴을 가장 사모하게 된 것입니다.

유다 지파의 갈렙도 그랬죠. 갈렙이 정복한 헤브론 땅은 아낙 자 손이 살고 있는 난공불락의 성이었습니다. 그러나 그는 보이지 않는 하늘의 복을 사모했기에 가장 험지였던 헤브론 산지를 자원해서 개 척하겠다고 했습니다(수 14장). 이를테면 교회에서 가장 힘든 봉사라 할 수 있는 화장실 청소를 하겠다고 자원한 것과 같습니다. 그런데 "어떻게 교양 있는 나한테 더러운 화장실 청소를 시킬 수 있어!"라고 말한다면 아직 보이지 않는 하늘의 복을 모르는 것입니다.

그러면 야곱은 어떻게 해서 예언자의 눈을 갖게 되었을까요? 야 곱은 평소에는 자기 열심으로 살다가도 위기가 왔을 때는 하나님과 씨름하고 하나님의 음성에 귀를 기울였습니다. 수많은 위기를 통과 하면서 하나님이 어떤 분인지 알게 된 것이죠. 그런 세월이 쌓여 야곱 이 하나님의 시선으로 세상을 바라보게 되니, 비로소 인생이 보이기 시작한 것입니다.

하나님과 우리의 관계도 그렇습니다. 지식적인 관계가 아니라, 야곱처럼 경험적인 관계여야 합니다. 우리가 하나님을 안다고 할 때 '알다'는 히브리어로 '야다'입니다. 이 단어는 부부 사이의 깊은 연합, 즉 성관계를 통해 안다는 표현을 할 때 사용됩니다. 또한 '인격'을 뜻하는 영어 단어 Personality의 어원은 페르소나(Persona)로 여기에는 '가면'이라는 뜻이 있다고 합니다. 그러나 부부는 가면을 쓰고 만나는 관계가 아닙니다. 지식적으로 아무리 서로를 많이 알아도 직접 살을 맞대고 사는 것은 전혀 다른 경험입니다.

의사였던 남편은 저와 결혼하기 전에 지방에 있는 무의촌에서 봉사를 했습니다. 남편은 금요일이면 야간열차로 서울에 올라와 주말에 저를 만난 후, 주일 밤이면 다시 열차를 타고 지방에 내려갔습니다. 꼬박 6개월을 한 주도 빠지지 않고 저를 만나러 왔죠. 매주 저희 집에 와서는 육중한 무릎을 꿇고 "아버님" 하면서 넙죽 큰절을 올리니 부모님에게 예의 바른 사윗감이라는 인식을 심어 주었습니다. 나중에 알고 보니 남편은 원래 양반다리를 못 하더라고요.

여하튼 이렇게 예의도 바른 데다 부자이기도 한 청년 집에 시집을 간다고 하니 다들 호강하겠다고 생각했습니다. 그러나 이런 것이 바로 지식적인 앎입니다. 살아 보니 알다가도 모를 사람이 바로 남편이었죠. 저는 이 남편 때문에 수없이 이혼을 생각하고, 심지어 자살할 생각도 했습니다. 부부는 가면을 벗고 발가벗고 만나야 편한데, 저는 요조숙녀가 되어 남편에게 싫은 소리 하나 못 하고 살았습니다. 인격적인 관계가 전혀 아니었습니다.

부부가 서로 교양 있게 존댓말을 쓰면서 언성 한번 높인 적이 없다면 그 부부야말로 정말 이상한 부부입니다. 예레미야서에 보면 하나님이 자기 백성이 말을 너무 안 들으니까 칼을 물고 쫓아오신다고 합니다(렘 42장). 결코 우리에게 좋은 소리만 하는 하나님이 아니세요. 그러나 저는 남편이 무서워서 제 감정에 솔직할 수 없었습니다. 결국 저는 그가 원하는 대로 살다가 병이 들고 말았습니다.

우리가 모든 신령한 지혜와 총명에 하나님의 뜻을 아는 것으로 채워지려면(골 1:9) 먼저 하나님을 경험해야 합니다. 성경은 "너희는 많은 환난 가운데서 성령의 기쁨으로 말씀을 받아 우리와 주를 본받은 자가 되었으니"(살전 1:6)라고 말씀합니다. 여기서 '환난'은 심장을 꼬챙이로 찌르는 아픔을 뜻합니다. 즉, 극심한 아픔 가운데 성령의 기쁨으로 말씀을 받아 주를 본받는 자가 된다는 것입니다. 이처럼 우리는 환난을 통해 하나님을 깊이 경험하게 됩니다.

그런데 부자에 성실하기까지 한 남편이 무엇이 그리 안타까워서 하나님을 경험하고 싶겠습니까? 환난이 없으면 성경을 읽어도 주를 본받는 자가 아니라, 그저 가르치며 흉내 내는 자가 될 뿐입니다. 그러나 여러 환난의 경험은 우리로 하여금 하나님을 알게 할 뿐만 아니라, 하나님의 뜻을 아는 것으로 우리를 채웁니다. 한마디로 고난은 기쁨으로 말씀을 받는 비결입니다.

결론적으로 야곱은 험악한 세월을 보내며 하나님의 뜻을 충만하게 알게 되었습니다. 참으로 하나님은 때마다 여러 사건으로 경을 치며 야곱에게 찾아오셨습니다. 그때마다 야곱은 주님과 씨름했습니다. 틈만 나면 주님을 바라보고 틈만 나면 주님과 씨름했습니다.

그렇습니다. 야곱이 하나님과 씨름했기 때문에 속이는 자 '야곱'에서 '이스라엘'이 된 것입니다. 험악한 세월을 보낸 야곱은 영적으로도 육적으로도 하나님께 드릴 것만 있고, 사람에게는 줄 것만 있는 인생을 살게 되었습니다. 그래서 자녀들에게도 영육 간에 줄 것만 있는 인생이 되었습니다.

제 친정어머니는 제가 대학생 때 교통사고로 돌아가셨습니다. 그때만 해도 저는 어머니가 빼곡히 받아 적은 설교 노트의 가치를 잘 몰랐습니다. 그래서 그 대단한 가치를 가진 수십 권의 설교 노트를 '집도 좁은데……' 하면서 가책도 없이 쓰레기통에 내다 버렸습니다. 그 가치를 알게 된 것은 저도 험악한 인생을 살고 난 후였죠. 그러자 이름도 없이 빛도 없이 하나님을 섬기고 교회를 섬긴 어머니의 삶이야말로 '막벨라 굴을 값 주고 산 인생'이라는 생각이 들었습니다. 당장 나는 피아노 치며 화려한 애굽에서 살고 있는데, 초라한 행색으로 교회 화장실 청소나 하고, 남의 집 빨래나 해 주는 어머니를 믿음도 없던 제가 그때 어떻게 여겼겠습니까? 그 어머니가 믿는 예수를 믿고 싶었겠습니까? 이후 시집살이 고난으로 하나님을 깊이 경험하고 어머니를 무시했던 저의 교만을 회개했지만, 여전히 저는 어머니가 보여 주신 삶을 따라가지 못하고 있습니다. 여러분도 이렇게 각자 안 되는 분량이 있을 것입니다.

그러나 제가 어머니의 인생을 생각할 때마다, 사람들에게 "우리 어머니가 있는 막벨라 굴에 오라"고 이야기하게 되었으니, 어머니의 삶 자체가 값을 치르고 얻은 막벨라 굴이 아니면 무엇이겠습니까. 어머니는 직접 말씀하지는 않으셨지만, 이미 그 삶으로 "내가 있는 막벨라 굴로 오라"고 말씀하셨습니다.

한 집사님이 목장에서 이런 나눔을 하셨습니다.

나는 자녀들에게 믿음의 유산을 물려주고 싶다. 아빠인 내가 믿으면서 얼마나 많이 변했는지 누구보다 아이들이 잘 알고 있다. 자녀들이 믿음의 위력을 알게 되어 감사하다. 요즘 나는 아르바이트를 하다가도 수요예배를 드리기 위해 택시를 타고 교회에 온다.

여러분, 이것이 바로 막벨라 굴의 값을 치르는 적용입니다. 또 다른 집사님의 나눔입니다.

요즘 아내와 관계가 좋지 않아 이혼까지 생각하고 있다. 그런데 작년부터 아이들 중매가 들어오니 마음대로 결정할 수도 없다. 사람들은 아이들이 아닌 나를 보고 중매하는 것인데, 내가 만약 이혼했더라면 선 자리가 들어올까 싶다. 그러면서 내가 부모로서 가면을 계속 쓰고 있었음을 알게 되었다. 큰아이는 우리 부부에게 자신이 결혼하고 나서 이혼하라고 대놓고 말한다. 지금 공무원 임용시험을 준비하고 있는 작은아이는 가족관계가 채용에 영향을 미칠 수도 있다면서 은근히 이혼하지 않기를 바라는 눈치다. 그동안 존경받는 아버지라는 소리를 듣기 위해 엄청나게 나 자신을 포장하면서 살아왔음을 계속해서 느낀다. 현재 그것이 정점에 온 것 같다. 원래 내 모습은 이게 아닌데 정말 돌아 버릴 것 같다.

이 집사님도 아내와 너무 이혼하고 싶지만, 이혼하지 않고 깨끗한 호적을 물려주는 것이 자녀들에게 막벨라 굴의 값을 치르는 적용입니다. 살면서 이혼하고 싶은 부부가 어디 한둘이겠습니까? 저도 백번 천번 이혼하고 싶었죠. 그러나 자녀의 구원을 위해, 또 자녀의 결혼을 위해 부모가 이혼하지 않는 것이 얼마나 최고로 값을 치르는 적용인지 모릅니다. 그러니 여러분, 아무리 배우자가 힘들어도 "여보, 부족한 나랑 살아 줘서 고마워요" 하면서 가정을 꼭 지키시기 바랍니다.

✛ 어떤 험악한 세월을 통해 하나님의 뜻을 충만하게 알게 됐습니까?
✛ 가정에서 내가 삶으로 값을 치른 막벨라 굴이 있습니까?

가정의 회복을 이루는 회개가 담긴 믿음의 유언이어야 합니다

31 아브라함과 그의 아내 사라가 거기 장사되었고 이삭과 그의 아내 리브가도 거기 장사되었으며 나도 레아를 그 곳에 장사하였노라 32 이 밭과 거기 있는 굴은 헷 사람에게서 산 것이니라 _창 49:31~32

마지막으로 야곱은 자녀들 앞에서 큰 회개의 고백을 했습니다. 자녀에게 남길 최고의 유언은 바로 내가 회개하는 것입니다. 그러면 구체적으로 야곱은 어떤 회개의 고백을 했을까요?

31절의 '거기'는 아브라함과 사라, 이삭과 리브가 그리고 레아가 묻혀 있는 막벨라 굴을 말합니다. 그곳은 삼대에 걸친 족장들과 그들의 아내가 묻혀 있는 일종의 가족묘였습니다. 아브라함, 사라, 이삭이 죽어 이곳에 장사된 것은 이미 성경에 언급되었죠. 하지만 야곱이 그리도 사랑한 어머니 리브가와 그리도 미워한 레아의 죽음은 본문에서 처음 언급되었습니다. 아마도 레아는 야곱 가족이 애굽으로 이주하기 전에 죽어서 막벨라 굴에 장사되었을 것입니다. 그때는 라헬이 이미 죽은 후였죠. 그러나 야곱은 라헬에 대한 죄책감을 아직 처리하지 못했기에 레아를 막벨라 굴에 묻어 놓고도 장사했다고 차마 말하지 못했습니다.

그런데 왜 하필이면 죽음을 앞둔 이때 야곱은 레아를 그곳에 장사했다고 언급한 걸까요? 야곱은 지금 자녀들에게 자신이 본부인인 레아에게 얼마나 잘못했는지 고백하며, "이제 나는 나의 영원한 본향인 막벨라 굴에서 레아와 함께 살겠노라"고 유언한 것입니다. 라헬의 소생 요셉과 베냐민이 들으면 기가 막힐 노릇이지만, 야곱은 이미 마지막 분별을 끝냈기에 그 누구의 눈치도 볼 필요가 없습니다. 죽음을 코앞에 두고 있는데 이제라도 진실을 말하고 가야 하지 않겠습니까?

여러분, 야곱이 누구를 그곳에 장사했다고요? 라헬이 아닙니다. 레아입니다. 그렇습니다. 야곱은 마지막에야 레아를 인정했습니다.

이를테면 죽기 전에 "아멘" 한 것과 같습니다. 제 남편도 그랬어요. 정말 죽음을 앞둔 상황에서 "아멘" 하고 주님을 영접했습니다.

그러나 아무리 그래도 그렇지요. 야곱은 어쩜 레아를 약속의 땅에 장사해 놓고는 그동안 일절 아무 말도 안 할 수가 있습니까? 추측해 보건대 야곱은 라헬 옆에 묻히고 싶지 않았을까요? 그는 요셉을 마지막까지 분별하기 힘들었던 것처럼, 라헬도 분별하기 어려웠을 겁니다. 어쨌든 야곱은 죽기 전에 분별을 마치고, 자신이 할 일을 완벽히 해냈습니다. 드디어 사명을 완수했습니다.

그런데 말입니다. 리브가와 레아는 사는 동안 가족 내에서 분열을 많이 일으켰습니다. 먼저 리브가는 야곱을 편애하여 그가 형 대신 축복을 받도록 계획했습니다(창 27장). 그 결과 에서와 야곱 사이의 갈등이 더 깊어졌죠. 레아는 또 어떻습니까? 동생 라헬과 출산 경쟁을 했죠(창 29~30장).

비단 레아뿐만 아니라, 레아의 아들들도 문제가 많았습니다. 각종 음행에 살인까지 저질렀으니 생각만 해도 너무 지질하지 않습니까? 그에 반해 라헬의 소생 요셉은 애굽의 총리가 되었으니 짠! 하고 보여 줄 게 많은 인생입니다. 그러니 어찌 야곱이 레아를 인정하고 싶겠습니까? 그런데도 야곱은 문제 많은 어머니 리브가와 문제 많은 아내 레아 사이에 묻히고자 합니다.

여기서 잠깐, 라헬이 어디에 묻혔습니까? 그녀는 가는 사람, 오는 사람 다 밟고 가는 에브랏 길가에 묻혔습니다(창 35:19). 그런데 생각해 보세요. 지금 라헬의 아들이자, 애굽의 총리인 요셉이 야곱 앞에 있지 않습니까? 그런데도 야곱이 굳이 "나도 레아를 그곳에 장사하였다"고 고백한 것은 "나는 네 어머니 라헬이 아니라, 네 형들의 어머니, 내 조강지처 레아 옆에 묻히겠다"고 한 것과 같습니다. 그러니 이것이 야곱의 회개가 아니고 무엇이겠습니까.

야곱은 일명 '라헬 중독'으로 믿음 좋은 레아와 그녀의 여섯 아들에게 평생 상처를 줬다고 해도 과언이 아닙니다. 그런데 이제는 그 본처 레아에게로 돌아가겠다고 하니 이게 웬일입니까? 죽기 전에 야곱이 제대로 돌아왔습니다. 야곱의 이 고백은 막벨라 굴을 통한 하나님의 약속이 가족 간 믿음의 화해와 함께 성취되었음을 보여 줍니다.

모든 것을 분별하고 진정한 사랑이 무엇인지 확실히 알게 된 이상 야곱이 더는 무엇을 망설이겠습니까? 그러니 그 사랑이 무엇인지 마지막 유언을 통해 자녀들에게 빨리 알려 주고 싶은 겁니다. 야곱이 마지막에 레아를 인정한 것처럼, 우리 주변에도 평생 바람피우다가 죽기 전에 본처에게 돌아오는 남편들이 있습니다. 그런 남편을 가만히 보면 병들어 첩에게 버림받고 돌아오는 경우가 많죠. 대개 첩과의 사랑이 진짜 사랑이 아니었기 때문입니다.

제가 늘 조강지처 자리가 중요하다고 강조하지만, 그만큼 가정을 지키는 것이 중요하다는 의미이지 유교적인 관점에서 '조강지처가 최고다' 이런 뜻이 결코 아닙니다. 결국 야곱의 고백은 레아가 믿음의 여인임을 증언한 것입니다. 또한 약속의 계보가 라헬의 아들 요셉이 아니라, 레아의 아들 유다에게로 이어진다는 것을 분명히 보여 줍니다. 그러니 문자적으로 조강지처가 아닌 분들은 제 말에 너무 매이지 않기를 바랍니다. 중요한 것은 '믿음으로'입니다.

우리가 앞에서 살펴본 것처럼 막벨라 굴은 사라가 헤브론에서 죽었을 때, 아브라함이 그 근처 땅을 그녀의 매장지로 값을 치르고 산 곳입니다. 제가 창세기 여섯 번째 큐티강해서 『위대한 결혼』에서도 자세히 밝혔지만, 사라는 아브라함과 살면서 평생 고생만 하다가 갔습니다. 남편이 자기 혼자 살겠다고 두 번이나 자신을 팔아먹지를 않나, 첩을 둘이나 얻어 들이고 다른 아들들을 줄줄이 낳지를 않나, 또 어렵게 낳은 아들 이삭은 비실비실해서 이스마엘에게 희롱이나 당했죠. 그야말로 총체적 고난 속에서 평생을 지낸 사라입니다. 그러나 사라는 약속의 자녀 이삭을 위해 육신의 자녀 이스마엘을 내쫓을 것을 아브라함에게 요청했고, 이삭을 약속의 자녀로 키워 냈습니다. 무엇보다 약속의 땅 헤브론에서 죽었습니다. 이 두 가지만으로도 사라는 하나님의 약속을 생각나게 하는 여인이었습니다. 그래서 아브라함도 헤브론 땅을 값을 치르고 매장지로 산 것입니다. 후손들에게 "어디로 가든지 반드시 이 약속의 땅을 기억하고, 여기로 돌아오라"고 등기를 딱 해 놓은 것이죠.

야곱도 죽기 전에 막벨라 굴에 묻힌 레아를 생각했습니다. 사라처럼 일생 고생하며 묵묵히 자녀들을 키우고 가장 훌륭한 예수님의 조상인 유다를 키워 낸 영적 어미 레아를 묵상했습니다. 저는 창세기 28장에서 말한 "하나님이 야곱에게 허락하신 것을 이루실 때"가 바로 여기까지라고 생각합니다. 야곱은 가장 인정하고 싶지 않았던 레아를 비로소 영원한 동반자로 받아들였습니다. 영생의 땅에서 영원한 동반자로 라헬이 아닌 레아와 살겠다고 선포한 야곱이 너무 멋있지 않습니까?

야곱의 마지막 유언에서 핵심은 '가정의 회복'입니다. 그리고 가정은 오직 '믿음으로'만 회복될 수 있습니다. 드디어 야곱이 가장 마지막 관문을 통과했습니다. 그는 요셉을 의식하지 않았습니다. 라헬도 의식하지 않았습니다. 인간의 사랑과 하나님의 사랑은 그 깊이와 높이와 넓이가 다르다는 것을 알았기 때문입니다. 그리고 그 사랑은 외모도 재산도 명예도 학벌도 아닌 오직 '믿음으로' 말미암은 사랑입니다.

야곱은 라헬을 참 많이 사랑했죠. 그러나 그 사랑은 야곱에게 고통만 남겼습니다. 야곱은 냉정하게 자신을 돌아봤을 때 그녀와의 사랑은 정욕적인 사랑임을 인정할 수밖에 없었습니다. 그래서 자녀들에게 "나는 이제 믿음의 아내 레아에게 갈 것이다. 너희도 내가 가는 그곳에 오거라" 하고 마지막 유언을 남긴 것입니다. 그렇습니다. 마지막 유언은 야곱의 회개로 실현되었습니다. 마찬가지로 우리의 마지막 유언도 우리의 회개로 실현될 것입니다.

사라를 봐도 그렇고, 레아를 봐도 그렇고, 조강지처가 이렇게나 힘든 자리입니다. 그러나 하나님이 짝지어 주신 것을 사람이 나누지 못한다는 말씀대로 아내의 자리를 끝까지 지켰더니 사라도 레아도 믿음의 조상으로 찬란히 올라갔습니다. 다 위대한 결혼의 주인공이 되었습니다. 우리도 한 남편, 한 아내로 끝까지 자기 자리를 지키고 갈 때, 믿음의 부모로서 권위가 생기고, 내 후손이 약속의 자녀로 세워지게 될 줄 믿습니다.

야곱이 아들에게 명하기를 마치고 그 발을 침상에 모으고 숨을 거
두니 그의 백성에게로 돌아갔더라_창 49:33

모든 사명을 마친 야곱이 절뚝거리던 발을 침상에 올려놓고, 이제 영혼의 집으로 돌아갑니다. 모든 유언을 마치고 파란만장했던 147년의 인생을 마감하는 야곱입니다. 우리도 해야 할 일을 마치면 이렇게 편히 돌아갈 것입니다. 무엇보다 야곱은 험악한 세월을 통과하며 열두 아들을 모두 믿음의 자손으로 올려 놓았습니다. 야곱의 죽음은 족장 시대가 막을 내리고, 열두 지파로 대표되는 선민 이스라엘의 역사가 시작되었음을 의미합니다.

야곱은 모든 유언을 통해 "내가 가는 천국에 너희도 꼭 오라"고 당부하고 또 당부했습니다. 이처럼 천국에 대한 확신이 클수록 내 옆의 사람들을 하나님께 인도하는 일에 열정을 낼 수밖에 없습니다. 창세기 마지막에 야곱의 유언을 3장이나 할애한 이유가 여기에 있습니다.

꼭 야곱처럼 마지막 유언을 남긴 고(故) 김 집사님의 이야기입니다. 소천하신 지 시간이 꽤 흘렀지만, 우리들교회 개척 이래 병상에서 이렇게 많은 사람을 전도한 사례가 없기에 그분을 기리는 마음으로 함께 이야기를 나누고자 합니다. 다음은 끝까지 김 집사님을 돌보고 옆에서 모든 것을 지켜 본 이 목자님의 나눔입니다.

목사님이 한 설교에서 '이 시대 최고의 축복은 암'이라고 말씀하셨는데, 김 집사님을 보면 그 말씀이 참 맞다는 생각이 듭니다. 집사님은

위암 말기 진단을 받고, "깨어지지 않는 내 의로움 때문에 내 죄를 보기 너무 힘들었다. 그래서 이 암 사건은 나에게 반드시 있어야 할 일이었다"며 자신의 암 사건을 해석했습니다. 그리고 복음의 불모지인 시댁과 친정의 구원을 위해 기도하기 시작했습니다. 그러나 '물질과 건강이 탁월하지 않은 축복'(창 49:4)을 받은 집사님이 세상적으로 너무나 탁월한 친척들에게 복음을 전하기란 결코 쉬운 일이 아니었습니다.

집사님이 쓰러진 날 큐티 본문은 민수기 34장으로, 하나님이 모세에게 약속의 땅 가나안의 동서남북 경계를 가르쳐 주시는 말씀이었습니다. 집사님은 이 모든 말씀을 약속으로 받고, "아멘"으로 화답했습니다. 이후 혼수상태에 빠졌다가 다시 의식을 되찾은 집사님은 그동안 애통하며 기도해 온 전도 대상자들을 불러 모으기 시작했습니다. 그리고 죽을힘을 다해 한 사람 한 사람에게 마지막 유언을 하듯 복음을 전했습니다.

아직 믿음이 연약한 아들에게는 예배와 목장에 참석할 것을 부탁했고, "꼭 나가겠다"는 약속을 받아 냈습니다. 교회에 다니고 있는 딸에게는 "앞으로 더욱 믿음 생활을 잘하라"고 유언했습니다. 이후 집사님은 의식을 되찾았다는 소식을 듣고 황급히 달려온 시댁과 친정 식구들에게 복음을 전하기 시작했습니다. 그중에 지방에서 온 큰언니는 독실한 불교 신자인데, 죽음을 앞둔 동생이 복음을 전하며 지방의 교회 이름까지 정해 주니 어쩔 수 없이 그 교회에 나가겠다고 약속했습니다. 그날 안타까운 마음으로 한 사람씩 붙들고 복음을 전하는 집사님의 모습은 뭐라 표현할 수 없을 정도로 감동과 경이로움 그 자체였습니다. 집사님은 눈뜨기 힘들 정도로 기운이 진하여 있다가도 전도 대상자가 오면 우렁찬 목소리와 환한 미소로 담대히 복음을 전했습니다. 주님이 주신 복음의 권세라고밖에는 달리 설명할 길이 없는 모습이었습니다.

집사님은 믿지 않는 아들 친구에게 "이렇게 와 줘서 정말 고맙구나. 우리 아들과 친구가 되어 주어서 너무 감사하다. 그런데 한 가지 부탁이 있어. 꼭 들어줘야 해, 들어줄 수 있지? 이건 내가 하는 말이 아니란다. 하나님이 하시는 말씀이야" 하면서 복음을 전했습니다. 그러니 어찌 교회 가겠다는 대답을 안 할 수가 있겠습니까? 아들 친구가 엉겁결에 "네"라고 대답하자마자 "이번 주부터 예배와 목장에 꼭 나오렴. 우리 예수 믿고 함께 천국 가자! 내 부탁 꼭 들어줄 수 있지? 자, 새끼손가락 걸고 약속해? 도장 찍고 복사하고 다시 꽝꽝꽝!" 하며 교회 가겠다는 약속을 기필코 받아 냈습니다. 그리고 마지막으로 위를 보며 "하나님 보셨죠? 아멘! 하나님 보셨죠? 아멘! 너도 나처럼 아멘 하렴" 하며 끝까지 감동적으로 복음을 전했습니다.

아직 오지 않은 사람들의 이름을 한 명 한 명 부르면서 "왜 ○○이는 오지 않느냐? 오늘 꼭 와야 하는데 시간이 없다"며 어디쯤 오고 있는지 확인하고 또 확인했습니다. 시간이 지날수록 구원받아야 할 영혼들로 응급실은 채워졌고, 숨 가쁘게 복음이 전해지는 가운데 어느새 그곳은 성령의 열기로 가득해졌습니다. 집사님은 믿지 않는 사람들에게 손을 뻗어 재촉하며 자신의 눈을 바라보라고 했습니다. 그리고 반드시 예수 믿고 교회 나가겠다고 약속하되 서울에 사는 사람은 우리들교회를, 지방에 있는 사람은 근처 교회를 지정해 주며 "이번 주부터 교회 나가겠다"는 약속을 다 받아 냈습니다. 성령님이 집사님에게 임하시니, 집사님이 전한 복음에는 그 누구도 거부할 수 없는 힘과 능력과 권세가 있었습니다.

그리고 이날 부목사님이 오셔서 임종 예배를 드렸습니다. 그날 본문은 민수기 36장으로 슬로브핫의 딸들이 기업을 지키도록 하나님이 계명과 규례를 주시는 말씀이었습니다. 예배를 마친 후 집사님은 제게 이런 이야기를 했습니다.

"목자님! 토요일에는 경계에 관한 큐티 말씀을 주셨고, 어제는 도피성 말씀이었죠? 오늘 말씀은 뭐였지요? 아! 슬로브핫의 딸들에 대한 말씀이네요. 그런데 목자님, 김양재 목사님이 저를 기억하실까요? 저는 살아생전 한 번만이라도 목사님을 안아 보고 싶어요. 제 간절한 소원이에요. 제가 아프기 전에 꿈을 꾸었는데, 지금도 너무 선명해요. 꿈에 목사님이 제게 오셔서 '김 집사, 참 예쁘다. 눈에 넣어도 아프지 않을 정도로 예쁘다. 천사처럼 예뻐요' 하시는 거예요. 그래서 '내가 예쁜 것이 없는데, 뭐가 그리 예쁘다고 하시는 걸까?' 생각했어요. 그런데 바로 지금 이렇게 복음 전하는 것을 보고 예쁘다고 하시는 거구나 알았어요."

집사님은 이후에도 계속 담대히 복음을 전했습니다. 같은 아파트에 사는 아들 친구 엄마가 있는데, 그분이 파킨슨병을 앓고 있답니다. 집사님은 말기 암 투병 가운데서도 자신이 얼마나 주님을 믿고 안식을 누리고 있는지 전하면서 함께 예수님을 믿자고 그분에게 권했습니다.

하지만 도무지 복음이 들어가지 않았답니다. 그런데 집사님이 위중하다는 소식을 듣고 파킨슨병을 앓고 있는 그 엄마를 비롯해 온 가족이 집사님을 찾아왔습니다. 집사님은 이때를 놓치지 않고 복음을 전했고, 온 가족이 예수님을 영접했습니다. 김 집사님은 평소에 목장 식구들의 믿지 않는 가족을 위해서도 기도해 왔는데, 그분들을 병실에 불러 달라고 해서 마지막까지 복음을 전했습니다.

집사님은 그 일까지 다 마치고 "목자님, 제가 전할 수 있는 사람들에게는 복음을 다 전했어요. 모두 교회 가겠다고 약속했는데, 딱 한 사람만 싫다고 거부했어요. 아직 오지 않은 사람도 한 사람 있어요. 이 좋은 축복을 주려고 해도 받지 않는데 어떻게 하면 좋지요?"라고 했습니다. 참으로 모든 것을 내려놓고 주 안에서 사명을 감당하던 집사님에게는 안식과 평강이 흘러넘쳤습니다. 그때 저는 '천사가 바로 이런 모습이겠구나' 생각했습니다.

그런데 너무나 신기한 것은 복음 전하는 동안에는 진통제를 투여하지 않았는데도 집사님이 전혀 통증을 느끼지 않았다는 겁니다. 얼마 후 집사님은 의식을 잃고 처치실로 옮겨졌습니다. 그런데 그날 저녁 기적 같은 일이 일어났습니다. 김양재 목사님이 병원으로 심방을 오신 것입니다. 그런데 더더욱 놀라운 일은 목사님이 들어오시자마자, "집사님 어쩜 그렇게 예뻐요? 정말 천사 같아" 이러시는 겁니다. 집사님이 꿈에서 들었다는 그 말씀 그대로였습니다. 목사님께서는 "이렇게 마지막까지 사명 다하고 가는 김 집사가 너무 부럽다. 나도 김 집사처럼 살다가 천국 가고 싶어요"라고 말씀하셨습니다. 어떻게 꿈속에서

하신 말씀을 현실에서도 그대로 할 수가 있지요? 그때 저는 말로 표현할 수 없는 전율을 느꼈습니다.

더더욱 놀라운 것은 목사님이 "집사님!" 하고 부르자, 글쎄 의식이 없던 집사님이 눈을 번쩍 뜨고 반응하는 겁니다. 마지막으로 목사님이 "집사님! 우리 천국에서 만나요" 하실 때는 "아멘" 하며 읊조리던 모습이 지금도 생생합니다.

이후 집사님이 또 기적처럼 정신이 잠시 돌아왔습니다. 그래서 그리도 사모하는 김양재 목사님이 다녀가셨다고 하니까 "이 병원복 말고 예쁜 옷을 입고 있었더라면 좋았을걸" 하면서 너무나 수줍은 미소를 띠는 게 아니겠습니까? 그러고 얼마 후 집사님은 주님 품에 안겼습니다.

저는 김 집사님이 마지막까지 말씀을 붙들고 믿음에 굳게 서서 사명을 감당할 수 있었던 것은 "복음은 장차 받을 환난"임을 전해 준 교회 공동체 덕분이라고 생각합니다. 혼신을 다해 복음을 전하며 수고한 김 집사님, 사랑합니다. 저도 김 집사님처럼 살다가 주님 앞에 가기를 소망합니다.

김 집사님은 정말 암이 권세가 되어서 많은 사람에게 복음을 전했습니다. 누가 암이 고난이고, 저주라고 합니까? 이 암을 통해 수많은 사람을 주께로 인도한 것을 보세요. 이런 것이야말로 진짜 마지막 유언 아닐까요?

야곱과 같은 마지막 유언을 목사도 목자도 아닌 한 평범한 성도가 병상에서 했습니다. 확신을 가지고 예수를 전하는 집사님에게 그 누구도 범접할 수 없는 복음의 권세가 임한 것을 모두가 보았습니다. 저 또한 일개 집사에 불과했지만, 남편이 간암으로 세상을 떠나기 직전 극적으로 회개한 일을 계기로 복음 사역에 헌신하게 되었습니다.

여러분, 누가 죽음 앞에서 이렇게 천국을 확실히 보여 줄 수 있겠습니까? 죽음 앞에서는 누구도 거짓말을 하지 못합니다. 노벨문학상을 받은 헤밍웨이(Hemingway)는 여러 작품에서 죽음을 두려워하지 않고, 담담하게 직면하는 모습을 보여 주었습니다. 그러나 작품에서와 달리 말년에는 죽음이 다가올수록 고통스러워하다가 결국 자살로 생을 마감했습니다.

천국에 가면 김 집사님처럼 이름도 없이 빛도 없이 섬긴 성도들이 수두룩할 것입니다. 제가 암 환자분들에게 지금이 믿지 않는 가족과 친지에게 천국을 전할 기회라고 아무리 부르짖어도 실제로 그분들이 복음을 전하기가 쉽지 않습니다. 그런데 김 집사님이 천국이 있음을 확실히 보여 주셔서 얼마나 감사한지 모르겠습니다. 집사님을 통해 하나님이 살아 계심을 더욱더 고백하게 하시니 감사합니다.

마지막 유언의 클라이맥스는 가정 회복을 위해 내가 회개하는 것입니다. 교회는 가정에서 시작됩니다. 우리가 가정이라는 최소한의 울타리를 벗어나서 "교회에 오라", "천국에 오라"고 외친들 무슨 소용이겠습니까? 공허한 메아리로 남을 뿐입니다. 영혼의 집인 천국에 가기 위해, 가정의 회복을 위해 구체적으로 회개하며 믿음의 유언을 하는 우리가 되기를 바랍니다.

✛ 가정의 회복을 위해 내가 구체적으로 회개해야 할 일은 무엇입니까?

✛ 나는 가족과 친지에게 '내가 가는 천국에 너희도 오라'는 믿음의 유언을
  할 수 있습니까?

저는 암으로 소천하신 김 집사님의 목자입니다. 당대 신앙인인 김 집사님은 도덕과 윤리로는 흠잡을 데가 없는 의로운 분이었습니다. 그러던 어느 날, 건강검진에서 위암 말기라는 청천벽력 같은 진단을 받았습니다. 이 기가 막힌 사건에서도 집사님은 "복음은 장차 받을 환난"이라는 확실한 말씀을 들어왔기에 요동하지 않고, 가족 구원을 위한 사명으로 나아갔습니다. 집사님은 항암 치료를 받아 힘든 중에도 구원의 때를 분별하기 위해 모든 예배를 사수하며 말씀을 붙들었습니다. 저와 목장 식구들은 집사님을 통해 구원받은 사람이 어떻게 영원한 본향을 향해 나아가는지 그 여정을 생생히 목격할 수 있었습니다. 집사님이 암과 싸우며 구원의 사명을 감당하는 동안 저와 목장 식구들은 그저 날마다 주시는 말씀을 함께 나누었을 뿐입니다. 그런데 놀랍게도 이 일이 세상 어디에서도 볼 수 없는 하나님 나라의 기쁨과 감사를 누리는 통로가 되었습니다.

야곱이 후일에 당할 일을 가르쳐 주고 각 사람의 분량대로 축복한 것같이(창 49:28) 집사님은 죽음을 앞두고 그동안 구원을 위해 기도해 온 사람들을 모두 불러 담대히 복음을 전했습니다. 집사님이 성령 충만하여 "우리에게 돌아갈 곳이 있다"는 믿음으로 마지막 유언을 남기니, 강력한 복음의 권세 앞에 그 누구도 집사님의 구원 초청을 거부할 수 없었습니다.

저는 김 집사님을 보면서 오래전 직장암으로 투병하다 소천한 혜옥 자매가 생각났습니다. 자매는 투병 중에도 교회 홈페이지에 자신의 죄와 부끄러움을 드러내는 큐티 나눔을 올리며 수많은 사람을 살렸습니다. 당시 자매는 투병 중에 전도한 친언니와 함께 저희 목장에서 예배를 드렸는데, 통증으로 앉을 수조차 없어서 누워서 예배를 드렸던 기억이 납니다.

하루는 제가 자매의 암 치료를 위해 동행한 적이 있었습니다. 그때 자매는 자신이 세상을 떠나도 언니가 믿음의 공동체에 꼭 붙어 가는 것이 간절한 소망이라고 말했습니다. 그러면서 제게 "언니가 공동체에 잘 붙어 갈 수 있도록 언니를 돌봐 주세요"라고 간곡히 부탁했습니다. 30대의 젊은 자매가 죽음 앞에서 "내가 가는 곳에 언니도 오라"고 유언하는 것을 보면서(창 49:29) 저는 구원받은 사람이 죽음을 앞두고 어떤 태도를 보여야 하는지 확실히 알게 되었습니다.

이렇게 믿음의 유언을 하며 막벨라 굴을 사모하는 지체들과 함께한 것이 주께서 제게 베푸신 최고의 축복이요, 열매임을 고백합니다(창 49:30). 죽음 앞에서도 담대히 복음을 전하고 천국 본향으로 간 야곱과 김 집사님, 혜옥 자매처럼(창 49:33) 저도 믿음으로 마지막 유언을 남기기를 소망합니다. 평범하고 보잘것없는 저를 주의 은혜를 전하는 증인으로 세워 주신 하나님, 사랑합니다.

영혼의 기도

하나님 아버지, 어릴 때부터 교회를 나갔지만, 어머니가 평생 적어 놓은 설교 노트를 가책도 없이 쓰레기통에 내다 버렸습니다. 나는 화려한 애굽에서 살고픈데 초라한 막벨라 굴에 있는 어머니가 너무 무시되었기 때문입니다.

그런데 혹독한 시련을 통해 꼬챙이로 심장을 찌르는 아픔을 겪으면서 말씀이 들리고, 비로소 제 인생이 해석되기 시작했습니다. 제가 인간의 사랑과 세상 성공에 매여 있을 때마다 꼬챙이로 찔러 주셔서 하나님의 사랑을 깊이 경험하게 해 주시니 감사합니다.

참으로 환난 가운데 기쁨으로 말씀을 받게 하신 주님을 찬양합니다.

마지막까지 혼신을 다해 "내가 가는 천국에 너희도 오라"고 초청한 야곱처럼 우리도 그렇게 가족을 초청하기 원합니다. 열두 아들 모두를 믿음의 자손으로 올려 놓은 야곱처럼 우리의 자녀들을 한 사람도 빠뜨리지 않고 다 믿음의 반열에 찬란히 올려 놓을 수 있도록 주여, 역사하여 주옵소서.

그러기 위해 삶으로 값을 치른 막벨라 굴이 있게 하여 주시고, 가정의 회복을 위한 구체적인 회개가 있게 하여 주옵소서.

우리의 삶이 마지막 유언을 준비하는 삶이 되도록 은혜 위에 은혜를 내려 주옵소서. '내가 가는 천국에 너희도 오라'는 믿음의 유언을 남기는 우리가 다 되도록 인도하여 주옵소서. 예수님 이름으로 기도 드립니다. 아멘.

Part 3

용서의 종결자는
하나님입니다

13

화려한 장례식

창세기 50장 1~14절

하나님 아버지,
주님이 영접해 주시는
화려한 장례식의 주인공이 되기를 원합니다.
말씀해 주옵소서. 듣겠습니다.

오래전 신문에서 "중국 저장성에 있는 한 학교 운동장에서 엄청난 규모의 장례식이 열렸다"는 기사를 본 적이 있습니다. 6명의 자식이 여든둘에 세상을 떠난 어머니를 위해 마련한 호화 장례식이었죠. 당시 대형 카메라 9대가 장례식을 생중계하고, 100여 명으로 구성된 악단이 온종일 연주를 했답니다. 또 서민들은 감히 엄두도 내지 못할 최고급 리무진 영구차가 9대나 운행되고, 국가 기념행사에나 쓰일 거대한 폭죽도 등장해 놀라움을 안겨 주었습니다. 게다가 장례식을 찾은 조문객 수만 해도 수천 명에 달했다고 합니다. 그런데 알고 보니 문상객 대부분이 돈과 선물을 받으러 온 사람들이었답니다. 결국 이 일이 논란이 되어 중국 정부는 장소를 제공한 학교 관계자를 파면시키는 등 수습에 나섰다고 합니다.

험악한 세월을 살았다고 고백한 야곱이 147년간의 생을 마치고 이 세상을 떠났습니다. 그러자 요셉이 야곱의 장례를 말할 수 없이 거창하게 치러 줍니다. 야곱의 장례식은 성경에서 가장 화려한 장례식이라고 할 수 있습니다. 그러나 꼭 돈이 많다고 화려한 장례식을 하는 것이 아닙니다.

그러면 야곱의 장례식과 중국 부인의 장례식에는 무슨 차이가 있을까요? 우리는 야곱의 장례식을 통해 무엇을 깨달아야 할까요? 야곱보다 더 훌륭하게 살았던 사람들도 많은데, 왜 하필이면 야곱이 화려한 장례식을 했을까요? 본문을 통해 야곱의 화려한 장례식에 대해 자세히 살펴보겠습니다.

화려한 장례식을 위해 세상 권세도 쓰입니다

요셉이 그의 아버지 얼굴에 구푸려 울며 입맞추고_창 50:1

요셉은 야곱에 대한 감정이 각별합니다. 어릴 때부터 아버지의 특별한 사랑을 받았기 때문이죠. 야곱이 죽을 때 분명히 다른 형제들도 그 자리에 있었을 겁니다. 그러나 웬일인지 그들은 본문에 등장하지 않습니다. 그저 요셉이 두드러지게 슬퍼하는 장면만 부각되죠. 요셉이 그의 아버지의 얼굴에 구푸려 울며 입 맞추었다고 하는데, 세 개의 동사가 연달아 등장합니다. 그만큼 요셉이 아버지의 죽음을 슬퍼한 것입니다.

이 장면을 가만히 묵상하는데, 친정어머니가 돌아가셨을 때가 생각났어요. 그때 저는 엄마 때문에 그다지 슬프지 않았습니다. 생전에 어머니가 제게 해 주신 것이 별로 없었기 때문입니다. 그저 제 설움에 슬펐던 기억만 납니다. 그런데 제가 지난 12챕터에서도 어머니에 대해 언급했지만, 지금 저는 두고두고 제 어머니 이야기를 나누고 있습니다. 저도 험악한 세월을 보내면서 진정한 슬픔의 실체를 알게 되었기 때문입니다. 유다도 아마 그러지 않았을까요?

유다는 아버지에게 사랑을 받은 일이 없다 보니 아버지를 사랑했어도 요셉처럼 슬픔이 북받치지는 않았던 것 같습니다. 반면에 요셉은 아버지의 얼굴에 구푸려 울며 입 맞추며 야곱의 죽음을 너무나도 슬퍼합니다. 그런데도 정작 야곱은 요셉에게 최고의 복, 영적인 복을 주지 않았습니다. 마지막에 요셉을 분별했기 때문입니다. 이런 것을 묵상할 때, 감정이 전부는 아닌 것 같습니다. 그렇다고 야곱의 다른 자녀들이 특별히 훌륭한 것도 아니었죠.

요셉은 울어도, 다른 자녀들은 감히 울지도 못합니다. 죄인의 입장이 되어 늘 주눅 들어 있기 때문입니다. 형들은 요셉 같은 지위도 없을뿐더러 누구보다 죄도 많이 지었잖아요. 생각할수록 정말 할 수 있는 게 아무것도 없습니다.

반면에 요셉은 할 수 있는 게 참 많습니다. 총리라는 지위로 끝까지 형제들을 도왔고, 지금은 야곱의 장례를 주도하고 있습니다. 맞습니다. 야곱의 화려한 장례식은 총리 요셉이 있어서 가능했습니다. 무엇보다 하나님이 야곱에게 주신 약속, "요셉이 그의 손으로 네 눈을 감기리라"(창 46:4)는 말씀이 요셉에 의해 그대로 성취되었습니다. 이제 요셉은 큰 슬픔 가운데서도 자신에게 주어진 큰 권세를 가지고 야곱의 장례 준비에 최선을 다합니다.

2 그 수종 드는 의원에게 명하여 아버지의 몸을 향으로 처리하게 하

매 의원이 이스라엘에게 그대로 하되 3 사십 일이 걸렸으니 향으로 처리하는 데는 이 날수가 걸림이며 애굽 사람들은 칠십 일 동안 그를 위하여 곡하였더라 _창 50:2~3

성경 어느 곳에서도 찾아볼 수 없는 가장 화려한 장례 절차가 나옵니다. 우선 애굽의 장례 풍습에 따라 미라 작업부터 시작합니다. 시신에서 뇌와 장기를 제거한 뒤, 나트론으로 시신을 건조하고, 향료 등으로 보존 처리한 후 마지막에는 린넨 붕대를 겹겹이 감습니다. 실제로는 이보다 더 복잡한 과정을 거칩니다. 그런데 이 일을 무려 40일 동안 했습니다.

구약에서 야곱과 요셉만 미라로 시체 처리를 했는데, 그 비용이 대략 은 1,500세겔이라고 합니다. 당시 노동자 한 사람당 나흘 품삯이 1세겔임을 고려할 때, 무려 6,000일의 품삯입니다. 추정해 보면 20여 년간의 품삯 정도 됩니다. 결론은 야곱의 시신을 염하기 위해 그만큼 엄청난 비용이 들어갔다는 것입니다. 그야말로 앞서 언급한 중국 부인의 장례식과는 비교도 안 되는 값비싼 장례식입니다.

애굽에서 왕의 장례식은 국장으로 72일간 치러지는데, 야곱의 장례식은 거기에 조금 못 미치는 70일간 치러졌습니다. 국장에 거의 준한다고 볼 수 있습니다. 또 성경에 보면 아론과 모세가 죽었을 때 온 이스라엘 자손이 30일간 애곡했습니다.

그런데 본문을 보면 야곱을 위해서는 애굽 사람들이 70일 동안 곡을 했다고 합니다. 이것만 봐도 야곱의 장례식은 정말 특별한 장례식이 맞습니다. 전 세계적으로 전무후무한 장례식입니다.

앞에서도 언급했지만, 이런 화려한 장례식은 세상 권세가 없으면 결코 할 수 없습니다. 이를 위해 만세 전부터 하나님이 모든 것을 예비해 놓으신 줄 믿습니다. 우리에게 주신 권세도 마찬가지입니다. 오직 하나님 나라를 위해 주님이 예비해 놓으신 권세입니다.

그러나 한편으로는 그래요. 40일 동안 한 사람의 시신을 위해 이렇게 많은 돈을 쓰고 수고를 하는 것이 과연 성경적일까 싶습니다. 만약 야곱이 이 사실을 미리 알았다면 허락했을까요? 여러분도 한번 생각해 보세요. 애굽의 총리로서 누구보다 청렴결백하게 살아온 요셉 아닙니까? 기근의 때에도 내핍(耐乏)하고 절약하며 조금도 허점을 보이지 않았죠. 그런 요셉이 왜 이런 화려한 장례식을 준비한 걸까요? 하나님 백성은 내세에 대한 소망이 있으니까 굳이 믿지 않는 사람들처럼 화려하게 장례식을 할 필요가 없잖아요. 그런데도 요셉은 사치스럽다는 말이 부족할 정도로 화려한 장례식을 진행했습니다. 그 이유가 무엇인지 계속해서 살펴보겠습니다.

✢ 지금 내가 죽으면 나의 장례식은 어떨 것 같습니까? 누가 내 장례식에 올 것 같습니까? 내 장례식은 어떤 모습이면 좋겠습니까?

화려한 장례식은 전도의 기회가 됩니다

4 곡하는 기한이 지나매 요셉이 바로의 궁에 말하여 이르되 내가 너희에게 은혜를 입었으면 원하건대 바로의 귀에 아뢰기를 5 우리 아버지가 나로 맹세하게 하여 이르되 내가 죽거든 가나안 땅에 내가 파 놓은 묘실에 나를 장사하라 하였나니 나로 올라가서 아버지를 장사하게 하소서 내가 다시 오리이다 하라 하였더니 _창 50:4~5

요셉은 바로의 신하들을 통해 바로 왕에게 야곱의 시신을 가나안 땅에 묻게 해 달라고 요청합니다. 그러나 실상 이것은 굉장히 어려운 부탁입니다. 지금 요셉은 시신과 함께 있으니 부정을 타서 왕을 직접 만날 수가 없잖아요. 더욱이 장례 기간에는 국정에 참여할 수가 없으니 요셉이 바로의 허락을 구하기가 어찌 쉬웠겠습니까? 그래서 애굽의 법을 잘 알고 있는 훌륭한 신하들을 앞세워 더는 공손할 수 없을 정도로 정중히 바로에게 부탁한 것입니다.

부탁할 때도 말을 지혜롭게 해야 하는데, 요셉을 보세요. 그 말의 시작이 "내가 너희에게 은혜를 입었으면"입니다. 요셉은 "우리 아버지가 애굽에 자신을 절대로 묻지 말라고 했어요" 이런 쓸데없는 이야기는 일절 하지 않았습니다. "우리 아버지가 가나안에 묘실을 미리 사 두었어요" 이렇게 말하는 것과 "애굽에 장사하지 않기로 했어요" 하는 것은 내용은 같아도 하늘과 땅 차이입니다.

예전에 어떤 목자님이 목장에 새가족이 왔는데, 이런 예를 들었다고 합니다. "내가 오늘 어디를 가다가 교통사고가 나서 죽었다고 칩시다. 당신도 마찬가지로 교통사고가 나서 오늘 죽을 수도 있습니다." 그래서 제가 "처음 오신 분에게 그렇게 이야기하기보다 '저와 형제님이 오늘 밤에 세상을 떠날 수도 있다고 생각해 보시면 어떨까요?' 이러면서 복음 제시를 하면 좋겠다"고 말씀드렸습니다.

그런데 이 목자님이 모임을 마무리하면서 새가족에게 "나도 대단한 놈이지만, 참 당신도 대단한 놈이요"라고 했다는 겁니다. 그래서 제가 "그분이 다시 목장에 오실 것 같으세요?"라고 물었더니, 단칼에 "아니요"라고 답하더군요. 그럴 거면 뭐 하려고 그런 말을 했습니까? 복음을 전하고자 하는 목자님의 마음은 이해는 가지만, 새가족은 당연히 그 말을 듣고 기분이 안 좋았을 것입니다. 같은 말이라도 '아' 다르고 '어' 다릅니다. '솔직히 말한다'는 미명하에 이렇게 함부로 이야기하시면 안 됩니다.

5절에서 요셉은 "나로 올라가서 아버지를 장사하게 하소서"라고 정중히 부탁하는데, 가나안이 성지이기 때문에 '올라간다'는 표현을 썼습니다. 은연중에 애굽보다 가나안을 높이는 요셉입니다. 그러나 애굽 사람들은 요셉의 부탁을 듣고, '왜 화려한 애굽을 두고 초라한 가나안에 가겠다고 하는 걸까?' 하며 금세 의문을 품었을 것입니다. 애굽은 당시 세계 최고 강대국 아닙니까? 더욱이 화려한 장례 문화로 유명했잖아요. 그러니 당연히 자꾸 물음표가 생길 수밖에요.

어떤 사람은 "우리 식으로 따지면 선산에 가겠다는 건데, 그게 뭐 그리 힘든 요청인가? 그동안 요셉이 애굽을 많이 도왔으니 그 정도는 말할 수 있는 거 아닌가?"라고 생각할 수도 있습니다. 하지만 이것은 그런 차원의 문제가 아닙니다. 여기서 가나안은 천국을 예표하고, 애굽은 세상을 상징합니다.

그래도 야곱이 애굽에서 17년이나 살았는데, 여기 묻힐 생각이 없다는 뜻을 밝혔으니 바로 입장에서는 충분히 기분 나쁠 수 있죠. 만약 요셉이 애굽보다 더 화려한 곳에 장사 지내러 간다고 했다면 바로가 분명히 기분 나빴을 것입니다. 그런데 오히려 초라한 곳으로 간다고 하니 너무 이상한 겁니다. 지금 요셉이 나는 새도 떨어뜨리는 애굽의 총리이니 바로가 대놓고 가나안행을 반대하지는 못해도 자꾸 의문이 드는 건 어쩔 수가 없습니다.

그러나 세상은 이런 선택을 결코 이해하지 못합니다. 이 세상은 맘몬 신을 섬기기에 돈이 전부이고, 쾌락과 안일이 우선이기 때문입니다. 그런데 믿지 않는 사람은 죽었다가 깨어나도 하지 못할 부탁을 요셉이 하고 있으니 바로가 계속 이상하다고 생각할 법도 합니다.

누군가가 선교지를 나간다고 할 때도 그렇죠. 유난히 힘든 곳에 간다고 하면 '왜 자꾸 사지(死地)에 가려고 하지? 거기는 불편하고 화장실도 없을 텐데……' 이런 생각이 자꾸 드는 것입니다. 저는 여러분이 "아니 근데, 그냥 편하게 살 수도 있는데 왜 그런 일을 하세요?" 이런 질문을 자주 받기를 바랍니다. 그 질문에 답하면서 여러분의 모든 삶이 자연스럽게 전도의 기회로 이어지면 좋겠습니다.

제가 창세기 38장의 유다와 다말 이야기를 설교할 때의 일입니다. 설교 제목이 그 유명한 "그는 나보다 옳도다"였죠. 그런데 그 설교를 한 날 한 부목사님의 딸이 태어났습니다. 그리고 구속사의 정수를 담은 "그는 나보다 옳도다"의 말씀을 영원히 기념하기 위해 아이의 이름을 '유다라고 할까? 다말이라고 할까? 아니면 두 이름을 합친 '유말'이라고 할까?' 함께 고민했죠. 그중에서 부목사님은 '유말'이라는 이름을 받아들였습니다. 그런데 아무래도 그 이름은 좀 심하다는 생각이 들어서 다음 날 제가 유다를 거꾸로 한 '다유'라는 이름을 제안했습니다. 한자로는 '아비 다(爹)'와 '깨우칠 유(諭)'인데, 부목사님 자신이 아버지 때문에 많이 힘들었지만, 그래도 영육 간에 그 아버지 덕분에 많은 깨우침을 얻게 되었다는 의미를 담고 있습니다.

믿음의 6대인 제 손녀딸은 6월 25일에 태어났습니다. 그래서 "상기하자! 육이오(6·25)"라는 뜻으로 '상기'라고 이름을 지었죠. 한자로는 '서로 상(相)', '기억할 기(記)'로, 그 의미는 "이 땅에 태어나서 하나님과 나 사이의 관계를 기억해야 감사가 온다. 항상 하나님의 은혜를 기억하고, 믿음의 6대의 은혜를 기억하고, 육이오의 아픔을 기억하라"는 것입니다.

우리 아랫세대로 내려갈수록 누가 육이오를 기억하겠습니까? 그런데 우리 손녀딸은 육이오를 반드시 기억해야 하는 인생으로 이 땅에 태어났습니다. 입 가진 사람들은 제 손녀딸 이름을 두고 "왜 이리 남자 이름 같냐"고 묻겠지요. 그때마다 그 뜻을 설명하면서 전도를 할 수밖에 없습니다. 저는 이런 이름이야말로 참 좋은 이름이라고 생각합니다. 다유라는 이름도 그래요. 사람들이 그 이름의 뜻을 물어보면 저절로 전도가 되지 않겠습니까?

상기 엄마인 제 딸이 성령 충만할 때는 누가 이름의 뜻을 물어보면 설명하는 게 너무 좋다고 합니다. 하지만 성령 충만하지 않을 때는 그 이름이 싫답니다. 그런데 여러분, 그렇게 따지면 제 이름이야말로 완전 남자 이름 아닙니까? 우리 집안은 아무래도 이게 사연인가 봅니다. 이 세상 시각으로는 저나 손녀딸이나 별로 예뻐 보이지 않는 이름을 가졌습니다. 어릴 때 저도 남자 이름 같다고 놀림을 많이 당했죠. 그러나 합력하여 선을 이루시는 하나님은(롬 8:28) 그 모든 과정 가운데 제 삶에 구속사의 은혜를 이어 가는 축복을 허락해 주셨습니다.

우리는 구원을 위해 살고 구원을 위해 죽는 인생입니다. 그러므로 사업을 하든 결혼을 하든 이렇게 누군가의 이름을 짓는 일이든 우리의 모든 삶 가운데 하나님을 나타내기를 바랍니다.

바로가 이르되 그가 네게 시킨 맹세대로 올라가서 네 아버지를 장사하라_창 50:6

바로가 "올라가서, 장사하라" 이 두 마디로 요셉의 청을 허락했습니다. 하지만 애굽에서 가나안으로 올라가는 것이 얼마나 어려운 일인지 모릅니다. 더위가 극심한 중동 지방을 여행하려면 엄청난 비용이 들고, 시간도 오래 걸리기 때문입니다.

서울에서 부산까지 경부고속도로의 총 길이가 $416km$라고 합니다. 애굽에서 가나안까지의 거리도 이와 비슷합니다. 편도만도 $500km$ 정도인데, 왕복이면 $1,000km$가 넘습니다. 자동차도 없고, 이동식 냉장

고나 냉동고도 없던 그 시절에 시신 하나 옮기겠다고 온 애굽이 들썩들썩하고 있는데, 이 어려운 여행길을 바로가 딱 허락했습니다.

그런데 야곱이 이 기가 막힌 일을 모르고 요셉에게 부탁했겠습니까? 절대로 그냥은 못할 것 같으니까 자신의 허벅지 아래(환도뼈)에 요셉의 손을 넣고 맹세까지 시킨 것이죠(창 47:29~31). 그냥은 도저히 갈 수 없는 막벨라 굴입니다. 정말 웬만한 재력이 아니고는 갈 수 없는 선산입니다. 인간적으로 생각하면 얼마나 무리한 부탁입니까?

그러나 이때를 위해 요셉과 바로가 신뢰 관계를 쌓아 온 것입니다. 바로가 단 두 마디로 허락한 이유가 여기에 있습니다. 요셉은 애굽을 기근에서 구해 주었습니다. 그리고 야곱은 그 요셉의 아버지로서 바로를 축복한 사람입니다(창 47:10). 그러니까 바로 입장에서는 야곱의 시신을 가나안으로 가져가겠다는 요셉의 청을 허락하지 않았다가는 재앙이 또 올 수 있겠다는 마음이 들지 않았을까요? 지난 7년의 기근을 경험하면서 그야말로 요셉은 바로에게 우상이 되었습니다. 더욱이 지금 요셉은 그 권세가 하늘을 찌르고 있습니다. 바로가 보기에 애굽은 요셉이 없으면 무너집니다.

하나님은 이때를 위해 요셉에게 지위를 주신 것입니다. 이럴 때 하나님을 나타내는 것이 바로 전도입니다. 한마디로 야곱의 화려한 장례식을 위해 요셉이 애굽의 총리가 된 것입니다. 바로가 요셉의 청을 듣고 물음표를 던진 것처럼, 세상 사람들이 우리를 보고도 '왜 저렇게 힘든 일을 하지?' 하고 물음표를 던지게 만드십시오. 바로 그 순간이 우리가 하나님을 나타낼 때입니다.

✛ 전도할 때 나의 세상 권세가 쓰임받은 적이 있습니까? 어떤 권세였습니까?

✛ 세상 사람들에게 "왜 이렇게 힘든 일을 하세요?"라는 질문을 받아 본 적이 있습니까?

신자와 불신자의 애통이 있습니다

7 요셉이 자기 아버지를 장사하러 올라가니 바로의 모든 신하와 바로 궁의 원로들과 애굽 땅의 모든 원로와 8 요셉의 온 집과 그의 형제들과 그의 아버지의 집이 그와 함께 올라가고 그들의 어린 아이들과 양 떼와 소 떼만 고센 땅에 남겼으며 9 병거와 기병이 요셉을 따라 올라가니 그 떼가 심히 컸더라_창 50:7~9

바로의 모든 신하와 바로 궁의 원로들과 애굽 땅의 모든 원로, 즉 애굽 족속과 요셉의 온 집과 그의 형제들과 그의 아버지의 집이 요셉과 함께 올라갔다고 합니다. 갈 수 있는 사람들은 다 간 셈입니다. 그런데 요셉 집의 어린아이들과 양 떼와 소 떼만 고센 땅에 남겼다고 합니다. 아무래도 먼 길이다 보니 이 집의 영적 후사인 아이들은 남겨 두어야 할 필요가 있었다는 생각이 듭니다. 여하튼 애굽의 관리들이 이 장례 행렬에 동참했습니다. 지금 그들은 가나안행이 무엇을 의미하는지 온몸으로 배우고 있습니다. 애굽 사람들은 장엄한 장례 행렬을 보고 '아, 뭔가 특별한 것이 있구나' 하고 느꼈을 것입니다.

화려한 장례식을 통해 믿든, 안 믿든 가나안 땅으로 다 같이 가는 모습을 보여 주어야 하는데, 그 역할을 가장 험악한 인생을 살았던 야곱이 했습니다. 참으로 그는 구속사의 사람이었습니다. 야곱이 창세기 25장부터 등장했으니 '야곱의 행전'이 창세기 절반을 차지한다고 해도 과언이 아닙니다.

이런 야곱의 죽음이 온 애굽의 애도를 받아 낸 것은 신학적으로 큰 의미가 있습니다. 이는 지금까지 아브라함, 이삭, 야곱으로 이어진 개인 구원이 열두 지파를 통해 선민 공동체로 확장되고 있음을 보여 줍니다. 무엇보다 이 일은 신자와 불신자 가운데 새로운 하나님의 나라가 전해진 사건이라 할 수 있습니다.

그런데 왜 요셉은 애굽의 장례 방식을 따른 걸까요? 이렇게 해야 신자와 불신자가 다 같이 모일 수 있기 때문입니다. 만약 히브리식을 고집했다면 애굽 사람들은 아무도 장례에 참여하지 못했을 겁니다. 우리도 그래요. 세상에서 복음을 전하기 위해 믿지 않는 사람들을 참여시켜야 할 때가 있습니다.

당시 애굽에서는 고위직에 있던 사람이 죽으면 야곱에게 한 방식대로 장례를 치렀다고 합니다. 이때 요셉이 애굽의 장례 방식을 거절하면 어떻게 됐을까요? 십중팔구 애굽 사람들과 불편한 관계가 됐겠죠. 요셉이 애굽을 기근에서 구해 주었기에 애굽의 모든 관리는 조의를 표하고 싶어 하는데, 일부러 그것을 막을 필요는 없습니다. 굳이 막는 것은 비본질을 위해 본질까지 훼손하는 일이 될 수 있습니다.

그런데 보세요. 막상 애굽식으로 야곱을 미라로 만들어 놓으니까 여행하는 동안 시신이 썩지 않아서 너무 좋은 겁니다. 믿는 사람들이 일부러 애굽식으로 장례를 할 필요는 없겠지만, 전도를 위해 이처럼 화려한 장례식을 해야 할 때도 있습니다.

하나님은 신자든 불신자든 모두가 장례 행렬에 동참하게 하심으로, 한 시대가 끝나고 다음 세대가 시작되는 것을 확실히 목도하게 하셨습니다. 참으로 모든 것이 합력하여 선을 이루게 하시는 하나님이십니다(롬 8:28).

그들이 요단 강 건너편 아닷 타작 마당에 이르러 거기서 크게 울고 애통하며 요셉이 아버지를 위하여 칠 일 동안 애곡하였더니
_창 50:10

야곱의 장례 행렬이 요단강 건너편까지 이르렀다고 합니다. 이 길은 출애굽한 이스라엘 백성이 가나안 땅에 들어가기 직전에 다시 등장합니다(수 3장). 그러면 그때 그들이 다시 이 길을 걷게 된 이유가 무엇입니까? 지중해 길을 따라간 것이 아니라, 사람이 없는 광야 길을 돌고 돌아 천천히 갔기 때문이죠. 그러니까 지금 하나님은 야곱의 장례 행렬이 지나간 이 길을 나중에 다시 그대로 오라고 미리 가르쳐 주시는 것입니다. 아무리 생각해도 하나님의 모략이 아닐 수 없습니다.

이스라엘 백성이 애굽에서 400년 노예 노릇을 하는 동안, 하나님은 "우리 조상 야곱이 얼마나 화려한 장례식을 했는지 아는가? 애

굽 전역이 일어나서 야곱을 기렸다"는 이 전설적인 역사를 구전으로 내려오게 하셨습니다. 만약 이렇게 기억할 만한 화려한 장례식이 없었다면, 200만 명이나 되는 수많은 사람이 어찌 이 길을 건널 수 있었겠습니까? 400년을 있었는데, 어찌 쉽게 애굽을 떠날 수 있었겠습니까? 이렇게 화려하게 장례를 치러 놔야만 400년 후에 200만 명이 넘는 사람들이 이 길을 기억하고 다시 갈 수 있는 것입니다. 말하자면 이때 사전 답사를 한 셈입니다.

그렇습니다. 하나님은 야곱의 장례식을 통해 요단강을 건너서 가나안으로 가는 길, 막벨라 굴로 가는 길을 이미 가르쳐 주셨습니다. 신자에게든 불신자에게든 천국 가는 행전을 미리 보여 주셨습니다.

목회자 부모를 둔 목사님들의 간증을 듣다 보면, 부모님이 고생하는 걸 봐서 목회가 너무 하기 싫었는데, 결국 본인도 하고 있더라는 이야기를 많이 합니다. 제 손녀도 그래요. 자신이 원한 것도 아닌데 태어나 보니 할머니가 목회를 하고 있습니다. 그것도 크게 목회를 하고 있습니다. 그런데 제가 손녀에게 "우리 상기 목사 할 거니?"라고 물으면 단박에 "안 한다"고 합니다.

반면에 제가 목회를 늦게 시작했으니 제 딸은 엄마가 목회하는 모습을 보지 않고 자랐습니다. 그런데도 딸은 어린 시절 장래 희망에 늘 목사가 있었습니다. 일기장에도 목사가 꿈이라고 적어 놓았죠. 그리고 감사하게도 정말 목사가 되었습니다. 이런 딸과 달리 손녀는 목사를 안 하겠다고 하니, 제가 너무 기가 막히지 않겠습니까? 그렇다고 모두가 목회자가 되어야 한다는 말은 아닙니다.

결론은 막벨라 굴에 오는 일이 힘들어도 반드시 와야만 한다는 것입니다. 즉, 이것은 신앙고백의 문제라는 말입니다. 하나님은 혼란한 이 시대에 여성 목회자인 저에게 가정 중수와 말씀 묵상이라는 특별한 사명을 맡겨 주셨습니다. 저의 영적·육적 후손들이 나중에라도 이것을 꼭 기억하고 반드시 막벨라 굴에 오기를 간절히 기도합니다.

10 그들이 요단 강 건너편 아닷 타작 마당에 이르러 거기서 크게 울고 애통하며 요셉이 아버지를 위하여 칠 일 동안 애곡하였더니 11 그 땅 거민 가나안 백성들이 아닷 마당의 애통을 보고 이르되 이는 애굽 사람의 큰 애통이라 하였으므로 그 땅 이름을 아벨미스라임이라 하였으니 곧 요단 강 건너편이더라 _창 50:10~11

애굽의 방식으로 장례를 치르고 나서 요단강을 건너기 직전, 그들이 아닷 타작마당에서 가나안 방식으로 7일 동안 애곡하며 장례를 치릅니다. 그런데 왜 이때 애굽 사람들이 애통했을까요? 이렇게 하는 것이 자신들에게 유익이 되었기 때문입니다. 불신자들이 자기에게 유익이 되지도 않는데 애통할 일이 뭐가 있겠습니까?

무엇보다 야곱은 자신들을 기근에서 구해 준 요셉의 아버지 아닙니까? 게다가 요셉이 워낙 아름답고 용모가 준수하다 보니 전국적으로 오빠 부대가 많았던 것 같습니다. 애굽 사람들이 얼마나 슬퍼했는지 가나안 백성이 그 땅 이름을 '아벨미스라임(애굽 사람의 큰 애통)'이라고 지었습니다.

그런데 보세요. 세상 사람들에게 은혜를 끼친 것은 요셉인데, 지금 그 특권은 야곱이 다 받고 있습니다. 그러나 이것은 결코 우연이 아닙니다. 택하신 족속이요, 왕 같은 제사장이요, 거룩한 나라요, 하나님의 소유가 된 백성인(벧전 2:9) 우리도 그렇습니다. 야곱처럼 죽고 나서도 이런 큰 특권을 누리게 될 줄 믿습니다.

요셉과 같이 나의 세상 권세를 전도의 기회로 삼고자 할 때, 우리도 신자와 불신자가 다 참여하고, 큰 애통이 있는 화려한 장례식을 하게 될 줄 믿습니다.

✙ 신자, 불신자 모두 참여해서 애통하는 장례식을 치르기 위해 불신자에게 유익을 끼친 적이 있습니까?

✙ 나의 세상 권세가 하나님의 일에 쓰이도록 지금부터 전도하고 이타적인 삶을 살기로 작정합니까?

화려한 장례식은 믿음의 자손들만 할 수 있습니다

12 야곱의 아들들이 아버지가 그들에게 명령한 대로 그를 위해 따라 행하여 13 그를 가나안 땅으로 메어다가 마므레 앞 막벨라 밭 굴에 장사하였으니 이는 아브라함이 헷 족속 에브론에게 밭과 함께 사서 매장지를 삼은 곳이더라 _창 50:12~13

요단강 건너편 아닷 타작마당까지는 장례 행렬이 다 함께 왔습니다. 그러나 요단강을 건너 막벨라 굴에 가서 야곱을 묻은 이들은 지질해 보이는 '야곱의 아들들'입니다. 그 많고 대단한 사람들은 요단강 건너편, 딱 거기까지입니다. 불신자들의 큰 애통에 속으면 안 됩니다.

아브라함이 막벨라 굴을 소유 매장지로 삼았다는 것은, 이곳이 자손 대대로 물려줄 재산이라는 뜻과 같습니다. 야곱이 계속해서 막벨라 굴이 소유 매장지임을 강조하는 이유가 무엇입니까? 가나안은 언약의 땅이고, 믿는 내가 가야 할 땅이며, 영적 매장지임을 밝히기 위함입니다.

"아브라함이 헷 족속 에브론에게 밭과 함께 사서 매장지를 삼은 곳"이라는 표현이 계속해서 나오는 것도 그렇습니다. 결국 야곱의 아들들은 아버지가 명령한 대로 정확히 '막벨라 굴'에 갔습니다. 막벨라 굴은 바로가 명령한 대로 가는 것이 아닙니다. 믿음의 아버지가 명령한 대로 가야 합니다. 요셉을 보세요. 나는 새도 떨어뜨리는 권력을 가진 총리이지만, 왕이 아닌 아버지의 명령대로 행했습니다.

우리도 마찬가지입니다. 세상 왕의 말보다 믿음의 부모, 믿음의 사람이 하는 말을 들어야 합니다. 세상의 매장지는 흔적도 없이 사라지겠지만, 우리가 받은 이 영적 매장지는 결코 사라지지 않기 때문입니다. 우리가 이 매장지를 자랑하고 또 자랑해야 할 이유가 여기에 있습니다. 그러나 영적 매장지가 무엇인지 모르는 사람은 제 말이 전혀 이해되지 않을 것입니다. 그곳은 우리의 공로가 아닌 오직 보혈의 공로로만 갈 수 있는 곳이기 때문입니다.

요셉이 아버지를 장사한 후에 자기 형제와 호상꾼과 함께 애굽으로
돌아왔더라_창 50:14

요셉은 하루라도 직무를 태만히 할 수 없는 세계 최강국의 총
리입니다. 이럴 때 "내가 어떻게 자리를 비우고 막벨라 굴에 갈 수 있
나?" 이러면 평생 그곳에 못 가는 것입니다. 연예인만 되어도 얼굴을
다 가리고 다니는데, 요셉도 오빠 부대가 있다고 했습니다. 나름 공인
입니다. 가나안까지 가는데 무슨 일을 당할지 어찌 압니까? 이런 것만
생각해도 진짜 우리가 교회에 가지 못할 이유, 막벨라 굴에 가지 못할
이유는 수두룩합니다.

하지만 요셉은 아버지의 명령을 따라 막벨라 굴에 다녀왔습니
다. 아버지의 명령을 하나님 아버지의 명령으로 받았기 때문입니다.
앞에서도 언급했지만, 막벨라 굴에 가는 일이 오죽이나 어려우면 야
곱이 요셉에게 맹세까지 시켰겠습니까? 내 자녀가 다 막벨라 굴에 갔
으면 좋겠다고, 다 예수 믿으면 좋겠다고 유언하고 약속까지 다 받아
내도 시간이 흐르면 딴소리하는 자녀들이 있기 마련입니다.

지난 11챕터에서 야곱처럼 마지막 유언을 하고 가신 김 집사님
의 경우도 그렇습니다. 임종을 앞두고 아들 친구에게 안타깝게 복음
을 전하고, 예배와 목장에 나갈 것을 새끼손가락 걸고 약속까지 받아
냈죠. 그래서 소천하신 그 주에 아들 친구가 교회에 왔는지 알아봤는
데, 안타깝게도 오지 않았더군요. 몇 년이 흘러 김 집사님 가족이 교회
에 잘 다니고 있는지 알아봤더니 가족 중에 딸만 나온다고 했습니다.

당시 전도한 사람들 중에는 나오다가 만 사람들도 있답니다.

여러분, 막벨라 굴에 가기가 이렇게나 어렵습니다. 막벨라 굴에 왔다가도 중간에 돌아가는 사람이 한둘이 아닙니다. 김 집사님이 정말 간절히 복음을 전하고 갔는데, 집사님의 가족을 비롯하여 전도한 분들 모두 막벨라 굴에 다시 오시기를 바랍니다. 그래서 모두 천국에서 김 집사님과 만나기를 바랍니다.

막벨라 굴에 가지 못할 이유 중에는 중동 지방의 더위도 한몫했을 것입니다. 한낮의 그 뙤약볕을 견디는 게 어찌 쉽겠습니까? 지금은 좀 나아졌지만, 우리들교회 휘문 채플은 냉방이 잘 안 되는 오래된 강당을 빌려 쓰다 보니 한여름이면 참 많이 더웠습니다. 그래서 개척하고 10년 동안 제 기도 제목이 주일마다 비 오게 해 달라는 것이었죠. 그 기도의 응답으로 수많은 여름을 지내는 동안 주일에 숱하게 비가 내렸습니다. 보통 다른 교회는 주일에 비가 온다고 하면 '사람들이 많이 안 오겠구나' 하고 걱정부터 하죠. 그러나 우리들교회 성도들은 "아, 주일에 시원하겠다!" 하며 환호성을 질렀습니다. 제가 오죽이나 휘문 채플이 더웠으면 성도들에게 아이스크림으로 한턱을 냈겠습니까? 하지만 그렇게 더운데도 불구하고 주일이면 휘문 채플은 성도들로 늘 가득 찼습니다. 단순히 은혜받으려고 오는 것이 아니라, 죽지 않고 살기 위해 예배드리러 오는 성도들이 대다수였기 때문입니다.

그런데 여러분, 우리가 야곱의 화려한 장례식을 보면서 주의할 점이 하나 있습니다. 장례식 자체를 놓고 천국에서 상급이 크냐, 작으냐를 따지면 안 된다는 겁니다. 마지막 죽을 때의 모습도 그래요. 세례요한은 머리가 잘려 소반에 놓였고, 스데반은 돌에 맞아 죽었습니다. 결정적으로 예수님은 십자가에서 못 박혀 죽으시지 않았습니까? 화려한 장례식의 본질은 내가 아무리 이 땅에서 험악한 세월을 살았어도 천국에서 서서 나를 영접해 주실 주님이 계시다는 것입니다.

아브라함과 이삭, 요셉 이 세 사람의 삶을 야곱의 삶과 한번 비교해 보세요. 아무리 객관적으로 봐도 이들이 야곱보다 더 나은 삶을 살았습니다. 그런데 성경은 이들이 생을 마감할 때 야곱처럼 이렇게 길게 언급하지 않았어요. 하나님의 마음에 맞는 사람이자 성군인 다윗의 죽음도 그래요(행 13:22). "다윗이 그의 조상들과 함께 누워 다윗 성에 장사되니"(왕상 2:10)라고 단 한 줄로 끝납니다.

그러면 하나님은 왜 이리 야곱의 죽음을 성경에 길게 보여 주실까요? 여기에 하나님의 은혜가 있습니다. 야곱의 삶은 "이 땅에서 험악하고 형편없는 인생을 살았다 해도, 예수를 믿기만 하면 천국에 간다"는 것을 보여 줍니다. 심지어 예수 믿은 지 얼마 되지 않아서 아는 것이 하나도 없다고 해도, 주를 위해 한 일이 별로 없다고 해도 상관없습니다. 내가 하나님 백성이기만 하면, 천국에서 주님이 얼마나 나를 따뜻하게 맞아 주시는지 모릅니다. 할렐루야!

막벨라 굴에 가는 길이 험해서 가다가 다시 애굽으로 돌아오는 사람도 있지만, 택자는 결국은 막벨라 굴에 갑니다. 그러니 남들보다 좀 늦게 믿어도, 실수해도 괜찮습니다. 생각해 보세요. 야곱만큼 실수를 많이 한 사람이 어디 있습니까? 그래도 여러분은 '하필이면 왜 야곱인가?' 싶습니까? 그렇습니다. 하필이면 야곱입니다. 하나님이 야곱을 통해 우리에게 보여 주시는 것이 있습니다. "나는 부족하여도 영접하실 터이니 영광 나라 계신 임금 우리 구주 예수라" 이 찬송가 가사처럼 나는 부족해도 주님이 영접해 주십니다. 이래도 저래도 예수 믿기만 하면 모두 화려한 장례식의 주인공이 될 줄 믿습니다.

✢ 아직도 막벨라 굴에 오지 못하고 있는 식구들은 누구입니까? 그 가족을 전도하고자 내가 감수해야 할 일은 무엇입니까? 시간입니까, 감정입니까, 재물입니까?

"

화려한 장례식의 본질은
내가 아무리 이 땅에서 험악한 세월을 살았어도
천국에서 서서 나를 영접해 주실
주님이 계시다는 것입니다.

"

저는 해외 주재원으로 근무하며 현지의 도움을 받고자 교회를 다니기 시작했습니다. 그러나 출세를 위해서는 술도 하나님이 주신 축복이라는 궤변을 늘어놓으며 술 냄새를 풀풀 풍기며 교회를 다녔습니다. 요셉은 애굽의 총리로서 누구보다 청렴결백하게 살며 바로의 신뢰를 얻었지만(창 50:6), 저는 상사에게 불신임을 받고 졸지에 귀국하게 되었습니다.

이후 저는 아내를 따라 우리들교회를 다니게 되었습니다. 저는 교회도 열심히 다니고, 양육도 잘 받고 있으니 더는 낮아질 일이 없으리라 생각했습니다. 그런데 번번이 승진에서 누락되더니 급기야 보직에서 해임되었습니다. 그래도 "쫓겨날 때까지 있으라"는 공동체의 처방이 생각나서 그 말씀대로 적용하기로 결단했습니다.

그런 와중에 집에 도둑이 드는 사건이 일어났습니다. 집에 돌아와 보니 서랍이란 서랍은 죄다 열려 있고, 돈이 될 만한 귀중품들은 전부 사라진 상태였습니다. 도둑은 근속 20주년 열 돈짜리 금메달과 노트북도 가져갔습니다. 저는 과학수사대가 조사를 끝내고 돌아가자마자 큐티책을 펼쳤습니다. 그런데 그날 본문이 "이는 하나님의 공의로운 심판의 표요 너희로 하여금 하나님의 나라에 합당한 자로 여김을 받게 하려함이니 그 나라를 위하여 너희가 또한 고난을 받느니라"(살후 1:5)는 말씀이었습니다. 그래서 제가 심판받을 일이 무엇이 있는지 곰곰이 생각해 보았습니다. 그러자 해외 법인장으로 발령받고 나서 법인 홍보용으로 전자파 차단 순금 스티커를 수백 개 구매한 기억이 났습니다. 저를 자랑하고 싶은 마음에 공과 사를 구별하지 못하고 사들인 것이었습니다. 또 귀임할 때 어차피 폐기할 거라면서 재택 업무용 컴퓨터를 회사에 반납하지 않고 이삿짐에 넣어 온 일도 떠올랐습니다. 도둑든 일로 진술서를 작성할 때 "피의자를 꼭 잡아서 처벌해 주세요"라고 썼는데, 지난 일들이 떠오르니 갑자기 얼굴이 화끈거리면서 하나님 앞에 너무나 부끄러웠습니다.

저는 보직 해임을 당하고 나서 화려한 애굽이 아닌 막벨라 굴같이 초라한 곳에서 근무하게 되었습니다(창 50:13). 이런 저를 보고 안타까워하는 사람들도 있었습니다. 하지만 공동체에 붙어 세상 애굽에서 가나안으로 올라가는 적용을 계속하다 보니(창 50:7) 보직 해임 사건도, 집에 도둑이 든 사건도, 하나님 나라에 합당한 자로 여김을 받도록 주님이 주신 '하나님의 공의로운 심판'임이 인정되었습니다. 그러면서 솔직하다는 미명하에 쓸데없는 말을 하는 것과 요셉처럼 구원을 위해 지혜롭게 말하는 것이 무엇인지 분별하게 되었습니다(창 50:5). 내 힘으로는 절대로 갈 수 없는 막벨라 굴이지만, 예수 공로 의지하여 나아갈 때 천국에서 주님이 반드시 저를 영접해 주실 것을 믿습니다. 저의 부끄러운 간증으로 하나님을 자랑하게 하신 주님, 감사합니다.

영혼의 기도

하나님 아버지, 제가 목사로서 많은 사람을 주께로 다 인도할 수 없음을 알았습니다. 각 사람의 분량대로 맡겨 주신 영혼이 있다는 것도 알았습니다. 그러므로 주님, 우리에게 주신 모든 은사가 영혼 구원의 일에 쓰임받기를 원합니다. 참으로 우리의 모든 삶이 전도의 기회로 이어지게 하옵소서.

야곱은 자신을 화려한 애굽보다 초라한 막벨라 굴에 묻어 달라고 계속 말했는데, 막상 현실은 누구보다 화려한 장례식의 주인공이 되었습니다. 이런 야곱을 통해 얻고자 하는 자는 잃고, 잃고자 하는 자는 얻게 하시는 하나님의 원리를 깨닫기를 원합니다.

주님, 우리도 야곱처럼 화려한 장례식의 주인공이 되고 싶습니다. 그런데 화려한 장례식에는 세상 권세도 필요하고, 신자와 불신자의 애통도 있다고 하십니다. 무엇보다 화려한 장례식은 믿음의 자손들만 할 수 있다고 하십니다. 우리의 장례식이 어떠할지는 죽어 봐야 알 수 있을 터인데, 제가 죽으면 과연 누가 장례식에 와서 애통할까요? 하나님은 절대 속지 않으시는데, 천국에서 주님이 영접해 주시는 인생이 되기 위해 날마다 하나님이 원하시는 삶을 살아내도록 주여, 함께하여 주옵소서.

그러나 주님, 성경에서 가장 지질하고 험악한 인생을 산 야곱이 가장 화려한 장례식의 주인공이 된 것을 보면서, 우리는 "왜 하필이면 야곱이냐"고 자꾸 되묻습니다. 이제는 이것이 바로 화려한 장례식의 본질임을 알기 원합니다. 나는 부족하여도, 겨우 믿기 시작했어도, 주를 위해 한 일이 아무것도 없는 것 같아도 참으로 믿기만 하면 주님이 나를 천국에서 서서 영접해 주실 것을 믿고, 오늘 하루도 살아가게 하옵소서.

특별히 이런저런 이유를 대며 막벨라 굴에 가지 않으려는 우리의 식구들을 위해 기도합니다. 우리의 시간과 재물과 감정을 드려 최선을 다해 그들을 가나안 천국 잔치에 초청할 수 있도록 은혜를 내려 주옵소서. 우리 모두 화려한 장례식의 주인공이 다 되도록 주여, 인도하여 주옵소서. 예수님 이름으로 기도드립니다. 아멘.

14

용서

창세기 50장 15~21절

하나님 아버지,
용서의 종결자이신 아버지 품으로 나아가
용서받고 용서하는 우리가 되기를 원합니다.
말씀해 주옵소서. 듣겠습니다.

최고의 유언을 남긴 야곱의 화려한 장례식도 이제 끝이 났습니다. 그런데 창세기 45장에서 이미 화해한 요셉과 형제들 사이에 아직 해결되지 않은 문제가 남아 있습니다. 바로 '용서의 문제'입니다. 용서하지 못하는 마음처럼 힘든 것도 없습니다. 용서하지 못하는 마음은 내면 깊이 자리할수록, 긴 시간 묵힐수록, 단단할수록 그 고통이 오래갑니다. 결국 이러한 내적 고통은 시간으로도 해결할 수 없는 깊은 상처를 남깁니다.

그렇다면 용서하지 못하는 마음의 본질은 무엇일까요? 상대방에게 자신이 받은 상처의 절반도 되돌려주지 못했다고 생각하는 것입니다.

창세기의 마지막 주제가 용서입니다. 이 세상에서 가장 귀한 선물이 있다면, 다른 사람의 죄를 용서하고, 내 죄를 용서받는 일일 것입니다. 본문을 통해 우리의 가장 큰 문제인 용서에 대해 살펴보겠습니다.

용서는 받아야만 합니다

왜 용서를 받아야만 하는지 세 가지로 생각해 보겠습니다.

첫째, 죄책감으로 인해 두려움이 오기 때문입니다

요셉의 형제들이 그들의 아버지가 죽었음을 보고 말하되 요셉이 혹
시 우리를 미워하여 우리가 그에게 행한 모든 악을 다 갚지나 아니
할까 하고_창 50:15

요셉의 형제들은 요셉과 화해했음에도 불구하고 아버지 야곱이
죽으니 두려워합니다. 이는 그들이 요셉을 노예로 팔아넘긴 일에 대
한 죄의식을 아직 해결하지 못했기 때문입니다. 요셉이 17살에 팔리
고, 지금 나이가 50대 중반 정도 되었으니, 무려 40여 년 전의 사건입
니다. 그 긴 시간 동안 형들은 내내 이 일이 걸렸던 겁니다. 아무리 오
랜 세월이 지나도 이처럼 죄의식은 사람을 불안하게 만듭니다.

기근으로 온 가족이 애굽으로 이주하고, 야곱이 살아 있는 17년
동안 형들은 그런대로 요셉과 잘 지냈습니다. 하지만 아버지라는 연
결 고리가 끊어지니 불안해지기 시작했습니다. 그들이 요셉을 믿지
못하기 때문입니다.

더욱이 요셉 덕분에 얼마나 아버지 장례식을 화려하게 치렀습니
까? 그때 형들은 요셉의 대단한 권력 앞에서 너무나도 작은 자신들의

모습을 보았을 것입니다. 이는 물론 요셉이 총리여서 그런 것도 있겠지만, 형들의 죄책감 때문이라고 보는 것이 더 타당합니다.

둘째, 아직도 형들에게 야곱이 내 아버지가 아니라 당신의 아버지로 자리매김하고 있기 때문입니다

요셉에게 말을 전하여 이르되 당신의 아버지가 돌아가시기 전에 명령하여 이르시기를_창 50:16

야곱은 형들의 아버지가 분명합니다. 그런데도 형들이 말하는 것을 좀 보세요. 요셉 앞에서 슬금슬금 눈치를 보며 '당신의 아버지가 명령하셨다'고 합니다. 이런 것은 겸손이 아닙니다. 그들이 여전히 두려운 이유는 친아버지를 남의 아버지로, 양아버지로 생각하기 때문입니다. 하나님이 내 아버지여야 하는데, 그저 하나님의 조카로, 양아들로 살면서 눈치를 보고 있지는 않습니까? 그렇게 되면 누리지 못하는 것이 얼마나 많은지 모릅니다. 하나님을 나의 하나님으로 믿지 못해서 죄 사함의 은혜를 받지 못하면 어떻게 됩니까? 죄책감으로 고통을 겪을 수밖에 없습니다.

셋째, 용서를 받으려면 내 고통과 직면하는 단계가 있어야 합니다

우리가 1챕터에서도 살펴보았지만, 유다의 생명 내놓는 사랑으로 요셉은 형제들을 용서하고, 그들과 뜨거운 눈물의 화해를 했습니다. 그런데 이제 와서 형들이 요셉에게 찾아가 사과할 필요가 있을까요? 그러나 그렇지 않습니다.

생각해 보세요. 유다를 제외한 다른 형들은 자신들의 입으로 직접 사과한 적이 없습니다. 순전히 유다 형님의 적용 덕분에 요셉과 형제들이 화해하게 된 것이죠. 그러니 형들은 당사자인 요셉 앞에서 자신들의 잘못을 직접 사과해야 합니다. '하나님 앞에서 용서를 구했으면 됐지, 뭐 하러 사람에게 오픈하는가?' 이렇게 생각하면 사람 사이에 용서도 필요 없고 화해도 필요 없습니다.

잘 먹고 잘살 때는 편안한 것 같아도, 과거의 일이 자꾸 뒷덜미를 잡는 이유가 무엇입니까? 제대로 용서받지 못한 죄는 평생 따라다니기 때문입니다. 그러므로 하나님 앞에 회개했으면 사람 앞에서도 반드시 죄를 고백하고 용서를 구하는 과정이 있어야 합니다. 몇십 년이 지난 일도 상관없습니다. 시간이 흘러도 하나님은 여러분에게 그 일을 반드시 물으실 것입니다. 피해자가 나를 용서하든 용서하지 않든, 그에게 나의 잘못을 고하고 사과해야 하는 이유가 여기에 있습니다.

형들을 보세요. 요셉과 화해하고 17년이 지났어도 본인들이 직접 사과하지 않았기에 때마다 죄의식이 올라오잖아요. 그러므로 이제 형들은 자신들이 요셉에게 행한 악을 인정해야 합니다. 요셉 앞에서 자신의 악과 직면해야 합니다. 즉, 악이 주는 고통과 직면해야 합니다.

루이스 스미디스(Lewis B. Smedes)는 『용서의 미학』이라는 책에서 다음과 같이 말했습니다.

용서는 고통에 대한 치료법, 무엇보다도 다른 어떤 사람의 고통이 아니라 바로 우리 자신의 고통에 대한 치료법이다. 그리고 어떤 고통도 자기 소유라고 인정하기 전까지는 우리의 고통이 아니다. 좀 이상하게 들릴 개념이긴 하다. 어떻게 고통을 자기 소유라고 인정하는가? 어떤 물건을 자기 소유라고 인정하는 것은 그것을 점유하는 것과는 의미상 다르다. 점유(possession)는 법적인 합의다. 소유(ownership)는 개인적인 관계다. …… 어떤 것에 대한 개인적인 책임을 획득하면 우리는 그것을 소유하는 것이다. 그러면 우리는 어떻게 개인적인 책임을 획득하는가? 기본적인 다섯 단계를 밟는다.

스미디스는 소유권의 다섯 단계를 "물건을 획득하고, 그것을 내 것이라 인정하고, 그것에 이름을 붙이고, 그것이 얼마나 좋은 물건인지 평가하고, 그것에 대해 책임지는 것"이라고 했습니다. 이를테면 책임을 진다는 것은 물건을 소유하는 동안 고장이 나면 고치고, 세금을 내는 일을 말하죠. 그러면서 그는 소유의 개념을 물건(사물)에서 고통으로 옮겨 보라고 말합니다.

그런데 여러분, 보통 우리가 고통은 소유하고 싶어 하지 않잖아요. 그렇다면 원치 않는 고통을 어떻게 소유할 수 있을까요?

우리가 고통을 소유하려면 첫째, 자신이 느끼는 고통을 획득해야 합니다. 다시 말해, 고통을 내 몸에 익히고 내 것으로 받아들여야 합니다. 그런데 지금까지 형들이 자꾸 자신들의 고통을 거부하다 보니 근본적인 문제가 해결되지 않은 겁니다. 둘째, 자신의 고통을 숨기지 않고 명확하게 인정해야 합니다. 셋째, 이 고통이 분노인지 절망감인지 연민인지 고통에 이름을 붙여 보아야 합니다. 넷째, 내 고통이 그 이름과 걸맞은지 평가해 봐야 합니다. 다섯째, 자신의 고통에 대해 책임져야 합니다. 이때 어떤 사람은 고통을 준 사람에게 복수할 수도 있고, '다 잊어버려야지' 하며 덮어 둘 수도 있습니다. 물론 용서할 수도 있습니다. 선택은 우리 자신에게 달려 있습니다.

형들에게도 고통에 직면하는 시간이 필요했습니다. 이제 형들은 악을 행해서 온 고통을 자신들의 것으로 획득하고, 요셉 앞에서 고통을 느낀다고 인정했습니다. 그 고통의 이름을 죄책감과 두려움이라고 이름 붙이고, 그것이 자신들이 행한 일과 어울린다고 평가를 내렸습니다. 한마디로 지금 자신들이 고통당하는 것은 자기 악의 결론이라고 평가를 내린 것이죠. 마지막으로 연약해도 자신들의 고통에 책임을 지기 시작했습니다. 죄 고백이란 바로 이런 것입니다.

16 요셉에게 말을 전하여 이르되 당신의 아버지가 돌아가시기 전에 명령하여 이르시기를 17 너희는 이같이 요셉에게 이르라 네 형들이 네게 악을 행하였을지라도 이제 바라건대 그들의 허물과 죄를 용서하라 하셨나니 당신 아버지의 하나님의 종들인 우리 죄를 이제 용서하소서 하매 요셉이 그들이 그에게 하는 말을 들을 때에 울었더라_창 50:16~17

형들은 요셉에게 용서해 달라는 말을 전하기 위해 한 전령자를 보냅니다. 아마도 베냐민이 아닐까 싶습니다. 여기서 그들이 아버지의 유언 속에 포함시킨 단어, '허물과 죄'는 원어로 '페샤와 하타트'입니다. 인간이 하나님께 저지르는 죄의 전형적인 표현들입니다. 지금 형들은 지난날 요셉을 팔아넘긴 잘못을 하나님께 저지른 죄악으로 인정하고 있는 셈입니다. 그들이 아버지의 유언을 인용한 후에 '당신 아버지의 하나님의 종들인 우리 죄'라고 한 말 역시 마찬가지입니다.

그런데 여러분, 이렇게까지 말하는 형들이 너무 불쌍하지 않습니까? 심지어 아버지까지 팔아 가면서 요셉에게 "우리의 허물과 죄를 용서해 달라"고 합니다. 저는 "형들을 용서하라"는 이 야곱의 유언이 가짜가 아닐까 생각했습니다. 그동안 쇠털같이 많은 날이 이미 지났잖아요. 요셉에게 직접 하면 되는데, 왜 형들에게 굳이 이런 말을 남깁니까? 아무리 생각해도 야곱이 "얘들아, 형들의 죄를 용서하라고 요셉에게 전해라" 이랬다는 게 꼭 거짓말 같지 않습니까? 그러나 설혹 형들이 유언을 만들어 냈다고 해도 그래요. 여기에는 그들 나름대로 지난날의 잘못을 철저히 뉘우치고자 하는 마음이 담겨 있습니다. 형들의 믿음의 분량으로는 이런 모습조차 자기 잘못을 인정하는 것으로 봐야 하지 않을까요?

17b …… 요셉이 그들이 그에게 하는 말을 들을 때에 울었더라 18그의 형들이 또 친히 와서 요셉의 앞에 엎드려 이르되 우리는 당신의 종들이니이다_창 50:17b~18

형들의 죄 고백을 듣고 요셉이 울었다고 합니다. 그러자 형들이 "우리가 또 요셉에게 무슨 상처를 주었나? 무슨 실수를 했나?" 노심초사하며 득달같이 달려와 요셉 앞에 꿇어 엎드립니다. 처음부터 전령자만 보내서는 안 됩니다. 용서를 받으려면 당사자 앞에 직접 꿇어 엎드리는 과정이 필요합니다.

'우리는 당신의 종들이니이다' 하는 형들의 말에는 겸손과 자기 비하가 섞여 있습니다. 그래도 형들은 두려움으로 인한 고통을 책임지는 데까지 나갔습니다. 이러니 요셉도 형들에게 연민이 들지 않았겠습니까.

모두 똑같이 야곱의 축복을 받은 믿음의 조상들인데, 갑자기 형들이 요셉의 종이 되겠다고 하는 이 상황을 우리는 어찌 봐야 할까요? 이것은 신앙고백이라기보다 여전히 요셉이 두렵기 때문입니다. 그런데 어쩜 형들은 예수님의 조상 유다 형님이 바로 옆에 있는데도 아무도 그에게 물어볼 생각을 안 할 수가 있습니까? 여러분, 유다가 누구입니까? 비록 며느리와 동침한 지질한 과거가 있지만, 자신을 희생하면서까지 요셉과 형제들 사이를 중재한 '사랑의 중보자' 아닙니까? 그런데 막상 급한 불을 끄고 나니 초라해 보이는 유다는 안중에도 없습니다. 이것이 유다의 현실, 형제들의 현실입니다.

무엇보다 형제들은 아버지 야곱이 유다를 예수님의 조상으로 축복한 것을 옆에서 지켜보았습니다. 그렇다면 상식적으로 '이제 믿음의 선배 유다에게 물어보면 그가 확실한 길을 제시하겠구나' 이런 생각을 하는 게 맞지 않습니까? 아니면 예수님이 오시는 것은 아주 먼

훗날의 일이라고 생각해서 이러는 걸까요? 아무도 유다의 의견을 궁금해하지 않습니다. 그러면서 요셉 앞에서 비굴하게 '우리는 당신의 종들'이라고 합니다. 이처럼 세상은 보이는 게 다입니다. 그러나 한편으로는 그래요. 그래도 저는 지금 형들이 자신의 고통을 책임지는 최선의 적용을 하고 있다고 생각합니다. 각자 믿음의 분량이 다르기 때문입니다.

가족을 교회로 인도한 후 관계의 어려움을 겪고 있는 A 집사님의 사연입니다.

A 집사님: 저희 부부는 동생 가정을 우리 교회로 인도했습니다. 그런데 요즘은 그때 인도하지 않았더라면 차라리 마음은 편했겠다는 생각마저 듭니다. 저희 부부는 여전히 부모님 때문에 힘든데, 동생네는 말씀에 은혜를 받고 있다고 하니 솔직히 동생네를 보기도 싫습니다. 매주 교회에 잘 나오는 걸로 알고 있는데, 요즘은 간혹가다 마주쳐도 인사도 안 합니다.

장로님: 어머니 재산 문제 때문에 동생과의 관계가 힘드신 건가요?

A 집사님: 제가 힘든 것은 부모님 재산 때문이 아닙니다. 동생네 사정이 힘든 것은 잘 알지만, 제가 병환 중인 부모님을 모시고 있는 것을 동생이 조금이라도 인정해 줬으면 좋겠습니다. 제 수고를 인정받지 못하는 것 때문에 마음이 힘듭니다.

장로님: B 집사님도 아버지와 함께 교회 다니는 것이 많이 힘드셨다고 들었습니다. A 집사님에게 지금 어떤 말씀을 해 주고 싶으세요?

B 집사님: 저는 A 집사님 심정이 충분히 공감됩니다. 남남이면 모른 척이라고 할 수 있을 텐데, 역시 가족 문제가 가장 어려운 것 같습니다.

장로님: 인간적으로 생각해도 동생을 피해 다른 곳으로 가는 것은 방법이 아닙니다. 고통을 직면하셔야 합니다. 우리가 정답은 다 알지만, 막상 적용은 어렵다는 걸 저도 이해합니다. 그렇지만 우리 집사님이 형으로서 먼저 말씀으로 이 상황을 해석하고 가셨으면 좋겠습니다. 요셉은 애굽으로 팔려 가면서 형제들과 오래 떨어져 지냈습니다. 형들을 만나고 용서하기까지 엄청나게 오랜 시간이 걸렸죠. 그런데 아버지가 죽자 형들이 어떻게 했습니까? 요셉이 복수할까 봐 덜덜 떨었습니다. 그때 요셉이 "두려워하지 마소서 내가 하나님을 대신하리이까"(창 50:19)라고 했어요. 요셉이 형들과 화해하기까지 오랜 시간이 걸린 것처럼 집사님도 동생과 화해하기까지 시간이 필요할 것입니다. 너무 힘들겠지만, 이것은 집사님을 위한 하나님의 훈련입니다. 다른 사람은 안 되고 동생이니까 집사님이 훈련이 되는 것입니다. 각자에게 믿음의 분량이 있다는 것을 인정하고, 이 시간을 믿음으로 통과하기를 바랍니다.

A 집사님: 전에 제가 동생에게 부모님을 모시라고 하니 자신은 힘들

다면서 못한다고 했습니다. 그 이후로는 연락을 안 했습니다. 그런 와중에 동생네가 교회 와서 은혜를 받는다고 하니 제 마음이 오죽하겠습니까.

장로님: 집사님, 좋은 땅은 낮은 땅입니다. 땅이 낮으면 낮을수록 온갖 쓰레기가 그곳에 다 모이지 않겠습니까(마 13장)? 한마디로 좋은 땅은 쓰레기가 모이는 땅입니다. 저도 집사님도 쓰레기도 받아 내는 옥토(沃土)가 되어야 합니다. 공동체가 집사님을 위해 한마음으로 기도하고 있으니 보이는 대로 판단하지 마시고, 날마다 말씀을 받아먹고 힘을 내시기 바랍니다. 꼭 말씀으로 이 상황을 해석하시길 기도합니다.

여러분, 굉장히 어려운 상황이지요? 이렇게 말씀에 은혜를 받아도 서로 용서가 안 될 수가 있습니다. 양쪽 다 피해의식이 있어서 그럽니다. 피해의식과 피해의식이 뭉치면 정말 답이 없습니다. 그런데 집사님만큼 동생도 힘드니까 설교에 은혜받는 것 아니겠습니까? 힘들지 않으면 절대로 은혜를 받지 못합니다. 그래서 저는 동생이 택자라고 생각합니다. 동생이 은혜를 받고 있으니 형님은 감사하시기 바랍니다. 정말 동생 전도를 잘하셨습니다. 형네 가정, 동생네 가정 모두 용서에 대한 말씀을 듣고, 한 발짝을 내디딜 수 있기를 바랍니다.

이런 일은 어느 가정에서나 일어날 수 있습니다. 보세요, 야곱 가정에서도 비슷한 일이 일어나지 않았습니까? 그러나 우리는 믿음으로 용서하지 못할 일이 없습니다.

그래서 용서는 해야 합니다

…… 요셉이 그들이 그에게 하는 말을 들을 때에 울었더라
_창 50:17b

요셉이 왜 울었을까요? 형들과 재회한 지 벌써 17년이 지났잖아요. 그런데도 여전히 형들이 자신과 깊이 연합하지 못하고, 자신을 믿지 못하고 있기 때문입니다. 그러나 요셉은 이때 "괜찮아요, 다 지난 일인데요, 뭐" 하면서 형들에게 인간적인 위로를 하지 않았습니다. 섣부른 용서가 때로는 병을 키울 수 있습니다. 그래서 용서는 나 편하고자 해서는 안 됩니다. 그런 용서는 화해로 연결되지 못합니다.

한 건강 칼럼에서 읽은 이야기입니다.

어떤 자매가 직장에서 10년 동안 너무 힘들게 일했답니다. 그러다 자매가 맡았던 큰 프로젝트가 실패하면서 지난 1년 동안 10년간이나 모신 상사에게 지속적인 질책과 부당한 압박을 받았습니다. 소위 갈굼을 당한 것이죠. 그러자 어느새 자매의 몸은 종합병원이 되었습니다. 그래도 자매는 믿음의 힘으로 그 상사를 용서했다고 고백했습니다. 그런데 실상은 용서가 됐다가 안 됐다가 이것을 몇 번이나 반복

434

하는지 모른답니다.

　이 자매는 이 말을 하면서 눈시울을 붉혔습니다. 그때의 일을 다 잊고 용서했는데, 왜 그때 이야기만 나오면 눈물이 흐르는지 모르겠다며 울컥했죠. 심지어 그 상사와 마주치기만 해도 눈물이 왈칵 쏟아진다고 했습니다. 머리로는 상사와 화해했지만, 마음으로 여전히 용서가 되지 않았기 때문입니다. 그래서 자꾸 상처를 집어넣었다가 꺼내기를 반복하는 것입니다. 자매는 마음을 다스린다고 하면서도 오히려 화를 억누르고 있었습니다. 결국 자매는 신앙의 힘으로 그 상사를 용서한 것이 아니었습니다. 매번 '보이지 않는 분노'를 내면 깊숙이 몰아넣고 있었던 것입니다. 이처럼 성품으로 용서하면 오래가지 못합니다. 이 자매를 보세요. 용서한다고 하면서 결국 머리부터 발끝까지 세포 하나하나가 다 병들어 버리지 않았습니까?

　요셉은 형들을 금세 용서하지 않았습니다. 그 전에 '지금 형들이 왜 그럴까?' 묵상했습니다. 우리가 용서하지 못할 이유는 참으로 많습니다. 이기심, 자존심, 낮은 자존감, '나는 용서했어'라는 착각 등등……. 무엇보다 고통이 두렵고, 용서하는 방법을 모르기 때문에 용서하지 못합니다. 물론 그 이유 중에는 용서에 대한 오해도 있습니다. '내가 상처 준 사람을 이해했으면 용서한 거지 뭐', '시간이 해결해 주겠지', '과거의 상처는 현재의 고통과 아무런 상관이 없어' 이런 생각도 용서하지 못하는 이유 중의 하나입니다. 자신의 고통에 대해 제대로 평가를 해야 그 고통을 책임지게 됩니다. 거듭 말씀드리지만, 용서에는 과정이 필요합니다.

그런데 형들은 이미 죄 고백을 한 적이 있습니다. 총리 요셉에게 간첩 누명을 받았을 때였죠. 그때 그들은 설마 그 총리가 요셉이라고는 전혀 짐작조차 하지 못했죠. 형들은 그때 애굽의 총리에게 정곡을 찌르는 질문을 받고, "우리가 아우의 일로 말미암아 범죄하였도다"(창 42:21)라고 정곡을 찌르는 회개를 했습니다. 베냐민의 자루에서 은잔이 발견되었을 때도 그래요. 형들은 베냐민만 넘겨주고 떠나지 않았습니다. 자신들의 옷을 찢으며 '죽으면 죽으리라' 하고 연대책임을 지고 다 함께 애굽으로 돌아갔죠(창 44:13). 이때 유다가 결정적인 발언을 합니다. "하나님이 종들의 죄악을 찾아내셨으니"(창 44:16). 이후 요셉은 베냐민 대신 생명을 내놓은 유다의 사랑에 뜨겁게 반응하여 자신의 신분을 밝히며 형제들과 눈물의 화해를 했습니다. 그리고 기근 가운데 있던 온 가족을 살리고자 애굽으로 초청했습니다. 그래서 용서가 다 이루어진 줄 알았습니다. 그러나 형들 입장에서는 요셉이 간접적으로 자신들을 용서한 것 같은데, 뭔가 깔끔하게 완전히 용서받았다는 확신은 들지 않았던 것 같습니다.

형들과 요셉의 문제는 아버지 야곱이 죽었기 때문에 생긴 것이 아닙니다. 형들이 이렇게밖에 할 수 없는 면이 요셉에게 분명히 있었습니다. 하나님이 보시기에는 요셉이나 형들이나 똑같은 죄인 아닙니까? 그런데 형들은 요셉을 팔아 버린 죄책감에서 벗어나지 못해 두려워하고, 요셉은 형들의 눈높이로 내려가지 못했습니다. 그래서 요셉은 피해자이자 가해자입니다.

그렇다고 요셉이 "나는 가해자다!" 이 한마디 한다고 문제가 금세 해결됩니까? 요셉이 이미 용서를 했는데도, 형들은 야곱을 '당신의 아버지'로 부르고 있잖아요. 어떻게 자기 아버지를 이런 식으로 호칭할 수 있습니까? 지금 형들은 자신들도 의식하지 못하는 사이에 야곱이 요셉을 편애한 사실을 이야기하고 있는 겁니다. 그러니까 요셉이 자꾸 생각하게 됩니다. 그렇습니다. 하나님은 이 사건으로 요셉에게 용서에 대해 다시 생각할 기회를 주셨습니다.

지난 1챕터에서 요셉은 존재 자체로 자신이 가해자일 수 있음을 깨닫고, 형들과 화해했습니다. 그러나 자신도 모르는 사이에 가해자 역할을 계속하고 있었던 것입니다. 요셉은 형들을 용서했다고 하면서도 형들에게는 옷 한 벌씩만 주고, 베냐민에게는 은 삼백과 옷 다섯 벌을 줬습니다(창 45:22). 같은 라헬의 소생인 베냐민만 특별 대우 했죠. 요셉은 베냐민을 편애하는 것이 형들에게 비참한 일이 될 수 있음을 미처 알지 못했습니다. 어디 요셉의 문제가 그뿐입니까? 요셉은 아버지 야곱이 돌아가시기 전에 장자의 축복을 받아 내겠다며 다른 형제들은 제쳐 두고 자기 아들들만 앞세웠습니다.

요셉은 야곱을 애굽으로 초청하여 돌아가실 때까지 잘 모셨습니다. 아버지의 장례식도 자신의 세상 권세로 화려하게 치렀죠. 또 아버지의 유언대로 가나안 막벨라 굴에 시신을 묻고 돌아왔습니다. 이때 다른 형제들은 감히 울지도 못하고 요셉 혼자 애곡했다고 했습니다. 진짜 형들은 할 수 있는 일이 아무것도 없습니다. 그저 요셉이 효도 잘하는 것을 지켜보는 수밖에 없었죠. 이런 일련의 사건을 거치며 요셉과 형들 사이에 당연히 위화감이 생기지 않았겠습니까. 하나님은 계속해서 야곱 집안의 편애를 다루시는데, 정작 요셉은 다툼의 원인을 제공하고 있었습니다.

가족 간에 문제가 해결되지 않았는데, 누군가 한 명이 돈을 많이 벌게 되면 형제간에 동등한 화해는 어렵다고 봐야 합니다. 저는 형제 한 사람이 돈을 많이 벌면 99퍼센트 형제간에 화목하기 어렵다고 봅니다. 아무리 형제간이라도 빈부 격차와 신분 격차가 크면 서로 신뢰하기 힘들기 때문입니다. 즉, 부자 형제와 가난한 형제 사이에는 인격적인 관계가 형성되기 어렵습니다.

이럴 때는 부자 형제가 막상 도와줘도 "돈이 많아서 도와주는 건데 뭐", "돈으로 다 해결하려고 저러는 거잖아"라는 핀잔을 듣기 십상입니다. 그러다 보면 도와주는 사람도 결국 "깨진 독에 물 붓기"라고 생각하게 됩니다. 요셉도 '내가 괜히 형들을 애굽으로 데리고 와서 이게 무슨 꼴인가?'라고 생각하지 않았을까요? 아무리 잘해 주어도 서로 믿지 못하는 것만큼 큰 비극은 없습니다.

그러므로 한 명이라도 돈을 벌기 전에 형제간에 먼저 화해해야 합니다. "우리 집은 화목하다" 이러는 것은 "우리 집은 돈이 없다"는 말과 같다고 전에도 말씀드린 적이 있습니다. 돈이 없는 집안을 보면 저절로 화목한 것이 있습니다. 그러니 여러분은 "우리 집안은 믿음이 좋아서 화목하다" 이런 이야기는 어디 가서 꺼내지도 마시기 바랍니다.

야곱 집안도 요셉 한 명이 돈이 많으니까 이렇게 안 되는 것이 있습니다. 그래서 실상을 파악하는 것이 중요합니다. 예수는 유다가 제일 잘 믿는데, 돈은 애굽 총리 요셉이 제일 잘 법니다. 형들은 용서의 문제는 덮어놓고 돈 많은 요셉한테 비굴하게 굴고 있습니다. 대부분 이런 경우에는 돈 때문에 비굴해지거나 삐딱선을 타거나 둘 중 하나입니다. "돈이면 다야? 치사해서 나 그딴 돈 안 가져" 이러는 사람이나 비굴하게 "돈이 최고야" 하는 사람이나 본질은 같습니다. "돈이면 다냐?"고 따지는데, 세상에서는 돈이면 다입니다. 고통스러워도 이것을 인정하기 바랍니다. 용서를 위해서는 항상 고통의 문제를 인정해야 합니다. 그러니 이제 "돈이면 다냐?"는 소리는 접어 두고, 오히려 돈 잘 버는 사람을 존경하기 바랍니다.

아마도 요셉은 형들이 와서 자기 종이 되겠다는 것을 보면서 깨달았을 것입니다. 그동안 형들이 자기 때문에 얼마나 비굴함을 느꼈을지……. 이것만 봐도 정말 성경은 인간론이 맞습니다. 그래서 날마다 말씀을 깊이 묵상하다 보면 인간에 대한 이해가 깊어질 수밖에 없습니다.

앞서 요셉은 베냐민을 편애했을 뿐만 아니라, 자기 아들들만 축복을 받도록 야곱에게 데려갔다고 했습니다. 하지만 야곱이 장자인 므낫세 대신 차자인 에브라임을 장자로 축복하려고 하자 요셉이 야곱을 기뻐하지 않았다고 했습니다(창 48:17). 여러분, 이것이 의미하는 바가 무엇입니까?

요셉이 잘나가는 총리가 되니까 아무리 허벅지를 찔러도 구속사를 깨닫기가 힘든 겁니다. 결국 이런 요셉의 태도가 형들을 불편하게 만들었습니다. 생각해 보세요. 형제들은 이스라엘의 축복을 똑같이 받은 야곱의 자손들 아닙니까? 그런데 요셉의 종이 된다고 하니 이게 말이 됩니까? 사실은 믿음 좋은 유다 형님에게 무릎 꿇어야 맞는 것 아닙니까? 하지만 형제들은 요셉이 나는 새도 떨어뜨리는 총리니까 거기 가서 무릎을 딱 꿇었습니다. 물론 요셉에게 잘못했으니까 가서 무릎을 꿇는 게 맞기도 합니다.

그러나 여기에는 형들이 해결하지 못한 두려움의 문제가 남아 있었습니다. "사랑 안에 두려움이 없고 온전한 사랑이 두려움을 내쫓나니"(요일 4:18)라는 말씀처럼, 십자가를 통과한 사랑이 없으면 두려움을 느끼기 마련입니다. 아마도 요셉은 자신에게 무릎 꿇은 형들을 보고 '내가 형들에게 원인 제공을 했구나. 평생 차별 속에서 형들은 눈치만 늘었구나. 형들이 이렇게 두려워하는 것은 다 내 탓이구나' 깨닫고 눈물을 흘렸을 것입니다. 사람들은 부자에게 본능적으로 잘합니다. 그래서 부자 형제에게 잘하는 것은 사랑이 아닐 수 있습니다. 형들도 보세요. 이렇게 비굴하게 구는 것을 어찌 사랑이라 할 수 있겠습니까?

그렇다면 여러분은 요셉과 유다의 차이가 무엇이라고 생각합니까? 유다에게는 십자가를 지신 예수님처럼 보혈이 뚝뚝 흐르는 것이 느껴집니다. 반면에 요셉은 그렇지 않습니다. 그가 마냥 편하지 않은 이유입니다. 게다가 요셉은 피해자잖아요. 그런 데다 일국의 총리까지 되었습니다. 차라리 가해자인 형들이 총리가 되면 요셉을 도울 수라도 있는데 말입니다. 정작 가해자인 형들은 돈도 권세도 명예도 아무것도 없습니다. 그야말로 피해자인 요셉에게 해 줄 수 있는 게 아무것도 없습니다. 피해자 입장에서는 제일 용서하기 힘든 상황이 만들어진 겁니다. 여러분은 이것이 얼마나 힘든 상황인지 아십니까? 그래서 하나님이 이 문제를 콕 짚으셨습니다. 하나님의 선택을 기뻐하지 않은 요셉에게 이 문제를 물으셨습니다. 이제 요셉은 이 마지막 용서의 문제를 해결해야만 합니다.

요셉이 "나는 형들을 용서할 수 없습니다. 내가 어떻게 하나님을 대신할 수 있겠습니까?"라고 반문합니다. 요셉과 형들 모두 죄인입니다. 한마디로 '피해의식의 피해자들'입니다. 형들은 아버지 야곱한테 차별을 받았습니다. 야곱이 요셉만 편애하니까 형들은 '요셉이 죽었으면' 하고 생각할 정도로 미워했습니다. 그러다 진짜 죽이려고까지 했죠. 즉, 형들은 아버지에게 피해를 받은 피해자들입니다. 또 요셉도 형들이 노예로 팔았으니 피해자입니다.

이 세상에서 가장 무서운 것이 바로 피해의식입니다. 독일의 심리학자 야야 헤릅스트(Jaya Herbst)는 "피해의식을 가진 사람은 애초에 용서에는 관심이 없다. 그는 오직 복수와 징계에만 관심이 있고, 자신의 증오심을 밖으로 분출하는 방법만 찾는다"고 말했습니다. 요셉과 형들의 관계를 보세요. 서로의 피해의식과 피해의식이 뭉쳐져 있습니다. 이 문제가 얼마나 심각한지 지금 요셉이 예순을 바라보는 나이인데도 안 풀립니다. 그렇습니다. 요셉과 형들의 문제는 둘 사이에서는 절대 풀 수 없습니다. 요셉 스스로는 결코 형들을 용서할 수 없습니다. 용서는 우리가 할 수 있는 것이 아니기 때문입니다.

✛ 피해의식과 피해의식이 뭉쳐서 전혀 해결할 수 없는 문제가 있습니까?
그 문제에서 나도 모르게 가해자 역할을 하고 있지는 않습니까?

용서의 종결자는 하나님뿐이십니다

당신들은 나를 해하려 하였으나 하나님은 그것을 선으로 바꾸사 오
늘과 같이 많은 백성의 생명을 구원하게 하시려 하셨나니 _창 50:20

과연 인간은 인간을 용서하고 기억 속의 상처를 지울 수 있을까
요? 불행히도 그렇게 할 수 없습니다. 인간은 죄만 짓고, 용서는 하나
님만의 특권이기 때문입니다. 그러므로 인간이 인간을 섣불리 용서
한다는 것은 또 다른 교만입니다. 만약 여러분이 화가 나도 참는 것을
용서라고 생각한다면 그것이야말로 오히려 병을 키우는 꼴입니다.
상대는 여전히 밉지만 '내가 착하니까, 내가 마음을 잘 다스려야지' 하
면서 화를 속으로 삭이면 나중에 다 병이 될 뿐입니다. 지난 상처를 섣
불리 지우려 드는 것도 좋지 않습니다.

여러분이라면 배우자가 바람을 피웠는데 쉽게 용서할 수 있겠습
니까? 인간의 힘으로는 절대 그 누구도 용서할 수 없습니다. 나를 괴
롭히는 부모를, 나를 괴롭게 하는 자녀를 내 힘으로는 용서할 수 없습

니다. 사람은 사랑을 만들 수도, 지을 수도, 할 수도 없는 존재이기 때문입니다. 용서하려면 오직 사랑의 본체이신 하나님께로 나아가는 것밖에 달리 길이 없습니다. 그저 우리가 할 수 있는 것은 먼저 내가 하나님을 예배하는 자리로 나아가고, 상대방도 그 자리로 나아오게 하는 것뿐입니다. 주변을 보세요. 집마다 피해의식에 절어 서로 용서하지 못하는 식구들이 너무나도 많습니다. 우리가 전도해야 할 이유가 여기에 있습니다. 각 가정의 문제가 구체적으로 해결되려면 예배의 자리로 식구들을 데려와 말씀을 듣게 해야 합니다.

여러분은 바람피운 남편이 가정으로 돌아오기만 하면 계속 그와 잘 살 수 있을 것 같습니까? 하지만 아내는 그 기억을 절대 잊지 못합니다. 두고두고 바람피운 사실을 놓고 남편을 괴롭힐 것입니다. 지금 당장은 바람을 피우지 않아도 옛날 일을 자꾸 끄집어낼 겁니다. 그야말로 뒤끝 작렬입니다. 사람이 다 그렇습니다.

용서는 하나님만이 하실 수 있습니다. 그러므로 하나님을 모르는데도 용서하고 용서받았다고 여기는 것은 그 자체로 교만입니다. 진정한 용서란, 내가 다시 그때로 돌아간다고 해도 상대가 그럴 수밖에 없음을 가슴으로 이해하는 것입니다. 상대의 인격적인 한계를 인정하고 당시의 주변 상황까지 이해하는 것이 진짜 용서입니다. "다음에도 그러면 내가 똑같이 당하겠다"고 하는 것도 용서가 아닙니다. "다음에도 그러면 나도 때려 줘야지"라고 하면 차라리 화병은 안 걸릴 겁니다. 용서의 사전적 의미는 "지은 죄나 잘못한 일에 대하여 꾸짖거나 벌하지 아니하고 덮어 주는 것"입니다. 그런데 요셉은 단순히 형들의 잘못을 덮어 주기만 하지 않았습니다. 형들을 인간적으로 위로하지 않았습니다. 대신 이렇게 말했습니다.

"형님들, 내가 이 땅에서 노예도 되고, 총리도 되어 보았잖아요. 좋은 일도 나쁜 일도 모두 하나님으로부터 나오더라고요. 하나님은 형들이 제게 해를 끼친 것까지 다 선으로 바꾸셨어요." 이것이 바로 용서입니다. 그로 인해 온 형제가 구원받게 되었습니다.

배우자가 바람을 피워 주어서 그 덕분에 내가 구원받게 되었습니까? 그로 인해 온 식구가 구원을 받았습니까? 진짜 배우자를 용서한 사람은 "내 남편이, 내 아내가 바람피운 약재료 덕분에 나와 같은 처지의 사람들을 주께로 인도하게 되었습니다"라고 고백합니다. 설혹 외도한 배우자가 가정으로 돌아오지 않아도 그래요. 그 일로 구원의 시각이 넓어졌다면, 그것이 진짜 용서입니다.

반면에 어떤 사건에 대해 옳고 그름으로 심판하는 것은, 내가 하나님보다 더 완전해지려는 월권행위입니다. 우리는 누군가를 심판할 자격이 없습니다.

그래서 시편 기자는 하나님에 대해 "그의 행하시는 일이 존귀하고 엄위하며 그의 의가 영원히 서 있도다 그의 기적을 사람이 기억하게 하셨으니 여호와는 은혜로우시고 자비로우시도다"(시 111:3~4)라고 했습니다. 마찬가지로 요셉도 이렇게 고백하지 않았을까요?

"형님들! 하나님이 제게 주신 모든 환경은 존귀하고 엄위하며 그의 옳으심은 영원해요. 지나고 보니 형님들도 나도 모두 피해자였어요. 그런데 지금까지 저만 피해자인 줄 알고 살았어요. 그때로 다시 돌아가도 아버지가 편애한다면 형들이 저를 죽이고 싶겠다는 것이 이제는 인정돼요. 저도 형님들 앞에서 베냐민을 편애했잖아요. 형님들이 계신데도 마치 저 혼자 아버지를 모신 것처럼 굴어서 죄송해요. 그동안 형들의 마음을 참 아프게 했어요. 미안해요. 나의 모든 일을 하나님의 일로 기억하게 하신 주님은 참으로 은혜로우시고 자비로우세요. 그러므로 이제는 내 속의 슬픈 생각, 천한 생각이 다 물러갔어요. 분노와 증오가 없어졌어요. 하나님이 이 모든 일을 선으로 바꾸셨기 때문입니다. 형님들, 정말 우리 하나님은 100퍼센트 옳으세요.”

여러분, 상황이 변해서 우리가 용서할 수 있는 게 아닙니다. 그 사건을 통해 나와 같은 고통을 당한 사람에게 내가 위로자가 된다면 그것이 바로 진정한 용서입니다.

요셉도 형들도 분명히 하나님을 만났습니다. 하지만 용서의 키(key)는 요셉이 쥐고 있었습니다. 왜죠? 그가 강자이기 때문입니다. 형들보다 요셉이 돈도 많고, 권세도 많기 때문입니다. 다른 형제들은 내세울 것이 하나도 없습니다. 그래서 강자인 요셉이 ‘용서의 표징’을 보여 주어야만 하는 것입니다.

당신들은 두려워하지 마소서 내가 당신들과 당신들의 자녀를 기르리이다 하고 그들을 간곡한 말로 위로하였더라_창 50:21

그 당시 형제들의 부인 중에는 가나안 여자도 있고 애굽 여자도 있었습니다. 야곱의 부인만 4명이니 형제 관계가 복잡했죠. 누구의 소생이냐에 따라 갈기갈기 찢긴 관계라고 할 수 있습니다. 그런데 요셉이 "내가 당신들과 당신들의 자녀를 기르리이다" 하고 간곡한 말로 형제들을 위로했습니다. 이 간곡한 말이 결정적으로 형들의 마음을 찢었습니다.

형들의 경우처럼 죄지은 사람이 피해자보다 돈도 명예도 권력도 없을 때는 어떻게 보상할까요? 다시 생각해 봐도 너무 힘든 상황입니다. 그런데 요셉의 적용으로 드디어 모든 것이 종결되었습니다.

예수를 믿고 이미 구원을 받았어도 우리에게는 아직 이루어 가야 할 구원, 즉 성화의 과정이 남아 있습니다. 마찬가지로 용서에도 과정이 있습니다. 무조건 '믿음으로'를 외친다고 용서가 저절로 되는 것이 아닙니다. 한마디로 용서에는 공짜가 없습니다. 맨입으로는 안 됩니다. 아무리 잘 믿는 사람이라고 해도 용서에는 여러 과정이 수반됩니다. 그래서 하나님은 우리의 신앙 성숙을 위해 여러 과정을 거치게 하십니다.

좋은 가장이 되고 싶었지만, 자신이 아버지보다 더 나쁜 가장임을 인정할 수밖에 없었다는 한 목자님의 나눔입니다.

제가 3살 때 부모님의 갈등으로 아버지가 집을 나가셨습니다. 그러다 저는 초등학교 1학년 때 믿고 따르던 사촌 형에게 성폭행을 당했습니다. 게다가 어릴 때 무허가 산동네에서 살다 보니 학교에서도 차별받는다고 느꼈습니다. 이런 상처가 쌓이다 보니 윗질서에 대한 불신이 너무 커서 저는 그 누구도 신뢰하지 못하는 아웃사이더로 살았습니다. 친구의 전도로 초등학교 때부터 교회에 다녔지만, 장년부 예배만 드리고 집으로 돌아왔습니다.

교회는 다녀도 저 자신만 믿으며 살았는데, 군대에 가서 성령 체험을 하게 되었습니다. 어느 날, 저를 구타하며 힘들게 하던 선임하사가 술을 먹고 난장판을 벌였습니다. 그때 저는 선임하사의 손을 잡고 눈물을 흘리며 기도를 드렸습니다. 그러자 선임하사가 "나도 하나님이 계시다는 것은 안다. 미안하다"라고 했습니다. 이후 그 상사에게 큰 변화가 있었습니다.

그렇게 군대에서 성령님의 인도하심을 경험했지만, 부모님과의 관계는 여전히 힘들었습니다. 어린 시절 힘든 환경과 여러 사건으로 인해 "나는 피해자다"라는 생각에서 벗어나지 못했기 때문입니다. 피해의식이 제 삶의 전반을 지배하다 보니 자꾸 삐딱선을 타고, 내 의로 살았습니다. 그래서 내 돈으로 집도 사고, 결혼까지 해야겠다는 마음에 빚을 얻어 주식투자를 했습니다. 그러다 쫄딱 망해서 우리들교회로 오게 되었습니다. 교회에서 양육을 받으며 그간 원망의 대상이던 아버지에게 무릎을 꿇고 용서도 빌었지만, 제 안의 원망과 불신의 뿌리는 여전히 남아 있었습니다. 그러다 보니 가정에서든 목장에서든 그동안 덮어놓은 원망이 분노로 나타나서 가족과 주변 사람들을 힘들게 했습니다. 그런데도 "예배 공동체에 붙어만 있으라"는 말씀을 신조로 여기며 예배와 목장 모임을 지키면서 가다 보니 제게도 조금씩 말씀이 들리기 시작했습니다. 말씀을 듣고 부모님에게 찾아가는 적용도 했지만, 매번 찾아뵐 때마다 힘들었습니다.

그런데 어느 주일에, 목사님이 "이제 부모님하고 화해가 되셨어요? 아니면 여전히 원망이 되세요?"라고 제게 물으셨습니다. 그래서 여전히 원망이 된다고 하니, "아직도 부모님이 원망된다면 내게 진짜 구원의 확신이 있는지 생각해 보세요"라고 하셨습니다. 그러자 그 말씀이 제 가슴을 관통하면서 '지금까지 나는 구원의 확신이 없었구나' 하고 인정이 되었습니다. 이후 부모님을 찾아가 솔직하게 제 마음을 나누고, 공동체에서도 저의 원망과 불신의 죄를 고백했습니다.

저는 나를 힘들게 한 아버지와 달리 정말 좋은 가장이 되고 싶었습니다. 그런데 비로소 제 죄가 보이니 제가 아버지보다 더 가족을 힘들게 한 나쁜 가장임이 인정되었습니다. '나쁜 가장'이라는 이 죄패가 계속 제 안에 붙어 있으면 좋겠는데, 시간이 흐르니 '이 정도면 됐지' 하는 교만이 또다시 올라옵니다. 그런데 그럴 때마다 아내와 딸이 번갈아 가면서 저를 찔러 줍니다. 목장에서도 그렇습니다. 제가 교만하니까 계속 고백할 죄가 생기게 하시는 것 같습니다. 저는 죄가 잘 안 보이는데, 아내와 딸의 눈에는 저의 죄가 잘 보이는 것 같습니다. 이렇게 제가 나쁜 가장임을 인정하니까 마음은 편합니다.

그러자 한 장로님이 "내가 나쁜 가장임을 인정한다고 해서 내 할 일을 다 놔 버리면 안 됩니다"라고 권면해 주셨습니다. 그래서 제가 "솔직히 그 경계가 참 힘들어요. 정말 저는 자기 죄를 못 보는 것이 환난입니다"라고 말씀드렸습니다. 그러자 장로님도 "그 말이 정말 맞아요. 그래서 우리의 결론이 회개입니다. 유다도 그렇고, 야곱도 그렇고 이렇게 회개하는 것이 보통 일이 아니잖아요. 인간으로서는 할 수 없습니다. 물론 혼자서도 안 됩니다. 그래서 공동체에서 말씀 보면서 함께 가야 합니다. 말씀을 보지 않으면 진정한 회개도 나오지 않고, 진정한 용서도 할 수 없습니다"라고 하셨습니다.

우리가 믿음으로 이길 힘을 달라고 기도한다고 용서가 금세 되는 것이 아닙니다. 용서는 내가 할 수 없습니다. 용서의 종결자이신 하나님만이 하실 수 있습니다. 목자님이 날마다 안 되고 안 되어도 공동체에 와서 계속 나누니까 죄가 힘을 잃고 용서할 수 없던 부모를 용서하게 되지 않았습니까? 그러므로 제일 중요한 것은 날마다 말씀으로 내 죄와 연약함을 보는 것입니다. 내 고통을 직면하고 내 죄를 보지 않으면 그 누구도 용서할 수 없습니다. 하루라도 말씀을 보지 않으면 나는 이미 죄인이 아니기 때문입니다.

저는 우리들교회 성도들을 통해 먼저 내 죄를 고백할 때 보혈의 힘으로 용서가 이루어지고, 중독이 끊어지는 숱한 경우를 보았습니다. 형들도 그랬습니다. 하나님 앞에 자신이 죄인임을 인정했기에 요셉 앞에서도 자신들의 허물과 죄를 용서해 달라고 고백할 수 있었습니다. 이 용서의 과정을 거친 사람은 자신의 상처에서 생존할 뿐만 아니라, 새로운 하나님 나라가 자신의 삶 가운데 어떻게 도래하는지 보여 줍니다.

우리가 먼저 하나님의 용서를 경험해야 우리에게 잘못한 사람도 용서할 수 있습니다. 무엇보다 우리 자신을 용서할 때 비로소 우리는 완전해집니다.

하나님 나라를 경험하는 행복한 결말은 용서를 받는 데서 오는 것이지, 용서받은 것처럼 느낀다고 오는 것이 아닙니다. 용서받는 것은 하나님이 우리를 위해 하신 일에 속하는 것이지 우리의 느낌에 따라 좌우되는 일이 아니기 때문입니다. 택자인 우리는 이미 하나님의 용서를 받았지만, 용서받은 자로서 우리가 반드시 할 일이 있습니다. 날마다 말씀으로 내 죄를 보고 고백하는 것입니다. 그럴 때 죄가 힘을 잃고, 용서할 수 없는 사람을 용서하게 될 줄 믿습니다.

용서는 하나님 나라의 기초입니다. 그래서 용서는 받아야만 하고, 또 해야만 합니다. 그러나 우리가 하나님께 죄 사함을 받은 경험이 없으면 결코 그 누구도 용서할 수 없습니다. 용서하고 용서받으려면 내 고통을 획득하고, 인정하고, 거기에 이름을 붙이고, 평가하고, 책임지면서 용서의 종결자인 주님께로 나아가야만 합니다. 결국 우리가 용서받고 용서하려면 아버지 품으로 돌아오는 것밖에 달리 길이 없습니다.

✛ 누군가를 용서하기 위해 내가 지금 책임져야 할 일은 무엇입니까?

✛ 우리가 용서할 수 없는 이유가 상대방의 눈높이로 내려가지 못하는 것 때문은 아닙니까?

✛ 용서하고 용서받기 위해 한 번으로 그치지 않고, 용서의 종결자인 주님 께 끊임없이 나아가고 있습니까?

“

진정한 용서란, 내가 다시 그때로 돌아간다고 해도
상대가 그럴 수밖에 없음을 가슴으로 이해하는 것입니다.
상대의 인격적인 한계를 인정하고
당시의 주변 상황까지 이해하는 것이 진짜 용서입니다.

”

아버지는 제가 3살 때 어머니와의 갈등으로 집을 나가셨고, 저는 초등학교 1학년 때 믿고 따르던 사촌 형에게 여러 차례 성폭행을 당했습니다. 게다가 무허가 산동네에서 살다 보니 학교에서도 늘 차별받는다고 느꼈습니다. 이런 상처들로 인해 윗질서에 대한 불신이 컸던 저는 그 누구도 신뢰하지 못하고, 아웃사이더처럼 살았습니다. 피해의식으로 분노와 원망이 늘 가득했던 저는 아버지에 대한 복수심으로 보란 듯이 '좋은 가장'이 되는 것을 삶의 목표로 삼고 살았습니다.

저는 어릴 때부터 교회는 다녔지만, 저 자신만 믿으며 살다가 군대에 가서 성령 체험을 하고, 큰 은혜를 받았습니다. 그러나 은혜를 받아도 부모님과의 관계는 여전히 힘들었습니다. 여전히 '나는 피해자'라는 생각에서 벗어나지 못했기 때문입니다. 이후 저는 결혼을 앞두고 아버지의 도움을 받기 싫어 빚을 내어 주식투자를 했다가 완전히 망하는 일로 믿음의 공동체로 오게 되었습니다. 양육을 받으며 아버지에게 무릎을 꿇고 용서도 빌었지만, 제 안의 원망과 불신의 뿌리는 좀체 뽑히지 않았습니다.

그러던 어느 날, "아직도 부모님을 원망하고 있다면 구원의 확신을 다시 점검해 보라"는 목사님의 말씀이 제 가슴을 관통하면서 비로소 저 자신을 돌아보게 되었습니다. 요셉의 형들이 죄의식의 문제를 해결하지 못해 고통 가운데 살았던 것처럼(창 50:15~17), 저도 죄 사함의 은혜를 받지 못해 피해의식으로 고통을 겪은 것임을 알게 되었습니다. 결혼 후 저는 '좋은 가장'이라는 타이틀을 얻고 싶었지만, 실상 아내와 아이들은 저 때문에 지옥을 살고 있었습니다. 저는 "이혼하고 픈 남편"이라는 아내의 말에 "나처럼 좋은 가장이 어디 있냐! 너는 악녀다"라며 비난의 말로 아내를 정죄했던 못난 가장이었습니다. 그러다 큰아이가 7살 때 "아빠처럼 화내는 사람과는 결혼하기 싫어!" 하며 제게 핵 펀치를 날려 주었습니다. 그제야 '내가 아버지보다 더 나쁜 가장이구나' 인정되어 끊임없이 회개의 눈물이 흘렀습니다. 그 후로 아버지를 뵈면 애틋한 마음이 들고, 아버지의 어떤 말과 행동에도 상처를 받지 않게 되었습니다.

몇 년 전에는 두려움으로 그간 참석하지 못한 외가 행사에 가서 저를 성폭행한 사촌 형을 안아 주며 인사할 수 있었습니다. 내가 하나님을 대신할 수 없고, 형이나 저나 모두 죄인이며 '피해의식의 피해자'라는 것을 깨달았기 때문입니다(창 50:19). 무엇보다 끊임없이 공동체에서 나 자신의 연약함과 고통스러운 죄를 나누다 보니 어느새 죄가 힘을 잃고, 가장 용서가 안 되던 저 자신을 용서하게 되었습니다. 그러면서 저와 같이 피해의식으로 똘똘 뭉쳐진 사람을 주께로 인도하는 것이야말로 진정한 용서임을 경험하게 되었습니다. 용서의 종결자는 오직 하나님뿐이심을 고백하게 하시고, 용서받고 용서하는 인생을 살도록 인도하신 주님, 사랑합니다.

영혼의 기도

하나님 아버지, 우리의 고통을 무엇으로 이름 붙여야 할까요? 각자의 절대치의 고난 가운데서 왜 이런 고통이 내게 왔냐고 하나님을 원망하기보다 용서하고 용서받기 위해 고통을 획득하고, 인정하고, 거기에 이름을 붙이고, 평가하고, 책임지는 단계까지 나아가기 원합니다.

주님, 요셉의 형들이 자신들의 고통의 이름을 두려움과 죄책감이라고 지었습니다. 야곱 집에도 이렇게 오랫동안 해결되지 않는 용서의 문제가 있는데, 우리 가정에도 왜 이런 일이 없겠습니까. 아무리 용서와 화해를 하려고 해도 피해의식 때문에 제자리걸음을 하는 우리를 불쌍히 여겨 주옵소서. 이제는 징글징글한 피해의식의 자리에서 다 내려왔으면 좋겠습니다.

그런데 주님, 어떻게 인간이 용서하고, 용서받을 수 있겠습니까? 용서의 종결자이신 하나님 아버지만이 그 일을 하실 수 있음을 알게 하여 주옵소서. 진정한 용서는 내가 당한 아픔을 가지고 다른 사람을 살리는 데까지 나아가는 것이라고 하시는데, 말은 쉽지만 그렇게 되기까지 너무나도 어려운 것을 고백합니다.

그러나 주님은 성경을 통해 이미 그 답을 가르쳐 주셨습니다. 아버지 품으로 돌아오는 것만이 유일한 길임을 알려 주셨습니다. 그러므로 주님, 우리의 모든 가족이 용서의 종결자이신 하나님 아버지 품으로 돌아오게 하여 주옵소서. 그러기 위해 우리가 먼저 마음을 찢는 회개를 하고, 간곡한 말로 책임지는 사랑을 하며, 책임지는 용서를 보일 수 있도록 도와주옵소서. 참으로 우리의 모든 상처가 별이 되고, 고난의 잎사귀가 사람을 살리는 약재료가 되도록 주여, 역사하여 주옵소서. 예수님 이름으로 기도드립니다. 아멘.

15

기다림

창세기 50장 22~26절

하나님 아버지,
주님의 방문을
잘 기다리기 원합니다.
말씀해 주옵소서. 듣겠습니다.

창조 사역으로 시작한 창세기가 '기다림'으로 드디어 대단원의 막을 내립니다. 우리가 앞서 14챕터에서도 살펴보았지만, 창세기의 마지막 주제라 할 수 있는 '용서'를 위해서는 기다림의 세월이 반드시 있어야 합니다.

베드로후서에 보면 "하나님과 우리 주 예수를 앎으로 은혜와 평강이 너희에게 더욱 많을지어다…… 그러므로 너희가 더욱 힘써 너희 믿음에 덕을, 덕에 지식을, 지식에 절제를, 절제에 인내를, 인내에 경건을, 경건에 형제 우애를, 형제 우애에 사랑을 더하라"(벧후 1:2~7)고 말합니다. 믿음으로 시작해서 형제 우애와 사랑까지 가기 위해서도 이처럼 수많은 과정이 필요합니다. 그래서 영적 진실성의 결론은 '인내'입니다. 한마디로 잘 기다리는 것입니다.

그러나 우리 힘으로는 결코 잘 기다릴 수 없습니다. 어떤 상황에서도 기쁨으로 잘 견디려면 신앙 공동체의 중보가 필수입니다. 그렇게 잘 기다리고 있으면 반드시 하나님이 나와 우리 가정을 방문해 주실 것입니다. 하나님이 방문해 주시면 죽음조차 희망의 메시지로 변화됩니다. 창세기의 마지막이 야곱과 요셉의 죽음으로 끝나는 것 같지만, 성도에게 죽음이 결코 끝이 아닌 이유가 여기에 있습니다.

우리가 지금까지 창세기를 쭉 읽어 왔지만, 창세기는 잘 기다리는 사람과 기다리지 않는 사람의 이야기라고 해도 과언이 아닙니다. 우리가 잘 기다리려면 어떻게 해야 하는지 본문을 통해 살펴보겠습니다.

신앙 공동체에서 양육되는 것이 중요합니다

22 요셉이 그의 아버지의 가족과 함께 애굽에 거주하여 백십 세를 살며 23 에브라임의 자손 삼대를 보았으며 므낫세의 아들 마길의 아들들도 요셉의 슬하에서 양육되었더라 _창 50:22~23

요셉이 아버지의 가족과 함께 애굽에 거주하여 110세를 삽니다. 그는 '책임지는 용서'를 위해 '애굽에서' 형제들의 자녀를 기르겠다고 한 약속을 지켰습니다. 또 에브라임의 자손 삼대를 보고, 므낫세의 아들 마길에게서 태어난 아들들까지 길렀죠. 역대상 7장 14절에 보면, 마길은 므낫세의 첩인 아람 여인의 소생입니다. 이처럼 요셉은 첩의 소생까지도 차별하지 않고 자기 슬하에서 양육했습니다. 요셉의 이런 부분 때문에 그는 형들에게 총리가 아닌 동생으로 자리매김할 수 있었고, 형들은 요셉을 더욱 신뢰하게 되었습니다. 한마디로 요셉은 아버지의 가족으로 구성된 신앙 공동체 안에서 영적 후손을 길러 내는 것을 사명으로 알고 살았습니다. 그리고 그는 주님 오실 날을 기다리며 죽는 날까지 자신의 사명을 감당했습니다.

창세기는 '인간이 온갖 환난을 거치면서 하나님이 만드신 신앙 공동체에 잘 묶여 가는가? 아닌가?'에 대한 기록이라고 할 수 있습니다. 우리도 마찬가지입니다. 이 땅에 사는 동안 신앙 공동체 안에서 양육받고, 양육하는 것만큼 중요한 일은 없습니다. 영적 후사를 돌보는 것이 성도의 삶이기 때문입니다. 우리가 고통 가운데서도 주님을 기다리는 목적도 그렇습니다. 내게 맡기신 한 사람을 믿음의 지파로 우뚝 서게 하기 위함입니다.

하루는 어떤 집사님이 아내가 몸이 아프다고 해서 혼자 부부목장에 다녀왔답니다. 목장 모임에서 은혜를 많이 받고 집에 돌아왔는데, 집 안이 너무 어질러져 있고, 아내는 그야말로 거실 소파에 쳐 누워 있더랍니다. 그 집사님은 그 꼴을 보자마자 목장에서 받은 은혜는 온데간데없이 사라지고, 너무 화가 나서 소리를 지르고 방으로 확 들어가 버렸습니다. 뒤이어 아내가 따라 들어오면서 본격적인 부부 싸움이 시작되었답니다. 고성이 오가고 욕설이 난무하는 가운데 결국 집사님 입에서 "이혼하자"는 말이 먼저 튀어나왔습니다.

그런데 그 순간 두려움에 떨고 있던 둘째 아이가 울음을 터뜨리고, 큰아이가 엄마 아빠가 싸우는 소리보다 더 큰 소리로 그날 큐티 본문을 읽어 내려가기 시작하더랍니다. 그 소리에 놀란 집사님은 아내와의 공방전을 멈추고, 조용히 방으로 들어가서 잤답니다.

그런데 집사님이 아침에 일어나 보니 집 안이 쫙 청소가 되어 있고, 식탁에는 진수성찬이 차려져 있더랍니다. 그래서 어제 아무 일도 없었다는 듯이 흐뭇하게 밥상을 바라보며 한 마리 짐승처럼 게걸스럽게 식사를 했다고 합니다.

이분이 당시 큐티 본문인 열왕기하를 묵상하면서 이런 나눔을 교회 홈페이지에 올리셨습니다.

하사엘이 벤하닷을 죽이고 아람 왕이 된 후 이스라엘에게 악을 행하는 모습이 꼭 저와 같다는 생각이 들었습니다(왕하 8, 10, 13장). 그동안 순간의 화를 참지 못해 폭언과 고함의 칼로 아내와 아이들을 죽인 것을 고백합니다. 저는 아내의 아픔과 연약함은 외면한 채 혈기로 집안을 쑥대밭으로 만든 죄인입니다. 비록 하나님 앞에 너무 못난 아들이지만, 아버지께서 저를 포기하지 않고 믿음의 가장으로 온전히 세워 가실 것을 믿습니다.

이분이 신앙 공동체 안에 있으니 이혼하겠다고 난리를 치고 싸웠어도 말씀으로 금세 자기 죄를 깨달았습니다. 부인 집사님도 사과의 의미로 깨끗이 집을 치워 놓고, 진수성찬까지 차렸습니다. 때마침 둘째가 울어 주고, 결정적으로 첫째가 큐티책을 읽어 주어 이 가정이 살아났습니다.

우리 가정에 혈기가 있고 연약한 가족이 있어도 그래요. 온 가족이 말씀으로 양육받고 서로를 기다리며 갈 때 거룩한 가정으로 세워질 것입니다. 말씀을 삶에 적용하는 큐티를 하고, 그 적용의 열매인 간증이 풍성한 공동체만큼 순종 훈련을 하기에 좋은 곳은 없습니다. 그래서 부모는 어릴 때부터 자녀에게 큐티를 시키고, 믿음의 공동체와 더불어 자라 가도록 이끌어야 합니다.

그렇다면 어려서부터 말씀으로 순종의 훈련을 받은 자녀들은 다른 자녀들과 무엇이 다를까요? 그들은 부모에 대한 존경의 기준을 부모의 착한 행실에 두지 않습니다. 그래서 부모가 약점이 있음에도 불구하고 단지 부모라는 이유만으로 존경하고 순종합니다. 부모 공경이 주님을 기쁘시게 하는 일임을 잘 알기 때문입니다.

어떤 유치부 아이가 주일학교에서 부모가 바람피운 이야기를 해서 그 부모가 경악했다는 소리를 들었습니다. 아이들은 어릴 때부터 부모로 인해 고난을 겪습니다. 그러나 이 아이는 어려서부터 신앙 공동체에 속해 말씀으로 자기 이야기를 나누며 하나님의 은혜로 그 상처를 치유받고 있습니다. 그런데 그 부모가 어찌 그렇게 반응할 수 있습니까? 눈물로 자신의 고난을 간증하는 아이들을 부모가 이해하지 못하고 이렇게 무시해서는 안 됩니다.

✛ 나는 신앙 공동체에서 어떻게 양육받고 양육하고 있습니까? 나는 부모로서 자녀의 믿음에 얼마나 관심이 있습니까?

신앙 공동체에서 양육받고 기다리면
하나님이 반드시 방문하십니다

24 요셉이 그의 형제들에게 이르되 나는 죽을 것이나 하나님이 당신들을 돌보시고 당신들을 이 땅에서 인도하여 내사 아브라함과 이삭과 야곱에게 맹세하신 땅에 이르게 하시리라 하고 25 요셉이 또 이스라엘 자손에게 맹세시켜 이르기를 하나님이 반드시 당신들을 돌보시리니 당신들은 여기서 내 해골을 메고 올라가겠다 하라 하였더라 26 요셉이 백십 세에 죽으매 그들이 그의 몸에 향 재료를 넣고 애굽에서 입관하였더라_창 50:24~26

여기서 가장 중요한 말은 요셉이 "나는 죽을 것이나"라고 한 부분입니다. 지금 요셉은 형제들의 후견인 노릇을 하고 있습니다. 그러면서 자신이 죽어도 세상은 계속된다고 말합니다. 다시 말해, 자신이 죽어도 하나님이 그의 형제들을 돌보아 주신다고 합니다. 그 누가 죽어도 하나님이 우리를 돌보아 주십니다.

저도 그래요. 남편이 하루아침에 죽었어도 40여 년이 지난 지금까지 하나님은 저를 돌보고 계십니다. 나에게 가장 중요한 사람이 없어지고, 설혹 나를 배반하는 사람이 있어도 그렇습니다. 어떤 상황에서도 하나님이 나를 반드시 돌보아 주실 것을 믿으시기 바랍니다.

그런데 여기서 우리가 주의 깊게 하나 생각해 볼 것이 있습니다. 요셉은 가나안 땅에서 17년을 살고, 애굽에서 93년을 지냈습니다. 서른 살에 애굽의 총리로 등극하여 최고로 먹고 자고 입으며 화려하게 생을 마감했죠. 그러면 요셉은 애굽 사람입니까? 이스라엘 사람입니까?

요셉은 이스라엘 자손에게 "하나님이 반드시 당신들을 돌보시리니 당신들은 여기서 내 해골을 메고 올라가겠다 하라"며 맹세하게 했습니다. 여기서 '돌보다'는 히브리어로 '파카드'인데, '방문하다'는 뜻입니다. 그러니까 요셉의 유언을 다시 정리해 보면 "나는 기껏해야 애굽의 총리라는 직분으로 당신들을 돌보았다. 그러나 내가 이 세상을 떠나도 하나님이 당신들을 살피시고 방문하시고, 친히 찾아오실 것이다. 그러니 더는 나를 의지하지 말고, 주님을 기다리라!"고 하는 것입니다. 예수님도 제자들에게 이 땅을 떠나실 때 성령님을 기다리라고 말씀하셨습니다(행 1:4~5).

그렇습니다. 요셉이 진정으로 원한 것은 단순히 흉년에 애굽 사람들이나 자기 식구들을 먹여 살리는 것이 아니었습니다. '나와 우리 가정을 통해 하나님 나라가 임하는 것!' 이것을 간절히 원하고 또 원했습니다.

요셉은 "내가 화려한 애굽에서 93년을 살아 보니 알았다. 여기서 잠시의 기쁨과 쾌락을 느꼈지만, 이곳은 약속의 땅이 아니더라. 그러니 너희는 반드시 약속의 땅으로 가야 한다!"고 마지막 유언으로 외치고 있는 겁니다. 다른 사람도 아닌 애굽이라는 틀에서 평생을 살아온 요셉이 이런 고백을 했습니다.

그러나 이것은 비단 요셉에게만 해당되는 고백이 아닙니다. 모든 이스라엘 자손, 즉 믿는 자들이 해야 할 고백입니다. 바울은 육신으로 난 자가 아니라, 약속에 따라 하나님의 자녀가 된 자들, 곧 믿음으로 그리스도 안에 있는 자들이 참 아브라함의 자손이라고 말했습니다(롬 9장; 갈 3장). 다시 말해 "하나님이 반드시 방문하셔서 우리를 약속의 땅에 이르게 하실 것이다. 약속의 땅은 우리의 땅이다!" 이 고백이야말로 참 믿음의 자손들이 해야 할 말이란 겁니다. 그래서 하나님이 바로 오실 줄 알았는데, 이게 웬일입니까? 2천 년이 지나버렸습니다.

우리는 날마다 '우리 주님이 언제 오시나?', '이 고통이 언제 끝나나?', '이 사람은 언제 변하나?', '이 나라는 언제 바뀌나?' 하며 때를 궁금해합니다. 그러나 2천 년이 지나도 이런 상황이 변하지 않을 수 있습니다. 그래서 "주님이 왜 2천 년 동안 오지 않으시는가?" 이 문제를 다루는 것이 성경의 주제라고 할 수 있습니다.

창세기의 마지막이 요셉의 죽음으로 끝나는 것 같지만, 하나님은 오히려 "새로운 시작이 눈앞에 있으니 나를 기다리라"고 명령하십니다. 하나님이 방문하시면 희망의 메시지가 딱 시작됩니다. 주님이 오시기까지 잘 기다려야 하는 이유가 여기에 있습니다.

출애굽기에 보면 하나님은 문자적으로도 이스라엘 자손을 방문해 주셨습니다. 모세에게 "너는 가서 이스라엘의 장로들을 모으고 그들에게 이르기를 여호와 너희 조상의 하나님 곧 아브라함과 이삭과 야곱의 하나님이 내게 나타나 이르시되 내가 너희를 돌보아 너희가 애굽에서 당한 일을 확실히 보았노라"(출 3:16)고 하셨습니다. 즉, "내가 전에 너희를 반드시 방문한다고 하지 않았니? 너희가 당한 일을 내가 다 보았기에 이제 너희를 방문하겠다"라고 하신 겁니다.

우리는 우리의 시공간 개념으로 현상을 보니까 '이것이 이루어졌네, 안 이루어졌네' 하며 밤낮 판단하기 바쁘지만, 하나님은 그 시공간을 뛰어넘어 역사하십니다. 하나님의 약속은 4백 년 후에도 2천 년 후에도 심지어 오늘도 반드시 이루어집니다.

그러므로 우리가 이 약속을 믿으면 이미 하나님의 방문을 받은 것과 마찬가지입니다. 무엇보다 하나님의 약속을 믿는 사람들은 이미 말씀 듣는 구조 속에 있는 것입니다. 하지만 우리 중에는 여전히 이 약속을 믿지 못하는 사람들이 있습니다. 그래서 하나님이 "반드시 내가 방문한다"고 거듭 말씀하시는 것입니다.

편성된 목장이 마음에 안 들어도 그래요. 하나님이 방문하실 것을 믿고, 목자를 신뢰하고 공동체를 따라가면 되는데, "내가 이 목자를 어떻게 믿어?" 하면 하나님의 방문을 거절하는 것과 같습니다. 우리가 입술로는 가족의 구원을 원한다고 하면서도 정작 신앙 공동체를 경홀히 여긴다면 구원은 갈수록 요원해지는 것입니다. 진정 가족의 구원을 원한다면 목장에 잘 속해 있으면서 하나님의 방문을 기다려야 합니다. 그것이 우리가 해야 할 최소한의 순종입니다.

항상 "지금은 아무것도 보이지 않지만, 하나님이 나에게 가장 좋은 것을 주신다"는 믿음을 갖고 살면 진짜 좋은 일이 나에게 찾아옵니다. 그러나 믿음의 문제는 믿어져야지 설명으로는 안 되는 것이 있습니다. 그렇다면 왜 믿지 못하는 것일까요? 아직 내가 땅끝까지 낮아지지 못하고, 죽어지지 않았기 때문입니다. 그래서 기다리되 죽어질 때까지 기다려야 합니다.

기다리되 죽어질 때까지 기다려야 합니다

요셉이 또 이스라엘 자손에게 맹세시켜 이르기를 하나님이 반드시
당신들을 돌보시리니 당신들은 여기서 내 해골을 메고 올라가겠다
하라 하였더라 _창 50:25

요셉은 이스라엘 자손에게 "하나님이 반드시 당신들을 방문하
시리니 내 해골을 메고 약속의 땅으로 올라가라"고 했는데, 실상은 어
땠습니까? 애굽이 좋으니까 이스라엘 백성이 좀체 떠날 생각을 안 했
죠. 애굽에서 잘 먹고 잘살고 있으니까 하나님의 방문에는 도통 관심
이 없고, 오히려 귀찮아했습니다.

그러다 야곱 가족이 애굽으로 온 지 430년 후, 요셉을 알지 못하
는 새 왕이 일어나 이스라엘을 학대하니 어떻게 되었습니까? 그들이
낮아져서 탄식하며 하나님을 부르짖게 되었죠(출 1~2장). 고난이 오니
그제야 애굽을 떠날 생각을 했습니다. 하나님은 내가 언제 부르짖을
지 아시는데, 정작 부르짖어야 할 나는 모릅니다. 하나님의 방문을 알

기까지 이렇게 시간이 걸립니다. 이스라엘도 430년이 걸렸습니다. 하나님은 그 믿음에 합당한 고난의 양이 찰 때까지, 즉 내가 하나님을 간절히 부르짖을 때까지 기다리십니다. 그리고 더는 내려갈 데가 없는 바로 그때 나를 방문해 주십니다. 그러나 그 기다림의 시간이 430년이든, 2천 년이든 하나님이 보시기에는 순간에 불과할 뿐입니다.

그런데 생각해 보세요. 지금 애굽에서 잘 먹고 잘살고 있는데, 스스로 거기서 떠날 생각을 그 누가 하겠습니까? 저도 그랬어요. 제가 4대째 모태신앙인이면 뭐 하겠습니까? 시댁에서 학대를 받기 전까지는 애굽을 떠날 생각을 못 했습니다. 애굽이 좋아서 절대 떠날 수가 없는 저인데, 그야말로 시집살이와 남편의 학대를 받게 하심으로 비로소 떠나게 하셨습니다.

그런데 왜 요셉은 하필이면 자신의 해골을 메고 약속의 땅으로 올라가라고 유언했을까요? 비록 해골이라도 가야 하는 이유는 그가 영원히 살 나라가 애굽이 아니기 때문입니다. 요셉이 죽을 당시만 해도 가나안 땅에서 일어난 조상들의 이야기를 모르는 후손이 많았습니다. 그래서 이 후손이 애굽을 떠나기 위해서는 기억해야 할 것, 즉 언약을 상기시킬 표징이 필요했습니다.

앞서 가나안 주민들은 야곱의 화려한 장례식에 참석한 애굽 사람들이 요단강 건너에서 크게 애통하는 것을 보고, 그곳을 '아벨미스라임'이라 이름 붙였다고 했습니다(창 50:10~11). 그리고 요셉은 하나님이 자신에게도 방문하실 것을 믿고, 비록 초라해도 믿음의 조상이 묻히고, 야곱이 묻힌 막벨라 굴에 자신도 가기를 간절히 원했다고 했습니다. 그런데 요셉은 후손이 이것을 잊어버리고 가나안 막벨라 굴에 가지 않을까 봐 자신의 죽은 뼈, 즉 '해골'이라도 막벨라 굴로 꼭 메고 가야 한다고 유언한 것입니다. 이스라엘 백성은 '아벨미스라임', '요셉의 해골' 하면 자연스레 약속의 땅, 가나안을 떠올렸을 것입니다.

창세기 37장부터 50장까지를 보면 요셉이 한 일은 실로 대단했습니다. 기근에서 애굽과 이스라엘을 구하고, 자신을 죽이려 했던 형들을 용서하고, 야곱을 위해 화려한 장례식까지 치러 주었습니다. 하지만 소위 '믿음 장'이라고 불리는 히브리서 11장에 보면, 요셉의 숱한 선행을 제쳐 놓고 딱 한 가지만 칭찬했습니다. "믿음으로 요셉은 임종시에 이스라엘 자손들이 떠날 것을 말하고 또 자기 뼈를 위하여 명하였으며"(히 11:22). 성경은 요셉이 후손에게 자신의 해골을 메고 애굽을 떠나라고 말한 것, 이 한 가지만 칭찬했습니다.

그러면 이것이 왜 칭찬받을 일일까요? 요셉이 총리로 살다 보니 애굽이 너무 좋지 않았겠습니까? 당연히 후손이 애굽을 떠나기 힘들다는 것을 잘 알았죠. 그럼에도 불구하고 그는 절박한 마음으로 후손이 애굽을 떠나기를 바랐습니다. 한마디로 요셉은 다른 무엇보다 자녀들의 믿음을 우선으로 놓았습니다. 히브리서 기자는 바로 이 부분 때문에 요셉이 믿음으로 행했다고 기록한 것입니다. 실제로 출애굽할 때 요셉의 죽은 뼈가 대장이 되어 산 사람 2백만 명을 인도했습니다. 요셉은 총리 대신으로는 가나안에 들어갈 수 없었습니다. 혈과 육이 애굽에서 장사되고 죽은 뼈가 되어서야 약속의 땅에 들어갈 수 있었습니다. 결국 세상에서 잘 죽어지는 사람만이 혈과 육을 가진 사람들을 약속의 땅으로 인도할 수 있습니다.

육신이 죽으면 살과 피는 썩어도 뼈는 남아 있습니다. 뼈는 기본 틀이기 때문입니다. 요셉은 육신으로는 못 가도 뼈는 간다는 것을 직접 보여 주었습니다. 이것이 바로 부활의 예표입니다. 출애굽은 부활을 통해 세상에서 빠져나오는 것입니다. 살도 보존하고 피도 보존해서는 거기서 절대 못 나옵니다. 완전히 죽어져야 합니다.

하나님이 출애굽한 이스라엘 백성을 낮에는 구름 기둥으로 밤에는 불 기둥으로 인도하실 때도 그렇습니다(출 13장). 해골은 완전히 죽어졌기 때문에 자기 생각이 없습니다. 그래서 하나님이 가라는 대로 가고, 서라는 대로 섭니다. 반면에 혈과 육을 가진 리더는 사람들을 인도하기가 너무 힘이 듭니다. 다시 말해, 내가 죽어지고 썩어지고 밀알이 되어야만 누군가를 구원으로 인도할 수 있다는 말입니다.

무엇보다 애굽에서 나오려면 세상이 요구하는 것을 다 줘 버려야 합니다. 가나안과 애굽은 전혀 연관이 없기 때문입니다. 이 둘은 아무런 연결점이 없습니다. 우리가 고통스러운 이유가 무엇입니까? 가나안과 애굽 둘 다 가지려고 하기 때문입니다. "가나안이냐? 애굽이냐?" 매 순간 갈등하느라 고통스러운 것입니다. 그래서 행복한 사람은 선택할 것이 없는 사람입니다. 길이 없는 것이 오히려 축복인 이유가 여기에 있습니다. 그런데 우리 중에는 날마다 믿음 가운데 끝없이 자기를 내려놓으며 죽어지는 사람이 있는 반면에 '해골? 그게 뭐야?' 하면서 여전히 죽어지지 못하는 사람도 많이 있습니다. 그렇다면 자신을 내려놓고 죽어진다는 것은 구체적으로 무엇일까요?

프랑스의 신경정신의학자인 보리스 시륄니크(Boris Cyrulnik)가 쓴 『불행의 놀라운 치유력』에 나오는 내용입니다.

하버드 대학의 조지 베일런트(George Vaillant) 교수는 1938년부터 하버드대에 입학한 18세의 대학생 204명을 50년간 추적 관찰하는 연구를 진행했습니다. 연구 결과 심각한 정신장애를 앓는 사람부터 단순한 우울증을 호소하는 사람까지 포함해 약 30퍼센트의 사람들이 힘들고 고통스러운 삶을 살았다고 합니다.

그런데 어려서부터 좋은 환경에서 줄곧 행복하게 살아 온 60명과 반대로 어려서부터 극도로 험악한 환경에서 정신적으로 힘들게 산 60명을 두 그룹으로 나눠 추적 관찰한 연구에서는 깜짝 놀랄 만한 결과가 나왔다고 합니다. 가장 힘든 어린 시절을 보낸 이들이 훗날 어른이 되어서는 가장 행복한 삶을 살았다는 겁니다. 아마도 이들은 소소한 시련들과 마주치면서 긍정적 방어기제를 형성해 갔을 것입니다. 이들은 예술적이며 도덕적 수준이 높았다고 합니다. 무엇보다 다른 사람의 상처를 보듬는 능력이 탁월하여 이타적으로 살며, 그 베풂 덕분에 사람들의 사랑을 받았습니다. 반면에 어려서부터 과잉보호를 받고 자란 사람들은 인생의 시련에 맞부딪혀 이겨 내는 방법을 상대적으로 잘 알지 못해 불행한 삶을 살았습니다.

어려서 학대받은 사람들은 우울증이 재발할 확률이 25퍼센트인데, 이는 일반인의 우울증 재발 확률과 같답니다. 물론 그렇다고 학대를 가볍게 여기는 것은 결코 아닙니다. 학대는 분명 커다란 고통입니다. 그러나 학대받는 대다수의 사람은 고통에서 벗어나기 위해 건전

한 인성으로 자신을 방어하면서 아주 풍부한 인간성을 만들어 낸다는 겁니다.

우리가 어려서부터 고생을 하다 보면 이렇게 저절로 죽어지는 것이 있습니다. 이 실험 결과만 봐도 "어려서 고생은 금 주고도 못 산다"는 말이 정말 맞는 것 같습니다.

평범한 삶에서 죽어지는 적용을 하신 한 장로님의 간증입니다.

이분은 우리나라 최고의 S대학 교수님으로, 수년 전에 교환교수로 미국에 가셨습니다. 그때나 지금이나 여전히 한국에서 가장 힘든 문제는 자녀 입시입니다. 이분은 1년간의 교환교수 생활을 마치고, 당시 고등학교 2학년과 중학교 2학년인 두 자녀를 미국에 두고 올 수도 있었지만, 그렇게 하지 않았습니다. 사회 지도층으로서 아이들의 입시 전쟁을 한국에서 치르지 않는 것은 앞으로 복음을 전하는 데 방해가 된다고 생각했기 때문입니다. 그래서 1년 만에 온 가족이 다시 한국으로 돌아왔습니다. 다른 부모였다면 백이면 백 자녀를 그곳에 두고 왔을 겁니다. 주변 사람들도 자녀들을 미국에 두고 가라고 그랬답니다.

이분이 자녀들을 데리고 귀국한 것이 쉬워 보여도 절대 그렇지 않습니다. 객관적으로 자녀를 내려놓고 구원에 방해가 되지 않기 위해 애굽 같은 미국에서 막벨라 굴 같은 한국으로 온 것 아닙니까? 저는 이런 것이야말로 삶 속에서 구체적으로 죽어지는 적용이 아닌가 싶습니다. 이렇게 적용할 때 하나님이 나와 내 자녀를 반드시 방문해 주실 것을 믿습니다.

장로님이 이렇게 죽어지는 적용을 하니 정말 하나님이 방문해 주셨습니다. 장로님은 교수로서 바쁜 와중에도 국책 사업을 맡아 수행할 뿐만 아니라, 교회에서도 평신도 사역자로서 수많은 사람을 양육하고 있습니다. 짧은 인생에 너무 보람 있게 살고 계십니다.

다음은 장로님 목장의 나눔입니다.

장로님: 처음에 목사님이 말씀하실 때는 뭐든지 '그렇게 해서 될까?' 싶은 의심이 있었습니다. 그런데 그 말씀대로 순종했을 때 신기하게도 말씀대로 이루어지는 것을 많이 경험했습니다. 내가 죽어지는 것은 한마디로 내 상식을 내려놓는 것입니다. 그런데 각 사람을 보면 자신의 상식을 내려놓기가 어려운 것을 많이 봅니다. 배운 사람이든 못 배운 사람이든 잘난 사람이든 못난 사람이든 상관없이 모든 사람은 자신만의 상식을 갖고 있습니다. 저는 자기 상식을 내려놓지 못하는 것이 인간 죄성의 핵심이라고 생각합니다. 이런 것이 죄성에서 비롯된 고정관념이 아닌가 싶습니다.

그런데 그 고정관념을 넘어선 분이 계시니 바로 예수님입니다. 주님은 인류의 구원을 위해 자신을 죽음에 내어 주었습니다. 우리를 위해 자존심이 꺾이고, 말할 수 없는 수치까지 당하셨습니다. 그러나 구원과 연결되면 그 수치는 더는 수치가 아닙니다. 예수님은 십자가상에서 뿐만 아니라 예루살렘에 입성하실 때도 우리의 모든 고정관념을 깨뜨리셨습니다. 하나님의 아들이신 예수님이 백마가 아닌 초라한 나귀 새끼를 타지 않으셨습니까?

여러분은 어떤 고정관념이 깨진 적이 있습니까?

A 집사님: 저는 전도한 분으로부터 우리들교회 휘문 채플이 학교 강당을 빌려 쓴다는 소리를 듣고, 교회에 가겠다고 약속했습니다. 하지만 담임목사님이 여자라는 말에는 주춤하게 되더군요. 그래도 그분과 약속했기 때문에 예배를 드리러 갔죠. 만약 그때 '여자 목사'라는 고정관념을 깨지 못해 예배의 자리에 나오지 않았다면, 오늘의 이 은혜는 없었을 것입니다.

B 집사님: 저는 하나님에 대한 고정관념이 있었습니다. 사랑의 하나님에 대해서는 모르고, 심판하시는 공의의 하나님만 알았던 것 같습니다. 그래서 '나를 심판할 하나님을 내가 왜 믿나? 기독교 역사가 이렇게나 긴데, 그렇다면 세상은 점점 더 좋아져야 하는 것 아닌가?'라고 생각하기도 했습니다. 저는 그야말로 고정관념의 희생자가 될 뻔했습니다. 하지만 제가 고정관념을 깰 수 있도록 기도해 주고, 전도한 지체 덕분에 변하게 되었습니다.

우리가 평범한 일상에서 잘 죽어질 때, 그 자체가 누군가에게 구원의 통로가 됩니다. 잘 죽어지는 것은 한마디로 이타적으로 살며 남에게 헌신하는 것입니다. 앞서 언급한 책에서도 우리가 헌신할 때 내적 갈등에서 벗어날 뿐만 아니라, 그 베풂 덕분에 다른 사람에게 사랑을 받게 된다고 했습니다. 결국 신앙 공동체에서 내가 남들에게 베푸는 것 때문에 오히려 나 자신이 얼마나 치유를 받게 되는지 모릅니다.

+ 내가 죽기까지 내려놓고 기다려야 하는 일은 무엇입니까?
+ 부모로서 자녀에게 이타적으로 사는 모습을 어떻게 보여 주고 있습니까?
+ 신앙 공동체를 섬기며 다른 사람을 섬기는 것이 나 자신도 치유받는 길
  임을 믿습니까?

성경이 나를 읽기까지 기다려야 합니다

한마디로 내가 성경을 읽는 것이 아니고, 성경이 나를 읽어야 한
다는 것입니다.

요셉이 백십 세에 죽으매 그들이 그의 몸에 향 재료를 넣고 애굽에
서 입관하였더라 _창 50:26

여러분은 요셉이 죽는 것으로 끝나는 이 구절을 보면서 어떤 생
각이 듭니까? 세상적으로 너무 허무하다는 생각이 듭니까? 저는 요셉
의 죽음을 통해 신앙과 죽음의 의미를 묵상하면서 이런 질문을 던져
보았습니다. "왜 창세기는 창조로 시작해서 죽음으로 끝이 났을까?
왜 출애굽기 1장은 야곱이 애굽으로 데려간 아들들의 이름으로 다시
시작할까? 야곱은 왜 그리 험악한 세월을 살았을까? 왜 성경에는 추

474

잡하기 그지없는 이야기를 그대로 드러냈을까? 하나님 믿는 사람이 왜 그토록 고난을 당할까?"

성경을 읽다 보면 이런 질문이 끊임없이 생깁니다. 여러분, 성경은 단순한 참고 문헌이 아닙니다. 그렇다고 내 문제에 대한 해답을 쫙 내놓는 것도 아닙니다. 항상 문제를 제기하는 주체는 우리가 아니라 하나님이고, 성경입니다. 이것이 본문의 주제이자 창세기의 결론입니다.

그러므로 성경에서 문제를 제기할 때 독자는 들어야 합니다. "내게 능력 주시는 자 안에서 나는 뭐든지 할 수 있어!" 이러면서 나의 문제를 풀기 위해 성경을 이용하려고 해서는 안 됩니다. 내 문제가 해결되는 것이 좋은 소식(Good News)이 아니고, 해결되지 않은 내 문제 때문에 구원의 소식이 들리는 것이 좋은 소식, 복음이기 때문입니다. 성경의 배열과 다양한 인물을 보면서 계속해서 말씀을 경청해야 하는 이유가 여기에 있습니다. 그 속에서 계속 구원의 이야기에 귀를 기울여야 합니다.

특별히 성경에서는 성적(性的)인 죄 이야기를 많이 다룹니다. 그 이유가 무엇일까요? 야곱 가족만 봐도 아들이 아버지의 첩과 통간하고, 딸이 강간을 당하며, 심지어 시아버지와 며느리가 동침한 이야기가 나옵니다. 이런 이야기들 속에서 구원의 이야기를 끄집어내는 것이 바로 구속사입니다. 그런데 성경을 읽어도 여전히 내 사건의 해결에만 관심을 두고 있다면, 아직 구원의 이야기를 듣지 못하는 것입니다. 내가 듣고 싶은 이야기만 듣는 것이 '내가 복음', 즉 자기중심적 복음입니다. 이런 사람의 주제가가 "예수 믿는데 왜 되는 일이 없냐"입니다. 그래서 내가 성경을 읽는 것이 아니라, 성경이 나를 읽어 가야 합니다. 다시 말해, 하나님의 말씀으로 나를 해석해야지, 내가 하나님을 해석하려고 해서는 안 된다는 겁니다. 똑같이 고통을 겪어도 그래요. 성경으로 마침내 자신을 해석하는 사람이 있고, 끝까지 내가 하나님을 해석하려고 하는 사람이 있습니다. 이 둘의 차이를 여러분은 이해하시겠습니까?

아브라함, 이삭, 야곱 모두 말씀으로 자신을 해석하는 경로를 거쳤습니다. 하물며 믿음의 조상들도 이런 과정을 거쳤는데, 왜 여러분은 '나는 특별히 다른 경로를 거쳐야 한다'고 생각합니까? 여전히 '나는 왜 되는 일이 없을까?' 하는 생각에 머물러 있습니까? 더 기다리기 바랍니다. 그러나 말씀이 구속사로 들리기 시작하면 더는 기다릴 필요가 없습니다. 말씀이 들리면 이미 주님이 방문하신 것입니다.

창세기에 나오는 10개의 족보는 축약된 구속사입니다. 그 족보를 히브리어로 '톨레도트'라고 합니다. 한글 성경에서는 족보, 계보, 내력, 역사로도 일컬어지지만, 원어로는 모두 '톨레도트'입니다. 천지가 창조될 때의 하늘과 땅의 내력, 아담의 계보, 노아의 족보, 데라의 족보, 야곱의 족보 등이 바로 그것입니다.

그런데 데라의 족보를 보면 정작 데라보다는 아브라함 이야기만 쭉 나옵니다(창 11:27). 창세기 37장의 야곱의 족보도 그렇습니다. 요셉의 이야기가 50장까지 쭉 이어집니다. 그렇다면 '성경이 자서전이냐' 그것도 아닙니다. 성경은 어떤 사람을 과장해서 영웅시하지도 않습니다. 오히려 실패한 인물이 훨씬 많이 등장합니다. 그 실패를 통해 예수님이 그에게 찾아오시고, 하나님이 역사하시는 과정이 바로 구속사입니다. 생각해 보세요. 아브라함, 야곱, 유다 모두 실패한 사람들 아닙니까? 이런 사람들이 구속사의 계보를 이어 갔습니다.

"왜 생명으로 시작한 창세기가 인생 최고의 비극이라 할 수 있는 죽음으로 끝나는가?" 다시 이 질문으로 돌아가 보겠습니다. 이것은 아주 심각한 질문입니다. 성경은 죽음의 이유가 죄 때문이라고 분명히 말합니다. 죽음은 절대 자연적인 현상이 아니고, 죄의 삯입니다(롬 6:23). 한 번 죽는 것은 사람에게 정한 이치이기에(히 9:27) 예수님이 인간 최대의 비극인 죄의 문제를 해결해 주시기 위해 십자가에 못 박혀 죽으신 것입니다. 그래서 예수 믿고 죽으면 절대로 저주가 아닙니다. 더 좋은 나라, 천국 본향으로 이사 가는 것입니다. 이미 하나님이 방문해 주신 사람은 죽음을 두려워하지 않습니다. 그런 사람은 암에 걸려도 그 암이 권세가 되어 누구든지 전도합니다. 오히려 죽음이 천국을 소망하게 하는 희망의 메시지가 됩니다.

신앙 공동체에 하나님의 방문을 받은 사람과 앞으로 받을 사람이 다 같이 모여서 막벨라 굴을 향해 가는데, 하나님의 본심은 모든 사람이 막벨라 굴에 가는 것, 즉 구원을 얻는 것입니다. 우리도 언젠가 요셉처럼 이 땅에서 숨이 끊어지고 호흡이 멈추는 날이 올 것입니다. 그때 하나님의 방문을 받은 사람은 금빛 찬란한 하늘나라에서 구속의 주님을 직접 뵙게 될 것입니다.

C.S. 루이스(C.S. Lewis)는 『네 가지 사랑』에서 이렇게 말했습니다.

신학자들은 우리가 천국에서 '서로를 알아볼' 것인지, 즉 지상에서 가졌던 특정한 사랑 관계가 거기서도 중요성을 갖게 될지 질문을 던지곤 했습니다. 아마 온당한 대답은 이런 것이 아닐까 합니다. "지상에서 어떤 종류의 사랑이었는지, 혹은 어떤 종류의 사랑이 되어 가는 중이었는지에 달렸습니다." 왜냐하면 만일 여러분이 어떤 사람을 단순히 자연적 사랑으로만 사랑했다면, 그것이 아무리 큰 사랑이었다 한들 영원한 세계에서 그는 여러분에게 흥미로운 존재가 되지 못할 것이기 때문입니다. 이는 순전히 관심사가 같아서 어울렸던 초등학교 동창을 훗날 어른이 되어 만났을 때와 비슷하지 않겠습니까? 그와 공유할 무언가가 더 이상 없다면, 만일 그가 여러분과 마음이 맞는 영혼이 아니라면, 이제 그는 전적으로 낯선 사람일 뿐입니다. …… 마찬가지로, 사랑 자체이신 분(예수님)을 구현해 본 적이 없는 사랑은 천국에서도 무의미한 것이 되고 말 것입니다.

…… 우리는 사랑했던 이들에게서 등을 돌려 어떤 낯선 존재에게 가는 게 아닙니다. 하나님의 얼굴을 뵈옵는 날, 결코 그 얼굴이 낯설지 않을 것입니다. 왜냐하면 그분은 우리가 지상에서 만났던 모든 순수한 사랑의 경험 속에 이미 함께 계셨고, 그 경험을 만들어 내고 뒷받침해 주셨으며, 그 속에서 매 순간 움직이셨기 때문입니다.

그렇습니다. 이미 하나님이 방문해 주신 것을 우리가 모를 뿐입니다. 내가 살아 있기도 힘들었던 그때 어찌 내 능력으로 그 고난을 지났겠습니까? 하나님이 방문하셔서 그 시간을 통과한 것임을 믿습니다.

'어떻게 이런 고난 가운데 하나님을 기다릴 수 있을까?' 싶은 한 집사님의 사연입니다. 저는 교회란 이렇게 아픈 분들이 와서 살아나는 곳이라고 생각합니다. 이 집사님은 어릴 때부터 정신적으로 많은 억압을 받으며 자랐습니다. 다음은 그 집사님의 나눔입니다.

어릴 때 부모님이 이혼하시고, 저는 아빠와 살게 되었습니다. 아빠와 친삼촌은 날마다 저를 야구 방망이로 때렸습니다. 그러다 아버지가 돌아가셨는데, 그날 친삼촌은 아빠의 시신 옆에서 저를 성폭행했습니다. 그 후에 저는 재혼하신 친엄마와 살게 되었습니다. 친엄마 집에는 여러 명의 외삼촌이 있었는데, 저는 오랜 기간 그들에게 성추행과 성폭행을 당했습니다. 어린 제가 감당할 수 없는 일들이 너무 많았습니다. 하지만 당연히 그렇게 살아야 하는 줄 알고 지냈습니다.

이후 저는 한 남자를 만나 결혼했습니다. 남편은 믿는 사람은 아니었지만, 사업이 어려워지자 저와 함께 부부목장에 나가기 시작했습니다. 그런데 남편은 부부목장에서 제가 겪은 일을 듣고는 제게 심한 배신감을 느꼈다고 했습니다. 저는 그런 남편이 너무 무서웠습니다. 그 즈음 저는 저를 이해해 주는 한 사역자에게 마음을 열었습니다. 그런데 이 사건을 알게 된 남편이 도리어 하나님께 기도를 하기 시작했습니다. 그동안 남편과 너무 대화가 안 되어 힘들었는데, 부부목장을 함께 다니게 된 뒤로 조금씩 대화가 되는 것 같습니다.

저는 어릴 때부터 자주 버림을 받고, 두려움 속에 살다 보니 하나님께도 버림받을까 봐 늘 두려워서 하나님께 매달렸습니다. 그런데 그러다 보니 어느 순간 제 죄도 보이고 은혜도 받게 되었습니다. 그러나 어린 시절에 받은 상처로 인해 아직 제 안에는 병든 마음이 남아 있습니다. 은혜를 받으면 좋다가도 은혜가 떨어지면 분노 조절이 안 돼서 남편과 부딪히는 일이 종종 있습니다. 그럼에도 불구하고 남편이 교회를 나오고 나서 저를 정말 많이 사랑한다는 것을 느끼고 있습니다. 회복되지 않은 상처들로 인해 자괴감이 들 때면 교회도 목장도 다 가고 싶지 않지만, 그래도 결국 목장이 저를 살리고 있음을 부인할 수 없습니다.

회복되지 못한 상처들로 여전히 힘들어도 집사님이 목장에 나와서 나누다 보니 무슨 일이 일어났습니까? 믿지 않던 남편이 목장에 나오고 하나님께 기도하기 시작했다고 하지 않습니까? 그러니 여러분, 내가 진정 가족의 구원을 원한다면 목장에 들어가서 성경이 나를 읽기까지 기다리시기 바랍니다. 그동안 이 남편의 구원을 위해 목장 식구들이 날마다 중보하며 얼마나 지혜를 내주었는지 모릅니다. 다음은 남편 집사님의 나눔입니다.

저는 레스토랑 경영 전문가입니다. 전성기에는 전국에 30개의 매장을 운영할 정도로 잘나갔습니다. 하지만 저는 젊은 시절 차마 말로 하지 못할 성적인 죄를 지었습니다. 또 결혼해서는 아내를 아무렇지도 않게 학대하고 무시했습니다. 무엇보다 '얼마나 못났으면 종교생활을 하나? 도대체 교회가 뭐가 재미있다고 다니나' 하며 교회 다니는 사람들을 한심하게 여겼습니다. 그러다 제 노력으로는 어찌 할 수 없는 불가항력적인 고난이 찾아왔습니다. 사업이 어려워진 것입니다. 그동안 내 노력으로 안 되는 일이 없었는데, 그게 아니란 걸 깨닫고, 아내를 따라 부부목장에 나가기 시작했습니다. 그렇게 목장에 참석하는 가운데 아내가 친족에게 성폭행을 당했다는 이야기를 듣게 되었습니다. 결혼 전에 그런 이야기를 하지 않은 아내에게 감당할 수 없는 실망감과 배신감이 들었습니다. 그래서 아내와 말을 안 하고 지냈습니다.

아내와 말을 안 하는 동안 사업은 더 힘들어지고 아내의 외도 문제까지 터졌습니다. 그때부터 너무 힘들어서 하나님께 매달리며 기도하게 되었습니다. 그런데 신기하게도 기도하는 동안 지난날 저질렀던 저의 죄가 떠올랐습니다. 그러면서 이런 나를 떠나지 않고 사랑해 준 아내가 생각났습니다. 기도하며 내 죄를 회개했더니 어느새 피해자와 가해자가 바뀌어 있었습니다. 이전에는 아내가 가해자이고, 나를 속인 나쁜 사람이었습니다. 그러나 내 죄가 보이니 아내가 참 불쌍하다는 생각이 들었습니다. 그리고 이 여자를 정말 사랑해 주어야겠다고 결단하게 되었습니다. 지금은 아내와 제2의 신혼을 보내고 있습니다.

제가 어려운 중에 목장에서 하나님을 만났기 때문인지 제게는 사업보다 목장 모임이 더 중요합니다. 요즘은 목장에서 사람들의 사연을 듣는 게 그렇게 즐거울 수가 없습니다. 또 목장의 권면대로 순종하면 하나님이 어려움을 해결해 주시는 것도 경험하고 있습니다. 그래서 무슨 일을 하든지 먼저 목장에 묻고, 처방에 순종하려고 합니다.

여러분, 그 누가 이 부부를 치료할 수 있겠습니까? 그런데 신앙 공동체 안에서 양육받고 주님을 기다리고 있었더니 하나님이 이 부부를 방문해 주셨습니다. 그야말로 성경이 이 부부를 읽고 가게 되었습니다. 용서의 종결자이신 하나님이 서로를 용서하게 하셨습니다. 그 누가 이 부부에게 손가락질할 수 있겠습니까? 이런 분들이 살아나기 시작하면 바로 유다의 후손이 되어서 예수님이 오시는 통로가 될 줄 믿습니다. 그래도 여자 집사님은 여전히 힘들다고 고백했습니다. 어떻게 안 힘들겠습니까? 사연을 듣기만 해도 눈물이 나지 않습니까? 그래서 성경이 나를 읽기까지 기다려야 합니다.

그동안 우리는 창세기를 통해 이런 이야기를 수없이 많이 읽어 왔습니다. 대표적인 이야기가 아버지 야곱의 사랑을 받은 요셉이 아니라, 며느리와 동침한 유다가 예수님의 조상이 되었다는 것 아닙니까? 앞서 성경이 나를 읽어 가는 것은 바로 이런 구속사의 이야기가 믿어지는 것이라고 했습니다. 내가 읽고 싶은 대로 성경을 읽으면 안 된다고도 했습니다. 다시 말해 성경을 딱 열면, 이혼에 대해, 부도에 대해, 결혼에 대해 참고 문헌처럼 내 문제에 대한 답이 딱딱 나와 있는 것이 아니란 말입니다.

성경이 나를 읽어야, 부모는 자녀를 믿음으로 인도하고 싶은 마음이 들고, 자녀는 부모의 구원을 위해 기도하게 됩니다. 우리들교회 주일학교 아이들만 봐도 그렇습니다. 어릴 때부터 성경이 나를 읽어 가니까 일찍부터 철이 들어서 할아버지와 할머니, 아빠와 엄마의 구원을 위해 눈물을 흘리면서 기도하는 아이들이 많습니다.

지금 여러분은 어떤 고난과 외로움 가운데 있습니까? 혼자 주님을 기다리는 것이 너무 힘이 듭니까? 그래서 신앙 공동체에서 함께 주님을 기다려야 합니다. 내가 읽고 싶은 말씀만 읽지 말고, 성경이 나를 읽기까지 기다려야 합니다. 그리할 때 어떤 사건도 구원의 사건으로 해석하게 될 줄 믿습니다.

⊹ 성경이 나를 읽고 있습니까? 내가 성경을 읽고 있습니까? 다시 말해, 말씀으로 나 자신을 해석하고 있습니까? 내 입맛에 맞는 말씀만 읽으며 내가 하나님을 해석하려고 하지는 않습니까?

저는 교회에서 모든 양육을 받고 말씀의 은혜를 깊이 경험하고 있을 때, 미국에 1년간 교환교수로 가게 되었습니다. 그런데 1년 뒤 귀국을 앞두고 큰 고민이 생겼습니다. 당시 중고생인 자녀들의 거취 문제 때문이었습니다. 특히 미국 학교에 잘 적응한 딸은 울면서 여기 남게 해 달라고 간청했습니다. 주변에서도 자녀만 미국에 두고 귀국하는 것이 대세인 데다, 오랫동안 친분을 유지한 미국인 교수 부부도 아이의 미국 생활을 적극 돕겠다고 하니 더욱 고민이 되었습니다.

저희 부부는 날마다 말씀을 묵상하며 이스라엘 백성이 화려한 애굽을 떠나는 것이 얼마나 힘든 일인지 새삼 깨닫고 있었습니다. 그러면서 "청소년기까지는 부모가 자녀와 함께 신앙생활을 하며 구원의 가치관을 심어 주는 것이 중요하다"는 목사님 말씀이 더욱 뚜렷이 와닿았습니다. 무엇보다 한국 부모의 가장 큰 고난인 자녀 입시를 경험하지 않는다면 앞으로 복음을 전하는 데 방해가 될 거라는 생각이 들었습니다. 그래서 딸아이를 설득해 온 가족이 함께 한국으로 돌아왔습니다.

이후 입시 전쟁을 본격적으로 치르며 힘든 일이 많았습니다. 하지만 하나님의 방문을 간절히 기다리며 부르짖으니 합당한 길을 열어 주셔서 딸아이는 대학을 졸업하고 자신이 원하는 일을 하고 있습니다.

한국에 돌아온 저희 부부에게 목사님은 "객관적으로 자녀를 내려놓고 애굽 같은 미국에서 한국으로 돌아온 것이야말로 막벨라 굴로 올라가는 적용이 아닌가 싶다. 이렇게 구원 때문에 죽어지는 적용을 할 때 하나님이 자녀들을 반드시 방문해 주실 것이다"라고 말씀해 주셨습니다. 히브리서 기자는 요셉의 숱한 선행을 제쳐 놓고, 요셉이 "내 해골을 메고 올라가라"(창 50:25)고 유언한, 이 한 가지만 칭찬했습니다(히 11:22). 마찬가지로 자녀 문제에서 믿음을 우선으로 놓았다고 목사님이 저를 칭찬해 주시는 것 같아 감사했습니다.

처음에는 저도 "적용하면 정말 말씀대로 될까?" 하며 의심하기도 했습니다. 하지만 성경이 나를 읽기까지 기다리며 말씀에 순종했더니 신기하게도 말씀대로 되는 경험을 많이 했습니다. 한번은 목장모임에서 "내가 죽어지는 것은 내 상식을 내려놓는 것인데, 각자 그 상식을 내려놓기가 어려운 것을 본다. 그것이 인간 죄성의 핵심이자 우리의 고정관념인 것 같다. 그러나 예수님은 그 고정관념을 깨셨다"라고 말했습니다. 그러자 한 집사님이 "담임목사님이 여자라는 말에 고정관념이 있었다. 그런데 그것을 깨지 못했다면 아마도 오늘의 은혜는 없었을 것이다"라고 나눠 주었습니다. 이처럼 목장을 섬기면서 오히려 제가 얼마나 치유와 은혜를 받고 있는지 모르겠습니다. 믿음의 공동체에서 이런 귀한 과정을 경험하며 인내하도록 양육해 주신 하나님께 감사드립니다.

하나님 아버지, 용서를 위해서는 기다림의 시간이 반드시 필요하다고 하시는데, 용서하기가 너무나 힘이 듭니다. 기다리기도 참으로 힘이 듭니다. 그래도 신앙 공동체 안에서 여전한 방식으로 날마다 큐티하며 양육받고 양육하게 하시니 감사합니다. 건강한 교회를 만나면 인생의 방황이 끝난다고 하시는데, 말씀 듣는 구조 속에 거하는 것이 이미 하나님이 방문해 주신 것임을 깨닫고 감사하게 하옵소서.

요셉이 죽기 전에 이스라엘 자손에게 자신의 해골을 메고 약속의 땅에 갈 것을 안타까이 유언했지만, 이스라엘 백성이 무슨 믿음이 있어서 애굽을 떠날 수 있었겠습니까. 그들이 애굽의 학대를 받게 되니 하나님께 부르짖고 비로소 애굽을 떠날 생각을 했다고 했습니다. 주님, 우리도 그렇습니다. 정말 우리에게 선한 것이 하나도 없음을 고백합니다. 참으로 고난을 이길 힘도 없음을 고백합니다.

아직도 혈과 육이 완전히 죽어지지 않아서 애굽의 모든 것을 버리지 못하는 우리를 불쌍히 여겨 주옵소서. 그래서 참으로 애통이 됩니다. 제 인생을 돌아봐도 스스로는 죽어지지 못하기에 참으로 죽어질 수밖에 없는 힘든 일과 낮아질 일들을 하나님이 끊임없이 허락하셨다는 것을 알았습니다. 그런데 지나고 나서 보니 어머니의 눈물의 기도로 하나님이 연약한 저를 방문해 주셔서 그 고난을 통과하게 하신 것임을 알았습니다.

지금은 보이는 것이 아무것도 없지만, 내가 죽은 뒤에라도 우리 자녀들을 하나님이 반드시 방문해 주실 것을 믿습니다. 우리가 그렇게 믿고 갈 때 하나님의 시간에 정확히 우리 자녀들을 방문해 주실 줄 믿습니다. 참으로 성경이 나를 읽기까지, 구속사의 말씀이 들리기까지 잘 기다리는 우리 모두가 되도록 주여, 역사하여 주옵소서. 예수님 이름으로 기도드립니다. 아멘.

최고의 유언

초판 발행일 ㅣ 2026년 3월 13일

지은이 ㅣ 김양재

발행인 ㅣ 김양재
편집인 ㅣ 송민창
편집장 ㅣ 김윤현
편집 ㅣ 정지현 진민지 장승영 이승연
디자인 ㅣ 디브로

발행처 ㅣ 큐티엠
주소 ㅣ 경기도 성남시 분당구 대왕판교로385번길 26, 2층 큐티엠 단행본 편집부 (우)13543
편집 문의 ㅣ 031-606-3854   **구입 문의** ㅣ 031-707-8781
팩스 ㅣ 031-990-6935
홈페이지 ㅣ www.qtm.or.kr   **이메일** ㅣ books@qtm.or.kr
인쇄 ㅣ ㈜신성토탈시스템
총판 ㅣ ㈔사랑플러스 02-3489-4300

ISBN ㅣ 979-11-94352-32-7

큐티엠(QTM, Question Time Movement)은 '날마다 큐티'하는 말씀묵상 운동을 통해
영혼을 구원하고, 가정을 중수하고, 교회를 새롭게 하는 일에 헌신합니다.